복음 위에 세운 결혼

* 본서는 『행복한 부부를 만드는 6가지 사랑의 약속』의
  확대 개정판으로 아래의 내용이 추가되었습니다.

  _18장 복음, 결혼생활, 성
  _19장 결혼생활에 대해 폴 트립에게 질문하다
  _나눔 질문

훌륭한 본을 목격하는 은혜를 누리는

부부는 그리 많지 않다.

하나님의 뜻에 합당한 결혼생활을

생생한 본으로 보여준 테드와 마지에게 감사한다.

복음의 렌즈로 본 결혼의 여섯 가지 약속

Marriage: Six Gospel Commitments
Every Couple Needs to Make

복음 위에 세운 결혼

PAUL DAVID TRIPP

폴 트립 지음 | 김명희 옮김

아바서원

차례

2021년판 서문   8

1장 결혼, 무엇을 기대했는가?   14

2장 결혼생활, 왜 그만두지 않는가?   30

3장 누구의 나라를 위한 결혼생활인가?   45

4장 날마다 벽돌을 쌓듯이   60

첫 번째 약속:

우리는 날마다 잘못을 고백하고 용서한다.

5장 결혼생활의 변화는 고백에서 출발한다   82

6장 부부의 연합은 용서의 토양에서 자란다   100

두 번째 약속:

우리는 날마다 성장하고 변화하기 위해 노력한다.

7장 결혼생활의 잡초 뽑기   122

8장 결혼생활의 정원 가꾸기   138

세 번째 약속:

우리는 신뢰의 관계를 구축하기 위해 노력한다.

9장 지금, 서로 신뢰하는가?   162

10장 신뢰 프로젝트   184

네 번째 약속:
우리는 사랑의 관계를 쌓는 데 헌신한다.

| 11장 가짜 사랑과 진짜 사랑 | 204 |
| 12장 준비, 자발적인 마음, 기다림 | 227 |

다섯 번째 약속:
우리는 우리의 차이를 감사와 은혜로 다룬다.

| 13장 결혼, 하나님의 놀라운 은혜 | 254 |
| 14장 어두워지기 전에 | 272 |

여섯 번째 약속:
우리는 우리의 결혼관계를 보호하려고 노력한다.

15장 눈을 크게 뜨라	292
16장 무릎을 꿇고	311
17장 예배, 수고, 은혜	334

2021년 특별판

18장 복음, 결혼생활, 성	362
19장 결혼생활에 대해 폴 트립에게 질문하다	381
나눔 질문	406

생각지도 못한 일에 맞닥뜨린 그들은 혼란스럽고 두려웠다. 그들의 랍비이자 메시아가 떠나셨다. 그분의 삶과 죽음에 관한 논리정연한 신학에는 근접하지도 못했다. 뒤이을 승리의 부활에 대한 기대는 말할 것도 없다. 그들은 그분을 따르려고 모든 것을 버렸고, 그분의 권위 있는 가르침을 들었고, 그분이 권능으로 창조 세계를 다스리시는 것을 보았고, 창조주의 능력으로 병자를 고치시는 모습을 지켜보았다. 그분이 없다면 삶은 어떻게 될까? 그래서 예수님은 마지막 시간의 일부를 할애하여 가까이에서, 친히, 사랑을 담아 그들을 준비시키셨다. 그 준비의 중심에 매일, 매주, 매달, 매년, 그리고 다가올 세대들도 의지할 약속들이 있었다.

나는 그 약속 가운데 하나를 거듭 다시 생각한다. 사실 그 약속이 주님이 죽으시기 전날 불안해하던 제자들만이 아니라 나를 위한 것이기도 함을 믿지 않았다면, 내가 지금 하는 일은 할 수 없었을 것이다. 나는 매일 아침 일어나서, 지금까지 계시된 가장 영광스러운 진리를 가져다가 우리 일상의 상황과 관계와 장소에 적용하려고 최선을 다한다. 내게는 지혜가 거의 없음을 안다. 이 책에 기록된, 실제로 적용된 지혜는 예수 그리스도의 복음에서 흘러나옴을 안다. 또 복음은 구원하고 삶을 변화시키는 바닥이 보이지 않는 지혜의 샘임을 깊이 자각한다. 아무리 깊이 파도 아무리 오래 파도 나는 절대 바닥에 닿지 못할 것이다.

내가 할 일은 갈급하고 겸손한 학생이 되어 계속 배우며 내 삶과 일에 다가가는 것이다. 나는 절대 충분히 배웠다고, 충분히 안다고, 복음의 졸업생이라고 자랑할 수 없다. 올바로 이해시키지 못할까 봐 두렵고 또 알아야 할 내용이 훨씬 많음을 알기에, 나는 매일 세상 최고의 랍비가 최종적인 희생제물이 되시기 전에 주신 이 다정하고 애정어린 약속에 매달린다. "내가 아직 너희와 함께 있어서 이 말을 너희에게 하였거니와 보혜사 곧 아버지께서 내 이름으로 보내실 성령 그가 너희에게 모든 것을 가르치고 내가 너희에게 말한 모든 것을 생각나게 하리라"(요 14:25-26).

내가 자신 있게 글을 쓰는 까닭은, 내 학위나 수십 년의 사역 경험 때문이 아니라 보혜사이신 교사, 성령님 덕분이다. 나는 매일 그분의 교실 좌석에 앉아 마음과 생각을 그분에게 조율한다. 매일 더 명확하게 보고 더 깊이 이해하게 해 달라고 그분께 부탁한다. 그리고 나는 계속 성장 중이라는 사실과, 또 10년 전에는 알지 못했고 전할 수 없었던 내용을 오늘은 알고 쓸 수 있다고 고백해야 한다.

이 모든 사실이 결혼에 관한 이 신판과 무슨 관계가 있는지 의아해할지도 모르겠다. 나는 이 신판이 오래된 책의 독자를 더 찾고자 하는 영업 전략 훨씬 이상이라는 사실에 감사하는 동시에 흥분된다. 실제로 이 신판은 이 책의 주제를 이해하는 면에서 내가 성장한 결과다. 아직도 끈질기게 나를 가르치고 계시는 보혜사가 계시기 때문이다. 이 책의 처음 영어 제목인 『무엇을 기대했는가? 결혼생활 구해내기』(*What Did You*

Expect? Redeeming the Realities of Marriage)는 잘못 이해되거나 실패한 결혼생활의 기대를 다루는 것처럼 보였다. 그러나 이 책이 주로 다루는 주제는 그것이 아님이 분명해 보였다. 이 책은 결혼의 여섯 가지 약속을 다룬다. 이는 결혼을 예수 그리스도의 복음의 렌즈로 본 결과다. 이 신판은 그 약속들을 전면에 내세운다.

첫 번째 약속: 우리는 날마다 잘못을 고백하고 용서한다.
두 번째 약속: 우리는 날마다 성장하고 변화하기 위해 노력한다.
세 번째 약속: 우리는 신뢰의 관계를 구축하기 위해 노력한다.
네 번째 약속: 우리는 사랑의 관계를 쌓는 데 헌신한다.
다섯 번째 약속: 우리는 우리의 차이를 감사와 은혜로 다룬다.
여섯 번째 약속: 우리는 우리의 결혼관계를 보호하려고 노력한다.

이 책이 매일 결혼생활로 씨름하는 이들에게 기여하는 바가 있다면, 바로 이 약속들에서 찾을 수 있다. 하지만 추가된 내용도 있다. 처음 책을 쓴 이후 나는 『깨진 세상의 성: 죄로 왜곡된 것을 그리스도께서 어떻게 구속하셨는가』(*Sex in a Broken World: How Christ Redeems What Sin Distorts*)라는 책을 썼다. 어느 방향을 봐도 우리 문화는 성적으로 미쳐가는 듯 보였기 때문이다. 수년에 걸쳐 이 성적 광기가 그리스도인의 결혼생활에도 엄청나게 파괴적인 영향을 미친다는 사실이 분명해졌다. 그래서 그 책의 한 장을 각색하여 이 책에 포함했다. 그 내용이 성에 관한 복음의 시각을 알려주기 때문이다. 또 처음 책을 쓴 이후 결혼생활과 관련하여 가장 자주 받은 질문들과 복음에 입각한 내 최선의 답변을 담은 한 장을 덧붙였다. 이 질문들로 인해, 복음이 결혼생활의 이슈들에 대해 사고하고 대응하는 신선한 방법을 제공해 줌을 훨씬 더 깊고 더 실제적으로 생각하게 되어 정말 기쁘다. 또 이 질문들을 통해, 이 책에 담긴 복음적인 약속들을 우리 결혼생활의 구체적인 분투에 적용하게 되어 정말 기쁘다. 그러므로 반드시 시간을 내어 이 추가된 부분을 읽고 곱씹고 적용하기를 바란다.

복 받은 인생은 정말 아름답다. 그것은 은혜 때문에만 가능하다. 보혜사이자 교사이신 분이 나를 절대 포기하지 않으심에 감사한다. 그분은 여전히 나와 함께하시며 나를 가르치시고, 내게 그분의 가르침을 보는 눈과 이해하는 지성과 기쁘게 받아들이는 마음의 겸손함을 주신다. 복음이 우리의 결혼생활에 어떻게 도움과 변화와 소망의 새 길을 제시하는지 계속 배우고 있음에 감사한다. 그래서 결혼에 관한 이 신판과 이 신판이 보여주는 지속적인 은혜가 고맙다. 당신에게도 그러하기를 기도한다.

폴 데이비드 트립
2020년 9월 16일

첫 번째 약속

우리는 날마다 잘못을 고백하고 용서한다.

두 번째 약속

우리는 날마다 성장하고 변화하기 위해 노력한다.

세 번째 약속

우리는 신뢰의 관계를 구축하기 위해 노력한다.

네 번째 약속

우리는 사랑의 관계를 쌓는 데 헌신한다.

다섯 번째 약속

우리는 우리의 차이점을 감사와 은혜로 다룬다.

여섯 번째 약속

우리는 우리의 결혼관계를 보호하려고 노력한다.

1장

결혼, 무엇을 기대했는가?

"이렇게 되리라고는 생각도 못했어요." 메리가 말했다. 그녀는 몹시 지쳐 있었고 패배한 듯 보였다.

샘은 그저 화난 듯이 보였다. 그는 메리와의 결혼생활을 말하고 싶어 하지 않았다. 아니 사실을 말하자면, 그는 메리와 결혼하고 싶지 않았다. 그런데 그녀와 결혼을 했다! "15년, 15년! 내가 얻은 게 이거야?"

메리는 대답하지 않고 그저 앉아서 흐느꼈다.

"내가 얼마나 노력했는지 봐. 누구도 당신이 사는 그런 집에서 살지 않아. 내가 당신에게 준 것들을 가진 사람은 아무도 없어. 내가 당신에게 선사한 세계 곳곳에서의 멋진 경험들을 한 사람도 아무도 없어. 하지만 그것만으로는 절대 충분하지 않지. 메리, 난 당신의 줄기찬 불평에 넌더리가 나. 날마다 이어지는 비난에 지쳤어. 난 더는 이렇게 살고 싶지 않고, 당신도 그럴 거라고 생각해." 샘이 말했다. 그의 목소리는 점점 작아졌다.

나는 샘과 메리를 바라보며 이 부부가 늘 상황이 안 좋았던 것은 아님을 알았다. 나는 결혼을 고려중인 수많은 커플을 만나는데, 이는 내게 다소 좌절을 안겨주는 일이다. 물론 그들이 '열광적으로' 사랑하는 것 때문에 그런 것이 아니다. 한 남자와 한 여자가 서로를 아주 좋아하는 것은 멋진 일이다. 또 그들이 함께 살아가고자 결단하는 것 역시 멋진 일이다. 연애 기간에는 결혼 준비에 집중하는 일이 어렵다는 것을 이해한다. 나는 이런 것들 때문에 좌절하는 것이 아니다. 서로에 대한 깊은 애정은 아름다운 것이라고 생각한다.

나를 거듭 좌절시키는 것은, '비현실적인 기대'다. 확신컨대, 커플들이 비현실적인 기대를 안고 결혼하는 경우는 자주 있는 일이다. 나는 성경이 결혼에 대해 말하는 중요한 것들을 진지하게 고려하지 않는 커플들을 계속 만나왔다. 그들의 비현실적인 기대는 늘 실망으로 이어진다.

여행을 앞두고 여행사 웹사이트를 둘러본 적이 있다면 이 말이 무슨 뜻인지 잘 알 것이다. 인터넷으로만 보던 여행지에 실제로 가보면 화면에서처럼 멋져 보이지 않을 뿐더러 인터넷에 홍보된 만큼의 기능도 없다. 비현실적인 기대로 출발했으니 실망으로 끝나는 일은 불가피하다.

우리 가족은 디즈니월드로 휴가여행을 간 적이 있다. 그곳에서 정말 아름다운 디즈니 작품들을 보았다. 하지만 33초짜리 놀이기구를 타기 위해 섭씨 50도에 습도 200퍼센트인 땡볕 아래서 90분이나 기다려야 한다는 말은 듣지 못했다.

당시 어린 소년이었던 아들은 타고 싶은 놀이기구를 보았다. 우리는 끝이 없는 것처럼 보이는 줄을 따라 걷다가 이런 대화를 나누었다.

"아빠, 우리가 왜 여기 서 있는 거죠?"

"이 줄 끝에 놀이기구가 있어."

"어떤 놀이기군데요?"

아들은 완전히 지쳐서 왜 거기 서 있는지조차 잊어버렸다. 비현실적인 기대는 늘 실망으로 이어진다.

성경을 성경적으로 사용하기

문제의 한 단면은 우리가 성경을 활용하는 방식에 있다. 우리는 마치 성경이 주제별로 정리되어 있는 양 성경을 잘못 다룬다. 알다시피 성경은 인간의 문제와 하나님의 해결책에 대한 세계 최고의 개론서인데 말이다. 우리는 결혼을 생각할 때 결혼에 대한 성경 본문으로 직행한다. 그러나 성경은 백과사전이 아니라 이야기, 곧 포괄적이고 위대한 구속 이야기다. 사실, 이야기 그 이상이다. 성경은 신학적 주해가 붙은 이야기다. 하나님이 붙이신 주해가 있는 이야기다. 이 말은 결혼에 대한 본문만 봐서는 결혼에 대해 성경이 말하는 바를 이해할 수 없다는 의미다. 성경에는 결혼과 관련하여, 결혼에 대한 본문에서는 찾을 수 없는 엄청난 양의 정보가 있기 때문이다.

사실 성경의 모든 부분은 하나님과 우리 자신, 현재 이 세상에서의 삶, 인간 고투의 본질과 하나님의 해결책을 이야기한다. 성경의 모든 본문이 결혼에 대한 본문이라고 볼 수도 있다. 성경의 모든 본문은 결혼을 직접적으로 다루는 본문들을 제대로 이해하는 데 꼭 필요한 통찰을 준다. 그리고 성경의 모든 본문은 우리가 결혼 관계의 모든 면을 다룰 때 기대하는 바를 이야기해준다.

우리의 문제는 성경을 성경적으로 사용하지 않는다는 것이고, 이로 인해 우리는 그러지 않아도 될 뜻밖의 일들에 맞닥뜨리게 된다.

"사랑밖에 난 몰라"

마치 세상의 모든 남편과 아내는 어쩔 수 없이 대면하게 될 진실에 귀를 기울이지 않기로 단단히 작정한 것처럼 보인다. 이는 사실상 그들이 계속 낭만적인 환상 속에 있게 할 한없는 애정을 망치고 싶지 않기 때문이다. 나는 그러한 서로간의 깊은 애정이 아름답다고 생각한다. 하지만 그것 때문에 현실을 부정해서는 안 된다.

이러한 모습은 생선튀김과 감자튀김으로 멋진 식사를 하고 진한 초콜릿 케이크와 아이스크림으로 후식을 먹을 때 일어나는 일과 비슷하다. 당신은 이런 식사가 당신의 심장과 허리둘레에 어떤 영향을 미치는지 전혀 관심이 없다. 칼로리와 콜레스테롤을 논하고 싶은 마음은 없다. 비만과 당도를 고려할 생각은 전혀 없다. 그저 아주 맛난 요리를 맛보고 싶을 뿐이다. 생선튀김과 감자튀김이 아직 따뜻하고 바삭거릴 때 먹어 치우고 싶다. 그리고 아무리 배가 불러도 4층의 더블 초콜릿 무스 케이크를 양껏 먹을 요량이다.

결혼 전 로맨스의 힘이 강력할 때에는 현실, 즉 모든 부부가 언젠가 어떻게든 어떤 식으로든 맞닥뜨릴 것들을 날카롭고 정직하게 보기가 아주 어렵다. 진실의 빛이 뿜어내는 열기 아래서는 당신들의 애정이 증발해버릴까봐 겁이 난다. 무언가가 지금 이 순간 누리고 있는 기쁨을 엉망으로 만들어버릴까봐 두렵다. 당신이 경험하고 있는 것은 인류가 경험할 수 있는 가장 강력한 것 중 하나다. 사랑은 우리를 가만두지 않는다. 사랑은 의욕을 일깨운다. 사랑은 취하게 만든다. 당신의 머리에 명령을 하고 당신의 감정을 장악한다. 당신은 지금 다가올 결혼을 생각하며 사랑하는 사람과 함께 앉아 있다. 그리고 당신의 지금 느낌과 경험이 영원히 지속되기를 바란다. 그것을 엉망으로 만들 무언가는 하지 않을 참이다.

보통 일은 이렇게 진행된다. 당신은 사랑에 빠져 있고, 당신이 지금 느끼는 사랑의 감정이 앞으로 대면할 어떤 일도 겪어낼 것을 확신한다. 앞으로 생길 어려움은 깊이 파헤치고 싶지 않다. 미래가 지금 이 순간의 느낌을 방해하게 하고 싶지도 않다. 당신이 주의를 기울일 수 있는 범위는 넓지 않다. 당신은 사랑에 빠져 있고, 그 사실이 좋아서 어떤 방해도 받고 싶지 않다. 술에 취한 듯한 눈으로 서로를 바라보며, 당신이 느끼고 있는 강력한 사랑 덕분에 두려울 건 별로 없다고 느낀다. 다른 커플들에게는 문제가 있겠지만, 당신들은 그들과 다르다고 확신한다. 그들은 당신과 같은 감정을 느끼지 못한 것이 틀림없다고 확신한다. 당신은 사랑에 빠져 있다. 그리고 모든 것이 잘 되리라고 확신한다. 현실적이 되는 데는 별 관심이 없다.

'이미'와 '아직' 사이에서

신학자들이 지금 여기에서의 삶을 생각하는 방식이 있는데, 이는 우리에게도 아주 유용하다. 우리의 모든 말과 행동, 헌신, 우리가 경험하는 모든 상황과 장소, 관계는 '이미'와 '아직'의 사이에 있다는 것이다. 우리가 그 중간기에 살고 있다는 사실을 이해할 때까지는 매일 맞닥뜨리는 일들을 결코 이해하지 못할 것이다. 우리 삶의 모든 면이 그 중간기의 성격에 의해 형성된다. 당신은 속으로 '폴, 무슨 말을 하는지 모르겠어요'라고 말할지도 모르겠다. 이제 설명해보겠다.

당신이 '이미'와 '아직' 사이에서 살고 있다는 사실은, 하나님의 구속 이야기에서 당신이 어느 지점에 있는지를 말해준다. 함께 생각해보자. 이는 아주 실제적이다. 하나님은 이미 우리의 안내자로 하나님의 말씀을 주셨다. 하나님은 이미 우리의 구원을 위해 그분의 아들을 이 땅에 보내서 살고 죽고 부활하게 하셨다. 하나님은 이미 성령을 주셔서 우리 안에 거하게 하셨다. 그러나 세상은 아직 회복되지 않았다. 죄는 아직 완벽하게 근절되지 않았다. 우리는 아직 완벽하게 예수님을 닮은 모습이 되지 않았다. 고통과 슬픔, 죽음이 없는 세상은 아직 오지 않았다.

중간기에 사는 일이 쉽지 않지만, 정확히 우리는 바로 그 시기를 살고 있다. 우리는 여전히 슬프고 심각하게 깨진 세상에서 산다. 당신의 결혼 생활도 그 깨어짐에서 벗어나지 못할 것이다. 우리는 결점이 있는 사람과 함께 산다. 당신의 결혼생활도 그러한 결점에서 안전하지 못하다. 이미와 아직 사이의 삶이 실제로 어떤 모습인지 분석해보라. 그러면 하나님이 보시기에 건전하고 건강한 결혼생활을 하고자 할 때 직면해야 하는 것들을 이해하는 데 아주 유용한 시각을 얻을 수 있을 것이다.

지혜로운 준비

당신과 나는 앞으로 일어날 일을 확실히 알지 못한다. 생각해보라. 당신의 삶은 계획대로 되지 않는다. 당신은 20년 전에 당신의 현재 상황을 쓸 수 없었다. 지난주도 계획대로 되지 않았다. 오늘도 당신의 계획대로 되지 않을 것이다. 당신의 삶은 다른 누군가의 지혜롭고 주권적인 계획 아래 있다(행 17:26-27; 단 4:34하-35). 이것은 당신이 매일 예기치 못한 일들, 계획하지 못한 일들을 접하게 된다는 의미다. 결혼생활에서도 분명히 그렇다. 당신과 당신의 배우자에게 엄청난 영향을 미칠 문제들이 밀어닥친다. 아픔과 죄는 당신들이 함께 나눌 것이라 생각했던 것을 하지 못하게 한다. 모든 결혼생활이 예기치 못한 일에 직면한다. 그러나 예기치 못한 일을 대한다고 해서 준비하지 못한다는 의미는 아니다. 이 책은 '자발적인 준비'의 원리에 관한 책이다.

나는 이 말이 모순처럼 들린다는 것을 안다. 하지만 그렇지 않다. 실제로 당신은 대면할지도 모르는 일을 대비할 수 있다. 당신에게 닥쳐올지 모르는 일을 준비할 수 있다. 사실 그것이 성경의 주요 기능 중 하나라고 나는 확신한다. 성경은 우리가 다스리지 않는 세상에서 우리가 잘 결정하고 생각하고 소망하고 행동하고 말하도록 준비시킨다. 그 일은 이렇게 일어난다. 우리가 하나님과 우리 자신, 인생, 죄, 우리를 둘러싼 세상에 대해 성경이 말하는 바를 받아들인다면, 우리는 갑자기 겪는 일들을 자연스럽게 대처할 준비를 하게 되는 것이다.

나는 자신들이 마주한 일들에 놀라서 오는 부부들을 끊임없이 만난다. 그러나 그들의 이야기를 들어보면, 그들이 대면한 일들은 성경에서 이 타락한 세상에서 사는 결함 있는 사람들이 맞닥뜨릴 일이라고 예언한 것들이다. 남편이 죄인이라는 사실에 충격을 받는 아내나, 아내가 이기적인 사람이라는 사실에 놀라는 남편을 만나는 일은 고통스럽다.

수없이 많은 부부가 자신들의 결혼생활이 정기적으로 은혜의 구출을 받아야 한다는 사실에 놀란다. 그리고 그들은 성경을 진지하게 대하지 않았기 때문에 일상생활에서 가장 중요한 그 순간에, 은혜가 유일한 희망인 그 순간에 당황했다.

사람들은 '잠재적 문제들'에 대한 예측만이 아니라, '약속된 대비책'에 대한 메시지도 진지하게 받아들이지 않는다. 자발적인 준비란, 단지 맞닥뜨릴 일을 알고 대면할 준비를 하는 것만이 아니다. 실제적인 용기와 소망으로 거기에 대면할 수 있도록 당신에게 주어진 것을 아는 것이기도 하다.

이 책은 하나님의 말씀에 담긴 생명수 같은 실제적인 지혜를 진지하게 받아들이는, 준비된 생활방식을 그려보일 것이다. 당신이 핸들을 잡고 있지 않을지라도, 또 결혼생활의 다음 부분을 잘 알지 못한다 할지라도 이 지혜의 통찰들은 준비된 삶을 살게 할 것이다.

예측 가능한 일을 예측하다

짐은 병이 들어 승진을 포기해야 했다. 이는 젠과의 결혼생활에도 스트레스를 가져왔다. 짐이 전혀 예상치 못한 일이었다. 브래드와 사반나는 점점 더 바빠져서 마땅히 해야 할 대화를 나누지 못했고, 그들의 관계는 그 대가를 치렀다. 브렌트는 오랫동안 은밀한 죄와 씨름하고 있었는데, 리즈가 그 사실을 알아차리자 그들의 결혼생활은 거의 파국으로 치달았다. 인디아와 프랭크는 늘 주도권 전쟁을 하는 것 같았다. 이는 진을 빼는 결혼생활이었다. 알피와 수는 영적으로 같은 지점에 있지 않은 듯했다. 제러드와 샐리는 서로를 아주 많이 사랑했지만 재정 문제가 그들의 결혼생활에 엄청난 스트레스를 가져왔다. 정의 엄마는 정이 계속 자신의 말을 듣기를 바랐다. 이로 인해 정과 그녀의 남편 킴 사이에는 수많은 갈등이 생겨났다.

이 결혼생활들에서 두 가지를 관찰할 수 있다. 첫째, 어떤 결혼생활도 나쁘지 않았다. 어떤 결혼생활도 끝날 조짐은 없었다. 아직 외도를 한 경우도 없었다. 학대나 폭력도 없었다. 그러나 어떤 부부도 하나님이 처음 그들을 연합하게 하셨을 때 염두에 두셨던 것을 경험하고 있지는 못했다. 또 이들은 모두 그들이 부부로서 직면해야 했던 일들에 놀라고 있었다.

둘째, 각 부부가 직면한 모든 상황은 성경이 명령과 원리, 제안, 관점으로 예측한 것들이다. 이 부부들은 예기치 못한 일들을 예상해야 했다. 성경이 그들의 결혼생활을 들여다보는 멋진 창문이라고 생각했다면, 그들은 무엇을 예상해야 할지 알았을 것이고 그들에게 닥친 일들에 놀라지 않았을 것이다.

그렇다면 결혼생활에서 현실적인 기대를 할 수 있도록 성경이 우리에게 주는 필수적인 지혜는 어떤 것들인가?

당신은 타락한 세상에서 결혼생활을 하고 있다

샘은 아직도 자신이 갑자기 해고당했다는 사실을 믿을 수 없다. 줄리는 만성질환을 앓는 남자와 살아야 한다는 생각으로 고투하고 있다. 재러드는 아들과 관련한 문제가 생길 줄은 생각도 못했다. 메리는 아주 좋아하는 집에서 죄수가 된 기분이다. 이웃들이 나빠졌기 때문이다. 셰리는 다른 인종과의 결혼에 대한 사람들의 반응으로 고투하고 있다. 존은 종종 사는 것이 왜 이리도 힘든지 의아하다.

우리는 모두 비슷한 상황에 직면한다. 우리는 의도한 대로 움직이지 않는 세상 한가운데서 결혼생활을 한다. 어떤 식으로든 깨진 세상의 저급한 풍파를 감수해야 한다. 그러나 확실한 사실 한 가지가 있다. 당신이 살아가도록 하나님이 택하신 그 상황에서 벗어나지 못한다는 것이다. 당신이 이 깨진 세상에서 결혼생활을 하는 것은 우연이 아니다. 당신이 대면하고 있는 그 일은 우연이 아니다. 그것은 운명도, 우연도, 운도 아니다. 다 하나님의 구속 계획의 일부다. 사도행전 17장은 당신이 살아갈 정확한 장소와 당신의 정확한 수명을 하나님이 정하신다고 말한다. 하나님은 당신이 어디서 살지 아시며 당신이 직면하고 있는 일에 놀라지 않으신다. 당신이 직면한 모든 일에는 의미와 목적이 있다. 당신이 살아가는 타락한 세상과 그 안에 당신을 두신 하나님의 뜻을 이해하는 일이 연합과 이해와 사랑의 결혼생활을 만들어가는 토대가 된다고 나는 확신한다.

우리가 살아가는 지금 이 세상에서 직면하는 것들을 이해하는 데에는, 성경이 묘사하는 몇몇 단어들보다 더 좋은 창문은 없다. 그것은 '슬픔', '시련', '단련'(벧전 1:6-7)이다. 이제 이 단어들을 살펴보자. 베드로는 우리 삶의 환경 가운데서 하나님이 우리 안에서 하시는 일을 묘사하기 위해 여러 단어들을 사용하는데, 그 중 이 세 단어는 아주 의미심장하다. 각 단어에는 교훈과 설명이 담겨 있다. 첫째, 당신은 타락한 세상에서 살 때 슬픔을 피하지 못할 것이다. 그 슬픔은 사소한 실망으로 인한 순간적인 고통일 수도 있고 심각한 상실의 순간으로 인한 오랫동안의 슬픔일 수도 있다. 슬픔은 사소하든 중요하든 우리와 맞닿아 있다. 둘째로, 우리는 모두 시련에 직면한다. 우리는 전혀 계획하지 않았던 일을 하게 될 것이다. 예상하지도 못했던 어려움에 직면하여 슬퍼하게 될 것이다. 마지막 단어는 이 타락한 세상 전체의 삶을 묘사해준다. '**단련**'(tested)이라는 단어는 시험 같은 것을 의미하는 것이 아니라, '정련' 혹은 '제련'을 의미한다.

하나님은 이 **단련**이라는 단어로 당신의 결혼생활을 이해할 만한 아주 중요한 것을 알려주신다. 하나님은 당신이 살고 사랑하고 일하도록 이 타락한 세상에 당신을 남겨두기로 하셨다. 당신이 직면한 어려움들을 사용하여 당신 속에서 다른 방법으로는 하실 수 없는 무언가를 하려고 의도하셨기 때문이다. 우리 대부분은 **개인의 행복 패러다임**을 가지고 있다. 행복해지고 싶은 마음은 잘못이 아니다. 또 행복한 결혼을 이루려는 것도 잘못이 아니다. 하나님은 당신에게 즐길 수 있는 역량을 주셨고 즐길 수 있는 멋진 것들을 당신 주변에 두셨다. 문제는 그것이 잘못된 목표라는 게 아니라 너무 작은 목표라는 데 있다. 하나님은 더 깊이 있고 꼭 필요하고 영원한 것을 위해 일하고 계신다. 그분이 그것을 위해 일하시지 않는다면 하나님이 당신에게 주신 약속에 신실하시지 못한 것이다. 하나님에게는 **개인의 거룩 패러다임**이 있다. 이 표현에서 뒤로 물러서지 말라. 이 어구는 하나님이 매일의 상황을 통하여 당신을 변화시키시고 있다는 의미다.

사랑이 많으신 하나님은 당신을 잘 아신다. 인정하기 어려울지 모르겠지만 당신 안에는 여전히 죄가 있고, 그 죄는 당신이 원래의 모습이 되는 데, 또 행해야 할 일을 하는 데 방해가 된다. 그리고 죄는 연합과 이해와 사랑의 결혼생활에 가장 큰 방해물이다. 하나님은 당신을 변화시키기 위해, 다시 말해 당신을 **당신**에게서 구하시기 위해 지금 여기에서 고난을 사용하고 계신다. 그분은 당신을 구해내고 변화시키시는 과정에 한 걸음 더 나아가기 위해 당신의 순간적인 행복을 중단하거나 위태롭게 하실 것이다.

하나님의 패러다임을 이해하면 인생이 이해될 뿐 아니라(당신이 직면한 일들은 비합리적인 골칫거리가 아니라 변화의 도구다) 소망이 생겨난다. 당신과 당신의 결혼생활에 소망이 있는 이유는, 하나님이 당신의 상황 가운데 계시며, 그분이 그 상황들을 사용하여 당신을 창조 때의 모습으로 빚어 가고 계시기 때문이다. 그분이 그 일을 하실 때, 당신은 삶에 잘 반응할 뿐 아니라 함께 살기 좋은 사람이 된다. 그리고 이것은 행복한 결혼생활로 이어진다.

그렇다고 슬픔이 그치리라는 의미는 아니다. 사실 예수님도 이 세상을 걸을 때 우셨다. 하지만 이 슬픔은 운명이 당신에게 준 어두운 터널이 아니다. 그것은 당신의 필요가 얼마나 깊은지 아시고 영원히 지속될 은혜의 선물을 주고자 하시는 사랑의 하나님이 사용하시는 지혜로운 도구다.

그러므로 이 타락한 세상과 그 안에 있는 것이 당신의 문 안으로 들어온다고 해서 두려워할 필요는 없다. 하나님이 당신과 함께 계시고, 그분은 이런 슬픈 것들이 결국 당신 안에서 당신을 통하여 선한 것들이 되도록 일하고 계신다.

당신은 죄인과 결혼한 죄인이다

나는 책 전체에서 이 사실을 많이 말할 것이다. 당신과 나는 완벽한 사람과 결혼하지 않았다. 하지만 많은 사람이 배우자에게 비현실적인 기대를 하며 결혼한다. 요점은 이렇다. 당신들 둘 다 결혼생활에 꼭 필요한 행동을 파괴하는 무언가를 결혼생활 속으로 가져온다는 것이다. 죄가 바로 그것이다. 우리가 결혼생활에서 직면하는 문제는 대부분 **의도적**이거나 **개인적**인 것이 아니다. 물론 화가 나는 경우에는 그런 일이 있을 수 있다. 그러나 대부분 실제로 일어나는 일은 함께 살고 있는 사람의 죄와 약함과 실패의 영향을 받는다. 그러므로 어떤 날 아내가 기분이 나쁘다면 그 여파는 어떻게든 당신에게도 영향을 미칠 것이다. 남편이 업무와 관련하여 화가 나 있다면, 그 분노를 집으로 가져올 가능성이 아주 높다.

어느 순간 당신은 이기적일 것이다. 어떤 상황에서는 불친절하게 말할 것이다. 질투와 비통함과 갈등의 순간도 있을 것이다. 당신은 이런 것들을 피하지 못할 것이다. 당신이 죄인이고 죄인과 결혼했기 때문이다. 남편이나 아내의 죄나 약함, 실패를 귀로 듣고 눈으로 볼 때, 그것은 절대 우연이 아니다. 그것은 언제나 은혜다. 하나님은 당신의 배우자를 사랑하시며, 그분의 은혜로 그 또는 그녀를 변화시키는 일에 전념하신다. 그리고 그분은 변화의 도구로 당신을 택하셨다. 그러므로 그분은 당신이 그분의 구조작업의 대행자가 되도록 당신 배우자의 변화가 필요한 부분을 보고 듣고 경험하게 하실 것이다.

종종 이렇게 하나님이 주시는 사역의 순간에 우리는 하나님의 뜻을 따르기보다는 화를 낸다. 어쩐 일인지 우리 배우자는 우리가 원하는 일에 방해가 되기 때문이다. 이렇게 되면 그 다음 일이 일어난다. 즉 우리가 사역의 순간을 분노의 순간으로 바꾸어버리는 이유는, **개인적이지**

않은 것을 개인화하기 때문이다. 업무상 기분이 나쁜 날에 당신 남편은 "난 어떻게 해야 할지 알지. 아내도 나처럼 망가지도록 내 기분을 전염시켜야겠어"라고 말하지 않는다. 당신이 경험하는 골치 아픈 문제는 직접적으로 당신과 관련이 없다. 그러나 그것이 골칫거리인 이유는, 이 화난 남자가 당신의 남편이기 때문이다. 당신이 경험하고 있는 것은 의도성이라는 면에서 볼 때 개인적인 것이 아니다. 당신이 죄인과 함께 살고 있으므로 그의 죄를 경험하는 것이다.

그러나 개인적이지 않은 것을 개인화할 때 **당신은 적대적으로 반응하게 된다.** 당신의 배우자가 당신 자신과 당신의 일정과 당신의 평안 등을 해쳤기 때문이다. 그렇기에 당신의 반응은 '그를 위한' 반응이 아니라 '그에 맞서는' 반응이다. 실제로 당신이 하고자 하는 것은 그에게 사역을 하는 것이 아니라 그를 당신의 세계에서 내보내고 당신은 이전의 상황으로 되돌아오는 것이다. 정직해지자. 우리는 모두 그렇다.

이렇게 적대적으로 반응하면 상대방이 우리에게 여파를 미친 그 문제도 악화되고, 이는 또 한 가지 상황으로 이어진다. 우리는 개인적이지 않은 것을 개인화함으로써 사역의 순간을 분노의 순간으로 바꾸어버렸고 그 때문에 적대적으로 반응하게 되며, 그렇게 반응하기 때문에 우리는 **문제의 핵심에 다가가지 못하는 빠른 상황 해결책에 안주한다.** 도울 방법을 찾기보다는 상대방에게 자제하라고 말하거나 입을 다물라고 협박하거나 화를 내서, 약함이 드러나는 그 순간을 심각한 대립으로 바꾸어버린다.

나는 바로 여기서 성경이 아주 도움이 된다고 생각한다. 성경 속 세상은 당신의 세상처럼 엉망이고 깨져 있다. 성경 속 사람들은 당신과 당신의 배우자처럼 약하고 실패한다. 성경 속 상황은 당신들의 상황처럼 복잡하고 예상치 못한 상황이다. 성경은 겉만 번지르르한 종교 서적이 아니다. 우리가 살아가는 깨진 세상에서 일어나는 일들에 대한 성경의 정직함은 당신에게 충격일 것이다. 가인의 형제 살해부터 돈에 이끌린 유다의 배신에 이르기까지 깨진 세상의 피비린내 나는 이야기가 곳곳에 나와 있다. 우리가 살아가는 곳에 대한 하나님의 정직함은 그 자체가 사랑과 은혜의 행위다. 하나님은 우리가 세상을 있는 그대로 보도록, 그래서 우리가 그 세상에 대한 환상을 품지 않도록 성경을 보게 하신다. 그분이 이렇게 하시는 것은 우리가 현실적으로 기대하고, 그렇게 함으로써 그분만이 주실 수 있는 도움을 겸손하게 구하도록 하기 위함이다.

하나님은 신실하고 능력이 많으며 자발적이시다

당신의 결혼생활을 가능한 한 현실적으로 보려고 할 때 포함해야 할 현실이 하나 더 있다. 당신이 살아가는 이 세상의 타락과 당신들 둘 다 완벽에 미치지 못한다는 사실을 염두에 두어야 할 뿐 아니라, 당신이 홀로 분투하는 것이 아님을 기억해야 한다는 것이다. 성경은 하나님이 가까이 계시다고, 아주 가까이 계셔서 당신이 필요한 순간에 다가갈 수 있고 접촉할 수 있다고 말한다. 그분은 우리 각자에게서 멀리 계시지 않기 때문이다(행 17:27). 그렇다. 당신은 악한 이웃들 사이(타락한 세상)에서 살아가며, 당신들 둘 다 결코 완벽하지 못하지만(죄), 이 모든 것 가운데서도 도움을 받을 수 있다. 당신이 살 곳을 정하신 하나님이 그곳에서 당신과 함께 거하시고 당신에게 필요한 모든 것을 주는 일에 전념하시기 때문이다.

지금은 부활절이 지난 지 며칠 안 되었다. 그래서 내 마음은 빈 무덤에 가 있다. 잠시 주 예수 그리스도의 빈 무덤이 우리에게 가르치는 바를 생각해보자. 첫째, 그것은 하나님의 **신실하심**을 가르쳐준다. 수세기 전 아담과 하와가 하나님께 불순종한 이후, 하나님은 악을 한번에 영원히 진압하겠다고 약속하셨다. 그래서 그분의 아들을 보내어 십자가 죽음과 부활을 통해 죄와 죽음을 패배시키셨다. 수천 년 동안 하나님은 그 약속을 잊지 않으셨고 바꾸지도 않으셨다. 그분은 지치지도 않으셨고 다른 데 마음을 뺏기지도 않으셨다. 그분은 약속하셨고 역사의 (크고 작은) 사건들을 주관하심으로써 때가 되었을 때, 예수 그리스도께서 오셔서 약속된 것을 성취하게 하셨다.

그러나 열린 무덤은 또한 하나님이 **능력이 많으신** 분임을 말한다. 그분에게는 강력한 권위와 힘이 있다. 예수님이 제때 오셔서 그분에게 주어진 일을 하시는 데 필요한 모든 상황과 장소, 관계를 주관하는 권위를 생각해보라! 죽음을 이긴 능력보다 그 능력을 더 잘 증명해보일 방법은 없다. 하나님의 어마어마한 능력에 의해 예수님은 수의를 벗고 무덤에서 걸어 나오셨다. 역도대회에 참가한 사람들이 치아로 버스를 끌 수 있을지는 모르지만, 그들도 언젠가는 모두 죽을 것이고 죽음과 관련하여 그들이 할 수 있는 일은 아무것도 없다.

그 빈 무덤은 우리에게 한 가지 놀라운 사실, 즉 하나님이 **자발적인 분이라는 것**을 가르쳐준다. 그분은 왜 그렇게까지 우리를 도와주시는가? 그분은 왜 우리를 구해주시는 것은 물론, 우리에게 관심을 가지고 신경을 쓰시는 걸까? 그분은 왜 자기 아들을 희생시키시는 걸까? 자발적이시기 때문이다. 당신과 나는 그분의 자발적인 마음이, 우리 안에 있는 무엇 때문이 아니라 그분 안에 있는 것으로 말미암았음을 인식해야 한다.

그분이 자발적인 이유는 그분이 자비 그 자체이시기 때문이다. 그분이 자발적인 이유는 그분이 사랑의 근원이시기 때문이다. 그분이 자발적인 이유는 그분은 놀라운 은혜로 가득한 분이시기 때문이다. 그분이 자발적인 이유는 그분은 선하시며 온유하시며 오래 참으시며 친절하시기 때문이다. 우리가 꺼려하고, 우리 자신에게만 몰두해서 우리 마음대로 하고자 할 때에도 그분은 여전히 자발적인 마음을 가지고 계시다. 그분은 그분의 은혜로 우리를 변화시키는 일을 기뻐하신다. 그분은 그분의 강력한 사랑으로 우리를 구하는 일을 기뻐하신다.

그러므로 죄를 지을 때나 타락한 세상이 당신의 문을 부서뜨릴 때 욕하거나 도망치지 말라. 약함과 혼란 가운데 서서 말하라. "나는 혼자가 아니야. 하나님이 나와 함께 계시고 그분은 신실하시고 능력이 많으시고 자발적인 마음을 가지고 계셔"라고. 당신은 현실적이 되는 동시에 소망을 품을 수 있다. 현실적인 기대는 정직하지 않은 소망을 품는 것도 아니고, 소망 없는 정직함도 아니다. 뻔뻔한 정직함과 타협하지 않는 소망이 교차하는 곳에 현실주의가 있다. 하나님의 말씀과 하나님의 은혜는 당신의 결혼생활에 둘 다를 가능하게 한다.

결혼생활에 대한 당신의 기대는 현실적인가?

2장

결혼생활, 왜 그만두지 않는가?

모든 사람이 소망을 추구한다. 모든 사람이 계속 살아가야 할 이유를 찾는다. 모든 사람이 꿈을 안고 살아간다. 모든 사람이 자신이 온몸을 바쳐 하는 일이 가치 있는 일인지 알고 싶어 한다. 인간은 본능대로 살지 않는다. 하나님의 형상대로 지음받은 우리는 이성적인 존재다. 우리는 우리 몸에 깊이 밴 생각과 욕구에 따라 말하고 행동한다. 우리는 모두 평생 동안 거대한 보물찾기를 하고 있다. 당신의 보물이 내 보물과 같지 않을지는 모르지만, 그럼에도 우리는 모두 보물을 찾는 사람들이다. 우리가 하는 일이 어떻게든 성공적이라고 생각하지 않는다면 우리는 아마 그 일을 그만둘 것이다.

톰은 고투 끝에 이제 그만두려고 하고 있었다. 그가 엄청난 충격과 재난을 당한 것은 아니었다. 사실 멀리서 보면 톰의 삶은 아주 훌륭했다. 그에게는 밝고 아름답고 똑똑한 아내와 세 명의 예쁜 미취학 자녀들이 있었다. 그의 일은 지루하거나 세속적이지도 않았다. 그러나 톰은 삶을 포기하고 싶었다. 사는 게 더 이상 재미없었던 것만은 아니지만 그와 다라는 늘 서로를 향해 사소한 짜증을 냈다. 그들의 일정은 터무니없이 빡빡했고, 아이들에게 끊임없이 주의를 기울여야 했다. 그는 다라를 속상하게 하지 않는 날이 거의 없다고 느꼈다. 힘들게 일하고도 성과가 없어서 피곤했고 결혼생활을 지속할 이유를 찾을 수 없었다.

신디는 잠에서 깨어 침대에 누운 채 맥을 바라보고 있었다. 자기 옆에 누워 있는 남자가 자기가 정신없이 빠져든 그 사람인지 이해하기가 어려웠다. 뺨을 타고 눈물이 흘러내릴 때 그녀는 맥의 매력적인 미소와 유머 감각을 떠올렸다. 아주 평범한 일도 재미있게 만드는 맥의 능력을 생각했다. 그의 목소리에 흥분했던 기억도 떠올렸다. 하지만 더는 그렇지 않다. 어느 때부터인가 맥은 더 이상 맥이 아니었다. 그는 늘 산만하고 불만스러워 보였으며 스포츠 경기를 보거나 컴퓨터 앞에서 시간을 보냈다. 신디는 잠자리에 드는 일이 특히 어려웠다. 둘 다 지쳐 잠들기 전에 잠깐의 다정한 시간을 원했지만 그런 시간은 없었다. 맥은 침대 위로 쓰러져 뚱하게 잘 자라고 중얼거리며 형식적인 키스를 한 다음 잠들어버렸다. 매일 밤 신디는 이 결혼생활을 지속해야 할 이유를 찾으며 뜬눈으로 지샜다.

처음부터 에린은 윌이 그의 가족들과 아주 친하다는 것을 알았지만, 이렇게 되리라고는 전혀 예상하지 못했다. 에린은 자신의 삶에서 외부인처럼 느껴졌다. 매번 휴일이나 휴가를 윌의 가족과 보내는 데 지쳤다. 결혼생활과 대가족, 일, 교회가 뒤얽히는 것에 넌더리가 났다. 그녀가 없다는 사실을 전혀 의식하지 못한 채 윌과 윌의 형제들이 휴가 기간에 마음껏 즐거운 시간을 보내는 것을 지켜본 적이 얼마나 많았는지 모른다. 에린은 윌이 자기 가족과 상의하지 않고는 어떤 결정도 내리지 못하리라는 것을 이제 안다. 그녀는 성경이 "떠나고 연합하는 것"에 대해 말하는 바를 많이 생각했고, 윌이 자기 가족을 절대 떠나지 못하리라는 것을 깨달았다. 에린은 외부인이 되는 데 넌더리가 나서 결혼생활을 지속하기가 어렵다고 생각하고 있다.

네이단은 구겨진 쪽지를 손에 들고 서 있었다. 그는 몇 주 전 벽장에서 그 쪽지를 발견했다. 그날 이후 상황이 어려워졌다. 애니타는 부정하지 않았다. 그녀는 한 직장 동료에게 정서적으로 반했다. 육체적인 관계는 없었다. 사실 그들은 사무실 밖에서 만난 적도 없다. 그러나 그럼에도 불구하고 그 쪽지는 엄청나게 충격적이었다. 그 글을 읽어보는 사람이라면 누구나 그것을 연애편지라고 생각할 것이다. 네이단은 자신이 왜 그 쪽지를 가지고 있는지 모른다. 왜 날마다 그것을 파헤치며 읽고 또 읽는지 모른다. 그냥 그렇게 한다. 애니타는 후회하는 듯 보였고, 그것을 만회하기 위해 할 수 있는 일을 다하고 있다. 네이단은 그녀가 일을 그만둔 사실은 고맙지만 그 쪽지를 그냥 넘길 수 없다. 그 쪽지는 정복해야 하지만 결코 그럴 수 없는 에베레스트처럼 그의 삶 중심에 자리 잡고 있다. 그가 이 결혼생활을 지속해야 할 모든 이유를 그 쪽지가 다 없애버린 것 같다.

샌디는 세 살 된 아이가 막 바닥에 떨어뜨린 날달걀을 보며 소리를 지르고 싶다. 자신이 아내라기보다는 관리인처럼 느껴진다. 매일같이 아침에 일어나 잠자리에 들 때까지 청소하고 정리하고, 그 다음 날 또 일어나서 다시 그 일을 하는 것 같다. 그녀는 땀과 운동화로 살아간다. 매력적으로 느끼던 세월은 기억에서 사라졌다. 프레드는 몸무게가 늘어서 멋져 보이지 않는다. 그녀는 위층 복도에 있는 전신 거울 옆을 지나며 생각한다. '우리에게 무슨 일이 있었던 거지?' 결혼 초기의 앨범이 책장에서 바닥으로 떨어진 그 아침 그녀는 벽을 쳤다. 그 사진들은 다른 시간과 장소에 있는 다른 부부 같았다. 비교해보니 엄청나게 충격적이었다. 그녀는 집안에만 있는 데 넌더리가 났고 결혼생활을 지속하는 데 격려가 되는 것을 찾을 수 없었다.

브랜든은 힘든 일에 넌더리가 난다. 다시 한 번 젊은 시절을 바라지 않을 수가 없다. 제시와 함께 있는 것은 아주 재미있었다. 그는 자유로운 그들의 관계와 일정을 아주 좋아했다. 제시가 어느 때든 어느 것에든 준비되어 있는 듯한 모습이 아주 좋았다. 당시에 그는 항상 그렇지 못하리라는 것은 알았지만, 이 정도일 줄은 상상도 못했다. 새 직장과 쌍둥이의 출생으로 그와 제시는 열심히 일하는 것 외에 거의 아무것도 하지 못했다. 바쁘고 지쳐서 사는 것이 그다지 재미있지 않았다. 아주 가끔씩 그들이 함께하는 시간을 가질 때에도 그랬다. 브랜든이 늦게까지 일하면 제시는 그가 집에 없어서 도와주지 못한다고 불평하고, 그가 집에서 도와주면 돈을 많이 벌어오지 못한다고 불평한다. 브랜든은 그 상황을 직장 동료에게 이렇게 요약했다. "이길 수 없다는 생각이 들 때면 노력을 계속하기가 어려워."

노라와 크리스는 둘 다 싸우는 데 지쳤다. 하지만 멈추는 법을 모른다. 그들은 매일 아침 우주의 다른 쪽에서 일어나 모든 것을 정반대 시각으로 본다. 둘 다 자기들이 옳다고 확신하고 상대방이 자기처럼 보지 못하는 것에 계속 좌절한다. 둘 다 서로를 사랑한다고 말하며 열띤 말다툼이 사그라지면 사과를 하지만, 싸움을 그만두지는 않는다. 불행한 모습이며 둘 다 그렇게 느낀다. 그들은 달라지려면 무엇이 필요할지, 변하지 않는다면 도대체 어떻게 해야 할지 조용히 생각한다.

본래 의도와 달라진 결혼생활

이런 일은 누구에게나 일어난다. 신혼여행 이후의 삶은 신혼여행과는 전혀 다르다. 함께 즐겁게 지내던 그 사람과 지금은 함께 살며 일하고 있다. 한때 당신이 책임지던 것들에서 벗어나게 해주었던 그 사람이 당신의 가장 중요한 책임이 되었다. 함께 시간을 보내는 것과 함께 살아가는 것은 전혀 다르다. 예전에 매력을 느끼던 요소가 지금은 짜증의 이유가 된다. 우리는 모두 어떻게든 우리의 결혼생활이 원래 의도했던 모습이 아니라는 사실에 직면한다. 이유가 뭘까? 그 이유는 우리가 첫 장에서 보았던 것에서 찾을 수 있다.

어느 순간 당신은 당신 역시 죄인이며 죄인과 결혼했고, 깨진 세상에서 그 두 사람이 함께 살고 있음을 깨닫는다. 때로 이 현실은 일상의 사소한 순간들을 훨씬 어렵게 만들기도 하고, 때로 생각지 못한 충격적인 것들과 마주하게 한다. 어떤 시점에 이르면 당신에게는 로맨스보다 더 견고한 무언가가 필요하다. 관심사를 공유하고 서로 매력을 느끼는 것보다 더 깊은 무언가가 필요하다. 결혼생활에서 살아남는 기술 이상의 무언가가 필요하다. 연애 감정이 없어지고 여러 가지 문제로 우울해질 때, 마음의 평안과 결단력을 주는 무언가가 필요하다.

모든 결혼생활은 의도하지 않았던 모습이 된다. 당신은 대면하리라 예상하지 않았던 일을 처리해야 한다. 모든 결혼생활에서 죄는, 죄가 없었다면 단순했을 것을 복잡하게 만든다. 모든 결혼생활에서 세상의 깨어짐은 상황을 더 복잡하고 어렵게 만든다. 어떤 결혼은, 황홀한 연애 감정은 시들해지고 더 견고하고 성숙한 사랑이 그 자리를 차지한다. 또 어떤 결혼은 죄의 이기심이 결혼 관계를 관계의 데탕트 상태(휴지기)로 끌어내린다.

그렇다면 결혼생활이 의도한 대로 되지 않을 때 당신은 무엇을 하는가? 당신의 배우자에게 당신이 매력적이지 않을 때 당신은 무엇을 하는가? 짜증이 나거나 상처를 받거나 낙담할 때 당신은 어디를 보는가? 어디로 손을 뻗는가? 어디로 달려가는가?

예배에 뿌리를 둔 삶

사소한 문제가 당신을 괴롭히고 큰 문제가 당신을 비탄에 빠트릴 때 당신은 어디서 결혼생활을 지속할 이유를 찾는가? 견고한 사랑과 연합과 이해가 있는 결혼생활을 가능하게 해주는 것은 무엇인가? 내가 제시하려는 답은 대부분의 사람을 놀라게 할 것이다. 그 답은, **사랑과 연합과 이해의 결혼생활은 연애 감정이 아닌 예배에 그 뿌리를 두고 있다**는 것이다. 이 문장을 읽은 당신은 여전히 이 원리에 담긴 통찰의 깊이를 이해하지 못할지도 모른다.

결혼생활이 '예배에 뿌리를 두고 있다'는 것은 어떤 의미인가? **예배**라는 단어는 까다로운 단어다. 평범한 사람이 **예배**라는 단어를 들으면 모임과 찬양, 헌금, 설교를 생각한다. 그러나 이 단어에는 성경적인 진리가 담겨 있다. 이는 당신이 왜 결혼생활에서 고투하고 있는지, 그러한 고투를 어떻게 해결할지 알고자 한다면 꼭 이해해야 하는 것이다. 예배는 우선 당신의 행위 이전에 당신의 정체성이다. 당신은 **예배자다**. 그러므로 예배에 의해 당신의 모든 생각과 욕구, 선택, 행동, 말이 만들어진다. 사람들의 행동에 대한 이보다 더 심원한 통찰은 없다. 그래서 일단 이 사실을 이해하면, 전에는 경험해보지 못했던 이해와 변화의 문이 열린다. 이제 설명해보겠다.

성경이 우리가 예배자라고 가르칠 때(롬 1:19-25), 그것은 우선 우리의 일상적인 측면들과 동떨어진 종교적 기능을 말하는 것이 아니다. 성경은 우리를 예배자로 칭하면서 인간의 근본적인 동기에 대한 급진적인 통찰을 제시한다. 당신은 몸에 깊이 밴 본능으로 움직이는 동물이 아니기 때문에 당신의 행동과 말은 어떤 목적에서 나온다. 다시 말해, 당신의 말과 행동이 표면적으로 이해가 되든 되지 않든 당신이 그렇게 행동하거나 말하는 데에는 다 이유가 있다. 당신이 어떤 행동을 하는 가장 일반적이고 근본적인 이유는 예배다. 아마도 이러한 의견에 대해서는 설명이 더 필요할 것이다.

이렇게 생각해보자. 당신을 속상하게 하는 어떤 것들이 당신의 배우자에게는 전혀 속상하지 않은 일이라는 것이 흥미롭지 않은가? 왜 어떤 것들은 다른 사람들보다 당신에게 특히 더 중요한가? 또 당신에게 중요한 것들의 목록이 당신 남편의 목록과 전혀 일치하지 않는 이유는 무엇인가? 당신을 화나게 하는 주제들(어떤 시간, 장소, 상황, 관계 등)과 당신을 좌절시키는 주제들이 있는 이유는 무엇인가? 내가 묘사한 이 모든 것이 예배와 관련 있다.

성경이 우리를 예배자라고 말할 때, 그것은 모든 인간이 무언가를 위해 살아간다는 의미다. 우리는 모두 보물을 찾아 땅을 파고 있다. 우리는 모두 어떤 꿈을 추구하고 있다. 우리가 하는 모든 일 배후에는 일종의 소망이 있다. 우리는 모두 계속 삶을 추구한다. 당신은 "폴, 다 알겠어요. 하지만 어떻게 그것이 내 결혼생활을 이해하는 데 도움이 되는지 이해가 안 돼요" 하고 말할지도 모르겠다. 더 설명해보겠다.

예배자가 되는 것이란, 당신의 정체성과 의미, 목적, 내면의 행복감을 중요하게 여긴다는 의미다. 당신은 이런 것들을 수직적으로(창조주로부터) 얻거나 수평적으로(창조물에서) 얻으려고 한다. 이는 결혼생활의 모든 면과 관련이 있다. 결혼한 사람들이 창조주에게서만 얻어야 하는 것을 창조물에서 얻으려 한다면, 어떤 결혼생활도 견고하지 못할 것이다.

안락함은 제니의 신이 되어 있었다. 제니는 주일예배와 목사님의 설교를 아주 좋아했지만, 그녀의 마음을 지배한 것은 안락함이었다. 제니는 집을 집안일의 손재주를 펼치는 박물관으로 바꾸는 데서 안락함을 느꼈다. 제니에게는 인테리어 잡지가 1,000여 권이나 있었다. 제니는 늘 실내장식을 새로 하거나 개조했다. 끈질기게 청소를 해댔고 강박적으로 정돈을 했다. 집을 가족을 위한 아름다운 곳으로 만들고 싶다고 혼잣말을 했지만 그녀를 그렇게 하도록 만든 것은 가족에 대한 관심이 아니었다. 제니는 자신의 정체성과 내면의 행복감을 집을 아름답게 꾸미는 데서 찾았다.

사실 제니는 집에서 여유 있게 쉰 적이 없다. 남편과 가족들도 마찬가지였다. 제니는 가족들이 집에서 신발을 신는 것을 싫어했다. 어수선해지려는 기미만 보여도 속상해했고 범인이라고 생각하는 사람은 끝까지 추적했다. 제니의 남편은 화가 났다. "제니, 우리에게 더는 돌아올 집이 없소. 이곳은 우리 집이 아니라 당신의 박물관이지. 여기서 환영을 받는다는 느낌이 점점 없어져요!"

토니는 자신의 정체성을 성공에서 찾았다. 그는 창조주에게서 얻어야 하는 것을 창조물로부터 얻으려 하고 있다는 것을 전혀 몰랐지만, 일은 정확히 그렇게 진행되고 있었다. 토니가 성공을 찾고 있던 곳, 곧 아침마다 그를 일어나고 싶게 만든 것은 일이었다. 토니는 일을 잘했다. 잘할수록 일이 더 좋아졌고, 좋아질수록 돈과 권력이 더 많이 주어졌다. 모두 아주 흥분되고 취하게 만드는 것이었다. 사는 것이 꿈만 같았다.

그러나 승진을 할 때마다 압박은 커졌고 근무시간은 길어졌다. 토니가 집에 오는 시간은 아내와 아이가 저녁을 먹은 지 한참 후였고, 그에게는 가족을 위한 에너지가 거의 남아 있지 않았다. 하지만 이보다 더 깊은 무언가가 진행되고 있었다. 토니는 일에서 인간으로서의 가치를 찾았기 때문에, 일을 마치고 집에 오는 것은 그에게 가치를 주었던 것에서 떠나오는 것이었다. 실제로 그의 결혼생활은 그가 가치 있게 여기는 것의 범주 밖에 있었다. 그러니 아내를 사랑한다고 말하기는 했지만 일을 마치고 집에 오는 것이 흥분되지 않았다. 그는 쉽게 짜증을 냈고 집

안에서 일어나는 일에는 관여하지 않았다.

애비는 캐머론에게 의미와 목적을 두었다. 그녀는 알지 못했지만, 캐머론은 그녀의 개인적인 메시아였다. 캐머론은 남편으로서 그녀가 원하는 모든 것을 갖추었다고 말했다. 그렇다면 애비는 늘 행복하고 결혼생활에 만족했을까? 안타깝게도 그 반대였다. 애비는 일 년 내내 만족하지 못했다. 아침에 일어나면 남편이 그녀에게 보이는 모든 행동과 반응, 대답에 따라 감정의 롤러코스터를 탔다. 남편의 어조와 얼굴 표정, 자세 등 아주 사소한 것조차도 그녀의 하루를 망가뜨릴 수 있었다. 애비는 캐머론이 자신에게 어떻게 반응하는지에만 초점을 맞춘 것이 아니라, 캐머론이 다른 여자들에게 어떻게 반응하는지도 아주 자세히 관찰했다. 캐머론에게 결혼생활은 기말고사 같았고, 늘 낙제점을 받고 있다고 느껴졌다. 아주 지치고 유쾌하지 못한 일이었다. 캐머론에게는 이 결혼을 지속할 이유가 필요했다.

결혼생활은 수평적으로 자리를 잡기 전에 수직적으로 자리를 잡아야 한다. 우리는 서로에게 어떻게 반응하는지 다루기 전에 우리를 그렇게 만드는 것을 다루어야 한다. 우리가 하나님으로부터 얻어야 하는 것을 주위의 창조물에게서 얻으려 할 때 모든 관계는 어떤 면에서든 희생을 당한다. 하나님이 하나님의 자리에 계실 때 우리는 사람들을 그들의 자리에 둘 수 있게 된다. 그러나 그 이상이 있다. **결혼생활을 하면서 하나님께 예배를 드릴 때에만 우리는 지속할 이유를 찾는다**고 나는 확신한다.

예배에 뿌리를 둔 결혼생활

바울은 갈라디아서 5장 14절에서 놀라운 말을 했다. "온 율법은 네 이웃 사랑하기를 네 자신 같이 하라 하신 한 말씀에서 이루어졌나니."
나는 이 말씀을 여러 번 생각했다. 내가 이 구절, 즉 "온 율법은 …한 말씀에서 이루어졌나니"를 새로 쓴다면, 가운데 부분에 "다른 무엇보다도 하나님을 사랑하라"라고 쓸 것 같다. 그러나 바울은 그렇게 쓰지 않았다. 하나님이 우리에게 하라고 하시는 것을 어떻게 이웃 사랑으로 요약할 수 있는가? 이 구절에 내포된 원리는 알아차리기만 한다면 아주 실제적이고 통찰력 있는 것이다. 나는 다른 무엇보다 하나님을 사랑할 때에만 이웃을 나 자신같이 사랑할 것이다. 근본적인 차원에서 볼 때, 결혼생활의 어려움은 일차적으로 우리가 서로를 충분히 사랑하지 않기 때문에 오는 것이 아니다. 그 어려움은 우리가 하나님을 충분히 사랑하지 않기 때문에 생긴다. 우리가 하나님을 충분히 사랑하지 않기 때문에, 결혼생활을 가능하게 하는 사랑으로 서로를 대하지 않는 것이다.

십계명을 생각해보라. 우리가 (하나님께 예배하는 것과 관련이 있는) 첫 네 계명을 잘 지킬 때에만, 나머지 (이웃 사랑과 관련이 있는) 여섯 계명을 잘 지킬 수 있다. **수평적으로 견고한 사랑은 항상 수직적으로 시작한다.** 오래 지속되고 인내하는 상대방 중심의 삶은 낭만적인 애정이나 인격적인 연합, 생활방식의 유사성에서 나오지 않는다. 나는 하나님을 송축하며 평화롭게 예배하며 살 때에만, 지나치게 심각하지 않을 수 있고 자유롭게 다른 사람을 섬기고 함께 기뻐할 수 있다.

아마도 지금쯤 당신은 인내심에 과부하가 걸려 "여보세요, 폴. 본론으로 들어가서 그게 어떤 모습인지 알려주세요!"라고 말할지도 모르겠다. 부부의 사랑을 견고하게 해주고 지속해야 할 이유를 주는 예배는 하나님을 예배하는 세 가지 방법에서 비롯된다.

날마다 창조주 하나님을 예배한다

배우자를 바라보며 하나님의 창조적인 예술성을 보라. 그래야 당신은 건강한 결혼생활에 필요한 존엄성과 존경으로 그녀를 대하게 될 것이다. 하나님은 당신의 모든 면을 창조하셨다. 당신의 키와 체질, 눈동자 색깔, 머릿결, 코의 모양, 손 크기, 목소리 톤, 성격, 재능, 피부 색깔, 체력이나 운동신경, 당신이 기계적일지, 분석적일지, 관계적일지를 다 그분이 결정하셨다. 당신은 이것들 중 어떤 것도 선택하지 않았다. 태어난지 6개월 되었을 때 정신을 차리고 "나는 커서 기계적인 남자가 될 것 같아"라거나 "나는 내 코가 가늘고 긴 모양이 되도록 노력할 거야. 그래야 얼굴에 균형이 잡히니까"라고 말하지 않았다.

이 모든 선택은 무한한 창조성을 지닌 신적 예술가가 했다. 그러나 우리의 이기심이 발동하는 순간들이 있다. 다른 사람이 우리가 원하는 일에 방해가 될 때 우리는 모두 창조주의 왕좌에 올라 남편이나 아내를 우리 형상대로 재창조하거나, 적어도 우리와 같이 살기 쉬운 사람으로 재창조하고 싶어 한다. 관계적인 아내는 기계적인 남편을 자신의 복제품으로 바꾸고 싶어 한다. 분석적인 남편은 다소 감정적으로 움직이는 아내를 자기처럼 냉정한 사상가로 재창조하고 싶어 한다. 남편은 아내의 꽥꽥거리는 목소리에 짜증이 난다. 혹은 아내는 남편이 뭐든 천천히 하는 것에 조바심을 낸다.

교묘하게, 또 그다지 교묘하지 않게 우리는 모두 창조주에게 의문을 제기한다. 그리고 그렇게 함으로써 남편이나 아내에게 망신을 주고 상대방을 무시한다. 우리는 결국 상대방에게 불가능한 영역을 바꾸라고 요구하는 것과 같다. 나는 내 키를 더 크게 할 수 없다. 나는 창조주가 계획하신 나의 타고난 재능을 바꿀 수 없다.

창조주를 찬양할 때, 우리는 서로를 경이감과 기쁨으로 바라본다. 배우자를 보며 창조주의 영광을 볼 때, 그의 다른 점을 축복이라 느낀다. 그가 당신의 삶에 가져온 경험과 시각에 놀라고 경의를 표한다. 그것들은 그가 없었다면 결코 얻지 못했을 것이다. 그러고 나면 당신은 창조주의 손길이 그를 빚은 모습과 그를 향한 존경을 표현할 방법을 찾게 된다.

날마다 주권자 하나님을 예배한다

당신은 아마 삶이 계획대로 되지 않음을 알아챘을 것이다! 지난주도 계획한 대로 되지 않았다. 우리 이야기는 다른 누군가에 의해 쓰이고 있다. 생각해보라. 15년 전 당신은 이 책을 읽는 지금과 같은 상황을 알 수 없었다. 마찬가지로 당신의 결혼생활은 사랑 많고 주권적이신 하나님의 지혜로운 관리 하에 집필되어 펼쳐지는 드라마다.

나는 루엘라와 관계를 맺기 시작한 그 첫 순간에 이 사실에 직면했다. 대학교 신입생이 된 첫날 교내식당의 점심 식사 줄에서 나는 루엘라 뒤에 서 있었다. 사우스캐롤라이나에 있는 한 캠퍼스에서 일어난 일이었다. 루엘라는 쿠바에서 자랐고 나는 오하이오의 톨레도에서 자랐다. 우리가 같은 날, 그것도 정확히 그 순간에 그 줄에 서 있기 위해 관장해야 할 것들을 다 관장할 수 있는 방법이 우리에게는 없었다.

하나님이 그 과정 전체를 다 주관하셨다. 그분은 우리가 어떤 문화의 영향을 받으며 자랄지 다 관장하셨다. 또 우리 안에 어떤 가정의 가치관이 형성될지 모두 관장하셨다. 그분은 우리의 특정한 사고방식과 살아가는 방식에 영향을 미친 모든 상황과 장소, 경험을 관장하셨다.

결혼을 할 때 우리는 이 모든 문화와 가정, 경험의 영향들을 가지고 온다. 따라서 우리의 배우자에게는 당연한 일이 아닌 당연한 일 목록을 가지고 결혼생활을 시작한다. 상대방은 생각지 못한 일정과 미적·관계적 기대를 가지고 결혼생활을 시작한다. 한 사람은 빨리 음식을 먹어치우는 저녁을 기대하는 반면, 다른 사람은 여유 있는 식사와 대화가 있는 저녁을 기대한다. 한 사람은 집이 엉망이어도 신경을 쓰지 않는 반면, 다른 사람은 깔끔한 환경을 기대하며 유지하도록 훈련을 받았다. 어떤 가정에서는 남편과 아내의 역할이 잘 규정되어 있고 분명하지만, 다른 가정에서는 그 역할이 분명하지는 않다. 어떤 가정은 돈은 써야 하는 것이라고 생각하지만 다른 가정은 저축해야 한다고 생각한다. 이런 예는 수없이 많다.

당신의 배우자가 당신과 다른 본능을 가지고 있다는 사실을 깨닫는 데는 그리 오래 걸리지 않는다. 그 순간 당신은 주권자 하나님을 예배하며 당신의 배우자가 당신에게 선사한 다른 세계관을 기뻐할 수도 있고, 혹은 그분의 이야기를 고쳐 쓰려 함으로써 하나님의 명예를 더럽힐 수도 있다. 예를 들어, 당신들이 사는 집은 당신들 둘 중 하나의 색깔만 드러나서는 안 된다. 그곳은 두 사람의 감수성이 아름답게 혼합되어 드러나야 한다. 많은 남편과 아내가 모욕과 무례함으로 아픔을 겪는다. 그것은 배우자가 그들의 행동을 조롱하거나 폄하할 때, 혹은 그들의 가족과 관계 맺는 방식이나 행동 방식을 거부할 때 일어나는 일이다.

그러나 하나님의 주권을 찬양할 때, 하나님이 당신을 빚으시고 그분의 영광과 당신의 유익을 위해 당신과 당신의 배우자를 하나로 묶으셨음을 찬양할 때, 당신은 당신들의 차이 때문에 더 이상 짜증을 내지 않고 당신들의 삶이 서로에 의해 향상됨을 찬양한다. 그러면 당신은 배우자의 감수성이 드러날 여지를 주는 것은 물론, 같은 일에도 다르게 접근하는 상대방에게 당신의 행동과 말을 통해 존경을 표할 것이다.

날마다 구세주 하나님을 예배한다

이보다 더 중요한 영역은 없다. 당신이 죄인과 결혼했다는 사실을 깨닫는 데는 그리 오래 걸리지 않는다. 그리고 이러한 발견을 할 때 당신이 어떻게 행동하는지가 당신 부부의 연합의 성격과 질을 결정할 것이다. 항상 존재하시며 항상 신실하신 구세주의 변화시키시는 은혜를 찬양하고 있다면, 배우자의 죄와 약함과 몸부림에 올바르고 선하고 유익하게 반응할 것이다.

그 순간 배우자에 대한 당신의 반응이 상처나 자기 의에서 나온 것이어서는 안 된다. 그 반응은 예배에서 나온 것이어야 한다. 무슨 뜻인가? 우선 그것은, 구세주 하나님을 찬양할 때 당신에게 그분의 은혜가 얼마나 절실하게 필요한지 대면하게 된다는 의미다. 그러면 당신의 배우자를 그 방에 있는 유일한 죄인으로, 혹은 당신보다 더한 죄인으로 보는 일은 불가능하다. 사실 은혜가 필요함을 확신하는 사람보다 은혜를 더 잘 베푸는 사람은 없다.

구세주 하나님을 예배한다는 것은 또한 하나님이 당신 배우자의 삶에서 쉬지 않고 베푸시는 은혜의 사역에 동참하는 기쁨을 발견한다는 의미다. 그러므로 이제 당신은 배우자가 실수를 할 때 그녀의 면전에서 죄를 까발리지는 않을 것이다. 그녀의 실수가 당신의 삶을 얼마나 힘들게 했는지 드러내며 그녀가 죄책감을 갖게 하지 않을 것이다. 그녀의 죄를 그녀를 대적하는 데 사용하지 않을 것이다. 그녀가 당신에게 잘못한 것을 세세하게 기억하지 않을 것이다. 오히려 구세주의 변화시키시는 은혜가 임하도록 방법을 찾을 것이다. 그녀가 실패하면 격려하고 넘어지면 회복시켜주고, 그녀가 당신보다 덜 의롭다고 여기지 않을 것이다.

결혼생활을 지속할 이유

결혼생활을 지속할 이유가 가장 필요한 순간에 어디서 그 이유를 찾을 것인가? 배우자에게서는 그 이유를 찾지 못할 것이다. 상대방은 당신과 조건이 같다. 즉 당신의 배우자는 여전히 하나님의 변화시키시는 은혜가 필요한 결점이 많은 사람이다. 또 편안한 환경에서도 그 이유를 찾지 못할 것이다. 당신은 여전히 신음하고 있는 깨진 세상에서 살고 있다. 또 피상적인 전략이나 기술에서도 찾지 못할 것이다. 당신의 고투는 그것들보다 더 심하다. 위를 올려다봄으로써만 지속할 이유를 찾을 수 있을 것이다.

능력이 많으신 창조주의 놀랍고 지혜로운 선택을 믿을 때, 당신은 지속할 이유를 얻을 수 있다. 당신들의 이야기를 하나로 합치기 위해 하신 수많은 사려 깊은 선택들을 찬양할 때, 당신은 지속할 이유를 얻을 수 있다. 당신들 둘 다 받았고 받고 있는 놀라운 은혜에 대한 감사로 가득할 때, 당신은 지속할 이유를 얻을 수 있다. 당신은 혼자가 아니다. 당신을 창조하고 다스리고 변화시키시는 주님이 여전히 당신과 함께 계신다. 그분은 당신들의 이야기를 하나로 합치시고 그것을 그분의 구속 이야기 한가운데 두신다. 그분이 창조주이신 한, 그분이 주권자이신 한, 그분이 구세주이신 한, 당신에게는 아침에 일어날 이유, 서로를 사랑할 이유가 있다. 당신이 아직 그분이 창조하신 그 모습이 되지 못했다고 할지라도 말이다.

3장

누구의 나라를 위한 결혼생활인가?

그웬은 벨벳 가방 안에 둔 귀한 보석처럼 늘 자신의 꿈을 소중히 간직해왔다. 열두 살 때 엄마가 보시는 가정 관련 잡지들을 훑어보며 미래의 가정과 가족을 마음속으로 그려보았다. 대학에 갈 무렵에 그웬은 자신이 원하는 가정과 가족의 모습을 확실하게 알았다. 그저 행복하기만을 소망한 것이 아니라 그녀를 행복하게 해주는 것이 무엇인지 알았다. 그웬은 인식하지 못했지만, 실제로 그녀는 대학에서 남자들과 연애를 한 것이 아니라 남자들을 구매하러 다녔다. 그녀는 자신의 꿈을 실현해줄 특별한 남자를 찾고 있었다. 그래서 배리를 알아갈수록 그에게 끌렸다. 그웬은 배리와 사랑에 빠졌다고 생각했고, 그는 그녀가 자신에게 빠져 있다는 사실을 사랑했다.

연애는 빠르게 진행되었다. 그웬도 배리도 관계가 발전하는 데 어떤 것도 방해가 되지 않기를 바랐다. 대학교 3학년과 4학년 때의 결혼은 흥분되고 멋진 일이었다. 실제로 그들은 완벽한 부부처럼 보였다. 그웬은 활발하고 관계 중심적이었고, 배리는 관리적이고 분석적이었다. 둘은 서로 완벽하게 보완되는 듯 보였다. 그웬은 믿을 수 없었다. 그녀는 어릴 때 만들었던 스크랩북을 떠올렸다. 그녀는 지금 그 페이지들에 붙였던 사진대로 살려는 참이다.

바로 임신을 한 것은 그웬이 꿈꾸던 것이 아니었지만, 다른 많은 것들이 완벽하게 맞아떨어졌으므로 받아들일 만했다. 배리와 함께 졸업하지 못한 것이 신경 쓰였지만, 자신도 학업을 마칠 때가 오리라고 생각했다. 배리는 전임으로 일하며 공부해나가는 압박을 받았지만 잘해내야 한다고 생각했다. 그웬이 쌍둥이를 임신했음을 알았을 때에는 둘 다 충격을 받았다. 그웬은 아주 짧은 순간에 이룬 가정을 생각하며 압도당했지만 배리에게 말할 수 없었다. 배리는 바쁜 일정 때문에 그웬의 염려와 불평을 들을 시간이 없었다. 그웬은 여전히 꿈꾸던 삶을 향해 가고 있다고 확신하고 싶었고, 그러는 사이 둘 다 고립된 일상에 안주하고 있었다.

그웬의 소녀 시절 스크랩북에는 산통을 일으킨 쌍둥이와 작은 집, 엄청난 학자금 대출, 적은 급여, 말단 일자리 등의 사진은 없었다. 그웬은 우울해지지 않으려고 노력했지만 우울했다. 그들의 집에는 마당 같은 것도 없었고, 실내는 너무 좁아서 늘 어수선해 보였다. 삶은 아침에 일어나 하루 종일 일하고 잠자고 다시 아침에 일어나는 반복적인 일상뿐인 듯했다. 그러나 그웬의 실망은 물리적인 환경과 바쁜 일정보다 더 깊은 데 있었다. 그녀는 배리에게 실망했다.

배리의 인생관은 연애 시절에는 아주 유용했지만, 지금은 그웬에게 흥미를 주기보다는 짜증을 일으켰다. 배리는 그들의 무질서한 삶이 계속 불만족스러웠다. 그는 집이 지저분한 것을 계속 불평했고 그웬에게 늘 더 효율적이 될 수 없냐고 물었다. 그웬이 보기에 그는 냉정하고 거리를 두는 듯했고, 분노로 인해 계속 몇 발자국 떨어져 있는 듯했다.

배리 역시 고군분투하고 있었다. 그웬은 딸들을 돌보고 살림을 하는 것보다 몇 시간 전화 통화를 하는 데 더 관심이 있는 듯 보였다. 그는 아름답다고 생각했던 여인이 지금은 땀범벅이 되어 있고 막 일어난 사람처럼 보이는 것에 신물이 났다. 이렇게 생각하는 것이 무정한 일임을 알지만 어쩔 수 없었다. 그가 집에 돌아왔을 때 그웬은 저녁 준비도 거의 하지 않은 듯했고 제 시간에 딸들을 재우지도 못하는 것 같았다.

그웬은 그녀가 매력을 느꼈던 남자는 어디로 갔는지 생각했다. 배리는 근무 복장이 자유로웠기 때문에 아무렇게나 옷을 입고 다녔다. 운동할 시간도 없고 식사도 대충하는 듯했고, 그래서 살이 쪘다. 연애할 때처럼 빠르게 반응을 해주거나 세심한 배려는 없어진 것이 분명했다. 그웬은 꿈꾸었던 대로 살고 있다고 확신하기가 점점 더 어려워졌다. 현실은 현실이었다. 그것을 피할 수 없었다. 사는 게 힘들었고 얼마 동안은 계속 그럴 것이었다.

그웬과 배리도 처음에는 마음을 다잡고 잘해보려고 애를 썼지만, 그리 오래 가지 않았다. 그웬은 자기 인생에 심히 실망했고, 배리가 자신을 대하는 모습에 상처를 받았다. 배리는 그웬을 도우려고 갖은 노력을 다했는데도 그녀가 변화하고 싶어 하지 않는 모습에 좌절했다. 둘 다 말없이 불행을 느꼈고, 그 침묵은 오래 가지 않았다. 죄책감을 가하고 불만을 토로하는 사소한 말들이 시작된 것이다. 머지않아 그웬과 배리는 자주 말다툼을 했다. 둘 다 할말이 많았고, 누구도 들을 마음이 없어 보였다. 말다툼을 하면 할수록 서로와 그들이 함께하는 삶에 부정적인 시각이 더 커졌다. 그웬이 그 말을 했던 그 밤은 둘 다 잊지 못할 것이다. 그 말을 하는 데는 오래 걸렸지만 그 말을 넘어서기는 어려웠다.

쌍둥이가 아프고 그웬이 지쳐 있다는 것을 알면서도 배리가 늦게 들어온 그날 저녁 늦게 그웬은 그 말을 내뱉었다. "내가 큰 실수를 한 것 같아, 배리. 우리 결혼을 후회하지 않기가 날마다 더 어려워." 그 말은 마치 칼처럼 배리에게 상처를 입혔다. 그웬은 배리가 그녀를 위해 열심히 일한다는 사실을 알았다. 그녀를 위해 많은 것을 포기한 것도 다 알았다. 그런데 이것이 그에 대한 감사 표시라니!

그 다음 날 배리는 일을 마치고 집으로 오기가 어려웠다. 사실 자신과 함께 살고 싶어 하지 않는 사람과 사는 일에 직면하기가 어려웠다. 그것은 그웬에게도 힘들었다. 그웬의 꿈은 악몽이 되었고, 그녀는 어떻게 해야 할지 몰랐다.

더 깊은 곳의 전투

가엾은 그웬과 배리는 상처를 많이 받았고 아주 혼란스러웠다. 정말 시계를 되돌리고 싶었지만 무슨 일이 일어나고 있는지 알지 못했고, 그것이 문제였다. 이해하지 못하는 것을 고치기는 어렵다. 또 문제가 상대방에게 있다고 생각할 때는 고치기가 훨씬 더 어렵다. 배리는 다음 날 출근을 하면서 자신이 그웬을 위해 잘한 일들을 되뇌었다. 목재 테라스는 그들의 집을 한층 더 살기 좋게 만들어주었다. 실제로 그럴 여유가 없는데도 마련한 휴가는 쌍둥이와 함께 정신없이 사는 그웬의 삶을 약간 회복시켜주었다. 금요일마다 재택근무를 해서 직장생활은 복잡해졌지만 배리는 그웬을 위해 기꺼이 그렇게 했다. 그랬는데도 배리는 그웬이 그렇게 행동하는 것을 믿을 수가 없었다. 또 그녀가 그렇게 말하는 것은 훨씬 더 믿기 어려웠다!

그웬 역시 마음이 상했다. 그웬은 그 다음 날 대부분을 감정적으로 멍한 상태로 보냈다. 빨래를 하고 쌍둥이를 돌보았지만 실제로 그녀는 거기 없었다. 커피를 쏟자 울기 시작했고 울음을 멈추기가 힘들었다. 일이 그렇게 되어서는 안 되었다! 배리와 함께하는 삶은 그녀가 바라던 전부였다. 계획하지 않은 임신은 받아들일 수 있었다. 작은 집도 받아들일 수 있었다. 배리가 오랜 시간 일하는 것도 받아들일 수 있었다. 그러나 배리의 냉정함과 계속되는 짜증이 자신에게 닥치리라고는 전혀 생각하지 못한 일이었다. 그웬은 그 일들을 온전히 이해할 수 없었다. 어쩌면 배리는 그녀와 결혼한 것을 후회하고 있을지도 모른다. 어쩌면 바람을 피우고 있는지도 모른다. 그만두고 싶지만 어떻게 말을 해야 할지 모르는 것인지도 모른다. 심장이 쿵쿵거리고 가슴이 찢어졌지만 그웬은 어떻게 해야 할지 몰랐다.

슬프게도 많은 부부가 그런 지점에 이른다. 그들의 결혼생활에서 달콤함은 증발했다. 우정은 사라졌다. 그들과 연애했던 사람은 지금 함께 사는 그 사람이 아닌 듯하다. 처음에는 없었던 거리감과 냉정함, 조급함, 갈등이 생겼다. 때로 어떤 부부는 냉전에 안주하고, 또 어떤 부부는 결혼생활의 데탕트에 안주하고, 때로는 마치 불만을 표출할 기회를 찾는 것처럼 서로를 물어뜯을 것이다. 때로 그것은 총력전이 된다. 때로 어떤 부부들은 분주함 뒤로 숨는다. 슬프게도 많은 부부는 한때 그렇게 많은 기쁨을 가져다주었던 관계에 어떤 일이 일어났는지 충분히 알아보지도 않은 채 떠나버린다.

결혼생활에 일어날 지속적인 변화를 위해 알아야 하는 한 가지를 아는 부부는 거의 없다. 그들은 자신들의 전쟁이 서로와의 전쟁이라고 생각하거나 자신들이 처한 환경을 변화시켜야 한다고 생각한다. 하지만 사실 **모든 수평적인 전쟁은 더 깊은 곳에서 일어난 전쟁의 결과다.** 가장 중요하고 반드시 이겨야 하는 전쟁은 서로와의 전쟁이 아니라 각자의 내부에서 벌어지는 전쟁이다. 진정한 변화는 이 전쟁의 승패에 달려 있다.

매력인가, 사랑인가?

이 더 깊은 곳에서의 전쟁을 이해하려면, 부부의 연애와 결혼생활의 초반부를 보면 된다. 여기서는 그웬과 배리의 관계 초기를 점검해보는 것이 도움이 될 것이다. 나는 먼저 여러분 중 일부가 당황스러워 할 말을 한 다음 설명을 이어갈 것이다. 처음부터 그웬과 배리가 사랑이라 생각했던 것은 실제로 사랑이 아니었다. 이제 당신이 이런 가능성을 이해하도록 돕기 위해 잠시 성경의 한 부분을 이야기하겠다.

나는 앞에서 고린도후서 5장 14-15절이 죄의 근본적인 성격을 어떻게 말하는지 이야기했다. 하지만 그 구절은 특히 여기서 더 유용하다. 그 구절은 이렇게 말한다. "그리스도의 사랑이 우리를 강권하시는도다 우리가 생각하건대 한 사람이 모든 사람을 대신하여 죽었은즉 모든 사람이 죽은 것이라 그가 모든 사람을 대신하여 죽으심은 살아 있는 자들로 하여금 **다시는 그들 자신을 위하여 살지 않고** 오직 그들을 대신하여 죽었다가 다시 살아나신 이를 위하여 살게 하려 함이라." 사도 바울은 여기서 죄가 우리에게 하는 일이 무엇인지 요약해준다. 죄는 우리로 하여금 자아가 규정한 작은 세상의 좁은 영역으로 우리 삶을 축소하게 만든다. 죄는 우리가 우리 자신의 소망과 필요, 느낌에만 우리의 초점과 동기, 관심을 두도록 그 규모를 줄이게 한다. 죄는 우리가 모두 지나치게 자기만 인식하고 자기만 중요하게 여기게 만든다. 죄는 누군가 우리에게 맞서는 일을 가장 기분 상하는 일로 만들고, 우리에게 관련된 것에 가장 큰 관심을 두도록 만든다. 죄는 우리가 이기적인 꿈을 꾸게 하고 자기 편향적인 계획을 세우게 만든다. 죄 때문에 우리는 우리를 사랑하고 우리 삶을 위한 멋진 계획을 세운다!

이 모든 것이 의미하는 바는, **죄는 본질적으로 반사회적**이라는 것이다. 실제로 우리는 사랑이라는 단어의 온전한 의미에서 배우자를 사랑할 시간이 없다. 우리 자신을 사랑하느라 너무 바쁘기 때문이다. 사실 우리가 원하는 바는 배우자가 우리를 우리 자신만큼 사랑하는 것이고, 배우자가 기꺼이 그렇게 하면 우리는 멋진 관계를 맺을 수 있을 것이다. 그래서 우리는 밀실공포증을 불러일으키는 우리 자신의 왕국의 계획과 뜻에 기꺼이 순종하도록 배우자를 끌어들이려 한다.

하지만 그 이상이 있다. 죄는 반사회적이어서 우리가 살면서 만나는 사람들을 비인간적으로 만드는 경향이 있다. 그들은 이제 우리의 자발적인 애정의 대상이 아니다. 그들은 이제 우리가 사랑하면서 기쁨을 누리는 그런 사람들이 아니다. 오히려 그들은 둘 중 하나로 전락한다. 우리가 원하는 바를 얻도록 돕는 **수단**이거나, 우리가 원하는 바에 방해가 되는 **방해물**이다. 당신의 아내가 당신의 소원과 필요, 느낌을 충족시키면 당신은 그녀에게 흥분하고 애정으로 그녀를 대한다. 그러나 그녀가 당신의 소원과 필요, 느낌에 방해가 되면, 당신은 실망과 조급함, 짜증을 숨기느라 힘든 시간을 보낸다.

여기가 또 다른 성경의 분명한 관찰이 들어와야 할 지점이다. 그것은 우리가 왕국 지향적인 사람들이라는 것이다. 우리는 항상 두 왕국, 곧 두 나라 중 하나를 섬기며 살아간다. 우리는 자아라는 나라의 작고 개인적인 행복을 위해 살거나, 하나님 나라의 거대하고 포괄적인 의제를 위해 살아간다. 우리가 자아의 나라를 위해 살 때는, 우리의 결정과 생각, 계획, 행동, 말 등이 개인적인 욕망에 의해 정해진다. 우리는 무엇을 원하는지, 어디서 그것을 원하는지, 왜 원하는지, 어떻게 그것을 원하는지, 언제 원하는지, 누가 그것을 해주기를 선호하는지 안다. 우리의 관계는 미묘한 기대와 무언의 요구라는 하부구조의 영향을 받는다. 우리는 우리가 사람들에게서 무엇을 원하는지, 그리고 그들에게서 어떻게 그것을 얻을지 안다. 우리는 우리 나라의 목적을 위해 일할 사람들을 주변에 두려 하며, 하나님의 나라 법이 아닌 우리 나라 법의 시각에서 그들을 평가한다.

그웬을 생각해보라. 그녀는 배리가 하나님 나라의 법을 어긴 것 때문에 화가 난 것이 아니었다. 하나님이 그녀의 결혼생활 안에서 그 결혼생활을 통하여 이루고자 하셨던 바에 그가 방해가 되었기 때문에 슬퍼한 것이 아니었다. 오히려 배리가 그녀의 나라 법을 어겼기 때문에 상처를 받고 화가 났다. 하늘의 이쪽 편, 우리 마음속에서는 자아의 나라와 하나님의 나라 사이에 끊임없는 전쟁이 일어난다. 당신이 다른 사람과 벌이는 전쟁은 더 깊은 곳에서 일어난 전쟁의 결과다. 이 전쟁에서 지면 당신은 자신을 위해 살고, 이는 예외 없이 남편이나 아내와의 갈등으로 귀결된다.

아마도 이 두 시각은 우리의 생각보다 그웬과 배리의 관계에 대해 훨씬 많은 것을 말해줄 것 같다. 그들이 사랑이라고 생각했던 것은 사랑이 아니라 사랑으로 가장한 전혀 다른 것이었을지도 모른다. 그웬은 살아온 대부분의 시간에 결혼과 가정에 대한 구체적인 꿈을 가지고 있었음을 기억하라. 그녀는 알아차리지 못했을지도 모르지만, 그웬은 꿈이라는 퍼즐의 잃어버린 조각인 한 남자를 찾고 있었다. 배리가 그 조각인 듯 보였고, 그를 그 조각에 적합하게 만들기 위해 어떤 부분도 조정할 필요가 없었다. 처음부터 그녀는 배리에게 강하게 끌렸다. 다음 번 볼 때까지 기다릴 수도 없었다. 그녀는 그의 기발한 문자 메시지를 아주 좋아했다. 결혼생활에 대한 그녀의 백일몽 한가운데 그가 있다고 생각하니 행복했다. 배리가 그들이 함께하는 미래에 대해 이야기했을 때 그녀는 한마디 한마디에 귀를 기울였다. 그웬은 그가 프러포즈를 하기 몇 달 전부터 자신이 기꺼이 그의 프러포즈를 받아들일 것을 알았다. 그녀는 처음 순간부터 사랑에 깊이 빠졌다고 확신했다.

배리는 데이트를 많이 해보지 않아서 그웬이 그에게 주는 관심을 좋아할 수밖에 없었다. 유치한 이메일 카드들은 그의 스타일이 아니고 그웬의 스타일이었다. 그녀는 그에게 귀를 기울였다. 또 그의 의견을 존중했다. 그와 함께 있는 시간을 즐거워했다. 좋아하지 않을 것이 무엇이 있겠는가. 배리는 그웬 주변에 있을수록 그녀에게 더 끌렸다. 배리는 방과 후에 일을 하고 자정이 되었을 때, 그녀가 자신을 태우러 오는 것이 아주 좋았다. 그들의 미래에 대한 그녀의 구체적인 꿈을 듣고 웃었지만 그것이 좋았다. 그들이 결혼하는 것은 당연해 보였다. 배리는 그웬과 결혼하고도 여전히 그 자신일 수 있었다. 그는 그의 꿈을 갖고 그웬 역시 그웬의 꿈을 가질 것이다. 모든 것이 아주 매력적이었다.

표면적으로는 다 멋져 보였지만 아마 그것이 문제였을 것이다. 그웬과 배리가 서로에게 아주 끌렸다는 것과 이러한 끌림에서 강한 애정이 생긴 것은 의심의 여지가 없었다. 그 자체는 멋진 일이었다. 그러나 문제는 그들이 경험하고 있던 것이 사랑이었는가 하는 것이다. 그웬이 배리를 사랑했기 때문이 아니라 자신을 사랑했기 때문에 배리에게 끌렸던 것은 아닐까? 그웬의 애정은 그녀의 생각보다 훨씬 더 자아지향적이었던 것은 아닐까? 사랑처럼 느껴졌던 것이 사실은 그녀가 알게 된 이 사람이 그녀의 꿈에 아주 잘 들어맞는 듯한 사람이라는 데서 오는 흥분이었을지도 모른다.

나는 배리와 그웬처럼 빠른 시간 안에 결혼한 부부들을 여럿 상담했다. 그들은 함께하는 것에 아주 흥분해서, 나로서는 실제로 그들이 결혼생활을 준비하도록 돕기 위해 충분히 주의를 끌기가 어려웠다. 그들 둘 다 어떤 문제도 없을 것이라고 확신했다. 어떤 것도 그들이 서로에게 가진 감정에 방해가 되지 않을 것이라고 자신했다. 서로 완벽하게 어울리는 짝이라고 확신했다. 결함이 있는 사람이 결함이 있는 사람과 결혼하는 것이라고 내가 최선을 다해 경고하는 동안에도 그들은 서로를 황홀한 눈으로 바라보며 손을 꼭 잡고 내 소파에 앉아 있었다.

죄의 자아 편향성은 다른 사람에 대한 강한 끌림을 일으킬 수 있지만, 그 끌림을 사랑과 혼동해서는 안 된다. 그 끌림은 그런 끌림을 일으킨 이유가 사라질 때 사랑이 하는 일을 할 수 없기 때문이다. 그리고 꿈이 사라지는 일은 모든 부부에게 일어난다. 우리 중 누구도 꿈꾸었던 대로 되지 않는다. 우리 중 누구도 우리의 이야기를 직접 쓰고 있지 않기 때문이다. 우리를 사랑하시는 하나님은 우리가 직접 쓸 수 있는 것보다 더 멋진 이야기를 쓰신다. 그분은 우리가 품은 꿈보다 더 멋진 꿈을 준비해 놓으셨다. 그분은 우리에게 가장 좋은 것이 무엇인지 우리보다 훨씬 더 잘 아신다. 그분은 우리가 절대 가려 하지 않았던 곳으로 우리를 데려가실 것이다. 그렇게 하셔야 우리는 그분이 그리스도 안에서 재창조하신 모습이 된다.

그웬과 배리가 그들의 개인적인 꿈과 함께 나눈 꿈들이 사라졌다는 냉혹한 현실에 대면할 때, 이전보다 더 서로를 사랑할 기회가 주어지는 것은 아닐까? 매력이 약해지고 결점이 보이고 꿈이 사라질 때에야 진정한 사랑이 싹트고 자라나는 최고의 기회가 주어진다. 그웬과 배리에게 이 슬프고 환상이 깨지는 순간은 모든 것의 끝이 아니라 멋진 무언가가 시작되는 순간이다. 이제 하나님이 원하시는 곳에서 상황을 바로잡으신다. 그들은 이제 자아 중심적 욕구에서 서로에게 매력을 느끼지 않는다. 그들은 이제 그들의 꿈에 매달리지 않는다. 그것이 그들의 눈앞에서 사라져버렸기 때문이다. 그들이 상처를 받고 두려워한 까닭은, 그들의 관계에 연료가 되었던 것이 사라지자 어떻게 해야 할지 몰랐기 때문이다. 그러나 이것은 패배가 아니라, 자아의 나라라는 좁은 공간에서 나와 하나님 나라의 아름다움과 혜택을 누리기 시작할 기회다. 사랑으로 보이던 것이 사랑이 아닐지도 모른다. 그리고 하나님이 그것을 드러내신 다면, 그것은 아주 잘된 일이다. 그웬과 배리에게 그런 일이 일어난 것은 하나님이 그들의 결혼생활에 함께 계시다는 증거다. 하나님이 그들을 그들 자신에게서 구해주시고 그들이 스스로는 만들어낼 수 없는 것들을 주고 계시다는 증거다.

그웬과 배리의 결혼생활은 끝나지 않았다. 이기적인 꿈은 사라졌다. 그리고 그 꿈이 사라지자, 참되고 견고하고 만족을 주고 타인 중심적이고 하나님을 경외하고 인내하는 사랑이 자라기 시작했다. 그들이 함께 하는 삶에 한때 품었던 꿈같은 것은 보이지 않지만, 그들은 이전보다 더 서로 사랑하고, 그들이 원했던 것보다 더 좋은 것을 준비하신 하나님께 깊이 감사한다.

고통 뒤에 찾아오는 은혜

'하나님이 실수하신 것이 아닌가?'라고 생각하고 싶다. 실제로 하나님이 순서를 뒤바꾸셨을지도 모른다. 생각해보라. 하나님이 다른 방식으로 하셨다면 이토록 많은 두통과 갈등, 상처, 실망은 피하지 않았을까? 왜 우리는 결함이 있는 사람과 결혼해야 하는가? 우리가 온전히 성화된 다음 결혼하도록 하셨다면 훨씬 쉽지 않았을까? 완벽한 사람과 결혼하고 싶지 않은 사람이 누가 있겠는가? 그렇게 해야 결혼생활이 근본적으로 더 쉽고 즐겁지 않겠는가? 하나님이 순서를 뒤죽박죽으로 하신 것일지도 모른다.

그런데 이런 생각은 우리가 자아의 나라에 사로잡혀 있다는 증거다. 우리는 질서와 예측 가능성, 안락함, 편안함, 즐거움, 감탄, 재미, 개인적인 행복에 끌린다. 이런 것들 자체는 나쁘지 않지만, 이런 것들이 우리를 좌지우지해서는 안 된다. 우리가 하나님의 계획과 싸우는 이유는 쉽게 말해서, 실제로 하나님이 원하시는 것을 우리가 원하지 않기 때문이다. 우리는 우리가 원하는 것을 그분이 주시기를 바란다. 그러나 하나님의 계획은 그렇지 않다. 알다시피 하나님은 우리의 나라가 잘 굴러가게 하기 위해 은혜를 주신 것이 아니다. 그분은 훨씬 더 좋은 나라에 우리를 초대하시기 위해 우리에게 은혜를 주셨다.

당신 나라의 목적을 위해 당신이 얼마나 충성하고 있는지 생각해보라. 무슨 말인지 설명해보겠다. 지난 달에 하나님 나라와 관련하여 화를 낸 일이 얼마나 되는지 생각해보라. 당신의 분노는 하나님 나라의 계획이나 목적, 가치, 소명을 향한 열심 때문에 생기는 경우가 거의 없다. 남편이나 아내로 인해 상처를 받거나 화를 내거나 실망할 때, 그것은 그 혹은 그녀가 하나님 나라의 법을 어겼기 때문이 아니다. 당신이 주로 화를 내는 이유는, 배우자가 당신 나라의 법을 어겼기 때문이다. 배우자가 당신이 하고 싶은 일에 방해가 되고, 그것이 당신을 미치게 한다. 그래서 당신은 당신의 바람과 필요, 느낌에 호응하도록 배우자를 통제하려고 어떤 행동이나 말을 하는 것이다.

그러나 하나님의 은혜는 그것을 깨뜨리려 한다. 그분이 은혜를 주시는 목적은, 당신이 당신에게 속박되어 있음을 드러내고 거기서 벗어나게 하시기 위함이다. 하나님의 은혜는 당신이 결국 하나님 안에서 당신의 정체성과 의미와 목적, 내적인 행복감을 찾도록 당신을 당신 자신의 끝에 이르게 하신다. 그래서 그분은 당신을 또 다른 결함이 있는 사람과의 포괄적인 관계 안에 두신다. 그리고 그 관계를 깨진 세상 가운데 두신다. 이에 더하여 당신 스스로는 절대 계획하지 않을 환경으로 당신을 안내하신다. 이 모든 것이 당신을 나락으로 데려간다. 그곳이 진짜 의가 시작되는 곳이기 때문이다. 그분은 당신이 포기하기를 바라신다. 당신이 꿈을 버리기를 바라신다. 당신을 위해 살도록 상대방을 조작하는 일의 무익함에 직면하기를 바라신다. 하나님은 이런 것들에 생명이 없음을 아신다.

이는 실제적으로 무엇을 의미하는가? 이는 당신이 결혼생활에서 맞닥뜨리는 골칫거리는, 은혜가 실패했다는 증거가 아니라는 의미다. 그러한 골칫거리들이 **바로 은혜**다. 그 골칫거리들은 우리를 어리석게 만드는 자아의 나라에서 우리를 빼내시기 위해 하나님이 사용하시는 도구다. 그럼으로써 우리가 자유롭게 하나님 나라의 영광을 누리도록 하시기 위해서 말이다. 이는 당신과 내가 결혼 자체가 목적이 아님을 이해하기 전에는 결코 우리의 결혼생활을 이해하지 못하고 결혼생활에 만족하지 못하리라는 의미다. 하나님이 설계하신 결혼은 목적에 이르는 수단이다. 당신이 결혼을 목적으로 만들 때 좋지 않은 일들이 일어난다. 그러나 결혼이 목적에 이르는 수단임을 알기 시작하면, 전에는 즐길 수 없었던 것들에서 가치를 보고 그것을 즐기기 시작한다.

마음속에서 맹렬하게 계속되는 하나님 나라와 자아의 나라의 전쟁에서 이기지 못한다면, 우리는 작은 나라의 목적을 중심으로 한 결혼생활에 들어가게 된다. 문제는 우리 배우자도 똑같다는 것이다. 따라서 우리의 작은 나라들이 충돌할 때 대학살이 일어나는 것은 시간문제다.

남편과 아내 각자가 하나님 나라의 계획과 목적과 주님에게 즐겁게 충성하며 살 때에만, 그들의 결혼생활에 참된 연합과 이해와 사랑이 존재한다. 그들은 이제 자아의 나라의 바람과 필요와 느낌을 충족시키려는 데서 오는 염려들에서 벗어나, 하나님의 선하심을 의지한다. 그리고 그들이 그렇게 하기 때문에 또한 자유롭게 서로를 사랑하고 섬긴다. **결혼이란, 고통스러운 과정을 통해서만 원래의 모습에 이를 수 있는 아름다**

운 것이다.

우리의 문제는 어떤 종류의 어려움이든 좋아하지 않는다는 것이다. 우리는 고통을 질색하고 고난을 경멸한다. 우리는 대부분 하나님을 영화롭게 하는 삶보다는 안일한 삶을 살고 싶어 한다. 그러므로 사실 우리는 서로와 전투를 벌이기 전에 주님과 전투를 하고 있다. 우리는 그분의 계획에 대항하고 그분의 뜻을 비판하는 중이다. 우리는 그분을 우리의 법정으로 데리고 와서 그분이 애정 없고 지혜롭지 못한 분임을 입증하려고 한다. 우리는 우리가 믿는 바가 진리인지, 그분을 따르는 일이 진정 가치 있는 일인지 의심한다. 그런데 바로 그 순간에, 곧 우리가 마음속으로 이런 생각들을 하고 있을 때에도 하나님은 우리 가까이 계시며 변화시키는 사랑으로 우리를 사랑하신다. 그분은 조심스럽게 우리가 우리 자신의 목적에 대면하게 하시고, 그분이 주신 값비싼 사랑과 동일한 사랑으로 다른 사람을 사랑하며 기쁨을 얻는 사람으로 만들고 계신다.

그러므로 이 책을 읽는 당신에게 이런 질문들을 던진다. 누구의 나라가 당신의 결혼생활을 주도하고 있는가? 누구의 나라가 당신의 꿈을 정하고 있는가? 실제로 무엇이 당신을 행복하게 하는가? 당신은 결혼생활이 어떤 모습이기를 간절히 바라는가? 당신이 사랑이라고 생각했던 것이 실제로는 하나님 나라의, 다른 사람 중심의, 다른 사람을 섬기는 사랑이 아닌 것은 아닐까? 실제로 당신이 원하는 바는 다른 사람이 당신만큼 당신을 사랑하는 것이 아닐까? 당신의 분노는 당신이 자아의 나라의 목적에 얼마나 열심히 헌신하고 있는지를 드러내는 것이 아닐까? 크건 작건 당신이 결혼생활에서 직면하는 문제들은 귀찮은 일들이 아니라 기회가 아닐까? 하나님이 당신과 당신의 결혼생활을 버리셨다는 생각이 들 때가 바로 그분이 아주 가까이에 계시면서 당신에게 가장 좋은 선물, 즉 변화시키시는 은혜를 주고 계시는 것이 아닐까? 이 은혜는 당신 스스로는 구해낼 수 없는 그 하나, 즉 바로 당신에게서 당신을 구해낸다.

결혼생활에서의 화해는 하나님과 화해할 때 시작된다. 그것은 다음과 같은 급진적인 기도를 드릴 때 시작된다. "하나님의 나라가 임하시오며, 당신의 뜻이 하늘에서 이루어진 것같이 바로 여기서, 바로 지금 이 결혼생활에서 이루어지기를 원합니다." 이 기도의 결과로 멋진 일이 일어날 것이다!

4장
___
날마다 벽돌을 쌓듯이

　그 순간은 절대 잊지 못할 것이다. 때는 1974년이었고, 루엘라와 나는 필라델피아에 있는 포레스트 극장 일등석에 앉아 있었다. "갓스펠"(Godspell)이라는 연극이 끝날 무렵이었고 극장은 꽉 차 있었다. 관객들은 환호했고 그곳은 축하 행사요, 파티의 장소로 변모했다. 후렴 부분을 여러 번 되풀이해서 부르는 소리가 들렸다. 마법 같은 분위기였다. 열광적인 장면이었다. 문은 열려 있었지만, 누구도 떠날 마음이 없었다. 복음 이야기는 잠시 동안 우리를 다른 장소로 옮겨 놓았다. 사람들은 모르는 사람들, 아마 다시는 못 볼 사람들과 손을 맞잡았다. 우리는 춤을 추고 서로 껴안고 즐거워했다. 우리는 모든 두려움과 사리사욕을 넘어섰다. 실제로 우리 대부분이 이해하지 못했던 승리를 축하하고 있었다. 우리는 지혜로우신 분이 이 땅에 오셔서 어리석은 자들을 영웅으로 변화시키시는 것을 보았다.

　이 일생에 단 한 번인 순간 우리는 모두 같은 노래를 불렀다. 그것도 여러 번 되풀이해서 불렀다. 그 공간에 있는 누구도 노래를 멈추고 싶어 하지 않았다. 연주자들은 예정된 시간보다 훨씬 긴 공연을 끝내고도 미소를 지었다. 그들은 다시는 그런 경험을 하지 못하리라는 것을 알았다. 이 일은 그들이 만든 것이 아님을 아는 듯했다. 어쩌면 여러 달 동안 참여했던 작품이 어떤 의미였는지 그제야 이해했을지도 모른다.

우리는 공연장의 가장 좋은 자리에서 이전에 본 적이 없는, 그리고 아마 다시는 보지 못할 충만함을 보았다. 루엘라와 내가 서로를 쳐다보았을 때 우리는 무슨 생각을 하고 있는지 말할 필요가 없었다. 우리는 상대방의 생각을 알았다. 그때 문득 우리가 부르던 노래 가사가 마음에 새롭게 다가왔다. 그것은 모든 인류가 불러야 하는 노래였다. 눈물이 흐르기 시작했다. 나는 무리와 함께 그 가사를 속삭이면서 '우리는 이를 위해 지어졌어. 이것이 복음이야. 이것은 은혜만이 할 수 있는 거야'라고 생각했다. 그 무리는 그 순간 내 가족이 되었다.

날마다
날마다
내 소원 세 가지뿐
주님 바로 알고파
더욱 사랑하고파
가까이 모시고파
날마다

결혼생활의 사명선언문으로 이보다 더 적절한 것은 없다고 생각한다. 나는 성경과 내 경험 그리고 다른 사람의 이야기들을 통해 깊이 확신하는 바가 있다. 즉, 결혼생활은 수평적으로 자리를 잡기 전에 먼저 수직적으로 자리를 잡아야 한다는 것이다. 배우자와의 관계에 중요한 토양, 즉 진정하고 지속적인 변화가 일어나는 그 토양을 얻으려면, 먼저 하나님이 당신과 당신의 배우자, 당신의 세상, 그리고 하나님 자신, 그분의 뜻, 그분의 은혜에 대해 말씀하시는 바를 기꺼이 받아들이고 대면해야 한다. 이런 것들은 단지 결혼생활과 영성을 연결하고 싶어 하는 초영적인 사람들의 초점이 아니다. 매일의 생활방식이 되도록 이런 내용들을 대하는 일이야말로, 하나님이 설계하시고 의도하신 결혼생활의 토대를 놓는 일이다. 당신이 새 집을 지으려는 곳이 나무가 우거진 땅이라면 나무를 제거하는 일을 피할 수 없듯이, 이 내용들을 대하는 일을 피할 수 없다.

대부분의 군중은 알지 못했겠지만, 우리가 그 밤 그토록 즐겁게 불렀던 것은 노래 이상이었다. 그것은 오히려 하루하루를 정직함과 소망으로 채우는 급진적인 삶의 방식을 보여준다. 그 노래 가사가 당신에게 요구하는 것은 한 번의 결단이 아니다. 그것은 생활방식이 되는 매일의 약속이어야 한다. 그 약속들 그리고 그 약속을 지키는 행동들이 결혼생활에서 일어날 때, 아주 단순하지만 꽤 혁명적인 일이 일어난다. 그리고 일단 그렇게 되면 당신은 결코 이전으로 돌아가고 싶지 않을 것이다!

벽돌을 쌓듯이

나는 결혼을 했으므로, 그 요구를 받았다. 그것은 거의 항상 아내에게서 온다. 아내가 그러한 요구를 하는 까닭은, 마음속 깊은 어디에선가 진실이라 생각하는 것, 곧 그녀와 그녀의 남편이 죄인이라는 사실에 직면하지 않을 수 없었기 때문이다. 그 요구는 보통 신혼여행을 다녀오고 며칠 혹은 몇 주 내에 하게 된다. 신혼여행 기간에는 죄의 자기 편향성이 이국적인 요리와 아주 멋진 명소들로 가려지지만, 부부가 진짜 일상생활로 돌아와 이런 산만한 것들이 사라지면 실제로 그들이 어떤 사람이며 결혼생활이 무엇인지에 직면하지 않을 수 없다.

나는 늘 이 현실 인식의 순간을 아주 긍정적인 것으로 생각하지만, 요구자들은 거의 그렇게 생각하지 않는다. 보통 아내는 공황상태에 빠진다. 그녀는 실수를 했다고 생각한다. 그들의 사랑이 끝났다고 생각한다. 또 사랑 없는 고통의 삶을 살게 될 것이라고 상상한다. 그러나 이 순간 그녀는 정직한 결혼생활에서만 경험할 수 있는 최상의 것을 경험하게 된다고 나는 생각한다. 그녀는 자신을 넘어서게 되고, 그렇게 자신을 넘어서면 자기의 꿈을 버릴 것이고, 그렇게 꿈을 버리면 더 나은 꿈을 꾸게 되고, 더 나은 꿈을 꾸게 되면, 일련의 습관을 갖는 데 전념할 것이다. 그 습관은 결혼생활을 치유하는 것은 물론 그녀가 생각했던 것보다 더 나은 결혼생활을 가능하게 할 것이다.

사라는 결혼식 다음 날 오전 6시 30분에 내게 전화를 걸었다. 전화를 받으니 "다 끝났어요!"라는 두 단어가 들렸다. 끝난 것이 아님을 나는 알았다. 사실 사라가 이렇게 빨리 전화를 했다는 사실이 기뻤다. 나는 사라와 벤을 아주 똑똑한 이들이라고 생각했다. 그들은 금세 그들 자신의 끝에 이르러 아주 지혜로운 행동을 했다. 즉, 손을 뻗어 도움을 구한 것이다. 나는 기쁘게 도왔고, 우리가 함께할 여행이 그들과 그들의 결혼생활을 변화시킬 것임을 알았다.

내가 부부들에게 되풀이해서 하는 말이 있다. 그것은 나 자신의 결혼생활에서도 적용하려고 노력하는 것이다. **결혼생활에서의 화해는 문제가 생겼을 때의 대응책에 그치지 않고 하나의 생활방식이 되어야 한다.** 이렇게 하는 이유를 생각해보라. 당신이 죄인과 결혼한 죄인이라면 (사실이다) 부부로 살아가는 일은 아주 위험하고 파괴적일 가능성이 있다. 함께 살면서 무심함과 이기심, 분노, 오만, 자기 의, 쓰라림, 불성실한 행동이 고개를 쳐들지 않는 날은 하루도 없을 것이다. 보통 그것은 부드럽고 강도가 약할 테지만 여전히 거기 있을 것이다.

이제 나는 이 책에서 되풀이해서 나올 주제 하나를 소개하고자 한다. **연합과 이해와 사랑이 있는 결혼생활을 하고자 한다면, 사소한 순간을 중심으로 접근해야 한다**는 것이다. 이는 하나님이 우리를 위해 계획하신 삶의 성격을 인식하는 일이다. 지혜로우신 하나님이 우리를 위해 만드신 인생은 엄청나고 중대한 순간들이 계속 이어져 휘청거리며 살아가는 인생이 아니다. 실제로 당신의 삶을 살펴보면 당신에게는 그러한 순간이 거의 없었음을 알게 될 것이다. 아마 인생이 바뀐 순간들을 겨우 두세 번 정도 말할 수 있을 것이다. 우리는 모두 똑같다. 우리 인생의 성격과 질은 사소한 순간들로 정해진다. 우리는 매일 우리 인생의 토대에 작은 벽돌을 얹는다. 말의 벽돌, 행동의 벽돌, 사소한 결정의 벽돌, 사소한 생각의 벽돌, 작은 욕망의 벽돌이 다 합해져서 당신의 결혼생활이라는 건물이 세워진다. 그러므로 당신은 자신을 결혼생활의 석공으로 보아야 한다. 당신은 매일 또 하나의 벽돌 층을 쌓는 일을 하는 중이다. 그것이 다가올 여러 날, 여러 주, 여러 해의 결혼생활의 모양을 결정지을 것이다.

문제는 정확히 여기에 있는 것 같다. 그것은 자각의 문제다. 우리는 보통 그런 식으로 살지 않는다. 우리는 보통 무심하게 진행되는 틀에 박힌 일들이나 자의식이 덜 필요한 본능에 따라 일하는 방식에 빠져든다. 또 우리는 보통 이러한 사소한 순간들의 중요성을 회피한다. 그것이 사소한 순간들이기 때문이다. 알다시피 사실은 그 반대다. 사소한 순간들은 사소한 순간들이기 때문에 중요하다. 이는 우리 삶을 구성하는 순간들이다. 이는 우리의 미래를 정하는 순간들이다. 이는 우리의 관계를 형성하는 순간들이다. 우리는 우리 삶의 모든 면에 '날마다' 중심의 시각으로 접근해야 한다. 그렇게 한다면 우리는 벽돌들을 세심하게 골라서 전략적으로 쌓게 될 것이다.

부부 관계는 한순간에 나빠지지 않는다. 부부 관계의 성격은 하나의 큰 사건으로 정해지지 않는다. 부부 관계는 점진적으로 나빠진다. 그것은 점진적으로 달콤해지고 아름다워진다. 부부의 사랑은 매일 행하는 어떤 일들에 의해 발전하고 깊어진다. 이는 슬프게도 부부 관계가 퇴보하는 경우에도 마찬가지다. 문제는 우리가 신경을 쓰지 않는다는 것이다. 이 때문에 우리는 해서는 안 되는 생각을 하고, 바라서는 안 되는 것을 바라고, 하지 말아야 할 말을 하고 행동을 한다.

이제 이 사소한 순간에 무심한 삶을 설명해보겠다. 당신은 배우자가 짜증을 낼 것을 알면서도 치약을 중간부터 눌러 짜서 쭈글쭈글하게 만든다. 지저분한 그릇들이 쌓여 있는 것을 보면 식기세척기에 넣는 대신 불평을 한다. 사소한 것들을 섬길 기회로 보기보다는 당신 마음대로 하기 위해 싸운다. 사소한 의견 충돌 이후 짜증을 내며 잠자리에 든다. 매일같이 둘 사이의 다정한 순간 하나 없이 출근한다. 당신의 가정을 당신들 둘 다의 취향을 시각적으로 표현하는 공간으로 만들기보다는 미에 대한 당신의 시각을 위해 싸운다. 연애하는 동안 해본 적이 없는 무례한 행동을 한다. 사소한 잘못에 용서를 구하지 않는다. 상대방이 한 사소한 행동들이 실제로 별 영향을 미치지 않는데도 불평한다. 상의도 없이 사소한 결정을 한다. 부부간의 친밀한 우정을 위해 투자하지 않는다. 사소한 의견 충돌이 일어나면, 연합을 위해서가 아니라 당신 마음대로 하기 위해 싸운다. 상대방의 결점과 약점을 불평한다. 그러한 것들이 드러났을 때 격려하지 못한다. 사랑을 표현할 작은 방안을 찾는 일은 하지 않는다. 사소한 잘못들을 기록해둔다. 한때 고마워했던 일에 이제는 짜증을 낸다. 잠들기 전에 하루를 다정하게 마무리하는 일은 더는 하지 않는다. 고마움과 존경을 표현하는 일을 하지 않는다. 실제 눈이든 마음의 눈이든 다 다른 곳을 바라본다. 이전에는 말로 표현했던 사소한 상처들을 삼켜버린다. 사소한 요청들을 정기적인 요구로 바꾼다. 당신 자신을 돌보는 일은 하지 않는다. 이전보다 더 침묵하며 거리를 두고 살고 싶어 한다. 더 행복한 결혼생활을 위해 사소한 순간들에 애를 쓰는 일은 그만두고 굴복하기 시작한다.

왜 우리는 더 이상 주의를 기울이지 않는가? 그렇게 하기가 힘들고, 세심한 사람이 되도록 스스로를 훈련하는 일이 힘들고, 항상 상대방을 생각하는 일이 힘들기 때문이다. 이제 상처받을 준비를 하라. 당신과 나는 우리 삶이 편해진다는 이유로 상대방이 더 열심히 수고해주기를 바라지만, 정작 우리는 그 힘든 수고를 하려 하지 않는다. 우리 가운데 '게으른 결혼생활'이라는 유행병이 있는 것 같다. 우리는 일이 저절로 잘 굴러가고, 상황이 동일하게 잘 유지될 뿐 아니라, 더 나아지기를 바란다. 게으름의 뿌리는 죄의 자기중심성에 있다고 나는 확신한다. 우리는 이미 우리 안에 있는 그것, 성경이 죄라 부르는 그것의 반사회적 위험을 검토했다. 우리는 이미 그 죄가 우리를 우리 자아로 향하게 한다는 것을 검토했지만, 그것은 다른 일도 한다. 즉 죄는 우리의 결혼생활을 수동적으로 축소시킨다. 우리는 행복한 결혼생활을 낳을 매일의 벽돌을 놓는 힘든 수고는 하지 않은 채, 행복이 우리에게 오기를 바란다. 또 우리는 종종 우리의 결혼생활을 하나님이 의도하신 대로 만들기 위해 필요한 매일의 헌신을 하기보다는, 상대방이 하지 못하는 일에 더 집중하고 그가 효율적으로 일하도록 기다리는 데 초점을 맞춘다.

당신은 행복한 결혼생활이 신비로운 선물이 아님을 알아야 한다. 그것은 오히려 일련의 약속들이 매일의 생활방식으로 이어질 때 일어나는 일이다.

화해의 생활방식이란 무엇인가?

고린도후서에는 이러한 매일의 생활방식의 모델을 제시하는 아주 흥미로운 구절이 있다.

"그리스도의 사랑이 우리를 강권하시는도다 우리가 생각하건대 한 사람이 모든 사람을 대신하여 죽었은즉 모든 사람이 죽은 것이라 그가 모든 사람을 대신하여 죽으심은 살아 있는 자들로 하여금 다시는 그들 자신을 위하여 살지 않고 오직 그들을 대신하여 죽었다가 다시 살아나신 이를 위하여 살게 하려 함이라 그러므로 우리가 이제부터는 어떤 사람도 육신을 따라 알지 아니하노라 비록 우리가 그리스도도 육신을 따라 알았으나 이제부터는 그같이 알지 아니하노라 그런즉 누구든지 그리스도 안에 있으면 새로운 피조물이라 이전 것은 지나갔으니 보라 새 것이 되었도다 모든 것이 하나님께로서 났으며 그가 그리스도로 말미암아 우리를 자기와 화목하게 하시고 또 우리에게 화목하게 하는 직분을 주셨으니 곧 하나님께서 그리스도 안에 계시사 세상을 자기와 화목하게 하시며 그들의 죄를 그들에게 돌리지 아니하시고 화목하게 하는 말씀을 우리에게 부탁하셨느니라 그러므로 우리가 그리스도를 대신하여 사신이 되어 하나님이 우리를 통하여 너희를 권면하시는 것 같이 그리스도를 대신하여 간청하노니 너희는 하나님과 화목하라 하나님이 죄를 알지도 못하신 이를 우리를 대신하여 죄로 삼으신 것은 우리로 하여금 그 안에서 하나님의 의가 되게 하려 하심이라"(5:14-21).

이 구절은 우리가 하나님과 관계를 맺을 때 어떻게 생각하고 어떻게 살아야 하는지를 알려준다. 이 구절이 하나님과 관계를 맺을 때 우리에게 하라고 하는 바는, 결혼 관계에서 해야 할 바에 대한 멋진 본보기다. 첫 대계명은 항상 두 번째 대계명을 뚜렷하게 보여준다.

바울은 하나님이 은혜로 행하신 일로 우리가 하나님과 화해했음을 안다. 그는 우리가 하나님의 사랑을 얻을 방법이 없고 그분의 은총을 입을 만하지 않음을 알았지만, 화해하라고 말한 다음 재빨리 하나님과의 화해는 하나의 사건이자 과정임을 상기시킨다. 20절을 주목해보라. "그리스도를 대신하여 간청하노니 너희는 하나님과 화목하라." 바울이 언급하는 '너희'는 누구인가?('너희'는 원문에는 없지만 분명히 암시되어 있다.) '너희'는 고린도 교회다. 어쩌면 당신은 '이 사람들이 신자라면 이미 하나님과 화해한 것이 아닌가?'라고 생각할지도 모르겠다. 답은 그렇기도 하고 아니기도 하다. 그렇다. 그들은 하나님이 그리스도 안에서 그들을 받아들이셨다는 의미에서 하나님과 화해했다. 그러나 여전히 진행 중인 다른 화해가 있다. 우리가 계속 우리 자신을 위해 살아가는 한(15절), 우리는 여전히 하나님과 화해할 필요가 있다. 우리는 날마다 우리를 위해 살아가므로, 날마다 고백과 회개로 하나님과 화해할 필요가 있다. 이는 정말 우리의 결혼생활에 완벽한 본보기가 아닌가!

그렇다. 당신은 이미 서로 사랑하며 살기로 한 번의 결단을 했지만 결단했던 것처럼 항상 그렇게 살지는 못한다. 당신이 매일 자신을 위해 계속 살아가는 한 매일 하나님과, 그리고 서로와 화해해야 한다. 당신은 그저 나쁜 일이 일어나지 않기를 바라며 삶을 내버려두어서는 안 된다. 당신은 **화해할 마음을 품고** 살아야 한다. 겸손한 마음으로 눈을 크게 뜨고 살아야 한다. 귀 기울일 준비를 하고 기꺼이 들어야 한다. 점검하고 검토해야 한다. 결혼한 당신들의 삶에 화해 습관을 가져야 한다. 그리고 그 습관이 매일 일상의 한 부분이 되게 해야 한다.

슬프게도 실제로 이렇게 사는 부부는 거의 없다. 그들의 관계가 그 어느 때보다 최상이며 늘 더 좋아지고 있다고 말하는 부부를 당신은 아는가? 지금 그 어느 때보다 더 깊은 연합과 이해, 사랑을 경험하고 있다고 말하는 부부가 얼마나 되는가? 배우자가 가장 가깝고 귀중한 친구라고 말하는 부부가 얼마나 되는가? 이런 관계는 우연히 만나게 되는 낭만적인 구름 같은 것이 아니다. 오히려 결혼을 창조하신 하나님이 의도하신 대로 살 때 얻는 풍성하고 관계적인 축복이다. 그것은 낭만적인 성향의 이들이 누리는 관계적인 사치품이 아니다. 오히려 진실로 건강하고 행복한 결혼생활의 필수품이며, 당신을 웃게 만들 뿐 아니라 하나님도 웃게 만드는 것이다.

화해하는 결혼생활을 위한 사고방식

젊은 목사였던(겨우 몇 년 전!) 내 동생 테드가 한 말이 기억난다. 부부들이 알고 이해하고 행해야 할 것의 95퍼센트는 그들이 평소에 귀중히 여긴다고 말하는 성경에 분명하게 기록되어 있다는 것이다. 나는 그 말이 어쩌다 내 동생 된 불만스러운 목사의 엄청난 과장이라고 생각했다. 하지만 그의 말이 정확하고 통찰력 있음을 나중에 알게 되었다. 성경 곳곳에서 찾을 수 있는 원리들보다 더 통찰력 있는 지혜 모음집은 없다. 사실이다. 성경은 자신들이 쓰는 모든 것을 창조하신 분의 인도를 받은 사람들이 썼기 때문이다. 이렇게 놀랍도록 통찰력 있고, 실제적인 변화를 일으키는 포괄적인 시각을 가질 수 있는 분은 성경에 나오는 창조주뿐이다. 그분만이 시간과 공간과 죄의 편향성의 제한을 받지 않는 시각을 가질 수 있다. 그분만이 창조자의 시각에서 말씀하실 수 있다. 그분이 창조하신 세상과 그분이 설계하신 사람들에 대해 누가 더 잘 알겠는가?

하나님의 말씀은 정말 우주의 신비를 열어 보인다. 하나님의 말씀은 정말 성경이 없는 상태에서 가능한 최상의 수준보다 더 우리를 지혜롭게 해준다. 그러나 그렇긴 해도, 우리는 하나님이 주신 지혜를 잘 활용하지 않는다. 우리가 그분을 따라 생각하지 않는 것은 슬픈 일이다. 항상 그분의 지혜의 렌즈로 인생을 바라보지 않는 것은 슬픈 일이다. 우리가 더 지혜롭다고 생각하며 스스로를 속이는 것은 슬픈 일이다. 우리의 어리석음에 짜증을 내면서 그분의 지혜를 구하려는 마음을 갖지 않는 것은 슬픈 일이다.

내가 당신에게 이 모든 것을 상기하는 이유는 무엇일까? 이 책의 초점인 화해의 결혼생활이 꼭 필요한 세 가지 지혜에 뿌리를 두고 있기 때문이다. 그것은 모두 건강한 결혼생활의 마음가짐이 되어야 하는 것이다. 이제 그것들을 이야기해보겠다.

추수하는 마음

바울은 다음과 같은 아주 친숙한 표현으로 이러한 사고방식을 포착한다. "스스로 속이지 말라 하나님은 업신여김을 받지 아니하시나니 사람이 무엇으로 심든지 그대로 거두리라"(갈 6:7). 매일 사소한 순간의 욕구들을 의식하며 살아가려 한다면, (이는 화해의 습관을 가지고 살아가게 해주는 것이다) 이러한 사고방식을 견지해야 한다. 결과의 원리를 받아들여야 한다. 그것은 이런 것이다. 당신이 심는 씨와 거두어들이는 열매 사이에는 유기적인 관계가 있다. 물리적인 세계에서 당신은 절대 복숭아씨를 심고 사과를 거둘 수 없다. 복숭아씨를 심고 사과를 거두어들인다면 빨리 멀리 달아나라. 우주에 무슨 일이 일어난 것이다! 이와 마찬가지로 당신이 결혼생활에서 심는 말과 행동의 씨와, 당신이 서로와 함께 살아갈 때 경험할 관계의 질이라는 수확 사이에는 유기적인 일관성이 있다. 당신은 매일 이전에 심은 말과 행동의 씨에서 관계와 관련된 식물을 거둬들인다. 또 매일 언젠가 거둬들일 말과 행동의 씨를 심는다. 당신이 심는 씨는 대부분 작은 것이지만, 나무로 자라는 천 개의 작은 씨는 환경을 변화시키는 숲이 될 것이다.

투자하는 마음

우리는 모두 보물을 찾는 사람들이다. 우리는 모두 우리에게 귀중한 것들을 얻고 지키고 간직하고 즐기기 위해 살아간다. 당신의 삶에는 중요하다고 여기는 것들이 있고, 일단 그것을 가지면 더 이상 그것 없이는 살려고 하지 않는다(마 6:19-33). 모두 그렇다. 우리는 우리가 열망하는 것들을 소유하고 경험하기 위해 살아간다. 우리는 항상 어떤 보물을 위해 살아간다.

당신이 열망하고 적극적으로 찾는 모든 보물은 당신에게 어떤 수익을 줄 것이다. 논쟁을 하는 순간은 옳은 것이라는 보물에 투자하는 것이며, 당신은 관계 면에서 어떤 수익을 얻을 것이다. 배우자를 공격적으로 몰아붙이면, 그 투자에 대한 수익은 당신에 대한 감사나 다시 그런 대화를 하고자 하는 마음은 아닐 것이다! 자발적인 섬김이라는 보물에 투자하면 감사와 존경, 더 친밀한 우정의 수익을 얻을 것이다. 당신의 배우자에게 편한 것보다 집을 청결하게 하는 것이 더 소중하다면, 거기서 나오는 수익이 당신들의 관계에 영향을 미칠 것이다.

투자는 불가피하다. 당신은 매일 투자를 하고, 당신이 한 투자의 수익을 좀처럼 피할 수 없다. 다음과 같이 자문해보라. "지금 나에게 귀중한 것이 무엇인가? 매일 얻기 위해 애쓰는 것과 그것 없이 살고 싶지 않은 것은 무엇인가? 그 투자에 대한 수익이 어떻게 내 결혼생활을 빚어가고 있는가?"

은혜로운 마음

나는 결혼을 했을 때 은혜를 알지 못했다. 나는 성경에 대한 원리적 시각을 가지고 있었다. 그래서 내 결혼생활에 율법적 시각을 끌어들였다. 그러나 성경의 중요한 초점은 실제 생활 원리들이 아니다. 성경에서 가장 중요한 주제는 한 인격, 즉 그리스도다. 당신과 내게 필요한 것이 하나님이 계시하신 어떤 삶의 원리에 대한 지식과 이해라면, 예수님이 오실 필요가 없었을 것이다. 그리스도 없는 결혼생활을 하는 그리스도인이 많은 것 같다. 그들은 자신들이 무엇을 하고 있는지 알지 못한 채, **은혜에 기초한** 결혼생활이 아닌 **율법에 기초한** 결혼생활을 해나갔고, 그 때문에 은혜만이 이루어낼 수 있는 일을 율법에 요구하고 있다.

여기서 문제는 우리가 지혜만 필요로 하는 사람이 아니라는 것이다. 우리는 구함을 받아야 하는 사람들이며, 특히 **우리 자신**에게서 구출 되어야 한다. 우리의 근본적인 문제는 무엇이 옳은지를 모르는 것이 아니다. 우리의 문제는 옳은 것보다는 원하는 것에 마음을 쓰게 만드는 이기심이다. 성경의 율법과 원리, 시각은 우리의 결혼생활에 최상의 기준을 제시한다. 그것은 우리의 잘못과 실패를 밝혀낸다. 그러나 거기에 우리를 구원할 능력은 없다. 구원을 얻으려면 예수님만이 주실 수 있는 매일의 은혜가 필요하다.

그러므로 우리는 그저 서로에게 하나님의 말씀에 담긴 관계에 대한 높은 기준만을 지키게 해서는 안 된다. 서로의 삶에 은혜의 도구가 될 수 있도록 우리가 받은 그 동일한 은혜를 매일 서로에게 베풀어야 한다. 우리는 하나님의 율법을 준수하는 우리의 능력을 신뢰할 것이 아니라, 오히려 우리에게 생명을 주고 마음을 변화시키는 은혜를 신뢰해야 한다. 그것은 우리를 그분에게로 이끌고 우리를 서로에게로 이끌 능력이 있는 분이 주시는 은혜다. 우리가 이렇게 그 은혜를 신뢰하며 산다면 결혼생활의 어려움들을, 참아내야 할 귀찮은 상황으로 보지 않을 것이다. 오히려 우리를 위해 죽으시고 항상 우리와 함께하시는 분의 구하고 변화시키고 용서하고 힘을 주시는 은혜를 훨씬 더 깊이 경험할 기회로 보게 될 것이다.

이 세 가지 사고방식은 화해의 생활방식에 꼭 필요한 벽돌들이며, 개인적으로 겸손한 정직함을 요구하며, 우리가 몇 번이고 서로와 하나님과 화해하도록 용기를 준다.

화해의 생활방식을 위한 매일의 약속

우리는 서로 만족하며 하나님을 경외하는 결혼생활을 할 수 있다. 정말이다! 우리가 서로를 용납하고 하나님 안에 거하며 하나님이 부르신 삶을 산다면, 우리가 만들어낼 수 있는 작은 꿈들보다 훨씬 큰 수확을 거둬들일 것이다.

여기 하나님이 설계하시고 그분의 은혜로 가능하게 하시는 결혼생활의 매일의 습관이 될, 매일의 약속들이 있다.

우리는 날마다 잘못을 고백하고 용서한다

결혼생활이 성장하고 변화하는 단 하나의 방법이 있다. 당신의 결혼생활이 하나님이 설계하신 모습이 되게 할 단 하나의 방법이 있다. 바로 고백과 용서다. 우리가 매일 겸손한 고백과 더불어 빨리 완벽하게 기꺼이 용서하는 데 전념할 때에야, 결혼생활은 우리의 제한된 기대를 뛰어넘을 수 있다.

이 두 가지는 늘 함께 있어야 한다. 용서의 습관은 계속 고백할 용기를 주고, 고백의 습관은 용서가 주는 회복의 기쁨을 경험하게 한다. 이것은 왜 이토록 힘든가? 실제로 일상생활에서 이것은 어떤 모습일까?

우리는 날마다 성장하고 변화하기 위해 노력한다

우리는 잡초를 뽑을 것이다. 당신은 불만이 결혼생활의 적이라고 생각하겠지만, 사실은 그 반대다. 죄인들인 우리에게는 너무 쉽게 만족하는 비뚤어진 능력이 있다. 우리는 슬프게도 하나님의 지혜롭고 멋진 계획에 미치지 못하는 차선의 인간과 기꺼이 함께 산다. 진정한 사랑을 위해 노력하는 대신 결혼생활의 긴장이 완화되는 것에 만족한다. 진정한 고백과 용서의 습관을 위해 애쓰기보다는, 그다지 심각하지 않은 쓰라림과 실망에 만족한다. 우리는 베풀고 섬기고자 하는 권리보다는 협상하는 권리만 존재하는 관계에 안주한다.

날마다 변화하는 일에 전념하는 것은 어떤 모습인가? 당신은 뿌리째 뽑아야 하는 나쁜 잡초를 어떻게 구분하는가? 제자리에 심어야 하는 식물들을 어떻게 확실히 아는가? 당신은 어떻게 불만을 선한 것으로, 즉 실제로 당신들의 사랑을 더 깊게 해주고 결혼생활에서의 역할을 더 잘 감당하게 해주는 것으로 만들 수 있을까? 당신은 어떻게 하나님의 계획에 미치지 못하고 하나님의 은혜의 자원에 의지하지 못하는 습관에서 벗어날 수 있을까?

우리는 신뢰의 관계를 구축하기 위해 노력한다

우리는 신뢰하고 의탁하면서 튼튼한 토대를 세울 것이다. 신뢰 없이는 건강하고 하나님을 경외하고 서로 만족하는 결혼생활을 할 수 없다. 타락한 세상에서 신뢰는 관계의 정교한 도자기다. 도자기는 아름답지만 깨지기 쉽다. 신뢰가 깨지면 보수가 아주 어려울 수 있다. 신뢰가 있어야 남편과 아내는 연합과 사랑과 이해를 위협하는 모든 내적, 외적 요소들을 직시할 수 있다. 신뢰가 있어야 부부들은 모든 결혼생활에서 직면하는 차이와 낙심을 무사히 헤쳐 나갈 수 있다. 신뢰가 있어야 부부들은 가장 개인적이고 어려운 것들에 대해 정직하게 소망을 가지고 말할 수 있다.

신뢰에는 두 가지 면이 있다. 우선, 당신은 당신 자신이 신뢰할 만한 사람임을 입증하기 위해 무슨 일이든 해야 한다. 두 번째로, 당신 자신을 배우자의 손에 맡기는 결단을 해야 한다. 신뢰가 잘 자라는 결혼은 어떤 모습인가? 신뢰가 산산조각 났을 때 어떻게 해야 신뢰를 다시 쌓을 수 있는가? 신뢰가 접착제 역할을 하는 관계의 특성은 무엇인가?

우리는 사랑의 관계를 쌓는 데 헌신한다

우리는 그리스도의 사랑을 구현할 것이다. 나는 주일 아침마다 교회 발코니에 앉아 무리를 내려다보며 얼마나 많은 부부가 사랑 없는 결혼생활을 하는지 생각한다. 당신은 충격을 받을지도 모르지만 나는 많은 결혼생활에 진정한 사랑이 없다고 확신한다. 그렇다. 약간의 존경심과 감사가 있을지 모르고, 부부들이 매일 전쟁을 피하는 법을 배웠을지 모른다. 가끔 서로 함께 무언가를 즐길지도 모른다. 하지만 사랑에 있어야 할 실제적이고 개인적인 희생은 거기 없다.

이런 부부들은 서로의 약점과 실패에 직면할 때 자비와 은혜를 보이지 않는다. 상대방의 유익을 위해 자신의 계획과 안락함을 기꺼이 희생하지 않는다. 그들은 도와주고 격려할 방법을 찾지 않는다. 이 타락한 세상에서 그들은 상대방이 인생의 짐을 지고 갈 때 돕거나 간섭하지 않는다. 결혼생활에서 진정한 사랑은 어떤 모습인가? 사랑이 만들어내는 매일의 희생은 무엇인가? 배우자를 자비롭게 대한다는 것은 어떤 의미인가? 다른 사람을 위해 당신의 삶을 기꺼이 내려놓는다는 것은 실제로 어떤 의미인가? 사랑이 있는 결혼 관계의 특성은 무엇인가?

우리는 우리의 차이를 감사와 은혜로 다룬다

창조주를 찬양한다면 우리의 차이는 소망으로 보일 것이다. 하나님은 바위 옆에 백합을 두신다. 시냇가에 나무를 두신다. 깜깜한 밤이 지나면 찬란한 태양이 뜨게 하신다. 그분은 사자의 힘과 벌새의 여린 날개를 만드셨다. 하나님이 아름다움을 만들어내시는 한 가지 방법은 다른 것들을 서로의 옆에 두시는 것이다. 하나님이 결혼을 통해 하시는 일이 정확히 이것이 아닌가? 그분은 아주 다른 사람들을 서로의 옆에 두신다. 이것이 그분이 결혼의 아름다움을 만들어내시는 방법이다. 달이 백주대낮에 떠 있다면 그다지 눈에 띄지 않을 것이다. 마찬가지로 결혼의 아름다움이 눈에 띄는 경우는, 아주 다른 두 사람이 서로의 차이를 기뻐하며 거기서 유익을 얻고, 상대방의 장점 아래로 피하여 자신의 약점이 보호를 받을 때이다.

우리는 우리의 결혼 관계를 보호하려고 노력한다

서로를 지켜보며 기도하는 부부는 관계를 지키기 위해 애쓸 것이다. 결혼생활에 '도달했다'는 느낌보다 더 위험한 것은 없다. 부부가 '건전한 긴장감'을 잃으면, 게으름과 방심이 자라난다. 부부는 더는 그들이 막중한 임무를 맡았다고 의식하지 않는다. 더는 하나님의 도우심과 보호하심이 필요하다는 의식을 공유하며 살지 않는다. 그들은 더는 그들의 연합을 위협할 어려움이 있을 수 있다고 내다보지 않는다. 겸손한 기도로 그들의 결혼을 지키지 않는다.

모든 결혼생활에 하나님의 간섭이 필요하다. 모든 결혼생활에 하나님의 지혜가 필요하다. 모든 부부는 그들의 성품의 한계를 넘어서는 지점에 이를 것이다. 모든 부부에게는 그들이 가진 것 이상의 능력이 필요할 것이다. 남편과 아내는 도움이 없이는 원래 설계된 대로 결혼생활을 할 수 없다. 결혼생활에서 해야 할 멋진 일 가운데 하나는 우리가 각자 자기 의존의 습관에서 벗어나 하나님을 의지하는 습관을 기르는 것이다. 당신의 결혼생활에서 '지켜보며 기도해야' 한다는 것은 어떤 의미인가? 부부는 어떻게 서로의 잠재력을 가늠해야 할까? 우리는 어떻게 결혼생활에 위험이 임박했다는 징후를 알아챌 수 있을까? 기도는 건전한 결혼생활에 어떤 역할을 할까?

앞에 나열한 것들이 건강한 결혼생활을 위한 여섯 가지 약속이다. 이를 실천하면 일상의 습관이 될 것이다. 이 약속들은 매일의 필요를 인정하는 법과, 화해가 당신들의 관계에서 생활방식이 되는 법을 알려준다. 오랜 세월 동안 연합과 이해와 사랑이 있는 결혼생활을 하는 것보다 더 달콤하고 아름다운 것은 없다. 거리감과 냉정함과 갈등의 결혼생활보다 더 낙담되고 개인적으로 상처가 되는 일은 없다. 살아남은 데 만족하거나, 그냥 흘러가는 데로 두기로 하거나, 함께 있지만 근본적으로 서로를 포기하는 부부보다 더 슬픈 것은 없다.

더 나은 길

자주 일어나는 일은 아니지만 다음은 그런 경우 가운데 하나였다. 나는 그들의 이야기를 듣고 울었다. 그 방의 긴장감은 믿기 어려울 정도였다. 채드와 메리는 상대방에 대해 이야기할 때 화를 내지 않을 수가 없었다. 채드에게서 멀리 떨어져 소파 끝에 앉은 메리는 계속 울었다. 메리는 상처를 받았지만, 그녀의 아픔을 더 깊게 할 뿐인 잘못들을 세세하게 기록하여 마음의 문서보관함에 간직하고 있었다. 채드는 놀라운 능력의 소유자는 아니었다. 하지만 그렇다고 외도나 분노의 폭력, 결정적인 의견 충돌이 일어난 것도 아니었다. 채드와 메리는 그저 그들의 결혼생활을 위해 애쓰지 않았을 뿐이다. 그들은 주의를 기울이지 않았다. 그들에게는 이 책에서 다룰 그런 습관들이 전혀 없었다. 낙심과 악감정만 남은 부부 관계는 수천 개의 사소하고 일상적이고 거의 눈에 띄지 않는 순간들이 만들어냈다.

둘 다 더는 결혼생활을 원하지 않았다. 그들 둘 다 아침에 일어나 또 하루를 맞이하는 일이 두려웠다. 둘 다 손가락질을 했고, 자기에게 유리한 상대방의 실수 목록을 간직하고 있었다. 그들이 서로를 아주 좋아했던 때도 있었지만 그 순간은 태곳적 이야기 같았다. 애정은 말할 것도 없고 이제 평화도 없었다. 그러나 내게는 소망이 남아 있었다. 채드와 메리가 결국 좋은 선택을 했기 때문이다. 그들은 도움을 구하러 왔다. 나는 하나님이 돌보셨음을 알았고, 하나님이 도움을 청하는 그들의 부르짖음에 절대 귀를 막지 않으실 것임을 알았다. 분명 갈 길은 아주 멀지만 우리는 함께 갈 것이고, 하나님이 그분의 아들 주 예수 안에서 가능하게 하셨던 새로운 출발을 경험할 것이다.

당신은 어떤가? 아마 당신은 메리와 채드와 똑같은 지점에 있지는 않을 것이다. 하지만 마음으로는 결혼생활의 어떤 부분이 원래 그래야 하는 대로 되어 있지 않음을 알 것이다. 당신은 더 노력하는 대신 적정한 수준에 만족했을 것이다. 사소한 순간에 당신들을 하나로 만들거나 당신들의 사랑을 더 깊게 하도록 말하고 행동하지 않았을 것이다. 상대방에게 실망했던 지점이 있을 것이다. 상황이 더 나아지기를 소원했던 때도 있었을 것이다. 서로에게 소속되어 있다는 느낌이 들게 하는 방법이 있음도 알 것이다. 어떻게 변화를 일으킬 수 있을지 확실히 알지는 못하지만 그렇게 되기를 소망하지는 않는가?

채드와 메리가 그랬던 것처럼 당신도 나와 함께 앉아 대화하기를 초대한다. 나는 당신의 결혼생활 앞에 가장 정확한 거울, 곧 성경을 들고 있으려 한다. 당신이 새로운 눈으로 보고 새로운 귀로 듣도록 도우려 한다. 당신이 마음을 열고 겸손하게 손을 뻗어 도움을 구하기를 청하려 한다. 만족하지 말고 궁굼해지고 배고파지라고 격려하려 한다. 나는 당신이 결혼생활에서 기대하는 바를 확실하게 알지는 못한다. 그러나 지금 모습이 어떻든 더 나아질 수 있다고 확실하게 말할 수 있다. 하나님은 우리가 모두 화해의 은혜가 있는 삶을 살기를 바라신다. 그곳에서는 문제에 직면하면, 실제로 변화가 일어나고 같은 실수를 반복하지 않는다. 앉으라. 시간을 가지라. 하나님이 당신과 함께 계신다. 그분에게는 더 좋은 것이 있다.

우리는 날마다 잘못을 고백하고 용서한다.

∞

우리는 해야 할 일은 하지 않고, 해서는 안 되는 일을 한다.

— 공동기도서

∞

우리가 작정한 일은 결점이 없는 경우가 없고
우리가 시도하는 일은 실수가 없는 경우가 없으며
우리가 성취한 일은 인간의 특성상 유한하고
오류를 범하기 쉬우므로 우리는 용서를 통해 구원받아야 한다.

데이비드 옥스버거(David Augsburger)

5장

결혼생활의 변화는 고백에서 출발한다

그들은 절대 털어놓지 않았다. 대신 손가락질하는 데는 능수능란했다. 상대방에게 혐의를 씌우고 변명하는 일에도 능숙했다. 잘못한 일들의 목록을 보관하는 일도 잘했다. 그들은 알지 못했지만, 악감정과 분열을 일으키는 습관에 아주 능수능란했다. 그들이 내게 올 때까지 소망이 없었다는 것은 이해가 된다. 마음속으로 상대방이 나에게 잘못한 일들을 되뇌면서 그 사람을 사랑할 수는 없다. 내 불행의 주원인이 나와 함께 사는 사람에게 있다고 생각하면서 그에게 가까이 가고 싶을 수는 없다. 상대방 때문에 고생한 세세한 증거를 품고 있으면서 함께할 미래를 소망할 수는 없다. 그러나 그들은 그렇게 했다.

그들은 의식하지 못했지만, 이내 내가 여러 번 이야기했던 것, 곧 그들 결혼생활의 기본적인 생활방식이 드러났다. 우리가 만난 첫 시간은 함께 기도하는 것으로 시작했고, 나는 우리가 논의해야 하는 힘겨운 주제들을 이야기할 방법을 찾기 위해 노력했다. 둘 중 누구도 내가 실제로 그들에게 도움이 될 만한 말을 하거나 행동할 것이라고 기대하지 않은 것 같다. 나는 그들 각자에게 그들의 관계에서 문제라고 생각하는 것이 무엇인지 말해보라고 청했다. 절대 잊지 못할 순간이었다. 주저하거나 검토하는 시간은 없었다. 내 말이 떨어지자마자 둘 다 한 단어를 말했다. 서로의 이름이었다!

그 순간 나는 아무것도 할 수 없었다. 그 방에는 무언가를 얻으려는 사람이 없었기 때문이다. 그는 오로지 아내를 바로잡으려는 필사적인 의도로 거기 있었고, 그녀는 오로지 남편을 바로잡으려는 필사적인 의도로 거기 있었다. 그들의 시선은 서로에게 단단히 고정되어 있었고, 그들은 결혼생활의 가장 큰 문제가 그 소파에서 그들 곁에 있는 사람이라고 전적으로 확신하고 있었다. 자기인식이나 자기반성은 거의 없었다. 둘 중 하나가 "저도 완벽하지 않음을 압니다. 하지만…"이라고 말했다면 격려가 되었을 것이다.

그들이 절망하며 갇혀 있는 이유는 여기에 있다. 그들은 엉망진창인 사람과 결혼하는 실수를 범했다고 확신했다. 상대방을 만나지 않았으면 좋았겠다고 확신했다. 또 상대방을 변화시키려 노력했지만 자신들에게는 그럴 능력이 없다고 확신했다. 나는 그들과 함께 앉아서 절망은 어떤 상태가 아니라 하나의 시각임을 다시 한 번 떠올렸다.

나는 그때 이후로 얼마나 많은 결혼생활이 이와 동일한 사이클에 갇혀 있는지 여러 번 생각했다. 아마도 비난의 사이클이 가장 미묘한 듯하다. 절망이 그 사이에 숨어 있다. 부부는 같은 행동을 반복하는 사이클에 갇혀서 같은 오해를 반복한다. 같은 말다툼을 반복한다. 같은 잘못을 거듭한다. 문제는 해결되지 않는다. 매일 밤 화해하지 않은 채 잠자리에 들고, 좋지 않은 순간을 기억하며 깬다. 그 사이클은 반복된다. 예측가능하며 절망적이다. 그들은 그 사이클을 혐오하면서 과거에 대한 향수와 실망 사이를 오간다. 달라지기를 바라지만 어떻게 거기서 벗어나야 할지 모르는 것 같고, 변화를 가능하게 할 한 가지, 곧 고백을 기꺼이 하려는 마음이 없는 듯하다.

그들은 더 나아질 거라고 혼잣말을 한다. 함께하는 시간을 더 늘리겠다고 약속한다. 하루를 시작하기 전에 잠시 함께 기도하겠다고 약속한다. 집밖에서 함께하는 시간을 더 만들겠다고 결심한다. 대화를 더 많이 하겠다고 약속한다. 그러나 머지않아 그 약속들이 사라져버린다. 변하겠다는 약속은 모두 그들이 하고 싶어 하지 않는 듯한 한 가지에 의해 무너졌다. 그들은 상대방에게 초점을 맞추지 않고 자신에게 초점을 맞춘 것이다. 요점은 이것이다. **고백으로 시작하지 않으면 결혼생활에서 변화는 일어나지 않는다.**

고백은 관계에서 성장과 변화로 가는 문이다. 그것은 필수적이고 근본적이다. 고백이 없다면 오해와 잘못과 갈등이 반복되고 깊어지는 사이클로 전락한다. 반면 고백이 있으면, 당신이 지금 대면한 문제가 아무리 크더라도 미래는 밝고 소망이 있다.

고백의 은혜

옳고 그른 것을 분별한다

변화란 자신이 기준에 못 미침을 알기에 현 위치에 만족하지 않고 자신의 현 위치와 있어야 할 위치 사이의 간격을 좁히기 위해 은혜를 구할 때 일어난다. 야고보는 하나님의 말씀을 우리의 실제 모습을 비추는 거울에 비유한다(약 1:22-25). 이것이 얼마나 중요한지는 과장할 필요도 없다. 정확한 진단은 늘 효과적인 치료보다 선행한다. 자에 대보면 판자의 길이가 짧다는 것을 알 수 있다. 집에 온도계가 있기 때문에 집의 온도가 너무 높다는 것을 알 수 있다. 공기압 측정기가 있기 때문에 타이어에 공기가 충분하지 않다는 것을 알 수 있다. 성경은 하나님이 주신 최고의 계측기다. 성경은 우리 각자 삶에서 영적 줄자 역할을 한다. 우리는 우리 자신과 우리의 결혼생활을 성경 옆에 두고 우리가 하나님의 기준에 맞는지 살펴볼 수 있다. 하나님의 말씀은 그분이 주시는 가장 달콤한 은혜의 선물이다. 성경을 분명하게 보는 열린 눈과 그것을 기꺼이 받아들이는 열린 마음은 하나님이 주시는 은혜의 분명한 표지다.

죄의 특성을 깨닫는다

우리에게, 그리고 이 타락한 세상의 모든 인류에게 가장 솔깃한 오류 중 하나는 우리 최대의 문제가 우리 안이 아니라 우리 밖에 있다고 믿는 것이다. 이런 식의 생각에 빠지기 쉬운 까닭은, 우리가 다룰 재료들이 아주 많기 때문이다. 우리는 원래의 의도대로 돌아가지 않는 깨진 세상에서 살고 있다. 매일 일종의 어려움과 장애물을 만난다. 우리는 결함이 있는 사람들과 함께 살아가고, 우리 삶은 그들의 깨어짐으로 복잡해진다. 이런 사실에도 불구하고 성경은 우리 각자가 직면하는 가장 깊이 있고 가장 지속적인 문제는 우리 밖이 아니라 안에 있음을 겸손하게 고백하라고 요구한다. 성경은 그 문제에 죄라는 이름을 붙인다. 죄는 자기중심적이고 자기 편향적이므로, 반사회적이고 관계에 치명적이다. 그러므로 우리는 각자 결혼생활의 가장 큰 문제는 우리 밖이 아니라 우리 안에 있다고 말해야 한다.

"내 결혼생활에서 가장 심각한 문제는 나입니다"라고 말할 때 은혜의 선물을 받을 수 있다. 손가락질하기는 아주 쉽다. 비난하기는 아주 쉽다. 계속해서 당신을 배반할 유다가 당신 안에 있음을 인정하는 것은(롬 7장) 축복이며, 당신이 죄와 싸울 때 혼자가 아님을 알면 위로가 된다.

양심이 제 기능을 한다

많은 결혼생활이 잘못된 방향의 일방통행로로 나아간다. 그것은 완고한 마음이라는 방향이다. 설명해보겠다. 연애를 할 때에는 상대방의 마음을 잡는 데 신경을 많이 쓴다. 그래서 다정하고 친절하고 섬기고 존경하고 내어주고 용서하고 인내한다. 불친절하거나 무례한 행동은 하지 않는다. 우리는 늘 상대방이 어떻게 느끼는지, 무엇을 바라는지, 무엇을 필요로 하는지 생각한다. 상대방을 행복하게 하는 데서 기쁨을 발견한다. 사랑을 표현할 방법을 찾는다. 그러나 결혼식 이후에는 결혼생활이 종종 다른 쪽으로 방향을 바꾼다. 이제 상대방을 소유하였으므로 그 혹은 그녀의 마음을 사로잡을 필요가 없기 때문일지 모른다. 아니면 하나님이 우리에게 주신 관계를 당연하게 여기기 때문일지도 모른다. 이유가 무엇이든, 우리는 경계를 늦추기 시작한다. 우리는 더 이상 세심하게 배려하지 않는다. 이기심이 섬김의 자리를 대신한다. 처음에는 조금씩 연애할 때는 생각지도 못했던 행동을 하고 말을 한다. 우리는 점점 덜 내어주고 덜 참고 덜 용서하게 된다. 상대방을 생각하기보다는 우리 자신을 더 생각한다. 그것은 상대방에게 청소를 기대하거나, (말할까 말까 했는데) 침대에서 방귀를 뀌지 않기를 기대하는 사소한 것일지도 모른다. 그러나 이런 것들은 사소한 것이 아니다. 이는 치명적이고 위험한 일이 일어나고 있다는 징후다. 처음에는 이러한 무례하고 이기적인 행동을 할 때 양심이 우리를 괴롭히지만, 머지않아 마음이 강퍅해지고 양심은 더 이상 우리를 괴롭히지 않는다.

그것은 마치 거리에 있는 노숙인과 비슷하다. 당신은 그를 보며 어떻게 그렇게 지저분한 채로 살아갈 수 있는지 의아해한다. 자기학대를 두려워하지 않고 상황을 당연시하는 이유가 뭔지 의아해한다. 분명 그도 한때는 그런 느낌이 들었지만 살아남으려 하면서 마음이 굳어졌을 것이다. 많은 부부가 이와 동일한 길을 걷는다. 그것은 점점 마음이 강퍅해지는 애석한 고속도로다. 나는 부부들이 도움을 구하러 내게 올 때 양심의 가책도 없이 당황하지도 않고 서로를 대하는 모습에 충격을 받는다. 그것은 모든 죄인이 가진 비뚤어진 능력이다. 즉 우리에게 충격을 주고 우리를 슬프게 하고 당황스럽게 하는 것들에 점점 편해지는 것이다.

상대방의 행동이 아닌 내 모습을 보고 양심이 민감해지고 마음이 슬프다면 그것은 하나님의 은혜의 표지다. 그 민감함은 지속적인 변화로 가는 문이다. 변화는 늘 만족하지 못하는 데서 시작하고, 개인적인 불만족은 늘 잘못된 것에 대한 민감한 양심으로 시작된다. 여기서 변화에 대한 욕구가 나오며, 또 변화에 필요한 마음의 동요가 생긴다. 이러한 마음의 동요가 하나님과 다른 사람에게 도움을 구하게 만든다.

자기 의에 빠지지 않도록 우리를 지켜준다

이는 동전의 다른 면이다. 우리 관계에 아주 미묘하면서도 굉장히 파괴적으로 작동하는 힘을 이해하는 것이 중요하다. 우리는 모두 어느 정도 영적으로 눈이 멀었기 때문에, 즉 우리 자신을 정확하게 보지 못하는 반면 배우자의 약함과 실패는 훨씬 정확하게 보는 경향이 있기 때문에 내가 남편이나 아내보다 더 의롭다고 생각한다. 그리고 이렇게 생각하기 시작하면, 내 자신이 결혼생활의 문제라고 생각하지 못하고 상대방의 애정 어린 비판과 교정을 받아들이기가 어렵다. 우리가 변하지 못하는 이유는 우리가 눈이 먼 상태여서만이 아니라 스스로를 의롭다고 평가하기 때문이기도 하다. 우리가 의롭다고 확신하면 의롭게 되기 위해 변화하거나 도움을 구할 마음이 없다.

요한일서 1장 8절은 "만일 우리가 죄가 없다고 말하면 스스로 속이고 또 진리가 우리 속에 있지 아니할 것이요"라고 말한다. 개인적으로 의롭다고 속이는 일은 결혼생활의 변화에 거대한 벽이 된다. 일은 이렇게 진행된다. 남편은 자신을 의롭다 여기고 아내는 도움이 필요한 죄인이라 여긴다. 아내는 자신을 의롭다 여기고 남편은 도움이 필요한 죄인이라 여긴다. 그러므로 어느 쪽도 개인적인 변화의 필요를 느끼지 못하며, 상대방이 변화의 필요를 보지 못하는 것에 심히 마음이 상한다. 각자 더 불만스럽고 조급해지고 억울해하면서 결혼생활의 상태는 악화된다. 그러나 희망이 있다! 은혜는 자기 의를 완전히 없애버린다. 은혜는 우리의 눈을 뜨게 하고 우리의 마음을 부드럽게 한다. 은혜는 필요에 대한 우리의 의식을 깊게 한다. 은혜는 우리의 가난함과 약함에 대면하게 한다. 은혜는 우리에게 도움을 구하게 하고, 우리가 갈 때 두 팔 벌려 환영한다. 남편과 아내가 누가 더 의로운지에 대한 논쟁을 그치고 그들 각자의 죄를 한탄한다면 은혜가 당신의 결혼생활에 임한 것이다.

우리 자신을 정확하게 본다

우리 자신을 정확하게 보는 일은 자기 의와 정반대되는 것이다. 나는 화난 남편이 부인에게 화를 내면서 자신은 화가 나지 않았다고 말하는 것을 보며 놀란 적이 있다! 또 상황을 장악하는 남편과 아내가 자신들은 그렇지 않다고 나를 확신시키기 위해 대화를 장악하는 것을 보고 놀란 적이 있다. 또 억울해하는 한 배우자가 자신이 억울할 수 있다는 생각을 심하게 거부하는 것도 보았다. 독선적인 남자와 여자가 자신들은 독선적이지 않다고 독선적으로 말하는 것을 들었다. 이기적인 사람들이 자신들이 이기적으로 보이지 않기를 이기적으로 요구하는 것을 들었다. 각각의 경우에 그들은 내 말을 들은 다음 내 평가가 틀렸다는 증거를 제시했다. 그들은 단지 자신을 바라보려 하지 않은 것이 아니었다(그렇기도 했지만). 자신을 바라보면서도 내가 보았던 것을 보지 못했던 것이다.

그 결과로 일어나는 일은 다음과 같다. 남편은 자신이 의롭고 아내는 의롭지 않다고 확신하기 때문에 자신을 들여다보거나 점검할 필요를 느끼지 않는다. 그러면 한 가지 결론만이 남는다. 즉 결혼생활의 문제는 아내의 잘못이라는 것이다. 따라서 그는 아내를 더 과잉 경계하며 지켜본다. 그리고 결혼 문제에 대한 자신의 견해를 입증할 '증거'를 점점 더 많이 모은다. 날마다 자신이 아니라 아내가 변해야 할 사람이라고 확신한다. 자기 마음의 이기심과 연약함을 애통해하기보다는 그녀의 약함과 이기심을 점점 더 단호하게 다룬다. 그는 그녀를 참으려고 애쓰며 그녀가 더 자신처럼 되기를 은밀히 소망한다. 이런 태도는 어떤 관계에도 위험하지만 건강한 결혼생활에는 더 치명적이다.

결혼한 많은 이가 마치 자신은 주위의 다른 죄인들과 같지 않음을 하나님께 감사했던 성전의 바리새인 같다. 그들에게는 정확한 자기 평가의 은혜가 필요하다. 자아에 대한 왜곡된 인식보다 결혼생활의 변화를 막는 것은 거의 없다. 우리 자신을 분명하고 정확하게 보는 눈보다 더 필요한 것은 없다.

비판과 경책을 기꺼이 받아들인다

우리는 자신을 분명하게 보는 것도 어렵고, 설사 그렇게 한다 해도 우리가 본 것을 받아들이기도 어렵다. 우리에게는 방어능력을 재빨리 발휘하는 내면의 변호사가 있다. 누군가가 우리 안에 있는 어떤 잘못을 지적하면 우리는 그들이 하는 말에 맞서 우리 자신에 대한 조용한 방어를 시작한다. 그들이 변화의 필요성에 대한 증거를 지적할 때 우리는 우리가 그렇지 않다는, 사실 우리는 그들이 만족할 만한 사람이라는 증거를 모은다.

귀를 기울일 준비를 하고 기꺼이 듣는 데는 은혜가 필요하다. 우리 마음을 잠잠하게 하고 주의를 집중시키고 마음을 정리하여, 실제로 그 예기치 않은 대면의 순간에 하나님이 주시는 도움을 받기 위해서는 은혜가 필요하다.

이런 대화에서 우리가 사용하는 단어조차도 부정적인 뜻을 내포하고 있다. **경책과 비판, 권고, 대면** 같은 단어들은 우리가 즐기는 상황을 그려내지 않는다. 그러나 이런 단어들은 건강한 결혼생활에 꼭 필요한 무언가를 지적한다. 이는 앞에서 논의했던 것이다. 건강한 관계에는 두 가지 필수 성품이 있다. 하나는 **사람들을 다가오게 하는 겸손함**이다. 두 사람이 방어벽 뒤에서 나와 상대방의 시각과 도움에 마음을 열 때, 각자와 그들의 관계에는 성장과 변화의 기회가 생길 것이다. 두 번째 자질 역시 중요하다. 사실, 이 두 자질은 서로 불가분의 관계에 있다. 두 번째는 **사랑이 담긴 정직한 용기**다. 우리는 다른 사람의 의견에 맞서 우리를 옹호할 뿐 아니라 해야 할 말을 하지 않음으로써 불편한 순간을 모면한다. 의견 충돌과 긴장, 거부에 대한 두려움으로 우리는 침묵을 택한다. 사랑과 함께 전달된다면 서로에게 새로운 통찰을 가져다주고 그 관계의 새로운 출발에 사용될 수 있는 말인데도 말이다.

우리가 주님을 신뢰할 때, 즉 그분의 지속적인 도움과 용서를 신뢰할 때에만 우리는 우리가 대면해야 하는 일을 두려워하지 않고 빛 가운데로 걸어갈 수 있다. 실제로 우리가 그분의 은혜가 이미 우리가 해야 하는 고백을 덮으셨고 우리에게 필요한 모든 변화를 위한 능력을 주셨음을 믿는다면, 마음을 연 정직한 결혼생활을 두려워하지 않을 것이다.

후회로 무력해지지 않는다

우리는 후회에 대한 두려움 때문에 우리 안에 대면해야 할 것들을 대면하지 못한다. 고백은 현재의 우리 자신을 보게 할 뿐 아니라 과거에 다가가도록 한다. 만약 당신이 한 남편으로서 7년 동안 결혼생활을 했는데 지금 분노하고 있다는 사실에 직면했다면, 지난 여러 해 동안 그 분노가 양산한 결과물도 기꺼이 직시해야 한다. 만약 당신이 억울해하며 보호막 속으로 숨으려는 쓴 감정을 가진 아내라면, 뒤로 물러나는 당신의 현 상태뿐 아니라 당신이 그렇게 뒤로 물러나 있는 동안 그 쓴 감정이 주변 사람들에게 어떤 영향을 미쳤는지에 대면해야 한다. 우리는 현재의 약함과 실패를 생각하는 것만으로도 충분히 힘겹다. 그러니 지난 몇 해 동안 그 약함과 실패가 양산한 결과물을 살피는 일은 훨씬 힘겹다. 그러므로 도망가고 숨으려는 유혹에 항복하기보다는 도움을 찾을 수 있는 곳으로 달려가야 한다.

아마도 구세주의 가장 눈부시고 가장 멋진 약속은 요한계시록 21장 5절의 이 말씀일 것이다. "보라 내가 만물을 새롭게 하노라." **'새롭게'**라는 표현은 하나님이 당신 안에서, 당신의 결혼생활 안에서 추구하고 계시는 것을 잘 담아낸 단어다. 당신은 갇혀 있지 않다. 당신은 과거의 잘못에 몰두하지 않아도 된다. 영원히 당신의 실수에 대한 값을 치르라는 저주를 받은 것이 아니다. 하나님은 새롭게 하는 일을 하신다. 그분은 지속적이고 진정한 변화를 가능하게 하시기 위해 아들을 이 땅에 보내셨다. 하나님은 새로운 출발과 새로운 시작을 가능하게 하셨다. 화해가 일어난다. 실제로 회복이 일어난다. 상한 것이 치유된다. 옛 방식의 잡초는 죽고, 거기에 새롭고 더 나은 방식의 꽃이 핀다. 하나님은 우리에게 우리의 결과물에 대면할 때 필요한 것들을 주시지 않은 채, 그것에 대면하라고 하지 않으실 것이다. 또 우리에게 지혜와 능력을 주시지 않으면서 더 나은 방식의 새로운 씨앗을 심으라고 하지도 않으실 것이다. 우리는 후회와 맞설 때 용서를 누리고, 그러고 나서 하나님의 자녀인 우리에게 주어진 능력을 받아들이고 새로운 방식으로 살게 된다.

우리 잘못에 직면한다

이 말은 앞에서 설명한 은혜들을 이해할 수 있게 하지만, 이 말 자체에도 주의를 기울일 필요가 있다. 아담과 하와가 하나님께 불순종한 직후에 행한 두 가지 일은 몸을 가리고 숨는 것이었다는 것은 중요한 사실이다. 그들은 처음으로 수치와 죄책감을 경험했다. 그들은 발각되어 심판받는 것이 두려웠다. 또 비록 다른 누군가에게 책임을 전가하긴 했지만 그들은 바보 같은 게임을 하고 있었다. 책임전가는 그들의 마음을 진정시키지 못했다. 그들의 마음에 평안을 가져다주지 못했다. 그들이 한 일은 그들 자신에게 수치를, 하나님과의 관계에 죄책감을 가져다주었다. 수치심과 죄책감은 단지 심리적이거나 감정적인 경험이 아니다. 그것은 실제적이며 다루어야만 하는 것이다.

성경 전체에서 이야기하는 것이 바로 우리의 죄책과 수치가 어떻게 처리되었는가 하는 것이다. 성경은 구속을 이야기한다. 즉, 죄책과 수치에 대한 값을 치르는 것을 이야기한다. 그 값은 십자가에서 치러졌다. 예수님이 범죄자들 중 하나가 되어 공개적으로 십자가에 매달리심으로써 우리의 수치를 담당하셨다. 그분은 우리의 죄를 대신 지고 그 죄의 대가를 지불하심으로써, 즉 죽으심으로써 우리의 죄책을 담당하셨다. 그분은 완벽한 사람이셨기 때문에 수치나 죄책을 담당할 이유가 없었음에도 그렇게 하셨다. 그분은 자신이 아니라 우리를 위해 그 일을 하셨다. 이유가 무엇인가? 죄책과 수치가 우리를 붙잡지 못하도록 하기 위해서였다. 믿음의 용기로 우리가 더 이상 숨지 않고 변명하지 않고 남탓하지 않고 스스로를 변호하기 위해 일어나지 않도록 하기 위함이었다. 우리가 두려워하지 않고, "당신이 옳습니다. 제가 틀렸습니다. 저는 당신의 용서가 필요합니다"라고 말하게 하기 위함이었다. 우리가 "나는 지난 밤 그것을 날려 보냈다는 것을 압니다. 하지만 더 열심히 잘하겠습니다"라고 말하게 하기 위함이었다. 우리가 서로에게 "나는 당신의 도움이 필요합니다. 나는 늘 나 자신을 정확하게 보지는 못합니다. 당신이 내 속에서 잘못된 무언가를 본다면 나 역시 그것을 볼 수 있도록 당신이 도와주기를 바랍니다"라고 말하게 하기 위함이었다. 우리의 결혼생활을 바라보며 완벽하다 말하지 않고, 여러 해 동안 우리가 하나님이 요구하고 설계하신 결혼생활에 더 가까이 가는 여러 중요한 걸음을 내디딘 사실을 축하하도록 하기 위함이었다.

고백은 우리가 최선을 다해 피해야 할 두려운 것이어서는 안 된다. 또 죄와 약함과 실패가 남편과 아내 둘 다 그 존재를 알지만 말할 수 없는, 방 안에 웅크리고 있는 코끼리여서는 안 된다. 고백은 모든 결혼생활에 필요한 멋진 선물이다. 그것은 해방을 주는 것이다. 그것은 자유롭게 하는 것이다. 그것은 개인적인 상실의 순간이 아니라 개인에게나 관계에서 유익을 얻는 기회이다. 우리의 고백은 하나님에 대한 깊은 이해와 감사로 더 진보해야 한다. 우리가 표출하는 것을 두려워하지 않을 수 있게 하신 그분에 대해서 말이다. 예수님이 우리를 위해 하신 일 때문에 우리는 잘못을 숨기거나 그것들에 대해 변명할 필요가 없다. 마치 우리가 완벽한 것처럼 처신할 필요도 없다. 우리는 이제 우리의 어려움들을 부인하지 않는다. 우리는 이제 소망과 용기로 문제에 직면할 수 있다. 그리스도께서 실제적이고 지속적으로 변화를 가능하게 하셨기 때문이다. 시작과 새로운 출발은 실제로 일어난다. 우리도 그럴 수 있다! 당신의 결혼생활은 자유로운 고백이라는 은혜를 누리고 있는가?

고백하는 생활방식의 매일의 습관들

그렇다면 고백의 은혜를 진지하게 여긴다는 것, 코끼리를 방 밖으로 내보내는 일, 잘못을 정직하게 인정하는 일이 결혼생활의 일상 습관이 된다는 것은 구체적으로 어떤 모습일까? 여기, 고백하는 생활방식을 위한 매일의 습관들이 있다.

사랑의 마음으로 정직하기

고백은 정직을 요구한다. 고백은 상대방이, 하나님이 잘못되었다고 말씀하시는 행동을 하거나 말을 했을 때에도 기꺼이 상대방에게 다가가기를 요구한다. 우리는 그리스도의 사랑으로 그러한 문제들을 다루어야 한다. 이는 상대방의 문제를 말하기 전에 먼저 우리의 상처와 분노, 쓰라림을 다루어야 한다는 의미다. 사랑으로 말하지 않는 진리는 도움이 되지 못함을 기억하라. 상대방의 감정과 주안점에 의해 그 메시지가 왜곡되고 곡해되기 때문이다. 배우자에게 다가갈 때 우리는 그녀가 하나님이 원하시는 것을 보도록 도와주어야 한다. 우리가 보지 못하는 것은 고백할 수 없음을 기억하라.

사실이 드러날 때 겸손하기

겸손이란, 상대방이 우리에게 다가올 때 기꺼이 고려하는 마음을 의미한다. 그것은 우리 내면의 방어 체계의 잡음을 조용하게 하는 것을 의미한다. 그것은 우리도 아직 목표에 도달하지 못했음을, 여전히 날마다 은혜가 필요한 죄인임을, 이 순간 우리가 우리 구세주의 사랑을 받고 있음을 기억하는 것을 의미한다. 겸손은 기꺼이 하나님의 말씀이라는 거울을 보는 것이며, 거기서 무엇을 보든 이미 예수님의 피로 덮으셨음을 기뻐하는 것을 의미한다.

변명하지 않기

이는 우리 모두의 전형적인 충동이다. 누군가가 잘못을 지적하면 우리는 즉각 전혀 다른 시각으로 우리를 바라보는 다른 관점에 푹 잠긴다. 변명을 하지 않는 것이란, 우리의 의로움을 위한 논리를 세우려는 충동에 저항하는 것을 의미한다. 그것은 우리만이 유일한 죄인이 아님을 상대방에게 확실히 알려 형세를 역전시키려 하지 않는 것을 의미한다.

잘못을 빨리 인정하기

빨리 셈을 하는 것보다 결혼생활의 건강에 더 좋은 것은 없다. 우리는 토라지지 않으려 한다. 우리는 상처와 분노와 복수의 침묵 가운데서 살지 않으려 한다. 잘못을 했을 때에는 재빨리 용서를 구하고 화해를 청하려 한다. 상대방이 잘못을 하면 재빨리 그에게 다가가 그가 자신의 말과 행동을 알도록 사랑스럽게 도우려 한다. 우리는 용서하는 마음과 소망으로 다가갈 것이다. 우리는 "해가 지도록 분을 품지"(엡 4:26) 않을 것이다.

이렇게 하는 데 전념한다면, 잘못들을 기록해둘 이유가 없는 관계, 지난날의 감정적 앙금을 가득 채운 벽장 따위는 없는 관계의 아름다움을 경험할 것이다. 그러므로 당신의 결혼생활에서 잘못을 말하는 데 며칠을 기다리는 것이 익숙하다면, 이제 재빨리 문제를 해결하는 데로 나아가야 한다. 당신은 용서와 화해와 고백의 생활방식이 낳는 부드러운 사랑의 아름다움을 경험했기 때문이다.

귀를 기울이고 검토하기

우리는 각자 우리의 감정과 우리 마음의 독선적 성향을 진정시키기 위해 노력해야 한다. 상대방이 다가올 때 분명하게 듣고 사려 깊게 생각하는 일이 필요하다. 이는 이해하고 숙고하기 위해 애쓰는 것을 의미한다. 그것은 상대방이 하는 말을 통해 우리에게 건네진 빛을 붙잡고, 그것을 우리 자신에게 비추어 전에는 전혀 보지 못했던 우리 자신의 어떤 것들을 기꺼이 보는 것을 의미한다. 변화는 잘못을 인정하는 것으로만 이루어지지 않는다. 그것은 자기 인식의 면에서 점점 더 성장하는 것이다. 그것은 우리의 결혼생활에서 강점과 약점을 점점 더 잘 파악하게 되는 것이다. 그것은 우리 자신과 우리의 결혼생활에 대해 새로운 것을 배우기 위해 기다리고 바라고 준비되는 것이다. 이것이 지속적인 성장과 변화로 이어질 것이다.

고백을 격려하며 환영하기

판단보다 더 빨리 고백의 생활방식을 부수는 것은 없다. 모든 죄인 안에는, 상처를 준 그 사람이 우리가 상처 받은대로 상처받기를 바라는 경향이 있다. 우리는 상대방 역시 그 아픔을 느끼기를 바란다. 은혜보다 더 고백의 용기를 격려하는 것은 없다. 하나님이 오로지 재판관이시기만 하다면, 누구도 그분에게 고백하고 싶지 않을 것이다. 그분이 선하신 분이기에 우리는 회개하기에 이른다. 그분의 사랑이 우리를 끌어당긴다. 그분의 은혜가 우리를 격려한다. 그분의 오래 참으심이 우리에게 소망을 준다. 그러므로 우리는 그분에게서 도망가지 않고 그분에게로 달려간다. 우리가 주게 받은 것과 같은 은혜로 고백을 환영할 때, 상대방에게 오히려 더 고백할 용기와 소망을 주게 된다.

잘못에 직면할 때 인내하고 오래 참고 온화한 마음을 품기

문제는 변화가 보통 과정이지, 어떤 사건인 경우가 거의 없다는 것이다. 변화는 무질서하게 일어난다. 그것은 예고 없이 찾아오고 간헐적으로 일어난다. 우리는 잠에서 깨어 "야, 오늘은 온갖 종류의 변화를 만들어낼 것 같아"라고 말하지 않는다. 변화를 이루는 것은 남편과 아내 모두 안에서 시작하신 일을 멈추지 않으실 오래 참으시는 구세주께서 하시는 일이다. 그분은 가장 좋지 않은 시기에 변화의 필요성을 알게 하실 것이다. 그분은 우리의 일정이나 주안점에 굴복하지 않으실 것이다. 그분은 변화가 매번 즐겁거나 장기간의 편안한 과정이라고 약속하지 않으셨다. 그분은 우리에게 필요한 모든 것을 주면서 우리 곁에 계시겠다고 약속하셨고, 우리의 생각보다 우리가 더 좋아질 것이라고 보증하셨다. (그분은 우리가 예수님처럼 될 때까지 일하시는 것을 그만두지 않으실 것이다. 그야말로 놀라운 목표가 아닌가!) 따라서 그분은 우리에게 인내하라고 하신다. 기꺼이 기다리라고 하신다. 지속하기 힘들 때에도 지속하라고 하시며, 그렇게 지속하면서 그분의 변화시키시는 사랑을 실제적으로 드러내기 위해 할 수 있는 어떤 방법이라도 찾으라고 하신다.

과거로 돌아가지 않기

슬프게도 많은 결혼생활이 과거에 사로잡혀 있다. 현재의 잘못에 대한 모든 논의는 과거의 실패와 상처에 얽매여 있다. 부부들은 실제로 의식하지도 못한 채 같은 대화를 거듭 반복하는, 절망적이고 낙담되는 사이클에 빠진다. 결국 그들은 서로에게 더는 말하고 싶지 않은 지점에 이른다. 이는 아주 고통스럽다. 대화들은 해결책을 찾지 못하고 얼마나 나쁜 일이 있었는지, 얼마나 오랫동안 그런 식이었는지를 상기시킬 뿐이다.

그러므로 우리는 빨리 셈을 하는 습관을 만들어야 한다. 그러면 매일 고백하고 용서하고 화해하는 사이클이 문제를 해결하고, 그 문제를 다시 다루지 않아도 되게 할 것이다. 그리고 상처와 분노의 순간에 이미 해결된 것을 되살리려는 행동에 저항할 것이다.

그리스도에게 우리의 소망을 두기

고백은 소망과 관련이 있다. 우선 고백은 불가피하게 우리 자신에게 소망을 두는 일을 포기하도록 이끈다. 그것은 더는 우리의 지혜와 의로움, 힘을 신뢰하지 말라고 말한다. 고백은 우리가 실제로 얼마나 약하고 이기적이고 빈곤하고 변덕스럽고 반항적인지 인정하는 일을 환영한다. 그것은 우리가 여전히 매일 구출되어야 하는 사람이라는 사실에 직면하게 한다. 그렇다. 우리는 성장하고 있지만 죄가 여전히 우리 안에 살면서 우리 욕망의 방향을 바꾸고 우리의 행위를 일그러뜨린다. 따라서 우리는 우리 안에 있는 소망을 내려놓고 새롭고 더 밝은 소망을 가질 것이다. 이 소망은 예수 그리스도의 십자가에 있다. 그분은 이 땅에 오셔서 우리가 살 수 없는 완벽한 삶을 사셨다. 그분은 우리의 죄를 지시고, 아버지의 분노를 충족시키시고, 우리의 용서를 이루신 완벽한 희생양이 되셨다. 그분은 우리가 받아들여지도록 아버지의 거절을 겪으셨다. 그분은 무덤에서 걸어나오심으로써 죽음을 이기시고 영원한 생명의 소망을 실현하셨다. 그런데 이것이 결혼과 어떤 관련이 있는가?

모든 면에서 관련이 있다!

십자가의 그늘이 우리의 결혼생활에 드리울 때 우리는 다르게 살고 다르게 관계 맺는다. 우리는 이제 우리 자신을 바라보는 일을 두려워하지 않는다. 우리의 죄 때문에 놀라지 않는다. 우리 자신을 의로운 자로 드러내기 위해 애쓸 필요가 없다. 우리는 손가락질하고 자기변명을 하는 일에 작별을 고한다. 잘못한 일들을 적은 기록을 없앤다. 빨리 문제를 해결한다. 그리고 이 모든 일을 하는 까닭은 우리가 고백해야 하는 모든 것이 이미 용서받았고, 새로운 걸음을 걷는 데 필요한 모든 것이 이미 공급되었음을 알기 때문이다. 우리는 겸손과 정직이 주는 해방된 빛 가운데서 궁핍하고 연약한 죄인과 함께 사는 궁핍하고 연약한 죄인이다. 따라서 이제 방어적이 되거나 두려워하지 않고, 그분을 점점 더 닮아가면서 서로에게 더 가까이 나아갈 수 있다.

이런 결혼생활을 누가 원하지 않겠는가?

6장

부부의 연합은 용서의 토양에서 자란다

우리는 짐이 아주 무거웠다. 루엘라는 막 둘째 아들을 낳았고, 우리는 엄청난 청구서를 지불할 길이 없었다. 우리의 작은 교회는 우리에게 사례를 하려고 애쓰는 정도였고, 우리는 자동차와 주택에 예상치 못한 돈을 지출해야 했다. 사정은 아주 어려워서 아이들 먹일 음식도 걱정해야 했다. 그때 병원에서 전화가 걸려왔다. 받고 싶지 않았지만 받아야 한다는 걸 알았다. 나는 전화기 쪽으로 걸어가면서 상대방이 할 말을 추측하고 있었다. 협박이나 나의 잘못을 지적하는 내용이리라. 그나마 안심이 되었던 것은 그들이 갓 태어난 내 아들을 압류할 수는 없다는 사실이었다.

전화를 건 사람의 목소리는 예상보다 상냥했다. 그녀는 내 안부를 물었다. 나는 '잘 지내냐고요? 내가 잘 지낼 거라고 생각하세요? 파산 직전인데 당신은 잘 지내냐고 묻고 있군요!'라고 생각했다. 그러나 나는 내 생각을 말하는 대신 일종의 대답 회피로 웅얼거렸다. 그러자 그녀가 말했다. "우리에게는 선생님 같은 가정을 위한 지원 프로그램이 있습니다. 우리는 선생님이 자격이 된다고 보고 채무를 탕감해 드리기로 결정했습니다."(우리는 약간의 비용만 지불하면 되었다.) 믿을 수 없었다! 십년 묵은 체증이 내려가는 것 같았다. 내 마음에 넘쳐흘렀던 기쁨과 감사는 이루 표현할 수가 없었다. 루엘라와 나는 함께 울고 나서야 빚을 탕감받아 과거의 짐을 덜었을 뿐 아니라 그것이 우리 미래의 재정 상태를 바꾸었다는 사실을 깨달았다. 우리는 이제 매일 뇌리에서 떠나지 않던 이 빚의 짐에서 벗어났다.

내가 하나님의 은혜와 공급하심을 이야기하는 이유가 뭘까? 그것은 이 책을 읽는 모든 이의 결혼생활에 아주 강력한 메시지를 전하기 때문이다. 건강한 결혼생활이 건강한 까닭은, 그런 결혼생활을 하는 사람들이 빚을 탕감받은 기쁨을 발견했기 때문이다. 나는 용서보다 결혼생활에 더 필수적인 요소를 생각할 수 없다. 그러나 용서가 언제나 매력적인 것은 아니다. 용서는 어렵고 대가를 지불해야 한다. 용서는 당신을 신앙의 밑바닥까지 밀어붙일 것이다. 용서는 당신을 두려움과 회의에 이르게 할 것이다. 그러나 용서를 받고 빚이 탕감될 때 그 보상은 대가보다 훨씬 크다.

"그 남자를 용서할 수 있을 것 같지 않아요"

"그 남자를 용서할 수 있을 것 같지 않아요." 그녀는 흐느껴 울면서 간신히 이렇게 말했다. 그녀는 그가 한 일을 용서할 수 없다고 확신했다. 나는 연속적인 학대나 배신의 이야기를 듣게 되리라 생각했지만 그렇지 않았다. 나는 놀라운 이야기를 들었다.

샐리는 이렇게 말했다. "젭은 기본적으로 좋은 사람이에요. 열심히 일하고, 우리를 잘 부양하고, 아이들을 사랑합니다." 젊은 목사였던 나는 혼란스러웠다. 그들의 이야기 때문만이 아니라 용서의 중요성과 역학을 잘 이해하지 못했기 때문이다. 그 이후로도 나는 상담하는 부부에게서 용서의 필요성을 배우지는 못했다. 오히려 나 자신의 결혼생활에서 고통과 은혜에 순간에 그것을 배웠다.

샐리와 젭은 대학에서 만나 미친 듯이 사랑에 빠져 각자 2학년과 3학년일 때 결혼했다. 그들은 학교를 졸업하기로 결심했기 때문에 시간제로만 일할 수 있었다. 첫 해가 다 가기 전 그들은 첫 아이를 얻었다. 둘 중 누구도 자신들이 해야 할 일들에 잘 대처할 만큼 정서적으로나 영적으로 충분히 성숙하지 못한 상태였다. 죄인이 죄인과 결혼했을 뿐 아니라, 미성숙한 죄인이 미성숙한 죄인과 결혼한 것이다. 그들은 서로를 이해하려고 애쓰면서도 아주 쉽게 짜증을 냈다. 젭은 샐리가 자기중심적이며 계속 불만스러워한다고 비난했다. 샐리는 젭이 자신에게서 멀어지고 요구가 많다고 보았다. 그들은 격전을 벌이지는 않았지만 그들의 대화에는 아주 부정적이고 위태로운 긴장이 감돌았다. 날마다 그들 사이에는 해결하지 못한 문제들이 있었다. 날마다 사소하게 오해하고 상처받고 분노하는 순간들이 있었다. 그들은 날마다 실망한 침묵으로 하루를 마감하고 상대방의 잘못을 되뇌며 잠이 들었다. 그 목록은 점점 길어졌고 짐은 점점 무거워졌다.

몇 달 몇 년이 지나면서 그 순간들은 죄와 판단으로 바뀌었다. 둘 중 누구도 그것을 깨뜨리려는 관심이나 기술이 없었다. 둘 다 상대방의 잘못들을 기록하여 소중한 집안의 가보처럼 꼭 붙들고 있었다. 그들은 처음 받았던 상처들을 이제 손에서 놓기가 두려웠다. 젭과 샐리는 잘못한 일을 비난이라도 받으면 수년 동안 기록한, 상대방이 잘못한 목록을 꺼냄으로써 자신을 방어했다. 이러한 대립은 결코 화해로 나아가지 못했다. 대화는 매번 짐의 무게를 가중시키고 방어벽을 두껍게 했다.

그러나 그들의 결혼생활에 아주 파괴적인 일이 일어났다. 그것은 물리적인 순간도 아니요, 둘 중 하나가 외도를 한 것도 아니었다. 그것은 점진적으로 미묘하게 일어난 일이었지만, 결혼생활의 생명을 좀먹고 있었다. 젭과 샐리는 한때 서로를 좋아했다. 그들은 여전히 그렇다고 말할 것이다. 그러나 그들은 그렇지 않았다. 샐리는 젭이 좋은 점보다 싫은 점이 더 많았다. 사실 샐리가 젭을 긍정적으로 말하는 내용은 옛날 옛적 일이었다. 젭 역시 샐리의 좋은 점을 말할 때 부정적인 이야기와 짜증나는 특성들을 거론하지 않기가 어려웠다.

왜 이런 일이 일어났는가? 죄와 실패의 습관에 고백과 용서의 습관이 수반되지 않았기 때문이다. 남아 있는 것은 상대방의 잘못모음집뿐이었다. 그래서 그들은 서로를 생각할 때 대부분 부정적인 것들밖에 떠오르지 않았다. 그들은 날마다 과거의 잘못들이라는 렌즈로 서로를 보았고, 상대방의 좋은 점은 점점 잊어버렸다. 사랑에서 나오는 인내와 용납은 혐오와 무례함으로 바뀌었다. 젭과 샐리는 부인하려고 최선을 다했지만 그들은 이제 서로를 좋아하지 않았다. 그들은 훨씬 쉽게 화를 내고 짜증을 부렸다. 그들은 교전 중이었고 날마다 전쟁의 학살에 휩싸여 있었다.

샐리에게 도움을 구하라고 조언한 사람은 그녀의 친구였다. 출구는 단순했지만 대가는 엄청났다.

용서하지 않을 때 일어나는 일들

성경은 아주 명백하다. 무엇으로 심든지 그대로 거둘 것이다(갈 6:8이하). 결혼생활에서 당신은 매일 당신이 이전에 심은 것을 거둬들이고, 미래에 거둘 것을 심는다. 젭과 샐리는 원인 모를 고통을 당하는 것이 아니었다. 슬프게도 그들은 수년 동안 심은 것을 거두고 있었다. 나는 용서하지 않음으로써 결혼생활을 악화하는 단계들을 설명하려 한다. 확신하건대, 수많은 부부의 결혼생활이 어떤 점에서 이런 길을 따르고 있다.

성숙하지 못하고 실패한다

결혼을 하는 사람들은 모두 죄인일 뿐 아니라 대부분은 어리고 순진하고 미성숙한 상태로 결혼생활을 시작한다. 일반적으로 결혼 초기에 그들은 무언의 이기적이고 죄악 된 행동들을 한다. 둘 중 누구도 그런 행동을 하고 있다고 생각하지 못하면서 말이다. 그러다 놀라고 상처를 받을 때면 정직하게 대면하고 고백하고 용서하기보다는, 비난하고 책임을 전가하고 판단하고 벌을 준다. 그들이 깨닫지 못하는 것은 지금 이 순간 형편없이 반응하고 있다는 것뿐 아니라, 그들이 결혼생활의 방향을 잡는 일을 시작하고 있다는 것이다. 이기적인 행동들에 뒤이은 격렬한 반응은 서로에게 가졌던 애정과 연합에 손상을 가한다.

편한 습관에 빠진다

대면하여 고백하고 용서하는 것은 모두 힘겨운 일이므로 더 수준 낮은 욕구를 따르기가 쉽다. 못마땅한 듯 헛기침을 하고 그 자리를 피해버리거나, 속으로 상대방의 잘못을 되뇌고, 당신의 목록을 편집하고, 화가 나서 소리 지르고, 위협을 하는 일은 쉽다. 아주 많은 부부가 편하지만 파괴적인 습관에 빠진다. 그러는 동안 그들의 애정은 약화되고 그들 사이의 거리는 넓어진다.

방어벽을 세운다

많은 부부가 정직과 용서가 있는 건강한 생활방식의 결과로 성장하는 대신, 결혼 초기에 서로의 짜증난 비난에 맞서 방어벽 세우는 법을 배운다. 부부들은 곧 최선의 방어는 공격임을 배워서, 점점 증가하는 상대방의 비난에 맞서 자신이 모아놓은 목록을 붙들고 상대방이 얼마나 완벽하지 못한지, 따라서 같이 살기가 얼마나 힘든지를 상기시킴으로써 맞선다. 이러한 (문제는 내가 아니라고 확신하는) 자기 의와 (상대방이 문제라고 말하는) 비난이 합해지면 관계는 불가능해진다. 우리는 공격에 맞서 함께 서 있는 것이 아니다. 오히려 서로를 적으로 보고 서로에게 맞서 방어벽을 쌓고 있다.

혐오감이 커진다

남편과 아내 둘 다 하나님이 그들 각자 안에서, 또 그들 각자를 통하여 하신 선한 일을 찬양하기보다는 상대방의 잘못을 묵상한다. 따라서 그들의 시각은 점점 부정적으로 변한다. 인간은 경험한 사실들로 살아가는 것이 아니라, 그 사실들에 대한 해석에 따라 살아간다. 따라서 이렇게 전반적으로 부정적인 평가는 배우자를 바라보는 해석의 렌즈가 된다. 그래서 그들이 한때 부정적으로 보지 않았던 것을 지금은 부정적으로 해석한다. 나는 더는 서로를 사랑하지 않는 부부를 많이 상담했다. 사실 남편들과 아내들은 처음 무엇 때문에 서로에게 끌렸는지 기억하기가 어렵다고 말했다.

상대방에게 압도된다

어느 순간 당신은 그다지 좋아하지 않는 사람과 살며 날마다 공격에 대항해 자신을 방어해야 한다고 느끼고 지치고 맥이 빠진다. 매일 동일한 공격에 대한 비난을 퍼붓는다. 누가 더 같이 살기 힘든 사람인지에 대한 동일한 논쟁이 거듭 일어난다. 그러다 아침에 일어나는 것이 두려운 지점에 이른다. 다음 폭탄이 언제 터져 당신에게 남은 작은 평화를 산산조각 낼지 생각하며 눈치를 본다.

다른 부부를 부러워한다

이렇게 살아갈 때에는, 울타리 너머를 보거나 복도 건너편을 바라보며 당신이 갖지 못한 모든 것을 가진 듯한 부부를 부러워하기가 쉽다. 다른 여자 혹은 다른 남자와 결혼했다면 어땠을까 하는 생각을 한다. 다른 사람들은 모르는 어려움을 겪고 있다고 느낄 때면 하나님의 사랑과 지혜를 의심하고 싶다. 서로의 면전에 다른 부부들을 들이대고 싶다. 당신의 결혼생활을 대중 앞에 선 다른 부부의 모습과 비교하는 일은 항상 위험하지만, 이미 지속할 이유가 없다고 여기는 부부에게는 특히 더 파괴적이다.

환상으로 도피한다

그런 행동은 늘 이 지점에 이르는 것 같다. 당신은 화가 나고 상처를 받고 있으며 압도되어 있다. 실제로 상대방을 그리 좋아하지 않고 함께할 시간을 기대하지도 않는다. 압도되고 질식한 느낌이다. 당신은 매일 상대방의 죄로 당신이 희생되었다고 혼잣말을 한다. 배우자가 변한다는 것은 상상할 수 없다. 모든 것이 불가능해 보인다. 남은 것은 환상으로 도피하는 것뿐이다. 처음에는 그저 지친 사람의 비현실적인 백일몽이지만, 점점 그 이상이 된다. 환상과 강박, 혹은 환상과 결심 사이의 길은 그리 멀지 않다. 당신은 실제로 도피 수단을 취하기가 아주 쉬운 상태에 있다. 그러나 그것은 실제로 도피가 아니라 이미 당신을 압도한 문제를 악화시키는 것일 뿐이다.

당신은 '폴, 그건 아주 암울한 모습이군요!'라고 생각할지 모른다. 그렇다면 나는 당신에게 이렇게 질문하겠다. "당신들은 부부로서 어떤 여행을 하고 있는가? 당신들은 처음 결혼할 때보다 더 깊이 존경하고 더 부드러운 애정을 지니고 있으며 더 감사하는가? 당신들은 애정 어린 시선으로 문제에 대면하고 은혜롭게 용서하는가? 당신들의 우정은 자라나고 당신들의 연합은 견고해졌는가? 정반대 방향으로 여행하고 있지는 않은가?" 젭과 샐리에게 '심각한 죄'가 없었음을 기억하라. 그들의 결혼생활은 용서하지 않는 작은 빗방울에 녹이 슬어 부서졌다.

그렇다면 사람들은 왜 용서하지 않을까?

사람들은 왜 용서하지 않을까? 아주 좋은 질문이다. 용서가 더 편안하고 유익하다면, 왜 더 대중적이지는 않을까? 슬픈 현실은, 단기적이지만 관계에 파괴적인, 용서하지 않으려는 힘이 있다는 것이다. 배우자의 잘못을 붙잡고 있으면 관계에서 우위를 점한다. 우리가 잘못들을 기록하여 보관하는 까닭은, '배우자에게 무엇이 최선일까?'가 아니라 '나에게 무엇이 편리할까?' 하고 생각하기 때문이다. 여기 용서하지 않을 때 얻는 어두운 '혜택' 몇 가지가 있다.

힘

다른 사람의 약점을 잡고 있을 때 얻는 힘이 있다. 상대방에게 맞서 그의 약점과 실패를 이용하면 힘이 생긴다. 우리가 원하는 대로 하고 싶을 때면, 배우자에게 맞서 우리 관계에서의 비장의 무기로 어떤 잘못을 끌어낸다.

정체성

배우자의 죄와 약점과 실패를 붙들고 있으면 배우자보다 우월하다고 느껴진다. 우리가 배우자보다 더 의롭고 성숙하다고 믿게 된다. 우리는 하나님이 부르신 모습이 아닌, 배우자와 우리 자신을 비교하는 데서 자의식을 갖는 습관에 빠진다. 그리고 이런 습관은 모든 죄인이 씨름하는 자기 의에 이른다.

권리

우리의 배우자는 우리에게 한 잘못들 때문에 우리에게 빚을 지고 있는 상태다. 배우자의 잘못들을 품고 있으면 우리는 보상을 받을 만하다고 느끼고, 그래서 우리 자신에게 초점을 맞추고 요구하는 일이 편해진다.

무기

배우자가 우리에게 행한 죄와 실패들을 마음속에 품고 있는 것은 총알을 장전한 총과 같다. 우리는 화가 나면 그 총을 꺼내 쓰고 싶은 강한 유혹을 받는다. 어떻게든 아내가 우리에게 상처를 줄 때, 그녀가 얼마나 악하고 미성숙한지 면전에서 폭로함으로써 상처를 되돌려주고 싶은 강한 유혹을 받는다.

하나님의 자리

우리가 절대 있어서는 안 되는 장소가 하나 있지만, 그곳은 또한 우리가 모두 차지하는 자리이기도 하다. 우리는 배우자의 재판관이 아니다. 우리는 배우자의 죄를 평가하는 사람이 아니다. 그가 한 일에 죄책감을 부여하는 것은 우리 일이 아니다. 하지만 우리는 하나님의 보좌로 올라가 재판관이 되고 싶은 강한 유혹을 받는다.

끔찍한 일이다. 이는 추한 이기심에서 나온 것이다. 이는 우리가 원하고 필요로 하고 느끼는 바에서 나온 것이다. 이는 배우자와 함께하는 삶을 통해 하나님을 기쁘시게 하고자 하는 마음과 아무런 관련이 없다. 또 분명 타락한 이 세상에서 하나님의 방식대로 살고자 분투하는 배우자를 사랑하는 일과 아무런 관련이 없다. 그것은 또한 무섭도록 눈이 먼 상태다. 배우자와 그의 실패에만 초점을 맞추고 있어서 우리 자신에 대해서는 눈이 멀어 있다. 우리가 얼마나 자주 실패하는지, 얼마나 많은 죄가 우리가 하는 모든 일을 망쳐 놓는지, 그에게 주기 싫어하는 은혜가 우리에게 얼마나 절실하게 필요한지 잊어버리고 있다. 이러한 삶의 방식은 우리의 연인을 우리의 대적으로 바꾸어버리고, 우리 가정을 전쟁터로 만들어버린다.

우리는 모두 용서하지 않을 때 얻는 힘의 유혹을 받는다. 상대방에게 맞서기 위해 상대방의 죄를 이용한다. 재판관처럼 행동한다. 우리가 상대방보다 의롭다고 생각한다. 우리가 원할 때 그 원하는 바를 얻기 위해 죄책감의 힘을 사용하고, 그렇게 함으로써 우리 부부의 사랑이라는 고운 도자기에 금이 가게 한다.

너무도 명백해서 말할 필요도 없지만, 용서가 훨씬 더 나은 길이다. 용서야말로 또 다른 죄인과 친밀하고 장기적인 관계를 맺으며 사는 유일한 길이다. 그것은 날마다 당신의 결혼생활에 드러날 약점과 실패를 넘어설 수 있는 유일한 길이다. 상처와 실망을 다룰 수 있는 유일한 길이다. 소망과 신뢰를 회복하는 유일한 길이다. 당신들의 사랑을 지키고 당신들이 이룬 연합을 강하게 할 유일한 길이다. 용서야말로 과거에 사로잡히지 않을 유일한 길이다. 또한 당신의 결혼생활에 신선한 출발과 새로운 시작의 축복을 줄 유일한 길이다.

용서의 대가는 크지만 아름다운 수확물을 거둬들인다. 그러므로 용서가 무엇이며 어떤 일을 하는지 꼭 알아야 한다.

용서란 무엇인가?

당신이 알아야 하는 것은, 용서가 **수직적인 의무**에 뒤이은 **수평적인 과정**이라는 것이다. 용서의 두 측면은 내가 언급한 순서가 아주 중요하다.

남편이나 아내가 말이나 행동으로 당신에게 잘못을 했을 때, 당신의 반응은 하나님 앞에서의 당신의 의무에서 나온 것이어야 한다. 용서는 주님께 죄를 내려놓음으로써 시작된다. 이는 마치 잘못된 행동이 옳은 양 행동한다는 의미가 아니다. 그것은 잘못을 품고 있지 않다는(상처) 의미이며, 상대방을 그 잘못에 비추어 대하지 않는다는(판단) 의미다. 당신은 당신 자신을 하나님의 자비와 정의에 맡기고 선으로 악을 이기는 데 전심을 다한다(롬 12:9-12). 당신은 당신이 받은 동일한 은혜로 배우자에게 반응하기로 결심한다. 또 당신 자신을 하나님의 자리에 두지 않고 상대방의 잘못을 벌하지 않는다. 이것이 용서다.

이는 당신이 그 죄를 먹어버리고 마치 아무 일도 일어나지 않은 것처럼 행동한다는 의미가 아니다. 배우자의 말과 행동에 아무런 영향도 받지 않거나 감정이 상하지 않았거나 상처를 받지 않은 척 한다는 의미가 아니다. 사실, 성경은 실제로 누군가 당신에게 죄를 지었다면, 죄를 범한 사람에게 가서 그 죄를 밝히라고 말한다. 혼란스러운가? 이는 내가 위에서 한 말과 모순되어 보이는가? 용서의 두 측면의 순서가 꼭 필요한 지점이 바로 여기다. 당신이 하나님께 죄를 내려놓고 출발해야 하는 이유는, 배우자에게 다가갈 때 바른 태도(은혜)와 바른 목표(화해)로 다가가기 위함이다. **수직적인 용서**가 당신의 마음에서 상처와 비난의 짐을 깨끗이 덜기 때문에, 잘못을 한 상대방을 친절하고 인내하는 태도로, 사랑하고 겸손하고 격려하는 태도로 대할 수 있다.

여기서 중요한 것이 있다. 남편들이여, 용납되지 않는 것을 용납하는 것처럼 행동하는 것은 영적으로 당신에게 도움이 되지 않으며, 아내를 사랑하는 것도 아니다. 아내들이여, 당신에게 범한 죄가 괜찮은 것처럼 행동하는 것은, 당신에게도 좋지 않고 남편에게도 친절한 행동이 아니다. 성경 어디에서도 관계를 위해 활짝 웃고 그것을 참으라고 하지 않는다. 사실 나의 경우, 상대방이 잘못했을 때 침묵하는 것은 상대방을 더 잘 사랑하려는 마음이 아니라, 친절하고 애정 어린 대면이라는 어려운 과정을 회피하는 마음에서 나온 것이다. 우리가 침묵하는 까닭은 배우자를 사랑해서가 아니라, 우리 자신을 더 사랑하고 불편한 상황을 피하고 싶기 때문이다. 그러한 것들을 밝히지 못하면, 그것은 우리의 죄악 된 마음의 어두운 곳에서 곪아터진다. 또 잘못을 저지른 당사자는 그를 자라고 변화하도록 도와줄 죄의 자각과 고백을 못하게 된다.

이렇게 용서의 첫 부분이 **사법적**인, 즉 유일하게 심판하실 수 있는 하나님께 죄를 맡기는 것인 반면, 용서의 두 번째 부분은 **관계적**이다. 그것은 죄를 범한 사람과 공격을 당한 사람 사이에서 일어나는 은혜의 과정이다. 내가 하려는 말에 세심하게 주의를 기울이라. 당신은 관계 면에서 볼 때 용서를 구하지 않는 사람을 용서할 수는 없다. 성경에 나오는 유형은 누군가가 고백하면 당신은 용서하는 것이다. 당신이 그녀에게 가는 이유가 여기에 있다. 당신은 하나님의 도구로서 그녀의 눈이 열리고 그녀의 마음이 슬퍼하기를, 그녀가 죄를 고백하고 당신의 용서를 구하기를 (당신은 용서할 준비가 되어 있다. 당신의 마음속에 상처가 있지 않기 때문이다) 소망하며 그녀에게 간다.

보통 용서는 하나의 사건이 아니라 과정이다. 당신은 다시 한 번 비통한 생각이 들고 화가 날 수도 있다. 그럴 때면 주님께 그 마음을 고백하고 도움을 구해야 한다. 그렇게 하지 않으려고 결심했음에도, 배우자를 심판하는 자세로 대하려는 유혹에 굴복할지도 모른다. 그러면 당신은 상대방에게 그 잘못을 고백해야 한다. 죄를 범한 사람이 자신이 한 행동을 바라보고 인정하며 힘든 시간을 보내고 있을 수도 있다. 이는 당신이 배우자에게 한 번 이상 다가가 당신들 사이에는 다루지 않은 죄가 있으며 그것 때문에 당신들의 관계에 단절이 있고 화해가 필요함을 상기해야 한다는 의미다. 당신의 목적은 자백을 강요하는 것이 아니라, 당신이 그를 아주 사랑하기 때문에 당신이 이루고 싶은 이해와 연합의 길에 악한 것이 있으면 고통스럽다는 것을 그에게 알리는 것이다. 그러나 다시 말해야겠다. 당신은 상대방이 용서를 구하기 전에는 관계적인 의미에서 그 사람을 용서할 수 없다.

용서는 언제 필요한가?

여기서 구분해야 할 것이 하나 더 있다. 고백하고 용서하라는 성경의 명령은, 한 배우자가 상대방에게 성경이 죄라고 부르는 행동을 한 경우에만 따라야 한다. 바빠서 가게에서 무언가를 사오는 것을 잊어버린 경우처럼 인간의 약함으로 인한 행동에 용서를 구할 필요는 없다. 단, 잊은 것과 그로 인해 일어난 번거로운 상황을 사과하는 것은 바람직하다. 또 담요를 밟거나 멋진 도자기를 떨어뜨리는 것 같은 사고도 용서를 구할 필요가 없다. 다시, 배우자에게 손해를 입힌 것에 반성을 표하는 것은 바람직하지만 이 경우 용서를 구할 필요는 없다.

성격이나 시각이 다른 것도 용서를 구할 필요가 없다. 아내나 남편과 어떤 상황을 다르게 보는 것은 잘못이 아니다. 하나님은 당신의 이야기를 쓰셨다. 그분은 지금의 당신이 되도록 영향을 미칠 것들을 결정하셨다. 그분은 당신들 두 사람을 결혼을 통해 친밀한 공동체로 묶으셨다. 다른 것은 잘못이 아니다. 그러나 거기서 나온 어떤 행동들은 잘못일 수도 있다.

무언가를 시도하여 실패한 경우에도 용서를 구할 필요가 없다. 당신은 아내에게 무언가를 고치겠다고 말했지만 그렇게 하지 못했다면, 이는 아내에게 죄를 지은 것이 아니며 고백과 용서가 필요하지 않다. 그러나 당신이 그 일 때문에 아내에게 미안해하는 것은 사랑이다.

용서란, 수직적인 의무와 관계적인 과정이다. 이는 하나님이 그분의 자녀들이 누리기 원하시는 결혼생활의 연합과 사랑과 이해에, 죄가 방해되는 순간에 필요한 일이다. 용서는 우리 어깨에서 잘못을 품은 짐을 벗기는 것이며, 깨진 것을 회복하는 것이다. 용서하려는 마음이 많을수록 용서의 축복을 많이 경험할 수 있다. 그 축복을 많이 경험할수록 죄를 범함-대면-고백-용서의 사이클에 더 빨리 전념하고 배우자와 셈을 빨리 하는 데서 오는 유익을 누릴 수 있다. 당신은 당신들 사이에 공개된 심각한 문제들은 없다는 사실을 아주 좋아한다. 당신에게는 비워야 할 벽장이 없다. 당신은 감사하고, 그러면서 점점 더 서로에게 고마워하고, 용서하라고 명령하시는 하나님께 감사한다.

용서의 필요조건과 보상

용서는 하나님과의 관계에서, 그리고 서로와의 관계에서 투자를 하는 것이다. 모든 투자에는 비용이 든다. 또 모든 투자는 비용보다 더 큰 수익을 원한다. 따라서 당신과 당신의 결혼생활을 위해 용서의 필요조건과 그 보상을 검토하는 일은 아주 중요하다.

용서는 **겸손**을 요구한다. 인생이 우리보다 더 거대하다는 것을 진정으로 믿을 때, 우리의 소원과 필요와 느낌보다 중요한 것이 있음을 믿을 때, 다른 누군가의 뜻과 계획과 그를 찬양하기 위해 우리에게 생명과 호흡이 주어졌다는 것을 믿을 때, 우리는 기꺼이 용서할 수 있다. 우리가 우리 자신보다 더 소중한 것이 없다고 생각하면 **우리**에 대한 죄보다 더 모욕적인 것은 없다. 또는 자만심으로 가득 차 우리 자신을 의롭다고 생각하면 분명 같이 살고 있는 사람을 용서하기가 어렵다. 용서는 자신 역시 용서가 얼마나 필요한지를 의식하며 사는 사람에게 훨씬 쉽다. 자신도 은혜가 필요함을 확신하는 사람보다 은혜를 더 잘 베푸는 사람은 없다.

용서는 또한 **긍휼**을 요구한다. 긍휼이란, 다른 사람의 곤경에 마음이 움직여 돕게 되는 것이다. 남편들과 아내들이여, 배우자가 당신에게 죄를 지을 때 당신은 긍휼에 사로잡히는가? 배우자가 죄와 싸우는 모습에 감동하는가? 그녀가 또다시 실패하여 실망스러운 현실에 직면하면 그녀가 가엾은가? 그가 쉽게 함정에 빠지면 안타까운가? 최악의 순간에 배우자가 죄와 싸우는 그 짐을 가볍게 하기 위해 도우며 곁에 머무는가? 당신이 그녀를 용서한다면 그녀를 사랑하기 때문이며, 그녀를 사랑한다면 그녀가 죄와 분투하는 모습에 마음을 쓸 것이다. 당신은 어떻게 옳은 일에 전념하고 옳지 못한 행동을 그만두어야 하는지 안다(롬 7장). 당신이 그를 용서한다면 그를 판단하는 눈 대신 하나님의 은혜로 그를 상냥하게 바라보기 때문이다.

용서는 **신뢰**를 요구한다. 용서는 배우자에 대한 믿음의 행위라기보다는 하나님에 대한 믿음의 행위다. 당신은 하나님이 당신과 함께 계심을 믿는다. 당신은 그분의 말씀이 진실임을 믿는다. 당신은 그분이 요구하시는 것은 의와 선이라고 믿는다. 당신은 그분이 하라고 하시는 일을 하는 데 필요한 것을 당신에게 주실 것을 믿는다. 당신은 당신의 신분이 안전함을 믿는다. 배우자가 당신을 거부하고 당신의 용서를 구하지 않을 때도 말이다. 당신은 용서라는 어려운 일 끝에 축복이 있음을 믿는다. 당신은 또다시 실패하고 죄를 지을 때라도 하나님이 당신을 용서하시고 당신에게 변화할 힘을 주실 것을 믿는다. 당신은 하나님을 신뢰하기 때문에 배우자를 기꺼이 용서한다.

용서는 **절제**를 요구한다. 배우자가 당신에게 범한 죄를 용서하려 한다면, 하나님이 주실 수 있는 절제를 발휘하여 당신 자신을 부인해야 한다. 용서하기 위해서는 쓴 감정을 부인해야 한다. 이러한 쓴 감정은 배우자의 잘못을 품고 다니게 하고, 마음을 넓힐 여지를 주지 않으며, 배우자에게 반응할 때 영향을 미친다. 당신은 분노의 말이나 복수의 행동을 퍼부으려는 마음을 부인해야 한다. 당신의 분노를 친척이나 친구와 나누려는 충동을 부인해야 한다. 이런 것들에 밀리는 일은 결코 용서의 서곡이 아니다.

용서는 **희생**을 요구한다. 앞에서 나는 배우자가 우리에게 잘못했을 때 배우자에게 다가가지 못하는 이유는, 배우자보다 우리 자신을 더 사랑하기 때문이라고 말했다. 이 말이 가혹하게 들릴지도 모르겠다. 이제 설명해보겠다. 자기 사랑이 자기를 의식하는 경우는 거의 없다. 아마 당신이 의식하는 것은, 당신이 거절과 긴 논쟁에 빠지는 것을 두려워한다는 것, 배우자가 화를 내는 것과 당신의 실패를 당신의 면전에 들이대는 것을 두려워한다는 것이다. 요컨대, 당신은 배우자가 말로 표현하거나 행동은 했지만 인정하지는 않는 무언가에 대해, 배우자와 대면하는 위험에는 당신 자신을 노출하고 싶지 않다. 당신은 당신이 무엇을 하고 있는지 아는가? 당신은 배우자와 당신의 관계, 그리고 하나님을 기쁘시게 하는 데 도움이 되는 일보다는 자신을 보호하는 것을 선택한 것이다.

용서는 우리에게 안전과 편안함에 대한 욕구와 침묵함으로 표면적인 평화를 이루려는 욕구를 내려놓으라고 요구한다. 또 상대방에게 도움이 되고 우리의 관계에 화해를 불러오기 위해서는, 믿음을 가지고 대면하고 싶지 않은 것을 견디라고 말한다.

용서는 우리가 지금까지 보았던 것보다 더 중요한 것을 요구한다. 용서는 **기억하기**를 요구한다. 우리가 상대방의 약점과 실패, 죄를 기억하는 데는 아주 능숙하고, 우리의 약점과 실패와 죄를 잊어버리는 일을 아주 잘하는 이유는 무엇인가? 다른 사람이 용서받아야 함은 잘 보지만 우리에게 용서가 필요하다는 사실은 잘 잊어버리는 이유는 무엇인가? 우리는 언제 우리 자신의 죄를 슬퍼하며 우리가 받은 놀라운 용서에 대한 감사로 가득하여, 우리가 받은 것을 배우자에게 주며 기쁨을 누릴 것인가? 아마도 용서하지 않는 생활방식의 근원에는 망각의 죄가 있는 것 같다. 우리는 우리 삶에서 용서받을 필요가 없었던 날은 없음을 잊어버린다. 은혜가 필요하지 않은 때는 결코 없을 것임을 잊어버린다. 또 우리가 결코 얻거나 이루거나 받을 만하지 않은 사랑을 받았음을 잊어버린다. 우리는 하나님이 절대 우리의 약함을 조롱하지 않으시며, 우리의 실패들을 우리 면전에 들이대기를 기뻐하지 않으시며, 우리에게서 등을 돌린다고 협박하지 않으시며, 우리의 노력으로 그분의 은혜에 거하게 하지 않으신다는 것을 잊어버린다.

당신이 이런 것들을 기억하고 당신이 받은 은혜에 깊이 감사한다면, 용서할 준비가 된 것이다. 이는 그 과정이 편하거나 쉬우리라는 의미가 아니다. 오히려 당신이 상대방에게 주는 것은 당신이 필요로 하는 것임을 기억하면서, 궁핍한 당신의 배우자에게 다가갈 수 있다는 의미다.

용서의 열매

당신은 상대방을 용서하기로 할 수도 있고 벌을 주기로 할 수도 있다. 실망으로 인해 거리를 두기로 할 수도 있고 애정이 혐오가 되도록 할 수도 있으며 우정 욕구가 도피 추구로 변하도록 할 수도 있다. 아주 많은 부부처럼 결혼생활의 데탕트라는 슬픈 수확을 맛보거나, 더 좋은 씨를 심고 훨씬 좋은 수확에 기뻐할 수도 있다. 용서를 심어 거둬들이는 것은 모든 사람이 원하는 결혼생활이다.

용서는 감사와 애정을 불러일으킨다. 우리가 매일 서로를 용서한다면, 서로를 최악의 실패와 최대 약점이라는 렌즈로 보지 않을 것이다. 정직하게 말하고 울고 기도하며 회개하고 화해할 때, 서로에 대한 감사가 자라고 애정이 깊어진다. 우리는 이제 상대방을 원수로 보지 않는다. 우리는 이제 상대방에게서 우리를 보호하려고 하지 않고, 이 타락한 세상에 존재하는 결혼생활의 수많은 위협 요소들에 맞서 방어벽을 세우는 데 함께 애쓴다.

용서는 인내를 낳는다. 우리가 매일 고백과 용서의 생활방식으로 하나님이 원하시는 대로 반응할 때, 우리는 결혼생활에서 보리라고 생각지도 못했던 것들을 경험하게 된다. 나쁜 습관이 깨지는 것을 보고, 서로 변하는 것을 보고, 냉담해진 사랑이 다시 새롭게 되고, 활기가 넘치는 것을 본다. 우리는 잘못된 방향으로 우리를 이끄는 강력한 감정과 욕망에 무너지지 않도록 하나님이 우리에게 은혜를 주시는 힘겨운 순간을 경험한다. 또 그분의 지혜가 거듭 우리에게 실제적인 도움을 주시고 우리를 구출하시는 것을 본다. 이 모든 것은 우리 사이에 잘못이 생길 때 더 이상 공황상태에 빠지지 않는다는 의미다. 우리는 이제 상처와 보복의 공황상태에서 우리 손으로 직접 일하지 않는다. 우리는 이제 상대방의 양심이나 재판관이 되려 하지 않는다. 우리는 실패에 직면하여 훨씬 더 편안해지고 기꺼이 참으며, 죄를 범함-대면-고백-용서라는 하나님의 계획을 따른다. 우리는 그분의 은혜가 우리가 결혼생활에서 직면할 어떤 어려움보다 크심을 알아간다. 그러므로 지치고 낙담될 때에도 하나님이 일하시며 그 하나님이 우리의 결혼생활이 완성될 때까지 일하기를 멈추지 않으실 것을 기억하고 편히 쉬며 기다릴 수 있다.

그러나 한 가지가 더 있다. 용서는 부부 사이의 연합이 자라나는 비옥한 토양이다. 당신이 매일 고백과 용서로 살아간다면, 당신은 더 나은 길을 위해 당신의 길을 버릴 것이다. 당신의 결혼생활은 이제 자기 멋대로 하려는 이들을 위한 매일의 경쟁이 아니다. 이제 당신은 배우자가 또 다시 당신이 원하는 일을 방해하지는 않을까 의심하며 그를 위협적인 존재로 보지 않는다. 당신은 당신의 편안함과 즐거움, 편리함에 사로잡혀 있지도 않고, 배우자가 그것을 방해할지도 모른다는 두려움에 떨지도 않는다. 용서는 당신들이 서로 같은 마음을 품게 한다. 당신들은 둘 다 당신의 욕구를 또 다른 분의 욕구 아래 내려놓는다. 당신들은 이제 당신들만의 작은 결혼 왕국을 세우려고 하지 않는다. 이제 당신들은 함께 하나님의 나라를 위해 살아간다. 당신들은 이제 같은 기대와 규율로 살아간다. 당신들은 이제 문제를 생각하고 해결하는 데 같은 방식을 가지고 있다. 그리고 당신들은 함께 하나님이 주신 것들을 찬양하고, 둘 다 그것을 당신들의 힘만으로는 이룰 수 없음을 인식한다. 당신들은 이제 전에는 경험하지 못한 연합을 경험한다. 용서가 더 고귀한 뜻과 더 나은 매일의 계획을 위해 당신들을 해방해주었기 때문이다.

젭과 샐리를 기억하는가? 하나님은 그들에게 더 나은 길을 보여주시기 위해 그들의 삶에 누군가를 두셨다. 그렇다. 젭과 샐리는 여전히 전쟁 중이지만, 그것은 이제 서로와의 전쟁이 아니다. 그들은 함께 그들과 그들의 결혼생활을 뒤쫓는 적과 싸우고 있다. 젭과 샐리는 이제 용서가 그들을 전쟁에서 자유롭게 해준 것에 몹시 감사한다.

두 번째 약속

우리는 날마다 성장하고 변화하기 위해 노력한다.

∞

우리는 변화보다는 오히려 멸망을 택한다. 지금 십자가에 오르며
환상을 버리기보다는 그저 겁을 내다가 죽는 편을 택한다.

– W. H. 오든(W. H. Auden)

∞

하늘에 목표를 두면 땅도 얻을 것이요,
땅에 목표를 두면 둘 다 얻지 못할 것이다.
C. S. 루이스(C. S. Lewis)

7장
결혼생활의 잡초 뽑기

실제로 결혼생활은 마치 오랜 시간 동안 정원을 가꾸는 것과 같다. 어떤 형태로든 정원을 가꾸어보았다면 거기에는 지름길이 없음을 알 것이다. 길을 가다 갖가지 색과 종류의 아름다운 꽃들로 장식된 정원을 보았다면, 고된 수고의 결과임을 기억하라. 정원은 고된 수고로 시작된다. 땅을 고르는 일은 재미있지 않지만 꼭 필요하다. 씨를 심기 위해 구멍을 파는 일은 즐겁지 않지만, 이것 역시 필수 과정이다. 규칙적으로 물을 주고 잡초를 뽑는 작업 역시 꼭 필요한 일이다. 시든 꽃들과 죽은 잎들을 잘라내는 것 역시 식물의 건강을 위해 필수적이다.

우리는 우리의 정원이 잡초가 무성한 땅에서 저절로 멋진 정원으로 변하길 기대하지 않는다. 그런데 어째서 매일 잡초를 뽑고 씨를 심는 작업은 하지 않으면서 아름답게 꽃이 피는 결혼생활을 기대하는가? 나 역시 잘 모른다고 고백해야겠다. 우리는 왜 모든 인간관계 중에서 가장 포괄적이고 장기적인 관계가, 정원을 위해 하는 것만큼의 헌신도 하지 않으면서 생생하게 살아 있고 잘 자랄 수 있다고 생각하는 걸까? 아마도 결혼생활에서 우리가 범하는 근본적인 죄 중 하나는 방심의 죄인 듯하다.

성급하거나 게으른 정원사가 가꾼 정원이 있는 집(당신의 집일지도 모른다) 옆을 지나가본 적이 있는가? 꽃이 살았던 흔적은 있지만 식물들은 건강하지 않고 경관도 확실히 예쁘지 않다! 나는 그런 결혼생활이 아주 많다고 생각한다. 잘 심지도 못했고, 그 이후로 잘 보살피지도 못한 것이다. 당신의 결혼생활도 방치되어 있는 모습은 아닌가? 처음에 잘 심었는가? 정기적으로 잡초도 뽑고 물도 주었는가? 씨를 뿌리고 잡초를 뽑는 고된 수고를 할 마음은 없으면서 멀찍이 물러서서 '왜 예뻐 보이지 않지?' 하고 생각하지는 않았는가?

이번 장과 다음 장이 말하는 바는, 당신의 결혼생활에 정원사처럼 접근하라는 것이다. 당신은 잡초를 뽑고 씨를 심는 일에 전념해야 한다. 그렇지 않으면 은혜로운 결혼생활을 하지 못할 것이다.

나의 잡초 정원에 온 것을 환영한다

'어떻게 이렇게 사는 사람이 있지?'라고 생각할 수밖에 없었다. 샘과 사라는 항상 서두르고 아주 바쁜 것 같았다. 그들의 결혼생활에서 최대 약점은 조급함이었다. 그들은 너무 많은 것을 너무 빨리 원했다. 둘 다 오랜 시간 일했고, 그래서 '멋진 삶'을 누리기 위해 필요하다고 생각했던 모든 것을 얻을 수 있었다. 그들은 조급함("지금 그것을 얻어야 한다")으로 인해 늘 바빴다. 샘은 너무 바빠서 사라와 '연애를 할' 수 없었던 것 같다. 나는 이국적인 지역으로의 사치스러운 휴가나 평생 단 한 번의 선물을 의미하는 것이 아니다. 그는 사소한 것들을 하지 못했다. 즉, 출근하기 전 매일 아침 포옹해주는 것, "당신을 사랑해"라고 적은 유치한 카드를 보내는 것, 예상치 못했던 저녁 외식, "오로지 당신을 사랑하고 고마워하는 마음으로"라는 의미의 꽃다발을 전하는 일, 혹은 실제로 "당신을 사랑해"라고 말하는 것을 정기적으로 하지 못했다.

그들은 눈을 바라보며 대화하는 시간이 거의 없었다. 사라는 사소한 것들이 커져서 어마어마하게 파괴적인 것으로 자랄 수 있음을 알았고, 그것들에 대해 이야기를 나누어야 한다는 것을 알았지만, 시간이 전혀 없는 듯했다. 그녀는 암시를 주었을 것이다. 그러나 샘은 잘 감지하지 못했다. 사라는 점점 샘을 어딘가에 정신이 팔려 있고 우둔하다고 보았다. 그들이 나누어야 했던 대화를 빨리 하게 될 것 같지 않았다.

이 모든 것이 사소한 갈등의 지뢰를 만들고 있었다. 하지만 사라와 샘은 거의 소리를 지르지 않았다. 그들에게는 그 정도까지 갈 시간도 없었다. 그러나 그들은 대화를 하지 않았기 때문에, 그리고 그들의 관계에는 연합에서 나오는 온유함이 없었기 때문에, 늘 의견이 달랐다. 그들은 결혼생활을 시작했을 때, 각자가 매일 아침 우주의 다른 쪽에서 일어나고 있음을 알았다. 이러한 차이는 그들의 관계를 흥분되고 매력적으로 만들어 상호 성장을 돕는다. 그러나 그것은 또한 그들이 계속 잡초를 뽑아야 한다는 것을 의미하기도 했다. 늘 의견차이를 보이니, 함께하는 삶은 복잡했고, 실망스러웠고, 지칠 수밖에 없었다. 그래서 둘 다에게 갈등을 외면하기 위해 서로를 피하는 습관이 생겼다.

늘 바쁜 그들이 영적 삶을 함께하는 시간은 주일 아침 한 시간 반뿐이었다. 그들은 함께 성경을 읽거나 기도하지 않았다. 신앙에 대한 대화는 거의 없었다. 결혼생활에서 함께 하나님께로 나아가는 모습은 거의 없었다. 그들은 하나님과의 관계에서 그들이 얻은 축복과 그들을 향한 부르심에 대해 전혀 이야기하지 않았다. 영적 주제들이 나오면 대화는 더 제도적이고 일정 위주였다. 그들은 각자의 일정을 보고 어떤 행사나 사역에 참여할 수 있을지만 잠시 의논했다.

함께 장기 계획은커녕 단기 계획을 짜는 일도 어려웠다. 그들이 함께 생각해야 하는 중요한 결정들이 있었지만, 그들은 시간이 없었다. 사라가 계속 일을 해야 할지, 현재 집에서 계속 살지 결정해야 했다. 그들은 이런 것들을 서로 이야기하지 않고 각자 생각을 발전시켜나갔다. 이런 차이들이 생기기 시작하면서 중요한 결정들에 대한 논의는 더 달갑지 않은 것이 되었다.

늘 그렇듯, 그들 관계에서의 거리와 냉담함은 성생활로 이어졌다. 보통 밤에 침대에 같이 가지 않았고, 그렇다 해도 따뜻하지 않았다. 그들은 하루를 다정한 시간이나 사랑을 표현하며 마무리하지 않았다. 사실 종종 아주 조용히 잠자리에 들었다. 샘은 침대로 뛰어들자마자 잠들기 시작한 반면, 사라는 계속 앉아서 책을 읽었다. 혹은 사라가 눈을 감고 있는 동안 샘은 페이스북의 답글을 읽으며 방의 맞은편에 있었다.

성관계는 좋은 관계를 이루게 하는 요소가 아니다. 오히려 좋은 관계의 표현이거나 열매다. 그러므로 그 관계의 특성과 질은 이렇게 서로를 노출하고 약해지는 순간에 드러나게 마련이다. 샘은 예전처럼 사라에게 매력을 느끼지 못했다. 그녀는 거리감이 있는 친구가 되었다. 또 사라는 성관계를 가질 때 이용당하는 느낌이 들어 고투하고 있었다. 성관계가 점점 기계적이고 만족스럽지 못한 것이 되면서 횟수도 줄어들었다. 좋은 대화가 부족하니 이러한 섬세한 주제를 이야기하기도 어려웠다.

샘과 사라의 결혼생활이 형편없지는 않았지만, 잡초가 아주 많았고 그 잡초들은 한때 그곳에 있던 사랑에서 나온 생명을 질식시키려 했다. 그러나 그들을 너무 심하게 나무라지 말라. 우리 모두 사랑과 은혜의 꽃이 피도록 매일 개인적 관계의 잡초를 뽑아야 하는 '잡초가 많은' 사람들이다. 죄인들(잊었을까봐 다시 말하는데, 우리는 모두 죄인이다)은 늘 그들의 죄를 결혼생활에 끌어들인다. 하늘의 이쪽 편에서는 생각과 결심, 욕망, 동기, 말, 행동의 잡초들을 완전히 피할 수 없다. 그러므로 잡초 뽑기는 모든 행복한 결혼생활에 꼭 필요한 수고다.

예레미야와 당신의 결혼생활

예레미야에게 주신 하나님의 명령은 결혼생활에서 화해를 할 때 아주 효과적이고 실제적으로 적용된다. 물론 예레미야는 하나님의 예언자 중 하나로 부르심받았으므로, 그를 향한 하나님의 부르심은 개인적이고 특별한 것이다. 흥미롭고 유용한 것은 예레미야를 향한 하나님의 부르심이 아니라 그 부르심의 내용이다. 하나님의 말씀에 내포되어 있는 것은, 어떻게 지속적이고 진정한 변화가 일어나는지에 대한 본보기다. 이는 당신의 결혼생활을 진단하고 바로잡는 데 아주 유용하다.

그 말씀은 간단하지만 멋지고 정확하게 묘사되어 있다. "보라 내가 오늘 너를 여러 나라와 여러 왕국 위에 세워 네가 그것들을 뽑고 파괴하며 파멸하고 넘어뜨리며 건설하고 심게 하였느니라"(렘 1:10). 이스라엘에 변화가 일어나야 했다면(그것은 절실하게 필요했다), 하나님은 그것이 어떻게 일어나야 하는지 말씀하고 계신다. 뽑고, 파괴하고, 심고, 건설하는 것이 그것이다. 하나님은 변화에 항상 두 가지 측면이 있다고 말씀하신다. **파괴**와 **건설**이 그것이다. 변화가 필요한 까닭은 당신, 혹은 당신의 상황이나 관계에 뿌리째 뽑거나 허물어야 할 것이 있기 때문이다. 그리고 변화가 진정한 변화가 되려면, 뿌리째 뽑고 허문 곳에 심거나 세워야 할 새로운 것들이 필요하다.

당신의 결혼생활이 건강하려면, 당신에게는 **파괴**하고 **건설**하려는 열의가 있어야 한다. 나는 이 말이 이상하게 들릴 것을 안다. 그러나 당신의 결혼생활이 원래 설계된 대로 되려면 파괴해야 할 것이 있다. 그러나 한 번 갈아엎은 땅에서 계속 머리를 내밀고 있는 잡초의 문제처럼, 이렇게 파괴하는 일은 한 번의 수고로 될 수 없다. 우리의 결혼생활이 이루어야 할 모습과 이룰 수 있는 모습에 방해가 되는 크고 작은 것들이 있다. 나는 이것들 중 일부를 제시하려 한다. 하지만 여기서 제시하는 것은 일반적이고 마중물 역할을 하는 정도임을 아는 것이 중요하다. 당신은 이것들을 당신의 특정한 결혼생활에서 확장하고 적용해야 한다.

이기심

이기심은 우리 모두 안에 있다. 그것이 죄의 DNA이기 때문이다. 이것보다 결혼생활에 더 파괴적인 것은 없는 것 같다. 이기심은 우리가 서로에게 하는 무언의 형편없는 사소한 행동의 뿌리이다. 아마도 이것이 결혼생활을 끝내게 할 수도 있는 엄청나고 비참한 선택을 하는 이유일 것이다. 창세기 3장이 우리에게 그러한 방향을 지적하지 않았는가? 그 모든 것의 근저에서 잘못된 것은 우리가 우리 마음대로 하고 싶어 하는 것이며, 그렇게 우리 마음대로 하고 싶어 할 때 우리는 원하는 것을 확실하게 얻도록 우리의 작은 세계를 다스리고 싶어 한다.

그러나 이것은 하나님의 설계를 뒤엎는 끔찍한 일이므로 절대 그렇게 되지 않을 것이다. 우리는 사회적 존재로 지음받았고, 하나님과의 수직적 사귐과 서로와의 수평적 사귐 가운데 살도록 만들어졌다. 따라서 인간 공동체가 자신만의 왕국을 세우기 위해 스스로 임명한 작은 군주들로 이루어져 있을 때 (결혼생활은 말할 것도 없고) 삶은 제대로 작동하지 않을 것이다. 그러한 삶의 방식은 관계들을 불가능하게 하며, 전쟁이 일어날 수밖에 없게 한다. 우리는 상대방 중심으로 살도록 설계되었고, 하나님은 우리에게서 우리를 구하시기 위해 상대방 중심성을 사용하신다. 이러한 상대방 중심성이야말로 서로와 존경, 감사, 평안 가운데 살 수 있게 해주는 유일한 방법이다.

이기심은 액체 점토 같다. 어떤 그릇이든 그 그릇의 윤곽대로 모양이 형성된다. 당신과 내가 우리 주변의 다른 부부들보다 반드시 덜 이기적이지는 않다. 우리의 이기심은 다양한 형태로 나타난다. 우리 중 누구도 죄에서 자유롭지 못하므로, 우리는 모두 우리의 결혼생활에서 생각하고, 바라고, 행동하고, 반응하는 방식을 이루는 이기심이라는 DNA의 증거들을 찾아야 한다. 이것이 바로 결혼생활의 생명력을 빨아먹는 활동성과 거대한 원뿌리를 가진 잡초다.

그러나 낙심하거나 압도되지는 말라. 앞에서 말했듯이, 십자가는 특별히 우리를 우리 자신의 노예가 된 상태에서 자유롭게 하기 위한 것이었다. 은혜는 통조림 따개다. 은혜만이 진공 포장된 이기심이라는 캔에서 우리를 자유롭게 할 수 있다. 그렇다면 당신의 결혼생활에서 이기심의 잡초는 어디에 있는가? 당신은 그 잡초들을 찾아서 뽑기 위해 어떻게 하고 있는가?

바쁨

이에 대해서는 의심의 여지가 없다. 우리는 대부분 10센트짜리 순간에 100달러짜리 대화를 하려고 한다. 우리는 대부분 일정표에 의미 있는 대화와 다정한 관계와 집중적인 문제 해결을 위한 시간을 남겨 놓지 않는다. 또한 결혼생활에서 관계적인 성찰과 반성을 위한 시간을 갖지 않으며 결혼생활을 대충한다. 실제로 결혼생활은 우리 일정표의 내용과 속도를 결정하는 다른 모든 일 사이에 껴 있다. 그러나 결혼생활은 그렇게 사이에 낀 채로 있으면 제대로 작동하지 않는다. 또 분명 그냥 내버려두고 스스로 성장하라고 하면 절대 잘 자라나지 않는다. 결혼생활이 성장하고 변화하고 점점 건강해지려면 경작이 필요하다. 정원이 그렇듯이, 그냥 내버려두면 안 된다.

그렇다면 우리는 왜 그토록 바쁜가? 이 질문에는 많은 답이 있겠지만, 특별히 서구세계에 맞는 답을 하나 제시하겠다. 그 답에 놀랄지도 모르겠다. 바로 **물질주의**다. 우리는 모두 서구문화의 물질주의에 영향을 받는다. 물질주의는 행복과 성취는 물질적인 것에서 찾아야 한다고 말한다. 당신이 만약 그리스도인이라면, 당신은 그것이 옳지 않으며 그렇게 믿지 않는다고 말할 것이다. 그러나 그 영향력이 아주 강력하다는 사실과 그 유혹의 증거들이 어떻게든 우리 삶 전체에 있음을 무시하지는 못한다. 물질적으로 더 크고 좋은 것들을 지속적으로 추구하는 일은 우리의 시간과 에너지, 관계의 활력을 앗아간다. 우리는 물질적인 것들을 얻기 위해 아주 많은 시간 동안 일해야 할 뿐 아니라, 일단 그것들을 가지면 그것들을 유지하는 책임의 노예가 된다. 그리고 우리가 얻은 모든 것은 우리 마음의 갈망을 충족시키지 못한다. 따라서 우리는 결승선이 없는 경주를 하는 것과 같다.

우리는 대부분 실제로 필요한 것보다 더 큰 집에서 산다. 우리는 대부분 거의 입지 않는 옷들로 채워놓은 옷장을 두고 있다. 우리는 대부분 음식점과 오락물, 화려한 휴가, 호화로운 차에 너무 많은 돈을 소비한다. 즉 우리는 모두 어쨌든 분수에 넘치는 삶을 살고 있다.

물질주의는 거짓말(물질적인 것들이 우리를 행복하게 할 수 있다는) 위에 세워진 것이므로, 제대로 작동할 수 없다. 그것은 삶에서 가장 중요한 인간관계에서 우리의 시간과 관심과 에너지를 빼앗아가서는 우리를 공허하게, 빚을 지게, 중독되게 만든다. 얼마나 많은 남편과 아내가 내게 이런 말을 했는지 모른다. "이런 것들[결혼생활을 건강하게 하는 것들]을 정말 하고 싶지만, 그럴 시간이 없습니다." 우리는 너무 많이 원하기 때문에 너무 많은 일을 하고, 만족을 주리라고 기대한 것이 우리를 만족시키지 못하기 때문에 계속 일하고 계속 원하는 것은 아닐까? 그 동안 잡초들이 계속 자라고, 그 결과로 우리의 결혼생활은 고통을 겪는다. 당신은 무엇 때문에 그렇게 바쁘고 지쳐서 당신의 결혼생활의 분투를 다루지 못하고, 당신의 결혼생활을 자라게 해주는 좋은 것들을 하지 못하는가?

무심함

당신의 육체를 생각해보라. 건강한 사람이 건강한 까닭은, 자기 몸에 주의를 기울이기 때문이다. 그들은 먹는 것에 주의를 기울인다. 통증이나 병의 징후, 규칙적인 운동의 필요성에 주의를 기울인다. 그들은 그들이 보고 느끼는 것에 주의를 기울이고 거기에 반응해서 건강하기를 바란다. 나는 많은 결혼생활이 건강하지 않은 지점에 이르는 까닭은 결혼생활을 무시하기 때문이라고 확신한다. 슬프게도 우리는 대부분 예방을 위해 애쓰기보다는 위기에 대응하는 일을 더 잘한다. 우리는 어떤 면에서 결혼생활을 대수롭지 않게 여기는 죄를 범하고 있고, 그렇게 하면서 서로를 대수롭지 않게 여긴다.

그 일이 어떻게 일어나는지 보자. 연애는 관심이 전부다. 늘 상대방의 마음을 사로잡으려고 애쓰기 때문이다. 상대방이 좋아하는 것과 싫어하는 것에 세심하게 관심을 기울인다. 그가 해야 할 일과 일정을 금세 습득하고 그녀의 어조와 얼굴 표정을 살핀다. 그가 다양한 상황에 어떻게 반응하는지 연구하고, 무엇이 그녀를 속상하게 하는지, 무엇이 그녀를 기쁘게 하는지 주의를 기울인다. 그가 어느 순간에 도움과 격려를 필요로 하는지, 그녀가 무엇에서 위안을 얻고 무엇을 어렵게 생각하는지 배운다. 그의 성격과 입맛, 정치적 견해, 신학, 가족, 역사, 미래에 대한 꿈을 배우는 학생이 된다. 이렇게 하는 까닭은 그녀를 잘 아는 일에 전념하고 있기 때문이며, 그녀를 잘 아는 데 전념하는 까닭은 그녀를 사로잡고 싶기 때문이다.

이것은 잘못된 것이 아니다. 진실하고 지속적인 사랑은 **아는 것**이다. 즉 그것은 그 혹은 그녀라는 존재와 하나님이 상대방에게 하라고 하신 일에 적합한 방식으로 서로 전심으로 사랑하는 것이다. 그러나 이렇게 상대방과 건강한 관계에 적극적으로 주의를 기울이는 일은 일단 그 사람을 '얻고' 나면 시들해지는 경향이 아주 뚜렷하다. 이는 결혼보다는 사냥의 느낌이다. 그것은 "이제 당신을 가졌으니 당신에게 주의를 기울일 필요가 없어"라는 슬픈 역학이다. 우리는 지나치게 마음을 편히 갖고 더는 열심히 애쓰지 않는다. 그래서 우리의 결혼생활은 고통을 겪는다. 15년 동안 결혼생활을 한 이들 중에, 처음 만났을 때보다 더 이해심이 깊어지고 연합하고 사랑하고 주고 섬기고 있다고 말하는 부부는 많지 않다. 그들의 결혼생활에 이전보다 더 다정하고 친밀한 우정이 있다고 말하는 사람은 거의 없다. 오히려 많은 부부가 연애시절을 돌아보며 어떤 일이 있었는지 생각한다. 기억하라. 건강한 결혼생활이 건강한 까닭은, 하나님의 은혜로 그 부부가 결혼생활을 위해 애쓰기를 멈추지 않기 때문이다!

당신의 결혼생활은 무심함으로 고통을 겪고 있는가? 서로를 대수롭지 않게 여기는 일이 편안해졌는가? 당신들의 관계를 건강하게 유지하기 위해 필요한 수고를 무시하고 있는가?

자기 의

당신은 남편이나 아내가 당신이 한 말이나 행동에 비판이나 걱정을 표하며 접근하는 순간을 잘 받아들이는가? 당신은 하나님이 당신 자신을 훨씬 더 정확하게 보도록 해주는 누군가를 당신 곁에 두셨다는 사실을 기뻐하는가? 당신은 더 좋은 남편이나 더 좋은 아내가 될 수 있다는 생각을 받아들이고 그렇게 행동하는가? 상대방이 비판이나 걱정을 표현하며 접근할 때 대화의 방향을 바꾸어 당신만 죄인인 것이 아님을 상대방에게 납득시키려 애쓴 적이 있는가? 당신은 실제로 당신의 배우자가 필요하다고 여기는 순간에 기꺼이 대면했는가? 당신은 당신이 한 말이나 행동에 대해 남편이나 아내에게 책임을 전가한 적이 있는가? 죄책감으로 가책을 받을 때, 자신을 정당화해본 적이 있는가? 당신 '내면의 변호사'는 상대방이 말하고 있을 때조차도 내적으로 당신을 변호하는 데 얼마나 활동적인가? 당신은 결혼생활의 모든 잡초가 배우자 때문에 생겼다고 생각하는가?

나는 자기 의에 사로잡혀 있었지만 그것을 알지 못했다. 나는 분노한 사람이었지만 나 자신을 정확하게 보지 못했다. 사실 루엘라가 나를 분노가 많은 사람이라고 표현할 때 심히 상처를 받았고, 그녀가 불만족하는 아내라고 확신했다. 한 번은 (인정하자니 초라하다) 실제로 아내에게 "우리 교회의 여성 95퍼센트는 나 같은 남자와 결혼하고 싶어 할거야!"라고 말했다. 믿기는가? 나는 나 자신의 의로움을 자신했고, 따라서 나의 결백을 확신했다. 아, 그런데 루엘라는 아주 상냥하게 자신은 나머지 5퍼센트에 속한다고 말했다!

당신은 어떤가? 자기 의 때문에 결혼생활의 잡초를 뽑지 못하고 있는가? 당신들에게 잡초가 있다고 생각하지 않기 때문에 선한 것들이 자라도록 결혼생활의 토양을 정돈하는 일을 하지 않는가? 당신의 결혼생활이 하나님의 은혜만이 경험하게 할 수 있는 것을 경험하려면 어떤 생각과 욕망, 동기, 목표, 선택, 말, 행동을 뿌리째 뽑아야 하는가?

두려움

두려움은 세상을 바라보는 방식이다. 당신 생각의 틀을 정하고 그렇게 함으로써 당신이 반응하는 방식을 결정하는 틀이다. 아마 당신의 싸움은 **실패에 대한 두려움**과의 싸움일 것이다. 아마 당신은 '이런 일이 생기면 어쩌지?' 하는 생각에 많은 시간을 소비할 것이다. 아마 당신은 당신도 모르는 사이에 당신의 예언대로 될 잠재적 어려움들을 묵상하며 준비하는 데 많은 시간을 소비할 것이다.

아마 당신의 싸움은 **사람에 대한 두려움**과의 싸움일지도 모른다. 어쩌면 당신은 내면의 행복감이나 안전, 아내나 남편에 대한 희망에 지나치게 매여 있을지도 모른다. 혹은 당신에 대한 그의 반응에 따라 날마다 롤러코스터를 타는 데 아주 능숙할지도 모른다. 그의 감정을 읽기 위해 지나치게 애쓰고 있지는 않은가? 그의 생각이 당신에게 너무 많은 것을 의미할 수도 있다. 혹은 그녀가 당신의 하루를 행복하게 하거나 망칠 수 있다. 당신은 그녀를 기쁘게 하기 위해 지나치게 애쓸 수도 있다. 아니면 그녀에게 인정받는 것이 마땅히 그래야 하는 것보다 당신에게 더 큰 의미를 차지할지도 모른다.

사람에 대한 두려움은 많은 결혼생활의 고투에서 상당히 큰 문제이다. 내 생각에 우리는 대부분 하나님에게서만 얻을 수 있는 것, 즉 평안을 남편이나 아내에게서 얻으려 한다. 용납받고 존경받고자 하는 욕구는 그 자체로 나쁘지 않다. 이런 욕구들은 하나님이 우리를 사회적 존재로 설계하셨음을 기억하게 한다. 우리는 공동체로 살도록 지음받았다. 그러나 용납과 존경에 대한 욕구가 나쁘지 않다 해도, 그것이 우리 마음을 지배해서는 안 된다. 이런 욕망들이 우리 마음을 지배하면 우리는 남편이나 아내를 우리 개인적인 메시아로, 결국 우리 결혼생활에 선한 것들을 낳지 못하는 무언가로 둔갑시킨다.

두려움이 당신의 결혼생활에서 뽑아야 할 잡초인가? 당신의 남편이나 아내가 당신의 메시아가 되는 경우가 있는가? 당신은 실패가 너무 두려워서 하나님이 결혼생활에서 하라고 하신 것들을 용기 있게 하지 못하는가? '이런 일이 생기면 어쩌지?' 하는 생각 때문에 지금 여기에서 기쁨으로 결혼생활을 하지 못하고 있는가?

게으름

인정하고 싶지 않지만 게으름은 우리의 결혼생활에서 중요한 문제다. 우리는 화난 채로 잠자리에 들어서는 안 된다는 것을 알지만, 갈등을 해결하는 데 지나치게 오랜 시간이 걸리는 것 같다. 우리는 오늘 아침에 있었던 오해를 풀어야 한다는 것을 알지만, 잠자리에 들기 전에 쉴 시간이 많지 않다. 우리는 재정 면에서 같은 생각을 하고 있지 않지만 그 일을 해결하는 것은 그다지 신이 나지 않는다. 우리는 우리의 성관계에서 일어난 일을 논의해야 하지만, 그 불편한 대화에 직면하고 싶지 않다. 당신은 당신에게 쓴 감정이 있음을 알지만 당신의 일정표에 그것을 검토하거나 고백할 시간은 없다. 당신은 일이 잘 되어 가지 않음을 알지만, 더 나은 순간을 기다려야 한다고 자신에게 말한다. 당신은 논쟁을 피한다. 다시 돌아가서 용서를 구해야 한다는 것을 알지만 그렇게 하면 어떤 상황에 처할지 모른다.

사실, 게으름은 자기애에 뿌리박고 있다. 그것은 우리 자신에게 느슨해지는 능력이다. 그것은 해야 함을 알지만 하지 않도록 기꺼이 허용하는 일이다. 게으름은 우리가 수고하지 않고도 좋은 일들이 다가와야 한다고 믿는 것이다. 그것은 배우자에게 최선인 것보다는 우리 자신에게 편안한 것을 선택하는 것이다. 게으름은 늘 자아 중심적이고 자기 변명적이다. 게으름은 규율과 동기가 없다. 게으름은 결단력과 사랑의 행동이 필요할 때 수동적이 되게 한다. 게으름은 우리가 참여해야 할 때 피하게 한다. 게으름은 우리 자신에게 요구하기보다 다른 사람에게서 더 많은 것을 기대한다. 게으름은 좋은 것에 투자하려는 마음 없이 그것을 요구한다. 나는 게으름이 우리가 보통 생각하는 것보다 우리의 결혼생활에 훨씬 중대한 문제라고 확신한다. 다음의 잠언을 살펴보라.

"내가 게으른 자의 밭과 지혜 없는 자의 포도원을 지나며 본즉 가시덤 불이 그 전부에 퍼졌으며 그 지면이 거친 풀로 덮였고 돌담이 무너져 있기로"(잠 24:30-31).

이것이 정확히 우리가 설명하고 있는 모습 아닌가? 당신은 하나님이 결혼생활에 의도하신 것을 지키려는 행동을 하지 않았기 때문에 결혼생활에 어려움을 겪고 있다.

"게으른 자의 욕망이 자기를 죽이나니 이는 자기의 손으로 일하기를 싫어함이니라"(잠 21:25).

종종 결혼생활은 불평과 충족되지 않는 욕구로 고통을 겪는다. 잠언은 이것을 게으름과 연결한다. 당신이 하나님 말씀의 원리를 따르는 고된 수고를 하지 않고 있기 때문에 결혼생활의 선한 욕구가 충족되지 않은 채로 남아 있다. 게으름은 당신의 불만을 고조시키며 결혼생활에 괴로움을 더하고, 당신의 결혼생활이 하나님이 의도하신 대로 되는 데 필요한 것들을 다루는 일을 훨씬 더 힘들게 만든다.

"게으른 자는 가을에 밭 갈지 아니하나니 그러므로 거둘 때에는 구걸 할지라도 얻지 못하리라"(잠 20:4).

"게으른 자는 말하기를 사자가 밖에 있은즉 내가 나가면 거리에서 찢기겠다 하느니라"(잠 22:13).

이 잠언들은 게으름의 변명 역학을 잘 담아내고 있다. 우리는 행동하지 않는 것에 그럴듯한 이유(변명)를 댐으로써 우리에게 느슨해진다.

"게으른 자의 길은 가시 울타리 같으나 정직한 자의 길은 대로니라"(잠 15:19).

결혼생활의 게으름은 어디로 이르게 되는가? 그것은 실망과 낙담, 불만족, 미래의 고통으로 이어진다. 타락한 세상에서 행동하지 않고 교정되는 것은 거의 없다.

그렇다면 당신은 어떠한가? 당신의 결혼생활은 어떠한가? 가장 최근 잡초를 찾았던 때는 언제인가? 가장 최근 당신과 배우자가 함께 앉아 함께하는 삶을 정직하게 바라보았던 때는 언제인가? 좋은 관계의 정원을 위한 첫발을 무시하여 결혼생활에서 대가를 치르고 있는가? 당신들의 연합과 사랑, 이해는 이기심과 바쁨, 무심함, 자기 의, 두려움, 게으름, 혹은 방해가 되는 다른 잡초들에 질식당하고 있는가? 잡초가 얼마나 많든 당신은 당신의 결혼생활을 점검하는 일을 두려워할 필요가 없다. 하나님이 그분의 놀라운 은혜로 어려움 가운데 있는 당신을 만나시기 때문이다. 그분은 지혜와 인내와 능력과 용서의 은혜를 당신에게 주신다. 당신이 하나님의 자녀라면, 어떻게든 당신들이 문제를 잘 헤쳐 나가기를 바라는 이는 당신과 당신의 배우자만이 아니다. 당신 결혼생활의 모든 상황과 모든 곳에 거하시는 세 번째 위격이 계시다. 그분은 당신들과 함께하시며 꺼리지 않으시며 당신을 돕기 위해 오실 수 있다. 사실 그분은 그분의 은혜로 당신을 그분이 거하는 처소로 만드셨다. 너무 오랫동안 죄의 잡초들이 당신의 결혼생활을 질식시키게 내버려두지는 않았는가? 이제 일어나 잡초를 뽑는 것이 어떤가? 당신이 그렇게 하면 그분이 당신에게 필요한 바로 그때에 필요한 은혜를 주실 것이다.

8장
결혼생활의 정원 가꾸기

당신이 어떻게 생각할지 모르겠지만 당신의 삶은 수많은 선택들로 이루어진다. 물론 나는 우리 삶을 변화시킬 중대한 결정이 이루어지는 엄청난 순간들을 말하는 것이 아니다. 일상생활의 평범한 순간들에 이루어지는 수천 개의 사소한 결정들을 말하는 것이다. 그것들은 거의 간과되지만 실제로 우리 삶을 형성하며 방향을 정하는 것들이다. 알다시피 결혼생활의 질과 성격은 두세 개의 중대한 결정들에 달려 있지 않다. 인생 전체에서 중대한 결정은 서너 가지 정도뿐이다. 오히려 결혼의 성격은 어떤 한 가지는 받아들이고 다른 것은 거부하는 수천 개의 사소한 순간들로 결정된다. 이렇게 사소한 순간들에 형성된 결혼의 성격은 중대한 결정의 순간에 영향을 미친다.

지난 장에서는 당신의 결혼생활을 점검하는 일, 당신이 거부해야 하는 사소한 생각과 태도, 행동을 찾는 법을 다루었다. 이번 장에서는 당신이 받아들여야 하는 것, 그리고 그렇게 함으로써 그것들이 당신의 결혼생활을 빚어가는 법을 생각해볼 것이다.

정원 비유로 돌아가보자. 정돈된 정원은 아주 오랫동안 정돈된 상태

그대로 있지 않는다. 밭에서 잡초를 뽑아 옆에 내버려두었다면, 며칠 안에 흙더미를 뚫고 나오는 잡초의 싹을 볼 것이다. 당신은 그것들이 어디서 나왔는지 궁금할 것이고, 그렇게 힘들여서 정리해놓은 밭을 그 잡초들이 이미 장악한 것에 짜증이 날 것이다! 잡초가 있던 땅을 깨끗이 한 다음에 바로 해야 하는 일은, 그곳에 꽃을 심는 일이다. 잡초를 뽑은 다음 씨를 심지 않으면, 잡초들은 사라지지 않고 꽃이 그 자리에서 자라지도 않는다. 이는 결혼생활에도 분명하게 적용된다. 당신들의 관계에서 제거해야 할 잡초를 확인하는 것으로는 충분하지 않다. 하나님이 그곳에 무엇을 심으라고 하시는지도 생각해야 한다.

잡초와 씨

나는 성경이 인간의 고투를 진단하는 면에서 얼마나 유용한지에 대해서도 놀라지만, 실제로 우리가 결혼생활에서 겪고 있는 일들에 성경을 얼마나 활용하지 않는지를 보면서도 놀란다. 우리의 창조주는 우리를 아시고 사랑하시며 우리와 우리의 세상이 얼마나 심하게 깨져 있는지 아신다. 따라서 우리가 얼마나 잘못되어 가고 있는지, 그것을 어떻게 고칠 수 있는지 우리가 알기를 원하신다. 갈라디아서 5장은 그 면에서 아주 유용한 성경 구절이다. 여기서 창조주이자 구세주께서는 사랑 많은 아버지로서 우리에게 말씀하시며, 우리가 그분 없이는 절대 이해하지 못할 관계의 신비를 이해하도록 도우신다. 이 구절이 높은 기준을 제시한다고 해도, 우리가 이 구절을 짐으로 여기거나 낙담해서는 안 된다. 왜냐하면 예수님이 우리가 행하지 못한 모든 것을 완벽하게 행하셨고, 우리가 약함과 실패 가운데서도 두려움 없이 우리의 필요를 고백하며 하나님 앞에 설 수 있도록 하셨기 때문이다. 예수님 때문에 우리가 실패할 때에도 하나님은 우리에게 등을 돌리지 않으신다. 오히려 우리가 결혼생활에서 그분이 하라고 하신 일을 할 때 필요한 은혜를 기꺼이 주신다.

갈라디아서 5장을 보면서, 어떻게 그 구절이 모든 결혼생활에 있어야 할 구체적인 뽑기와 심기를 바라보는 기본적인 방법을 알려주는지 살펴보자. 놀랍게도 나는 여러 해 동안 갈라디아서 5장 13-26절을 영적 성품의 성숙에 대한 것으로만 보았지 관계에 대한 본문이라는 사실은 보지 못했다. 사도 바울의 말을 읽을 때 관계적인 암시를 찾아보라.

> "형제들아 너희가 자유를 위하여 부르심을 입었으나 그러나 그 자유로 육체의 기회를 삼지 말고 오직 사랑으로 서로 종 노릇 하라 온 율법은 네 이웃 사랑하기를 네 자신 같이 하라 하신 한 말씀에서 이루어졌나니 만일 서로 물고 먹으면 피차 멸망할까 조심하라 내가 이르노니 너희는 성령을 따라 행하라 그리하면 육체의 욕심을 이루지 아니하리라 육체의 소욕은 성령을 거스르고 성령은 육체를 거스르나니 이둘이 서로 대적함으로 너희가 원하는 것을 하지 못하게 하려 함이니라 너희가 만일 성령의 인도하시는 바가 되면 율법 아래에 있지 아니하리라 육체의 일은 분명하니 곧 음행과 더러운 것과 호색과 우상 숭배와 주술과 원수 맺는 것과 분쟁과 시기와 분냄과 당 짓는 것과 분열함과 이단과 투기와 술 취함과 방탕함과 또 그와 같은 것들이라 전에 너희에게 경계한 것 같이 경계하노니 이런 일을 하는 자들은 하나님의 나라를 유업으로 받지 못할 것이요 오직 성령의 열매는 사랑과 희락과 화평과 오래 참음과 자비와 양선과 충성과 온유와 절제니 이같은 것을 금지할 법이 없느니라 그리스도 예수의 사람들은 육체와 함께 그 정욕과 탐심을 십자가에 못 박았느니라 만일 우리가 성령으로

살면 또한 성령으로 행할지니 헛된 영광을 구하여 서로 노엽게 하거나 서로 투기하지 말지니라."

이 말씀에 담긴 풍성한 지혜를 캐내기 시작할 때 가장 적합한 곳은 15절에 나오는 경고다. 우리가 모두 하고 싶어 하는 한 가지는 우리의 말과 행동에서 나오는 힘과 영향력을 피하는 것이다. 남편은 아내에게 소리를 지르지만 사소한 일일 뿐이라고 혼잣말을 하며 자신이 아내를 사랑한다는 것을 아내도 알 것이라고 생각한다. 아내는 전날 밤 남편의 행동에 벌을 주는 의미로 아침에 못되게 굴었지만 오늘은 새 아침이며 실제로는 자신이 남편을 사랑한다는 사실을 그도 알 것이라고 생각한다. 우리는 이러한 사소한 순간들이 중요하다는 사실을 잊으려 하는 경향이 있다. 우리는 사소한 순간들로 가득한 날을 살고 있으며, 결혼생활의 질과 성격이 형성되는 지점은 정확히 여기다.

요점은, 당신은 함께 살고 있는 사람과 그 사람과의 관계에서 한 말과 행동의 영향력을 피할 수 없다는 것이다. 바울은 "만일 서로 물고 먹으면 피차 멸망할까 조심하라"(15절)고 말한다. 하나님은 당신을 배우자의 삶에 영향력을 끼치는 사람으로 만드셨다. 당신은 항상 어떤 식으로든 영향을 끼칠 것이다. 당신은 바울의 말이 암시하는 바를 피할 수 없다. 바울이 조심하지 않으면 멸망할 것이라고 말한 것에 주목하라. 바로 **당신**은 아내에게서 소망을 빼앗을 수 있다. 당신은 남편의 믿음을 으스러뜨릴 수 있다. 당신은 서로의 마음에 손상을 입힐 수 있다. 당신은 하나님의 임재와 선하심과 은혜에 대한 배우자의 시각을 흐리게 할 수 있다. 당신은 상대방이 혼자이며 도움을 받을 수 없다고 믿도록 부추길 수 있다. 남편들과 아내들, 당신과 나는 이렇게 질문해야 한다. "나는 매일 내 배우자가 하나님과 자신과 인생을 생각하는 방식에 어떤 영향을 미칠까?" 이 놀라운 구절의 나머지 부분에 당신이 어떻게 반응하는가는 15절의 경고를 어느 정도로 받아들이는지에 따라 결정될 것이다.

이제 이 아주 관계적인 본문에 나오는 첫 번째 원리를 주목하라. "그 자유로 육체의 기회를 삼지 말고"(13절). 우리 중 누구에게도 이보다 더 중요한 전투는 없다. 이보다 더 우리의 결혼생활을 복잡하게 하는 것은 없다. 건강한 결혼생활을 하려면 거부해야 할 것을 알아야 한다. 여기서 우리에게 주어진 명령은 통찰력 있기도 하고 실제적이기도 하며 우리의 결혼생활을 지키는 방책이기도 하다. 하지만 나는 우리가 대부분 그것이 무엇을 의미하는지 단서조차 찾지 못했다고 확신한다. 결혼생활을 변화시킬 이 말씀들을 분석해보자.

"너희는 성령을 따라 행하라 그리하면 육체의 욕심을 이루지 아니하리라"(16절). 우리는 모두 여전히 죄인이므로 내적으로 싸워야 하는 생각과 욕망, 동기, 선택, 결정들이 있다. 잘못된 행동들을 다루는 것으로 시작해서는 절대 우리의 관계에서 성공하지 못할 것이다. 관계에서 진짜 전투는 훨씬 더 심오한 차원에서 진행되기 때문이다. 바울이 여기서 다루고 있는 것이 그 차원이다. 당신은 죄의 근본적인 성격을 이해할 때에만 이 더 깊은 전투를 이해할 수 있다.

죄의 DNA는 이기심이다(갈 5:15). 죄는 우리가 모두 우리 자신을 향하게 한다. 죄는 우리 소망과 관심의 경계를 우리에게 닿아 있고 우리를 포함하는 것들로 축소시킨다. 죄는 우리가 모두 우리의 소원과 필요, 감정에 초점을 맞추게 하고 그것에 따라 움직이게 만든다. 죄는 우리의 눈이 우리의 필요만 보게 하므로, 우리는 근본적으로 다른 사람의 필요에 눈이 멀게 된다. 우리는 우리의 관심사에만 초점을 맞추어 다른 사람들의 관심사에는 거의 관심이 없다.

죄의 DNA가 이기심이라면 죄는 근본적으로 반사회적이다. 개인의 필요가 다른 사람의 필요나 관계의 필요를 능가한다. 지난 주 당신은 언제 어디에서 화가 났는지 생각해보라. 당신의 화가 다른 사람에 대한 관심이나 당신의 결혼생활에 대한 관심으로 인한 것이 아니라고 결론지어도 무리가 없지 않은가? 우리가 화를 내는 대부분의 이유는, 상대방이 우리가 원하는 바에 방해가 되기 때문이다. 당신 안에 사는 무언가가 관계에 파괴적이라는 사실에 직면하기 전에는 당신의 결혼생활의 분투를 이해하지 못할 것이다. 성경은 그것에 **죄**라는 이름을 붙인다.

그러나 할말이 더 있다. 죄는 자아 중심적이고 따라서 반사회적이므로 우리 삶에서 사람들을 비인간화시킨다. 그들은 더는 우리의 애정의 대상이 아니다. 그들은 어떤 수단이나 장애물로 축소된다. 그들이 우리가 원하고 필요하다고 생각하는 것을 얻도록 우리를 돕는다면, 우리는 그들에게 흥분하고 그들이 우리 삶 속에 있음을 고마워한다. 그러나 그들이 우리가 원하는 것에 방해가 된다면, 우리는 자연스럽게 그들에게 짜증을 내고 안달하며 어떻게든 그들을 우리 삶에서 치워버리고 싶어한다. 우리의 분노는 그들이 문제라고 말하지만, 진짜 문제는 우리의 죄된 마음의 자아 지향성과 자아 집착에 있다.

그래서 바울은 "그리로 가지 말라!"고 말한다. 무언가에 **'탐닉한다'**(개역개정은 13절의 그 부분을 '기회로 삼는다'로 번역했다-역주)는 것이 어떤 의미인가? 그것이 당신을 끌고 가는 것을 의미한다. 그것을 갈망하는 것을 의미한다. 만약 내가 동네 중국 음식 뷔페에 가서 식욕에 탐닉한다면, 한 접시로는 부족하다. 서른일곱 접시를 먹어 치운 후 즐겨야 할 먹는 즐거움이 아직도 남아 있다고 혼잣말을 할 것이다! 건강한 결혼생활이 건강한 까닭은, 그러한 결혼 관계에 있는 사람들이 그들의 마음과 우리 모두의 마음속에 숨어 있는 이기적인 본능을 거부하는 법을 배웠기 때문이다.

이기심은 결혼생활을 채우고 있는 커다란 잡초들 가운데 하나다. 우리는 일련의 선택과 말, 행동을 하기 전에 먼저 이기심이 우리의 마음 상태임을 계속 인지해야 한다. 여기서 중요한 것은 이기심이 행동 목록으로 표현된다는 것을 인식하는 것이다. 바울은 이것을 "육체의 일"(19절) 목록으로 정리한다. 우리의 결혼생활을 괴롭히는 문제를 생각해보면 이 목록은 놀랍도록 정확하다. 그 목록에 나오는 표현은 대부분 우리의 모든 결혼생활을 오염시키는 것들을 명료하게 그려낸다. 큰 어려움의 순간이 아니라, 일상생활의 평범한 순간들에 더 자주 그렇다. 그 단어들을 살펴보라. 원수 맺는 것, 분쟁, 시기, 분냄, 당 짓는 것, 분열함, 이단, 투기…. 당신의 결혼생활에 분쟁은 없는가? 당신은 시기 없이 살아가는가? 분을 내는 경우는 없는가? 당을 짓는 것이 방해가 되지는 않는가? 당신의 결혼생활에 분열이 있는가? 그렇지 않다면 멋진 날에 투기에 사로잡힌 적은 없는가? 겸손한 마음으로 정직해지자. 어떻게든 이것들이 우리 모두의 결혼생활을 괴롭힌다.

이기심이 어떻게 결혼생활을 빚어가는지 생각해보라. 당신이 내면의 싸움은 하지 않고 오히려 당신의 소원과 필요, 감정에 따라 배우자와의 관계를 끌고 간다면, 당신은 거부하지 말아야 할 일들을 거부하고, 상대방이 어떻게든 당신이 갈망하는 것들을 가져오게 하려고 애쓸 것이다. 받아들이기 힘든 일이지만 사실이다. 이는 상대방을 향한 우리의 행동과 반응, 대응의 기본 스타일이 **조작**이라는 의미다. 미리 계획을 세워 의도적으로 상대방에게 사기를 친다는 말이 아니다. 오히려 이 말은, 당신은 당신도 모르는 사이에 배우자가 당신이 원하는 일에 참여하도록, 당신이 필요하다고 확신하는 것을 가지고 오도록, 당신이 느끼는 바에 굴복하도록 애쓰고 있다는 의미다.

결혼생활에서 조작에 이용되는 가장 익숙한 세 가지 도구는 **위협, 보**

상, 죄책감이다. 아내가 이렇게 말한다. "이런 거실에서 살아야 한다면, 내가 어떻게 할지 나도 모르겠어요!" 남편은 이렇게 말한다. "가끔 우리가 큰 실수를 한 게 아닌가 싶어요!" 각각의 경우, 남편과 아내는 배우자의 고삐를 쥐고 상대방이 자신의 계획을 묵인하도록 협박하고 있다. 우리는 또 배우자가 우리가 원하는 대로 하도록 하기 위해, 배우자가 원하거나 필요로 하거나 즐긴다고 알고 있는 무언가를 보상물로 사용한다. 예를 들어, 남편이 아내에게 호화로운 주말을 선사하는데, 그것은 그녀와 함께하고 싶어서가 아니라 그녀가 나중에 불평을 할 때 "나는 당신을 위해 무언가를 하고 또 했어요. 그런 나에게 이것이 감사의 표시인가요?"라고 말하기 위함이다. 불만스러운 아내는 남편에게 이렇게 말할지도 모른다. "내가 행복한 여자였던 때가 기억나네요. 결혼하기 전에 그랬죠. 이렇게 될 줄은 전혀 생각하지 못했어요. 우리가 결국 이렇게 될 줄은 꿈에도 생각하지 못했다고요." 그녀는 무엇을 하고 있는가? 남편이 죄책감을 느끼기를 바라며 죄책감을 가하고 있다. 그리고 그는 죄책감 때문에 그녀가 원하는 바를 할 것이다. 우리의 결혼생활에는 우리가 생각하는 것보다 훨씬 더 많은 조작이 일어나고 있다. 조작은 그 특성상, 상대방에 대한 사랑이 아니라 자신에 대한 사랑에서 나온다.

공통점

바울이 목록으로 작성한 이 모든 행동의 공통점은 무엇인가? 이 모든 것을 묶는 하나의 끈은 무엇인가? 바로 이기심이다. 우리 마음에 숨어 있는 그 한 가지가, 우리가 모두 결혼생활에서 원한다고 말하는 연합과 사랑과 이해의 적이다. 물론 당신은 완벽하지 않은 사람과 결혼했다. 그리고 당연히 당신의 삶은 배우자의 약함과 실패로 인해 복잡해질 것이다. 당신의 남편이나 아내는 형편없는 나날을 보내게 될 것이다. 그는 선택을 후회할 것이다. 그녀는 연애할 때만큼 항상 사랑스럽지는 않을 것이다. 당신이 완벽한 사람과 결혼하지 않았다는 것은 사실이다. 그러나 이 모든 것이 사실이라고 해도 당신의 가장 큰 문제는 배우자의 불완전함이 아니다. 문제는 당신의 마음속 깊이 숨어 있는 반사회적인 것이다. 당신의 가장 큰 분투는 우리를 모두 유혹하고 미혹하는 이기심과의 분투다. 우리는 모두 계속 반복해서 이 잡초를 뽑아야 한다. 거기에 붙은 파괴적인 말과 행동의 잡초들도 말이다.

씨 심기

씨 심기야말로 바울이 우리에게 요청하는 것이다. 우리는 우리 결혼이라는 토양에 의식적으로 건강한 관계의 좋은 씨들을 심는 데 전념해야 한다. 이 일에는 이해와 헌신과 훈련과 인내가 필요하다. 바울은 관계를 맺는 면에서 대조되는 생활방식을 다음과 같이 기술한다. "오직 사랑으로 서로 종 노릇 하라"(13절). 그런 다음 바울은 놀라운 말을 한다. "온 율법은 네 이웃 사랑하기를 네 자신 같이 하라 하신 한 말씀에서 이루어졌나니"(14절). 만약 당신이 "온 율법은 …한 말씀에서 이루어졌나니"라고 말한다면 가운데 어떤 말을 쓰겠는가? 나는 "다른 무엇보다 하나님을 사랑하라"고 쓸 것 같다. 하지만 충격적이게도 바울은 그렇게 쓰지 않는다. 대신 "네 이웃 사랑하기를 네 자신 같이 하라"고 쓴다. 어떻게 하나님이 우리에게 요구하시는 바를 이웃 사랑으로 요약할 수 있을까? 답은 간단하기도 하고 심오하기도 하다. 그것은 다른 무엇보다 하나님을 사랑하는 사람들은 이웃을 자신처럼 사랑한다는 것이다.

우리 결혼생활의 첫 번째 문제는 우리가 서로를 충분히 사랑하지 않는다는 것이 아니다. 문제는 우리가 하나님을 충분히 사랑하지 않는다는 것이고, 하나님을 충분히 사랑하지 않기 때문에 우리는 마땅히 그래야 하는 만큼 서로 사랑하지 않는다. 우리는 자신을 사랑하느라 너무 바빠서, 우리 배우자가 우리가 원하는 방식대로 우리를 확실하게 '사랑'하게 하느라 너무 바빠서, 마땅히 해야 하는 만큼 배우자를 사랑할 시간과 에너지가 거의 남아 있지 않다. 상대방이 우리의 소원과 필요와 감정을 위해 애쓰도록 끌어들이느라 너무 바빠서 매일 우리에게 주어진 사랑할 기회를 알아채지 못한다. 혹 그것을 알아챈다 해도 우리가 사랑받고 있음을 확실히 하는 데 너무 바빠서 아무것도 하지 못한다. 이 모든 일이 일어나는 이유는 무엇인가? 이런 일이 일어나는 까닭은, 우리가 하나님의 사랑과 그분의 돌보심 아래 거하지 못하고, 그 자리를 자아에 대한 사랑과 '궁핍함'에 대한 염려에 내주었기 때문이다.

이것이 의미하는 바는 수평적인 면에서 시작하면 결혼생활을 바로잡지 못한다는 것이다. 우리는 먼저 수직적인 면을 바로잡아야 한다. 우리에게 하나님과 그분의 계획, 그분의 뜻, 그분의 부르심에 대한 사랑이 부족함을 고백할 때에만, 우리가 우리를 향한 그분의 계획을 버리고 그 자리에 우리의 이기적인 계획을 두었음을 인정할 때에만, 그분의 은혜가 가능하게 해주시는 방식으로 서로를 마음껏 사랑하기 시작할 것이다. 그럴 때에야 조작 대신 **사역**이 그 자리를 차지할 것이다. 당신은 배우자가 당신을 위해 애쓰도록 끌어들이는 대신, 그 혹은 그녀를 섬기는 방법을 발견하며 기뻐하고 만족할 것이다. 당신은 눈앞에 있는 필요를 미리 내다보고 그에게 기쁨을 줄 일을 하고 싶다. 그녀의 슬픔에 함께하고 그녀의 짐을 지고 싶다. 서로가 이런 욕구들을 가진다면, 당신의 결혼생활은 완벽해지지는 않더라도 진정한 연합과 이해와 사랑이 숨 쉬고 자라는 곳이 될 것이다.

주의: 필요한 도움

우리는 이미 이런 종류의 섬김이 우리에게 천성적인 것이 아니라고 말했다. 여전히 우리 안에 죄의 잔여물이 있기 때문이고, 죄의 DNA는 이기심이기 때문이다. 그러므로 이런 식으로 살려면, 하나님의 은혜만이 주실 수 있는 구조와 간섭과 능력이 필요하다. 바로 이 지점에서 우리는 다음과 같은 말씀을 들어야 한다. "내 은혜가 네게 족하도다 이는 내 능력이 약한 데서 온전하여짐이라"(고후 12:9). 정직해지자. 당신은 결혼생활에서 당신이 강한 쪽이며 어쨌든 배우자의 약점을 감당하고 있다고 자신하는 경향이 있다. 그러나 죄는 우리 모두 안에 약점을 남겨두었다. 이 책을 읽는 누구도 결혼생활에서 한 모든 말을 자랑스러워하지 못한다. 이 책을 읽는 누구도 결혼생활에서 행한 모든 행동을 자랑스러워하지 못한다. 누구도 자신이 했던 생각이나 소원했던 것을 모두 변호하지 못할 것이다. 그러므로 변화는 우리의 의로움을 변호하는 데서가 아니라, 우리의 약함을 인정하고 도움을 구하는 데서 찾을 수 있다. 사도 바울은 우리가 도움을 얻을 수 있으며 그 도움은 충분하다는 것을 상기한다.

손가락질은 충분히 했다. 당신을 변호하는 내면의 변호사에게 귀를 기울이는 일은 충분히 했다. 배우자의 잘못들을 기록해놓는 일은 충분히 했다. 판단과 비판, 책임전가는 충분하다. 당신 자신보다 상대방에게 높은 기준을 제시하는 일도 충분하다. 불평하고 다투고 물러나고 조작하는 일도 마찬가지다. 결코 변화로 이어지지 못하는 냉담한 자기 의를 품는 일도 그렇다. 상처와 악감정은 충분하다. 당신 자신을 희생자로, 배우자는 범죄자로 묘사하는 일과 요구와 권리, 협박과 죄책감은 충분하다. 상대방에게 당신이 얼마나 훌륭한지, 그녀는 당신 같은 사람과 사는 것을 얼마나 감사해야 하는지 말하는 일도 족하다. 독선과 분노를 담은 침묵 가운데 잠자리에 드는 일이나 그가 약속을 지키는지 보기 위해 그를 과도하게 경계하며 관찰하는 일, 그녀의 기분에 따라 롤러코스터를 타는 일, 그를 당신 마음의 갈망을 채워줄 개인적인 메시아로 보는 일도 그만하면 됐다. 그걸로 충분하다.

손가락질을 그만두고 당신의 약점이 얼마나 깊고 만연한지 고백할 때다. 결혼생활의 변화는 당신의 필요를 고백하는 데서 시작된다. "주님, 저는 일을 바로잡아야 할 때에 오히려 잘못되게 합니다. 성급함과 짜증에 질 때가 너무도 많습니다. 시기하고 용서하지 않을 때가 아주 많습니다. 섬기는 데서 기쁨을 발견하지 못하고, 주는 데서 만족을 얻지 못하는 경우도 자주 있습니다. 연합과 평화를 이루기보다는 이기고 싶을 때가 너무 많습니다. 더 잘할 수 있다고 다짐해보지만 동일한 옛 덫에 빠집니다. 주님, 제가 당신이 하라고 하신 대로 사랑할 수 있도록 당신의 은혜로 저를 강하게 해주소서."

이러한 사랑의 삶은 어떤 모습인가? 당신의 결혼생활에 새로운 사랑의 씨를 심는다는 것은 현실적으로 무슨 뜻인가? 갈라디아서 5장에는 '성령의 열매'라고 불리는 또 다른 목록이 있다. 행복한 결혼생활에 필요한 성품들을 알려주는 데 이보다 더 좋은 목록은 없을 것이다. 당신의 결혼생활에서 조작의 잡초를 뽑고 사랑하는 데 전념하고 싶다면 이 목록은 당신을 위한 것이다. 이 단어들, 즉 사랑과 희락, 화평, 오래 참음, 자비, 양선, 충성, 온유, 절제를 숙고해보라(22-23절).

사랑으로 배우자를 섬기는 것은 어떤 모습일까? 그것은 아침에 일어나 남편이나 아내를 **사랑할** 구체적인 방법을 찾는 데 전념하는 것이다. 그는 낙담하거나 압도되는 경향이 있는가? 그녀의 일과 중 도움을 줄 수 있는 것은 무엇인가? 어떤 특별한 방법으로 당신의 애정을 전할 수 있을까? 점심 도시락에 예상치 못했던 카드를 넣거나 꽃을 배달하거나 낮에 전화를 걸어 "당신을 사랑해"라고 말하는 건 어떨까? 고장 난 무언가를 고쳐주는 것으로 사랑을 표현할 수도 있다. 그것을 고치는 일이 상대방의 생활을 수월하게 해주는 것이기 때문이다. 보통 상대방의 일이라고 여겨지는 일을 기꺼이 맡아서 하는 것이 사랑을 표현하는 최상의 방법일 수도 있다. 사랑할 기회가 부족하지는 않다. 문제는 우리가 그 기회들을 보고 거기에 반응하는지에 있다. **당신의 배우자는 당신을 사랑이 많은 사람이라고 부르는가?**

사랑으로 섬기는 것이란 전심으로 **기뻐하는 것**을 의미한다. 기쁨이란 어떤 것인가? 그것은 감사할 이유를 찾는 것을 의미한다. 불평거리를 찾기보다는 복을 세어보는 일을 더 잘하는 것을 의미한다. 그것은 감사를 전하는 것이다. 그것은 그녀가 당신을 위해 하는 일들이 당신에게 얼마나 많은 의미가 있는지 알리는 것이다. 결혼생활이 완벽하지 않더라도, 당신의 결혼생활을 매일 하나님께 감사하는 것이다. 기쁨은 상대방에게서 좋은 점을 찾는 것, 그것을 발견하고 격려하는 것을 의미한다. 당신의 아내나 남편은 당신을 감사하는 사람으로 묘사하는가?

사랑으로 섬기는 일에는 **화평**이 필요하다. 우리 각자의 삶에는 엄청난 양의 갈등이 있음을 인정하자. 우리는 거의 매일 누군가에게 화를 내거나 성급해하거나 짜증을 내거나 분노하거나 실망한다. 죄는 화평을 이루기보다는 쉽게 전쟁을 일으키고, 우리의 싸움은 대부분 거의 장기적인 영향을 미치지 않는 문제들이다. 분명 위험성이 높고 인생을 변화시키는 중요한 것들 때문에 싸울 때가 있지만, 그런 순간들은 드물다. 슬프게도 우리는 대부분 성급하고 상대방의 실수를 잘 참지 못하고 방해가 되는 누군가나 무언가에 금방 짜증을 낸다.

그러므로 우리가 진정으로 화평을 이루고자 한다면, 사소한 잘못은 기꺼이 넘어갈 것이다. 기꺼이 바로 용서할 것이다. 무언가가 우리를 갈라놓을 때 관계를 회복하기 위해 애쓸 것이다. 이기는 것보다 연합이 더 매력적임을, 힘보다는 화평이 더 매력적임을 깨달을 것이다. 말하기 전에 기꺼이 귀를 기울이고 좋게 생각하려 할 것이다. 이미 용서받은 잘못을 되살리지 않을 것이고, 우리가 잘못했을 때 재빨리 고백하려 할 것이다. 절대 화가 난 상태에서 잠자리에 들지 않을 것이고, 우리의 화평을 방해하는 무엇으로부터도 우리의 결혼생활을 지키려 할 것이다. 당신의 배우자는 당신을 화평을 이루는 사람이라고 말할까?

사랑으로 배우자를 섬기는 것이란, 배우자를 **친절**하게 대하며 그들에게 좋은 일만 하려는 것이다. 잠시 생각해보자. 친절하고 좋은 일만 하는 것은 연애할 때 모든 사람이 전념하는 일이다. 왜 그럴까? 상대방을 차지하려고 하기 때문이다. 그러나 결혼 후에는 둘 다 경계를 늦추는 경향이 있다. 당신의 경우, 그것은 배우자와 데이트를 할 때처럼 정중하거나 참지 않는 것을 의미할 수 있다. 아니면, 그녀를 차지하려고 노력할 때보다 더 비판적이 되는 것을 의미할 수 있다. 또는 결혼하기 전에 그랬던 것처럼 그를 가장 우선시하지 않는 것을 의미할지도 모른다. 혹은 배우자의 애정을 얻어내려고 하는 동안에는 생각지도 못했던 무례한 행동을 하는 것을 의미할 수도 있다. 당신의 남편이나 아내는 당신을 친절한 사람이라고 말할까?

사랑으로 섬기는 것이란 또한 당신이 결혼할 때 했던 맹세에 **신실**한 것을 의미한다. 신실함은 분명 행복한 결혼생활에 필수 성품 중 하나다. 신실함은 당신의 생각과 욕구에서 시작된다. 당신은 결혼생활을 그만두거나 다른 사람과 결혼하는 것을 상상해본 적이 있는가? 다른 남자나 여자를 그래서는 안 되는 방식으로 바라보거나 생각한 적이 있는가? 당신은 공개적으로 맹세했을 때 약속했던 것처럼 배우자를 사랑하고 있는가? 일과 개인적인 취미, 아이들, 일반적인 분주함, 무심함, 게으름, 잊어버림, 쓰라림 혹은 이기심같이 방해가 되는 다른 것들이 있는가? 당신의 배우자는 당신이 약속한 모든 면에서 신실하다고 말할까?

사랑으로 섬기는 것이란 **온유함**을 보이는 데 전념하는 것을 의미한다. 온유함이란 무엇인가? 어떤 일이 진행되는 과정에서 상처를 주지 않는 것을 의미한다. 우리는 종종 우리의 결혼생활에 지나친 가혹함과 무례함, 분노의 대화를 허용한다. 실망하고 상처받은 우리의 반응에는 온유함이 사라지고, 우리가 이미 고군분투하고 있던 어려움은 더 깊어진다. 차분한 마음과 부드러운 대답은 우리를 변화시키시는 은혜의 하나님 손에 들린 아주 강력한 도구다. 온유함을 약함과 혼동해서는 안 된다. 온유함은 변화가 필요한 것을 변화시키시는 하나님의 능력을 조용히 확신하는 것이다. 그것은 우리의 목소리 크기와 어휘력, 인격의 힘으로 다른 사람을 변화시킬 수 있다면 예수님은 오실 필요가 없었음을 인식하는 것이다! 당신의 남편이나 아내는 당신을 온유한 사람으로 묘사할까?

사랑으로 섬기는 것이란 **절제**라는 매일의 훈련에 전념하는 것이다. 행복한 결혼생활은 항상 상대방이 아니라 자신을 부인함으로써 얻는 결과다. 당신의 결혼생활에 손상을 입히고 싶다면, 당신의 욕구나 감정이 이끄는 대로 가보라. 의견 충돌이 일어난 열띤 순간, 실망감 때문에 고통스러운 순간, 상처를 입어 낙심한 순간에 당신은 옳지 않을 뿐 아니라 이미 경험하고 있는 문제를 악화시킬 행동과 말을 하고 싶은 유혹을 받을 것이다. 의견 충돌은 힘든 일이지만, 그것이 인격적인 전쟁으로 악화되어서는 안 된다. 실망은 힘든 경험이지만 그것이 인격적인 공격으로 나아가서는 안 된다. 상처를 받으면 아프지만 반격은 절대 화해로 가는 걸음이 아니다. 결혼생활에 절제보다 더 필요한 성품은 없다. 절제란 계속해서 기꺼이 당신의 생각을 비판하고, 당신의 말을 수정하고, 배우자에 대한 사랑과 옳은 일에 대한 사랑으로 당신의 행동을 억누르는 것이다. 절제란 자신이 나락으로 떨어져 더러워지지 않도록 하는 것을 의미한다. 사랑과 지혜와 은혜와 온유함으로 말하고 행동할 수 있는 지점에 이르려면, 연합과 이해와 평화에 전념하는 지점에 이르려면, 시간이 필요하다.

좋은 씨를 심으려면 도움이 필요하다

결혼 후 생긴 우리집 첫 정원의 모습이 여전히 머릿속에 생생하게 남아 있다. 나는 정원 초보자였고 모든 면에서 순진했다. 나는 내가 선택한 곳으로 걸어갔다. 바위가 많고 딱딱하고 손이 타지 않은 땅이었다. 내 손에 있는 것은 몇 개 되지 않는 원예용 손 도구와 자라날 채소들에 대한 꿈뿐이었다. 그런 충격이 또 있을까! 나의 첫 삽질은 사실 땅을 판 것이 아니었다. 삽은 잔디를 전혀 뚫고 들어가지 못했다. 삽이 지면 위로 미끄러져 나는 삽을 놓쳐버렸다. 몇 발자국 옮겨서 다시 시도했지만 그곳도 마찬가지로 딱딱했다. 나는 곡괭이를 찾으러 갔다. 미래의 정원이 될 곳으로 돌아와 곡괭이를 힘차게 휘둘러 작은 구멍을 냈다. 내가 가한 힘에 어울리는 구멍은 전혀 아니었다! 루엘라가 지켜보고 있었다. 내 생각에 그녀는 웃지 않으려고 최선을 다하고 있었던 것 같다. 이웃들은 공짜로 재미있는 장면을 즐기고 있었을 것이다. 내가 그 다음 사용한 도구는 전화기였다! 나는 처남에게 전화를 걸어 가스로 작동하는 토식경운기를 빌릴 수 있는지 알아보았다. 나는 토양의 단단함에 겸손해졌고, 도움이 필요함을 기꺼이 인정했다.

깊이 뿌리박힌 이기적인 마음의 잡초를 뽑고 결혼생활이라는 토양에 자기희생적인 사랑의 새로운 씨를 심으려면 도움이 필요하다. 자기 편향의 본성은 여전히 거기 남아 있는 죄처럼 견고하다. 이러한 자기 편향성과 죄의 기만성 때문에 당신이 자신을 정확하게 보지 못할 때, 죄가 누구를 제일 먼저 속일지 추측해보라. 당신은 배우자의 약점과 실패를 간파하는 데는 별 어려움이 없겠지만 당신의 약점과 실패에 대해서는 둔해질 것이다. 이 모든 것은 여전히 당신 속에 있는 자기 의라는 가공품으로 인해 한층 복잡해진다. 우리는 모두 하나님이 좋지 않다고 말씀하신 것을 좋다고 느끼며, 자기 자신을 속이는 일에 아주 능숙하다.

나는 당신이 나와 같음을 안다. 당신은 당신의 결혼생활에서 일어나야 하는 변화가 배우자 때문에 방해를 받는다고 생각하고 싶다. 그러나 실상은 우리 모두 자신의 행동과 말을 변호하며 하나님이 하시는 일에 방해가 되고 있다. 그러므로 우리는 모두 영적 정원의 '손 도구' 이상이 필요하다. 우리 손에 있는 힘과 지혜로는 새롭고 더 좋은 씨를 심을 수 있도록 잘못된 습관이라는 견고한 토양을 뚫을 능력이 없다. 당신이 다음과 같은 사실에 직면했는지 잘 모르겠다. 당신의 결혼생활이 원래 설계된 대로 되려면 신적 개입이 필요한가? 잠시 그것이 어떤 모습인지 생각해보자.

당신의 결혼생활이 어디로 방향을 돌려야 할지 알지 못하던 때가 있었는가? 그때 우리는 갈라디아서 5장을 봐야 한다. "내가 이르노니 너희는 성령을 따라 행하라 그리하면 육체의 욕심을 이루지 아니하리라 육체의 소욕은 성령을 거스르고 성령은 육체를 거스르나니 이 둘이 서로 대적함으로"(16-17절).

앞에서도 말했고 이 책 전체에서 계속 언급할 말이 있다. 결혼생활에서 중요한 전투는 배우자와의 싸움이 아니라는 것이다. 그것은 당신 마음에서 일어나는 전투다. 남편과 아내 사이의 수평적인 모든 소규모 접전은 이 더 깊은 전투의 결과다. 기억하라, 당신의 마음속에 여전히 죄가 남아 있고, 죄의 DNA는 이기심이라는 것을. 죄는 근본적으로 이기적이므로, 죄는 본질적으로 반사회적이다. 이는 당신과 내가 우리 안에 여전히 결혼생활에 파괴적인 무언가가 도사리고 있음을 인식해야 한다는 의미다. 갈라디아서가 우리에게 사랑으로 섬기는 생활방식을 명령한 후, 이렇게 지속적인 매일의 전쟁을 상기한다는 사실은 주목할 만하다.

연합과 이해와 사랑의 결혼생활을 하고자 한다면, 날마다 기꺼이 싸워야 한다. 하지만 그것은 배우자와의 싸움이 아니다. 당신은 자신과의 싸움에 전념해야 한다. 당신은 자아 중심성의 강력한 힘과 맞서 싸워야 한다. 끓어오르는 감정과 강력한 갈망에 빠지게 하는 본능과 싸워야 한다. 당신의 욕구를 잘 해석하고, 의욕은 울타리를 쳐놓고, 생각을 비판하고, 말을 수정해야 한다. 당신의 장황한 "내가 원하는 건…"이 "…하는 것이 기뻐요"라는 즐거운 목록이 될 때까지 싸워야 한다.

이런 식으로 이야기해보자. 멋진 결혼생활을 위한 영적 정원 가꾸기(뽑고 심기)는 보통 당신 마음속에서 해야 한다. 자기중심의 생각과 태도, 욕망, 동기, 선택, 목표는 당신의 마음 밭에서 뿌리 뽑아야 하고, 그 자리에 다른 사람 중심의 생각과 태도, 욕망, 동기, 선택, 목표라는 새로운 씨들을 심어야 한다. 그리고 이러한 뽑기와 심기는 한 번의 일이 아니라 연합을 이루어 가는 생활방식이 되어야 함을 기억해야 한다.

그러나 내가 앞에서 인용한 말씀이 지적하는 훨씬 강력한 요점이 있다. 거기서 당신과 나는 결혼생활의 소망을 발견한다. 앞의 말씀은, 결혼생활에서 일어나는 분투의 내적 역학만을 보여주는 것이 아니라 그 이상의 통찰을 준다. 그 말씀은 우리의 현재 상태가 어떠하든 우리의 결혼생활에 최고의 소망을 가져다준다. 사실 나는 그 말씀이, 지속적인 변화에 대한 진정한 소망을 찾을 수 있는 유일한 곳을 가리킨다고 확신한다. 이 말씀은 많은 남편과 아내가 무시하거나 잊어버리는 무언가를 상기한다. 여기에 진정한 소망이 있다. 당신이 매일 뽑고 싶는 전쟁을 할 때 **당신은 혼자가 아니다!** 바로 여기에서 지금 아내들이여, 당신 자신에게 "나는 혼자가 아니야!"라고 말하라. 바로 여기에서 지금 남편들이여, 당신 자신에게 말하라. "나는 혼자가 아니야!"

하나님은 우리의 투쟁이 얼마나 강력한지 아신다. 그분은 우리 내면의 전쟁이 얼마나 깊은지 아신다. 우리가 모두 얼마나 약하고 눈이 멀 수 있는지 아신다. 그분은 우리 마음이 얼마나 변덕스러운지 아신다. 그분은 우리가 얼마나 쉽게 길을 잃는지 아신다. 그렇기 때문에 그분은 우리의 결혼생활을 돕기 위해 단지 일련의 원리만 주시지는 않는다. 그분은 우리에게 **그분 자신을** 주셨다!

임마누엘이 마치 은혜의 용사처럼 주도권을 쥐고 당신의 결혼생활에 들어오셨다. 그분은 당신에게 삶의 원리만 주고 당신이 따르지 못하면 심판하시면서 당신의 결혼생활 밖에 서 계시지 않는다. 그분은 말 그대로 당신의 마음속에 들어오셨다. 결혼생활을 위한 전쟁이 일어나는 바로 그곳, 당신의 마음속에서 당신을 위해 싸우시기 위함이다. 그분은 당신과 당신의 배우자가 완벽하지 않음을 아신다. 죄가 거듭 결혼생활에서 이룰 수 있고 이루어야 하는 것을 방해할 것을 아신다. 그분은 규칙과 원리, 관점만으로는 충분하지 않음을 아신다. 그분은 당신의 결혼생활에 정보 이상의 것이 필요함을 아신다. 변호가 필요하기에 그분은 당신 안에 거처를 잡으셨다. 이는 그분이 여전히 당신 안에 있는 죄의 어두운 본성과 싸우신다는 의미다. 당신이 싸우지 않을 때조차도 말이다!

당신이 하나님의 자녀라면, 당신의 결혼은 단지 둘의 연합이 아니다. 좀 더 정확히 말해서 셋의 연합이다. 생각해보라. 지금 아내인 당신 안에 거하시는 성령이 남편 안에도 거하신다. 그분의 임재는 당신이 소원하는 결혼의 연합과 사랑을 위한 최상의 토대다. 그분은 당신이 되어야 하는 모습이 되고, 결혼생활에서 당신이 해야 하는 행동을 하는 데 필요한 지혜와 힘을 가져다주신다. 그리고 그분이 은혜 가운데서 주시는 달콤한 선물은, 매일 당신을 **당신 자신**에게서 구해주신다는 것이다. 이는 당신에게 필요하지만 직접 할 수 없는 일이다.

결혼생활의 소망을 배우자에게서 찾아서는 안 된다. 그 소망은 제3의 보이지 않는 위격 안에서 찾을 수 있다. 당신의 연합에 함께하시는 그분 말이다. 그분이 당신에게 오신 것은, 당신의 결혼생활이 하나님이 설계하신 대로 되기 위해 뽑아야 할 것을 뽑고 심어야 할 것을 심는 데 필요한 모든 것을 주시기 위함이다.

곤경에서 벗어날 수 있는 능력

조디와 웨슬리는 꼼짝할 수 없는 상태가 되었고 그로 인해 심히 낙심했다. 조디는 독서가였고 웨스를 자기를 대신한 독서가로 만들었다. 그녀는 서가에 있는 결혼에 대한 거의 모든 책을 웨스의 머릿속에 집어넣었다. 그녀의 책장은 결혼에 기대하는 바를 모아 놓은 박물관이었다. 그들의 결혼생활이 끔찍하지는 않았다. 간통도 없었고 항상 열띤 갈등이 있었던 것도 아니다. 그러나 그들의 결혼생활은 결혼생활이 아니었다. 그들은 함께 살고 부모 역할을 했지만 연합은 그 정도 수준이었다. 그들의 성적 관계는 그들 결혼생활의 날씨를 알 수 있는 유일한 지표였다. 조디도 웨슬리도 최근에 언제 섹스를 했는지 확실하게 기억하지 못했다. 갑자기 중단된 것은 아니었다. 한 사람이 상대방을 거부하는 것도 아니었다. 부드럽고 흥분되고 만족스러운 섹스는 오래 전에 중단되었던 것이다. 그들이 섹스를 했던 까닭은 그래야 한다고 생각했기 때문인 것처럼 보였다. 조디는 마치 낯선 사람의 품에서 벌거벗고 있는 것 같았다고 말했고, 웨스는 조디의 무관심이 섹스를 하기 어렵게 만들었다고 말했다. 지루해졌던 것이 고통스러워졌고, 그들은 조용히 그만두기로 협의했다(실제로 그것에 대해 대화를 나눈 적은 전혀 없었지만 말이다).

성관계는 모든 부부에게 좋은 지표다. 결혼 관계의 성격과 질이 그들의 성적 연합의 성격과 질을 결정할 것이다. 침대 옆에는 실망과 불화를 놓아두지 않는 것이 좋다. 서로의 팔에 안겨 있다는 이유만으로 오해와 상처를 피할 수 있는 것은 아니지만, 이렇게 가장 친밀한 관계에서 실제로 육체적인 옷을 벗고 육체적 자아를 내어준 사람의 품에 있을 때, 다는 아니더라도 대부분의 자기 방어층들은 사라진다. 당신은 노출과 약함이 드러나는 곳에 있다. 이는 성관계를 아름답게 해주는 요소들이다. 당신은 사랑하는 사람의 품에서 당신을 노출할 수 있고 연약해질 수 있다. 그 혹은 그녀가 당신을 보호해줄 것임을 알기 때문이다. 그 결과가 상호 만족일 것을 알기 때문이다.

그러나 조디와 웨스는 그런 경험을 하지 못했다. 조디는 은밀하게 한 친구에게 그녀의 성생활이 끝났음을 털어놓았다. 그녀의 친구는 기독교적이면서 '몸의 기관'을 설명해주는 섹스 매뉴얼 중 하나를 읽어보라고 추천했다. 마치 조디와 웨스의 문제가 몸의 기관이 어디에 있고 무엇을 하도록 설계되었는지 잘 모르는 것인 양 말이다. 내 말에 주의를 기울이라. 그 말은 조디와 웨스뿐만 아니라 수많은 부부에게도 적용된다. 조디와 웨스에게는 **생리학** 과정이 필요한 것이 아니라 **신학** 과정이 필요했다. 그들은 그들 마음속 고투의 진실을 알아야 했고, 소망은 원리에서만 찾을 수 있는 것이 아니라 그들 안에 거하는 용사이신 성령의 임재 안에서 찾아야 함을 알아야 했다.

웨스와 조디는 가만히 있지 않았다. 그들은 뽑고 심는 매일의 수고를 하기 시작했고, 약할 때 소리 내어 울면서 그들이 지속하는 데 필요한 힘을 받아들이는 법을 배웠다. 이는 그들이 곧바로 행복한 결혼생활을 하게 되었다는 의미가 아니다. 그들은 실제로 긴 변화의 길을 걸었다. 그러나 이제 더는 서로를 향해 손가락질하거나 맞서 싸우거나 낙담하거나 포기하지 않는다. 그들은 이제 내면의 전쟁에 직면할 뿐 아니라 어디서 전쟁이 일어나고 있는지 보도록 서로를 돕고, 그들이 싸우고 있을 때 서로를 격려한다. 그리고 함께 옛 방식의 잡초들을 뽑고 그들의 결혼생활에 더 나은 식물을 심을 때 혼자가 아니라는 사실을 기뻐했다. 하나님은 그들에게 가장 강한 변화의 도구, 즉 그분 자신을 주셨다. 그리고 그분은 당신에게도 같은 도움을 주신다!

우리는 신뢰의 관계를 구축하기 위해 노력한다.

∞

신뢰받고 있다는 것은 사랑받고 있다는 것보다 더 큰 찬사이다.

– 조지 맥도널드(George MacDonald)

∞

나쁜 짓을 하는 것보다는 나쁜 일을 겪는 편이 낫고,
신뢰하지 않는 것보다는 가끔 속는 편이 더 행복하다.

새뮤엘 존슨(Samuel Johnson)

9장

지금, 서로 신뢰하는가?

크리스타와 윌은 어릴 때 결혼했다. 윌은 학교에서 풀타임으로 공부했고 크리스타가 가족을 부양하느라 오랜 시간 일을 했기에 그들에게는 먹고사는 일이 쉽지 않았지만, 잘 해내고 있었다. 그들은 어렸을 때부터 서로를 알았다. 그들은 길 위아래 쪽에 살았고 거의 매일 서로를 보았다. 가족끼리는 가깝지 않았지만, 양가 모두 지역 활동에 참여했다. 그들은 초등학교부터 고등학교까지 함께 다녔는데, 고등학교를 다닐 때쯤 스파크가 일었다. 크리스타와 윌은 함께 시간을 보내기 시작했고 부모들은 기뻐했다. 졸업할 때가 되자, 그들은 헤어진다는 생각을 견딜 수 없어서 같은 대학에 가기로 결정했다. 계획한 바는 아니었지만, 더는 결혼을 기다릴 수 없어서 2학년에서 3학년 올라가는 사이에 결혼을 했다. 6주쯤 지났을 때 윌과 크리스타는 둘 다 학교를 다닐 수 없음을 깨닫고 크리스타가 중퇴 후 첫 직장을 얻었다.

아마도 그들이 서로를 오랫동안 알아왔기 때문이거나 아니면 그저 흔해 빠진 미숙함 때문이었을지도 모르지만, 윌과 크리스타는 그들의 관계를 당연하게 여겼다. 그들은 서로를 심하게 대하지 않았고 여전히 신실했지만, 무언가 놓치는 것이 있었다. 그들의 결혼생활은 함께 관계를 위해 투자하는 것이라기보다는 함께 살아가는 장소에 더 가까워 보였다. 이는 월의 경우, 너무 바쁘고 예측 불가능하고 일을 완수하지 못하는 것에 거리낌 없는 모습으로 나타났다. 크리스타의 경우에는 너무 비판적이고 친구관계에 빠져 있는 모습으로 나타났다. 둘 다 몰랐던 것은, 결혼생활에서 튼튼한 신뢰의 기초를 쌓아야 하는 바로 그 시기에, 그들은 이미 가지고 있던 작은 신뢰도 자신도 모르는 사이에 침식시키고 있었다는 것이다.

월은 학위 과정이라는 부담을 잘 감당해야 했다고 주장했다. 그는 자신의 학위 과정을 5-6년까지 늘릴 수 없었다고 말했다. 그는 집 밖에서 아주 많은 시간을 보냈다. 대부분 대학 도서관에서 공부를 했다. 집에서도 책에 빠져 있었다. 크리스타는 농담처럼 자기는 남편을 잃고 학생을 얻었다고 말했다. 하지만 그것은 진심이었다. 그녀가 사랑했던 월은 유치하고 낭만적이었다. 그녀는 그의 썰렁한 유머와 부드러운 세심함, 하나님에 대한 분명한 사랑에 사로잡혔었다. 월이 월이었던 순간도 있었지만 그런 순간은 극히 짧았다. 대부분 그는 크리스타를 위한 시간을 내지 못했고, 그저 아무것도 하지 않고 함께 보내는 시간도 전혀 없었다. 그들 사이에는 조용한 시간이 없었다. 휴식시간도 함께 보내지 못했고 대충 그때그때 봐가며 대화를 했다. 그리고 월은 유치하거나 낭만적이 될 만큼 충분히 긴 시간 공부를 멈추지 못했다. 크리스타의 생일이 있던 주말, 월은 크리스타를 데리고 나갔지만 손에는 책을 들고 있었고, 그 주말의 대부분을 공부하는 데 썼다. 크리스타는 화가 났다. 월을 재촉하는 것도 지쳤다. 그의 관심을 구걸하는 데 지쳤고, 함께하는 시간이 부족한 것에 대한 반복되는 변명에 이은 그의 형식적인 애정 표현에도 지쳤다.

크리스타가 고투하고 있던 것은 월의 바쁜 일정만이 아니었다. 그의 예측 불가함은 그녀를 훨씬 더 괴롭혔다. 월은 그녀와 한 약속을 거의 기억하지 못했다. 집 주변의 어떤 것을 고치겠다고 장담했지만, 더는 미룰 수 없을 때에야 그 일에 시간을 냈다. 월은 그들이 함께하는 시간을 계획하겠다고 약속했지만, 항상 중단되거나 어떤 이유로 계획을 다시 짜야 했다. 시간에 관한 한 월은 훨씬 더 예측 불가능했다. 그는 그가 공표한 일정을 거의 지키지 못했다. 집에 있겠다고 약속한 때에 거의 집에 없었고, 함께 외출하기로 했을 때 항상 늦었다. 매주 크리스타는 월을 의지할 수 없는 수많은 증거와 맞닥뜨리는 느낌이었다. 그리고 월에게 신뢰할 수 없는 그의 모습을 이야기하면, 그는 이해해주지 않는 그녀를 비난했다.

크리스타가 보기에 월은 자신에게 중요한 것만 하려는 것처럼 보였다. 그는 중요한 일은 자주 그녀에게 미루는 것처럼 보였다. 시간을 잘 지키는 일은 월에게 중요하지 않았고, 그것이 크리스타에게 중요하다는 사실에 신경 쓰지 않는 듯 보였다. 월은 약간 개척자 같았고 늘 제2안을 생각하는 스타일이어서 임시방편으로 때우는 것에 개의치 않았다. 변기 물이 제대로 내려가지 않는 것이나 서랍이 잘 안 맞는 것은 월에게 전혀 문제가 되지 않았다. 월은 자기 시계에도 그다지 신경을 쓰지 않았다. 사실 그는 크리스타가 그의 생일에 시계를 사주었기 때문에 차고 다닐 뿐이었다. 월은 무언가를 하는 속도보다는 **무엇을** 하는지가 더 중요하다고 주장했다.

크리스타는 결혼하기 오래 전부터 그가 완벽하지 않다는 것을 잘 알았다. 그들이 삶을 바라보는 시각이 다른 지점에 있음도 알았다. 그녀는 그들이 항상 같은 마음이 아니라는 사실에 놀라지 않았다. 그러나 그녀를 불안하게 하는 일이 일어나고 있었다. 그녀는 자기가 월을 멀리하고 있음을 느꼈다. 그에게 악의가 있어서가 아니라 그를 신뢰할 수 없었기 때문이다. 크리스타는 사소한 것들도 그에게 맡길 수 없다면 중요한 문제들을 어떻게 맡길 수 있을지 걱정했다. 또 크리스타가 무엇보다 낙담했던 것은, 월이 그녀의 염려를 들으려 하지 않는 모습이었다. 그녀는 자신이 월과 늘 꿈꾸어왔던 그러한 관계에 있는지 의심스러웠다.

그들은 싸우지 않았다. 그들은 가까스로 살아나갔지만 그들의 결혼생활은 연합과 이해와 사랑의 면에서 모범이 될 만한 관계가 전혀 아니었다. 월과 크리스타의 지인들은 건강하게 지속되는 결혼생활의 주춧돌이 허물어지고 있음을 감지하지 못했다.

월의 느낌은 크리스타와는 전혀 달랐다. 그는 자신을 약간은 느슨함이 필요한 헌신적이고 바쁜 남자로 보았다. 그가 보기에 크리스타는 너그럽게 봐주기보다는 요구가 훨씬 많았다. 그는 무책임한 남자가 아니었다. 그는 단지 아주 바쁜 남자라고 생각했다. 그는 저녁에 집에 왔을 때 크리스타가 자신의 시계를 가리키는 모습에 넌더리가 났다. 집안일 몇 가지를 크리스타의 일정이 아닌 월의 일정에 맞추어야 할 때면 크리스타가 입을 삐쭉거리는 것에 넌더리가 났다. 그들이 함께하는 시간을 갖지 못한다는 이유로 크리스타가 그에게 죄책감을 유도하는 것에도 넌더리가 났다. 그가 시간이 없다는 것을 그녀도 알면서 말이다. 또 그는 관심이 없다고 비난받는 것에 넌더리가 났다. 그는 정말 크리스타와 함께할 미래에 관심이 있기 때문에 빡빡한 일정으로 괴로운데 말이다.

월은 크리스타의 기준에 맞출 방도는 없다고 느꼈다. 혹시 그렇게 할 수 있다 해도 그녀는 기대 수준을 높일 것 같았다. 월은 대학 도서관에서 훨씬 많은 시간을 보내기 시작했다. 크리스타의 계속되는 잽 공격 때문에 공부에 집중할 수 없었기 때문이다. 또 학교생활을 그녀와 공유하지 않은 지도 오래되었다. 그가 학교 이야기를 할라 치면 크리스타는 월에게 중요한 것은 학교밖에 없다고 말하곤 했기 때문이다.

크리스타는 자신도 모르게 교회에서 만난 친구들 그룹으로 시선을 돌리고 있었다. 그녀는 윌보다는 친구들과 주고받는 문자 메시지로 그녀의 생각과 느낌들을 공유했다. 또 크리스타가 친구들 그룹 쪽으로 시선을 돌리는 동안, 윌은 자신에게로 향했다. 그들은 상대방에게 자신을 맡길 만큼 서로를 신뢰하지 않았다. 크리스타는 윌과의 결혼이 엄청난 실수는 아닌가 하는 생각에 괴로웠다. 그녀는 함께 있는 어린 부부를 보며 그 남자와 결혼했으면 어땠을지를 생각했다. 교회에서 다른 부부들을 보면, 그녀와 윌이 할 수 있으리라 꿈꿔왔듯이 그들이 서로를 신뢰할 수 있을지 궁금해했다. 또 남은 인생을 어떻게 이런 식으로 살지 걱정했다. 그녀는 이제 윌을 신뢰하지 않았다. 그의 삶에 혹 그의 관심을 끌고 마음을 사로잡은 다른 누군가가 있는 것은 아닐까 의심하기도 했다.

윌은 무응답과 물리적으로 거리를 유지하며 자신을 보호했다. 이렇게 하면 크리스타의 불만을 대하지 않아도 되었지만, 상황은 더 악화될 뿐이었다. 그는 그들이 함께 살 수 있는 유일한 방법은 떨어져 사는 것이라고 생각했다. 윌은 크리스타가 이제 그가 그들 둘 다를 위해 투자하고 있는 것에 관심이 없다고 믿었다. 그는 그의 기쁨과 실망을 이야기할 다른 곳을 찾았지만 대부분 혼잣말을 했다. 문제는 그가 항상 자신의 세계관에 만족스러워했다는 것이다.

그들의 결혼생활은 진짜 의미에서의 결혼생활이 아니었다. 간통이나 육체적 폭력, 서로에게 비명을 지르는 비열한 행위는 없었다. 둘 중 어느 쪽도 거짓말쟁이나 조종자가 아니었다. 그들의 신뢰는 갑작스런 외도로 무너진 것이 아니라, 관계에서의 나태함과 개인적인 이기심이 한 방울 한 방울 떨어짐으로써 무너졌다. 또 이런 식이었기 때문에 그들은 그런 일이 일어나는지 몰랐고 그것을 피하기 위해 아무것도 하지 못했다.

나는 윌과 크리스타의 이야기가 우리 주변에 있는 수천 쌍의 부부 이야기라고 확신한다. 당신도 그런 부부들 중 하나일지 모른다. 나는 다음 질문들을 거울삼아 자신을 들여다보라고 권하고 싶다.

신뢰 질문지

- 당신들은 결혼생활에서 이전보다 더 연합하고 이해하고 사랑하는가?
- 당신들 둘 다 약속한 대로 실천하는가?
- 당신은 배우자가 중요하게 여기는 것에 주의를 기울이는가?
- 당신은 약속을 지키지 못한 것을 변명하는가, 기꺼이 고백하는가?
- 당신은 배우자의 말을 잘 듣고 들은 바에 따라 행동하는가?
- 당신은 서로 동의한 계획대로 실천하는가?
- 당신은 함께 계획을 세우고 일정을 관리하는가, 아니면 상대방에게 당신의 뜻을 따르라고 요구하는가?
- 당신은 배우자와 당신의 생각, 욕구, 소망, 꿈, 관심사를 공유하는가, 아니면 조용히 있거나 다른 누군가와 공유하는 게 더 편한가?
- 당신이 스스로를 보호하기 위해 상대방에게서 물러나 거리를 유지하고 있다는 증거가 있는가?
- 당신의 배우자는 당신이 말한 대로 실천하고 약속에 신실하다고 말하는가?
- 당신은 상대방이 당신에게 잘못했을 때 그것을 마음에 품고 있는가, 아니면 서로를 신뢰하기 때문에 그것에 직면하여 고백하는가?
- 당신은 상대방이 당신과 함께 있지 않을 때 무엇을 하는지 궁금한가?
- 당신은 배우자가 당신의 말과 감정에 적절하게 대응한다는 것을 신

뢰할 수 없기 때문에 당신의 말을 고치고 감정을 억누르는가?

- 당신의 배우자는 당신 인생 최고의 친구인가, 아니면 그런 동료를 얻겠다는 꿈은 사라졌는가?

- 당신들은 성관계에 둘 다 만족하는가, 아니면 배우자에게 육체를 맡기기가 어려운가?

- 당신은 상대방에게 이야기하지 못하는 것을 다른 사람에게 이야기 하는가?

- 당신은 함께하는 시간을 고대하는가? 이런 시간이 평화롭고 즐거운가?

- 당신들 사이에 신뢰가 없어서 풀지 못한 문제가 있는가?

- 당신은 행복한 결혼생활에 필요한 연약함이 편안하게 느껴지는가?

- 당신은 당신의 결혼이 실수라고 생각한 적이 있는가?

- 당신은 어떤 식으로든 조종당하거나 이용당하는 것 같아서 두려워한 적이 있는가?

- 당신은 배우자가 당신보다 자기 자신에게 더 관심을 둔다고 생각한 적이 있는가?

신뢰의 필요성은 피할 수 없다

자, 이제 당신의 대답들을 살펴보라. 어떤 생각이 드는가? 당신의 결혼생활에서 신뢰는 견고한가? 어쩌면 당신은 의심스러울지도 모른다. 혹 평가를 하기에 앞서 신뢰가 무엇이고 어떤 모습인지 더 알고 싶을지도 모른다. 신뢰는 훌륭하고 탄탄하고 건강한 관계에 필수적이다. 나는 기초적인 정의를 내린 다음 그것을 분석해보려고 한다. **신뢰란 상대방의 진실성과 능력, 성품, 신실함을 의지할 수 있다는 확신으로 기꺼이 상**

대방의 보살핌에 당신 자신을 맡기는 것이다.

이제 결혼이라는 맥락에서 이 정의를 생각해보자. 당신은 하나님과 가족들과 친구들 앞에서 서약을 할 때, 상대방의 보살핌에 당신 자신을 맡기고 상대방을 돌보겠다는 약속을 한다. 결혼생활에 필수적인 주춧돌 하나는 신뢰다. 신뢰가 없으면 결혼도 없다. 적어도 하나님이 이 평생의 관계를 창조하실 때 설계하신 그런 결혼은 없다. 신뢰가 없어도 같이 살 수는 있고, 관계의 데탕트를 유지할 수는 있다. 그러나 신뢰가 없다면 결혼에 의도된 친밀하고 연약하고 상호 협력하는, 한 몸의 연합은 이룰 수 없다.

당신은 상대방을 보이는 그대로 받아들일 수 있어야 한다. 상대방이 눈에 보이지 않을 때에도 편안해야 한다. 그가 정직한지 아닌지, 약속을 성실하게 지킬지 아닐지를 염려해서는 안 된다. 그녀가 당신보다 자기 자신에게 더 관심을 쏟을까봐 두려워해서는 안 된다. 그의 관심이나 애정을 사로잡은 다른 누군가가 있는지 의심해서는 절대 안 된다. 당신은 당신의 행복이나 만족을 절대 염려해서는 안 된다. 위험을 무릅쓰는 일이나 약해지는 것을 두려워해서는 안 된다. 어떤 식으로든 이용당할까봐 두려워해서도 안 된다. 신뢰는 안심과 평안, 안정, 소망을 준다. 신뢰는 당신으로 하여금 최악에 대면하게 하고 최상에 대한 소망을 품게 한다. 신뢰는 당신이 기꺼이 모험을 감행하고 위험을 감수하게 한다. 신뢰는 안전하게 감정을 나누게 한다. 신뢰는 정직하게 말하게 하며 상대방의 정직함에 귀 기울이게 한다. 신뢰는 당신이 보살핌을 받고 있음을 알게 하고, 당신이 보살피고 있음을 알게 한다. 신뢰는 그녀가 당신의 관심사를 찾으리라는 사실을 믿으며 상대방의 관심사를 찾게 한다. 신뢰는 서로 보살피게 하지만, 그 보살핌이 상호적이 아닐 때라도 보살피는 일에 전념하게 한다. 신뢰는 당신이 말한 대로 행하게 하며, 선을 행하는 데 전념하게 한다. 신뢰는 배우자가 안심하고 자신을 당신의 보살핌에 맡길 수 있음을 알도록 당신이 할 수 있는 것은 무엇이든 하는 것을 의미한다.

당신은 이렇게 말할지도 모른다. "이 모든 말이 도움이 됩니다. 하지만 폴, 신뢰가 어떤 모습인지, 신뢰가 결혼이라는 맥락에서 무슨 기능을 어떻게 하는지 구체적으로 설명해주세요." 훨씬 더 구체적으로 설명하기 위해 질문지로 돌아가서 각 질문을 분석하고, 그 질문들이 어떻게 당신의 결혼생활에서 신뢰의 지표가 되는지 살펴보자.

진가를 시험하는 장

당신들은 결혼생활에서 이전보다 더 연합하고 이해하고 사랑하는가?

아마도 이것은 최고의 지표일 것이다. 신뢰의 결속이 강하면 부부의 친밀함은 커진다. 신뢰는 차이를 극복하고 연합을 이루어낸다. 신뢰가 있으면 배우자를 이해하기 위해 애쓰게 되며 상대방 역시 나를 이해하기 위해 애쓰고 있음을 알게 된다. 당신의 배우자가 신뢰할 만한 사람임을 입증할 만큼 당신에게 마음 쓰는 모습을 보일 때, 그를 향한 당신의 존경과 애정은 자라날 것이다. 이는 당신의 결혼생활에 어려움이 없을 것이라는 의미가 아니다. 기억하라, 당신은 타락한 세상에서 결점이 있는 사람과 살고 있음을. 신뢰가 있다고 해서 당신들의 문제와 차이가 다 경감되지는 않겠지만, 거기에 대처할 방법을 얻게 될 것이다.

당신들 둘 다 약속한 대로 실천하는가?

좋든 싫든 간에, 약속을 잘 지키는지가 배우자에 대한 신실성의 척도 역할을 한다. 그것은 이런 식이다. 당신이 그녀를 사랑하면 당신은 그녀에게 한 약속을 진지하게 여길 것이다. 당신이 그를 사랑하면, 당신이 그를 위해 어떤 일을 하든 그에게 최선인 때에 그렇게 하리라는 것을 그가 확신할 수 있고, 당신은 그 사실을 즐길 것이다.

여기서 문제는, 우리가 결혼할 때 하는 약속을 대부분 사소한 순간에 지켜야 한다는 것이다. 그 약속들은 모든 곳에서 모든 부부의 생활방식에 적용되는 매일의 필요와 의무, 일정과 관련 있는 것들이다. 이 약속들은 어떤 결과를 이루어내겠다는 약속이 아니기 때문에 진지하게 대하기가 쉽지 않고, 지키지 않았을 때의 결과를 생각하기도 쉽지 않다. 우리가 이미 검토한 바를 떠올려보라. 결혼생활의 성격은 서너 개의 중요한 사건들로 결정되지 않는다. 그것은 수천 개의 사소한 순간들로 결정된다. 그렇게 사소한 순간들로 결정된 결혼생활의 성격이 인생의 중대한 순간들에 영향을 미친다. 따라서 신뢰는 두세 가지의 중요한 약속을 지키느냐 마느냐 하는 순간이 아니라(그런 순간들 역시 중요하긴 하지만), 순간 순간 날마다 쌓여간다. 당신의 하루의 신뢰도가 당신이 신뢰할 만한 사람인지 아닌지를 배우자에게 말해준다. 배우자를 사랑하는 것이란, 그녀를 섬기고 싶어 하는 것을 의미한다. 또 아무리 사소하더라도 당신이 약속에 충실할 것임을 알고 배우자가 평안을 누리기를 원하는 것이다.

당신은 배우자가 중요하게 여기는 것에 주의를 기울이는가?

죄의 이기적인 성향 때문에 당신은 자신에게만 몰두하고 자신에게만 초점을 맞추고, 자신의 일정과 관심사에 사로잡혀 있기가 쉽다. 결혼생활에 평범한 이기심보다 더 위험한 세력은 없는 것 같다. 당신이 배우자에게 실제로 상대방의 관심사보다는 자신의 관심사에 더 신경을 쓰는 것처럼 보이는 것보다 더 큰 잘못은 없는 것 같다. 사랑은 배우자와 그녀의 관심사에 마음을 여는 것이다. 사랑이란 그가 신경 쓰는 일에 신경 쓰는 것을 의미한다. 그것은 그가 흥미로워한다는 이유만으로 그것에 관심을 갖는 것이다. 사랑이란 배우자의 욕구를 인정하고 예측하고 충족시키는 것이다. 사랑이란 당신의 슬픔과 기쁨과 관심사를 나누는 것이다. 그리고 당신이 누군가를 이런 식으로 사랑할 때, 이는 신뢰의 결속을 다지는 일이다. 자신에게만 관심이 있어서 다른 사람을 돌아보지 못하는 사람을 신뢰하기는 어렵다. 그러나 당신이 어떤 일 때문에 괴로워하는 모습을 보고 함께 아파할 만큼 당신을 사랑하는 사람이라면 당신은 그에게 당신을 의탁할 것이다.

당신은 약속을 지키지 못한 것을 변명하는가, 기꺼이 고백하는가?

자기 의와 가까이하기 어려움, 방어적인 태도, 자기변명은 모두 신뢰에 치명적이다. 배우자가 방어적이고 가까이하기 어렵다면, 당신은 그에게 자신을 의탁하지 않을 것이다. 실패의 순간, 배우자가 바라봐주지 않는다면 배우자를 신뢰하지 못할 것이다. 겸손히 귀를 기울이고 고백해야 할 때, 배우자가 어느 쪽도 하려 하지 않는다면 그를 신뢰하지 못할 것이다. 신뢰는 완벽을 요구하지 않는다. 신뢰는 겸손을 요구한다. 당신 마음속 깊은 곳에서는 당신이 결코 완벽한 사람과 결혼하지 못할 것임을 안다. 당신들 둘 다 실패할 것임을 안다. 그래서 배우자가 어떻게든 당신을 실망시킬 때 그가 그 사실에 기꺼이 직면하여 대처하리라는 믿음으로 그와 함께 살고자 한다. 자기변명의 습관은 배우자가 당신보다는 자신에게 더 관심이 있다는 뜻이다. 자기 방어는 그가 당신과 연합, 이해, 사랑의 관계를 구축하기보다는 자신이 옳다고 증명하는 데 더 관심이 있다는 뜻이다. 전심으로 잘못을 인정하고 고백하는 것과 함께 겸손히 마음을 여는 일은 신뢰의 유대에 필수적이다.

당신은 배우자의 말을 잘 듣고 들은 바에 따라 행동하는가?

당신이 만약 귀 기울여 듣지 않는 사람과 함께 살고 있거나, 조만간 그 사람에게 귀 기울여 들으라고 해봤자 소용없다는 사실에 직면한다면, 당신은 말하지 않을 것이다. 우리는 귀 기울여 듣는 사람에게 끌린다. 하나님이 당신과 나에게 약속하신 가장 놀라운 것 중 하나는, 그분은 절대 우리의 부르짖음을 듣지 않으시는 일이 없다는 것이다. 당신은 그분이 당신을 무시하실지도 모른다는 두려움 없이 하나님께 달려갈 수 있다. 나는 결혼생활의 고통에 대해 많이 듣는데, 그중 상대방이 듣지 않을 때의 고통보다 더 많이 들은 것은 없는 것 같다.

"그 여자는 귀를 기울이지 않아요."

"그와 이야기하는 것은 벽에다 대고 이야기하는 것 같아요."

"당신이 이 한 가지를 해주지 않으려 하다니 믿을 수가 없어요. 내가 하는 말을 조용히 귀 기울여 듣는 것 말이에요."

"시간이 걸리기는 했지만 결국 분명해졌어요. 그는 내가 말하기 시작하면 바로 나가버려요. 물론 그 방에서 나간다는 말은 아니에요. 하지만 내 말이 끝나도 그는 아무런 반응이 없어요."

"그녀가 '지금 그 이야기를 해야 해요?' 하고 말하는 것에 넌더리가 나요."

"늘 시간이 적절하지 않아서 우리는 중요한 문제를 거의 이야기하지 못해요."

얼마나 많이 부부에게서 이런 말을 들었는지 모른다. 무시당하는 사람은 말하지 않는다. 하지만 그것만이 아니다. 그 사람은 결혼생활을 훨씬 더 약화시키는 무언가를 한다. 즉 신뢰하지 않는 것이다. 당신은 당신이 하는 말에 귀를 기울일 만큼 당신에게 관심이 있는 사람과, 자신들이 들은 말에 말과 행동으로 반응하는 데 전념하고 있음을 보여주는 사람을 신뢰한다.

당신은 서로 동의한 계획대로 실천하는가?

크고 작은 일들에 함께 계획을 세우는 것이 결혼생활의 모습이다. 그 것은 두 사람의 인생계획이 합해져서 하나의 계획이 되는 것이다. 결혼 은 인간이 경험할 수 있는 가장 포괄적인 형태로 삶을 공유하는 것이 다. 결혼생활에 대한 하나님의 목표는, 남편과 아내가 깊이 섞이고 합해 져서 오로지 '한 몸'이라고 불릴 수 있는 관계로 살아가는 것이다. 따라 서 모든 남편과 아내가 해야 할 일은 연합하는 일이다. 당신들은 함께하 는 삶을 바라기 때문에 함께 계획을 세워야 한다. 그것은 이제 그의 계 획이나 그녀의 계획이 아니다. 그러므로 당신들은 함께 논의하고 계획 을 세우는, 주고받는 작업을 해야 한다. 또 당신들이 어떤 계획과 목표 에 동의했다면 상대방이 그 계획을 충실히 따르며 동의한 대로 이루어 낼 것을 확신하고 안심해야 한다. 이런 일이 일어날 때 신뢰가 견고해진 다. 하지만 계획에 동의하고 난 다음 함께 결정한 방식이 아니라 당신 마음대로 한다면, 그것은 당신 자신이 신뢰받을 수 없는 사람임을 드러 내는 것이다.

당신은 함께 계획을 세우고 일정을 관리하는가,
아니면 상대방에게 당신의 뜻을 따르라고 요구하는가?

자, 겸손한 마음으로 정직해지자. 우리는 모두 우리의 방식을 원한다. 하나님은 바로 지금 당신이 당신 자신보다 큰 무언가를 위해 살게 하려 고 일하신다. 하지만 당신의 마음속에는 다른 편으로 넘어갈 때까지 이 기적으로 살고자 하는 본능의 거짓 지시가 있을 것이다. 요구와 권리 주 장이 신뢰를 파괴하는 까닭은, 당신과 함께 살아가는 배우자가 당신이 어떤 약속을 했든 당신이 정말 원하는 바는 당신이 하고 싶은대로 하는 것임을 금세 알게 되기 때문이다. 당신은 그녀와 협조하기로 서약했지만, 정말로 원하는 바는 당신의 아내가 당신의 작은 왕국의 욕망과 계획을 지지하는 일에 참여하는 것이다. 당신이 그런 식으로 생각하는 것을 아내가 알게 된다면, 그녀는 당신이 그녀와 함께 애쓰며 그녀를 돌본다고 신뢰할 수 없다.

당신은 배우자와 당신의 생각, 욕구, 소망, 꿈, 관심사를 공유하는가, 아니면 조용히 있거나 다른 누군가와 공유하는 게 더 편한가?

당신들이 함께하는 삶은, 신뢰의 수준을 점점 더 높이도록 격려가 되는가? 당신은 배우자가 부드럽고 친절하고 이해심 있고 참을성 있는 마음으로 다가오기 때문에 그에게 무슨 말이든 할 수 있다고 생각하는가? 당신들은 어떤 문제의 정반대 입장에서 시작하여 정직하고 참을성 있는 대화를 통해 화합에 이르는 경험을 한 적이 있는가? 혹은 당신의 배우자는 당신의 관심사를 진지하게 대하는가? 당신은 배우자의 생각과 소망, 꿈을 무시한 적이 있는가? 당신은 이전보다 요즈음 서로와 더 잘 소통하는가? 당신은 상대방이 참을성 있게 들어주리라 확신하면서 대화를 시작하는가? 혹은 남편이나 아내보다는 다른 누군가와 솔직하게 이야기하는 편이 더 수월한가? 집 밖에 있는 누군가가 당신의 배우자를 대체한다면 그것은 부부 사이에 신뢰가 깨졌다는 분명한 표지다.

당신이 스스로를 보호하기 위해 상대방에게서 물러나 거리를 유지하고 있다는 증거가 있는가?

당신은 배우자에게 정직하기가 두려운가? 그에게 동의하지 않는 것이 두려운가? 사랑하는 마음으로 그녀와 맞서거나 반박하기가 두려운가? 그에게 당신의 진짜 생각을 말하면 실제로 어떤 일이 일어날지 두려운가? 당신은 위험을 무릅쓰고 연약해지기가 두려운가? 당신은 눈치를 보고 있다고 느낀 적이 있는가? 말을 삼가야 할 필요를 느끼는가? 그녀에게서 자신을 보호해야 한다고 느끼는가? 어떤 식으로든 뒤로 물러선 적이 있는가? 분명한 것이 있다. 물러서는 것은 신뢰가 부족하다는 분명한 표지다. 그러나 이혼할 마음이 없는 부부가 더 많다. 이는 좋은 일이다. 그러나 서로에게 자기 방어적인 거리를 유지하며 살아가는 것은 좋지 못한 일이다.

당신의 배우자는 당신이 말한 대로 실천하고 약속에 신실하다고 말하는가?

성경은 당신 자신에 대한 당신의 시각이 정확하지 않을 수도 있음을 보여준다. 사실 우리는 모두 다른 누구보다 우리 자신을 더 잘 안다고 생각하는 경향이 있다. 그러나 정말 그러한가? 성경은 죄가 우리 눈을 어둡게 한다고 가르치고, 그렇게 눈을 어둡게 하기 때문에 우리는 우리가 생각하는 만큼 우리 자신을 잘 알지 못한다. 나는 그것을 이런 식으로 말하고 싶다. 죄가 눈을 어둡게 한다면 무엇부터 먼저 어둡게 할지 추측해보라. 우리는 다른 사람들의 약점과 실패를 보는 데는 아무런 문제가 없지만 우리의 약점을 지적받으면 놀란다. 그러므로 실제로 우리에게는 삶에서 우리 자신을 정확하게 볼 수 있도록 돕는 사람들이 필요하다(히 3:12-13).

이는 결혼의 유익 중 하나다. 당신은 실제로 배우자와 일주일, 24시간을 함께 살기 때문에 상대방은 당신이 어떤 사람이고 어떻게 움직이는지를 종합적으로 본다. 물론 당신에 대한 배우자의 시각이 완벽하게 편견이 없지는 않을 테지만, 당신에 대한 당신 자신의 시각보다는 더 객관적일 것이다. 따라서 배우자에게 당신이 믿을 만하다고 생각하는지, 그 이유는 무엇인지 물어보라. 당신 자신은 볼 수 없는 것들을 보는 데 마음을 열라. 배우자가 보도록 도와주는 것에 겸손과 변화하고자 하는 마음으로 반응하라.

당신은 상대방이 당신에게 잘못했을 때 그것을 마음에 품고 있는가, 아니면 서로를 신뢰하기 때문에 그것에 직면하여 고백하는가?

쓰라린 마음을 품는 일은, 당신에게는 쾌감을 주지만 최선은 아니다. 배우자가 당신에게 얼마나 상처를 입혔는지를 배우자에게 알리지 않는다면, 당신은 그녀보다는 당신의 편안함을 더 사랑하는 것이다. 또 배우자에게 고백하는 것이 안전한지 확신이 없다면, 그것은 배우자가 신뢰할 만한 사람인지에 대한 확신이 없다는 뜻이다. 침묵은 신뢰가 없다는 표지다.

당신은 상대방이 당신과 함께 있지 않을 때 무엇을 하는지 궁금한가?

신뢰란, 배우자가 당신과 함께 있지 않을 때 무엇을 하는지 신경을 쓰지 않는 것을 의미한다. 그를 따라다니며 확인하고 그가 돌아왔을 때 꼬치꼬치 캐묻는다는 것은, 그를 신뢰하지 못한다는 분명한 지표다. 신뢰란, 배우자가 당신 앞에서 하지 않을 행동은 당신이 없을 때에도 하지 않을 것임을 아는 것을 의미한다. 신뢰할 수 있다는 것은, 상대방이 당신을 보는지 살펴보기 위해 어깨 너머로 볼 필요를 느끼지 않는다는 의미다. 또 당신이 행방을 감추거나 당신의 이야기를 준비해야 할 필요를 느끼지 않는다는 의미다. 신뢰란, 당신들 중 누구도 숨길 것이 없음을 아는 데서 오는 평안한 마음으로 사는 것을 의미한다.

**당신은 배우자가 당신의 말과 감정에 적절하게 대응한다는 것을
신뢰할 수 없기 때문에 당신의 말을 고치고 감정을 억누르는가?**

배우자와의 의사소통 성격과 스타일은 당신들 사이에서 신뢰의 정도
를 보여주는 아주 좋은 지표다. 만약 상대방에게 당신의 생각과 느낌을
말하는 데 주저한다면, 그것은 당신 자신을 그와 공유할 만큼 그를 사
랑한다거나, 당신 자신을 그의 손에 맡길 만큼 그를 신뢰한다는 의미가
아니다. 나는 남편이나 아내가 "…에 대해 당신이 그렇게 느꼈는지 몰랐
어요"라고 말하는 것을 얼마나 많이 들었는지 모른다. 당신이 배우자와
나눈 무언가를 그가 당신에게 불리하게 사용했던 상황을 경험한 적이
있는가? 당신은 배우자가 당신에게 말한 비밀을 다른 누군가와 나눈 적
이 있는가? 당신의 삶이라는 고운 도자기를 상대방의 손에 맡길 확신이
없다면, 당신은 결혼생활의 신뢰 면에서 난관에 빠진 것이다.

**당신의 배우자는 당신 인생 최고의 친구인가,
아니면 그런 동료를 얻겠다는 꿈은 사라졌는가?**

결혼은 사실 우정의 언약이다. 하나님은 아담에게 동산에서 일하는
육체적 조력자를 주신 것이 아니라 동료를 주셨다. 하나님은 사회적 존
재를 창조하셨고, 아담에게 장착된 하드웨어의 사회성 때문에 동료가
필요하다는 것을 아셨다. 이것이 결혼의 가장 기본적인 이유이다. 하나
님은 아담을 위해 평생의 동료를 창조하셨다. 그와 하와의 관계는 하나
님과 사람들의 사랑의 관계를 가시적으로 보여주는 것이었고, 하나님
이 설계하신 대로 이 땅에 사람들이 거하도록 정하신 수단이었다. 따라
서 남편과 아내 사이의 우정의 성격과 질은 항상 결혼생활이 건강할지
를 보여주는 정확한 척도 역할을 한다. 그것은 또한 신뢰도를 보여주는
정확한 지표다. 두 사람 사이에 신뢰가 있다면, 그들의 이해와 애정은 커

갈 것이고, 그것이 커갈 때 우정도 잘 자란다.

당신들은 성관계에 둘 다 만족하는가, 아니면 배우자에게 육체를 맡기기가 어려운가?

기분 좋은 섹스가 신뢰와 무슨 관계가 있는가? 모든 면에서 다 관계가 있다! 나는 부부의 육체에 관한 기독교 서적들에 다소 넌더리가 난다. 평범한 부부에게는 성적 지도와 도표가 필요하지 않다. 약간의 교육이 도움이 될 수는 있지만, 많은 그리스도인 부부의 문제인 심한 성 기능 장애의 해결책이 생물학에 있다고 생각하지는 않는다. 나는 이러한 특정 기능 장애는 신뢰와 직접적으로 관련이 있다고 생각한다. 중요한 것은, 당신들의 관계의 성격과 질을 침대 한쪽에 치워두면 안 된다는 사실을 깨닫는 것이다. 당신은 당신들의 관계의 모습을 이 벌거벗고 연약한 순간의 한가운데로 끌고 가야 한다. 만약 당신이 여러 면에서 배우자의 이기심을 경험했다면, 침대에서도 이기적일 것이라고 결론 내릴 수 있다. 배우자가 다른 시간과 장소에서 요구가 많고 비판적이고 앙심을 품고 있다면, 성행위를 하는 동안에도 똑같을 것이라는 예측이 논리적이지 않은가? 반대로, 다른 상황에서 배우자의 손에 당신 자신을 맡길 수 있다면, 배우자가 결혼생활 중 가장 연약한 이 순간에 당신을 보살필 것이라고 결론 내리는 것이 안전하지 않은가? 즐겁고 서로 만족하는 부부의 성관계는 신뢰와 직접적인 관련이 있다.

당신은 상대방에게 이야기하지 못하는 것을 다른 사람에게 이야기하는가?

부부 사이의 솔직한 소통 대신 부부생활에 대한 험담이 그 자리를 차지했다면, 이는 신뢰가 붕괴되었다는 정확한 표지다. 이는 당신들이 함께 풀 수 없을 것 같은 문제들에 맞닥뜨렸음을 깨닫고, 그것에 대해 다른 사람과 이야기하는 것을 말하는 것이 아니다. 당신이 외부의 도움을 찾는다면, 얼마든지 그럴 수 있다. 여기서 말하는 것은 그런 것이 아니다. 나는 배우자를 포기하는 것, 그가 모르게 그에 대해 말함으로써 당신의 울분을 푸는 것을 말하고 있다. 우리 교회에는 공식적이건 비공식적이건 여성들의 모임이 아주 많다. 그런데 그 모임들은 건강한 교제의 시간이기보다는 함께 사는 남자들에 대한 불평으로 이루어진 건강하지 않은 시간이 대부분이다. 당신이 신뢰할 만한 사람이라면 먼저 배우자에게 말하지 않은 것을 다른 사람에게 말하지 않을 것이고, 그것이 문제의 일부나 해결책의 일부가 아니라면 그 역시 다른 사람에게 말하지 않을 것이다. 또 배우자를 신뢰한다면 그에게 솔직하게 말할 수 있고, 그가 듣고 반응을 보일 것임을 안다. 소통에 관한 한, 남편이나 아내 대신 배우자를 대체하는 친구들이 그 역할을 하는 결혼생활이 너무도 많다.

당신은 함께하는 시간을 고대하는가? 이런 시간이 평화롭고 즐거운가?

함께하는 시간을 기뻐하며 기대하고 있다는 것은 건강한 결혼생활의 훌륭한 지표다. 실제로 함께 평화롭고 서로 만족하는 시간을 가질 수 있다는 것은 훨씬 더 좋은 지표다. 함께하고 싶은 간절한 마음이 있다는 것은 상대방이 자신을 공유하고 당신을 보살필 것을 신뢰한다는 표지다. 당신들 사이에 평화가 있다는 것은, 당신들 둘 다 연합과 이해와 사랑을 위해 필요한 희생을 기꺼이 감수할 마음이 있다는 표지다. 당신은 신뢰하는 사람과 함께하기를 기대한다.

당신들 사이에 신뢰가 없어서 풀지 못한 문제가 있는가?

문제를 풀 능력이 없다는 것은 신뢰가 붕괴되었다는 분명한 표지다.

함께 문제를 풀어나가는 데는 인내하는 사랑과 오래 참는 겸손이 필요하다. 당신 자신보다 상대방을 사랑하는 일이 필요하다. 기꺼이 구체적인 희생을 하려는 마음이 필요하다. 요구하는 태도는 종이 되고자 하는 마음으로 바뀌어야 한다. 들으려는 귀와 받아들이려는 마음이 필요하다. 문제가 해결될 때까지 자리를 뜨지 않겠다는 약속이 필요하다. 당신이 상대방에게 계속 이런 마음을 보여준다면, 배우자는 어려운 순간에 당신이 그를 무시하고 당신 마음대로 하지 않음을 신뢰할 것이다. 그는 당신이 문제를 풀기 위해 필요한 것이 무엇이든 그와 함께하면서 그를 사랑하며 보살필 것임을 알게 될 것이다. 배우자가 이런 경험을 할수록 그녀는 당신을 더 신뢰하고, 당신을 기꺼이 의지하고 문제를 해결하기 위해 애쓸 것이다.

당신은 행복한 결혼생활에 필요한 연약함이 편안하게 느껴지는가?

연약함을 보이지 않고는 관계를 맺을 수 없다. 연약함이 연약함이라고 불리는 이유는 모험을 요구하기 때문이다. 당신은 위험을 무릅쓰고 연약해질 때 배우자가 당신을 보살핀다는 사실을 믿고 그렇게 하는가? 아니면 결혼생활에서 개인적으로 연약한 상황에 이르는 일을 오래 전에 그만두었는가? 연약함을 보이지 않는 결혼은 결혼이 아니라는 사실을 생각해보라. 결혼생활의 가장 기본적인 것, 즉 함께 사는 일에도 연약함이 필요하다. 배우자 앞에서 당신을 정서적, 육체적, 영적으로 노출하는 일이 얼마나 편안한지가 당신들 사이에 존재하는 신뢰가 어느 정도인지를 보여주는 분명한 지표다.

당신은 당신의 결혼이 실수라고 생각한 적이 있는가?

결혼을 후회하고 있다는 것은, 관계와 신뢰가 붕괴되었다는 강력한 지표다. 당신이 그런 상황이라면, 나는 당신에게 두 단어로 말하겠다. 도움을 구하라. 당신들 사이에 신뢰가 붕괴되었다면, 아마 결혼생활을 조정하고 회복하는 데 필요한 유대관계가 없을 것이다. 후회의 아픔 때문에 도망가려 하지 말고 하나님의 도우심을 구하라. 목회자나 성숙한 형제자매에게 가서 당신의 딜레마를 나누라. 하나님의 말씀을 진지하게 여기는 성숙한 사람을 찾으라. 후회에 빠져 있지 말라. 기억하라, 예수님이 당신이 지금 맞닥뜨린 그것을 위해 죽으셨음을. 그분은 당신과 함께 계시며 당신을 위해 계시며, 당신의 결혼생활이 얼마나 엉망이 되었든 그것을 내버려두지 않으실 것이다.

당신이 어떤 식으로든 조종당하거나 이용당하는 것 같아서 두려워한 적이 있는가?

당신이 실제로 상대방을 두려워하는 지점에 이르렀다면, 신뢰가 완벽하게 붕괴된 상황에 있는 것이다. 당신은 당신을 사랑하는 사람을 두려워하지 않는다. 당신에게 가장 관심을 쏟는 사람을 두려워하지 않는다. 당신을 친절하고 온유하게 대하는 사람을 두려워하지 않는다. 당신의 동료가 대적이 되었다면 신뢰는 사라지고 결혼생활을 할 수 없다. 그러나 끝났다는 의미는 아니다. 단지 근본적인 변화와 치유가 필요하다는 의미다. 당신은 당신 자신이나 배우자를 그런 상황에서 살도록 내버려둘 수 없다. 위험을 피하는 법을 배우는 데서 만족할 수 없다. 깨진 것을 재건하기 위해 온 힘을 기울여 모든 일을 해야 한다. 당신이 그렇게 할 때 하나님은 힘을 주심으로써 옳은 일을 하려는 당신의 헌신을 영화롭게 하실 것이다.

당신은 배우자가 당신보다 자기 자신에게 더 관심을 둔다고
생각한 적이 있는가?

이 장의 서두에서 언급한 신뢰에 대한 우리의 정의를 기억해보라. **신뢰란 상대방의 진실성과 능력, 성품, 신실함을 의지할 수 있다는 확신으로, 기꺼이 상대방의 보살핌에 당신 자신을 맡기는 것이다.** 신뢰가 사라진 결혼생활은 하지 말라. 하나님은 아무런 수단도 주지 않으면서 당신에게 무언가를 하라고 요구하지 않으신다. 그분의 은혜는 당신이 가려고 하지 않는 곳으로 당신을 데려가겠지만, 그렇게 되면 당신은 결코 당신의 힘으로는 이룰 수 없는 일을 이룰 것이다.

회복하시는 은혜

감사하게도 윌과 크리스타는 그들 사이의 거리와 아픔에 넌더리가 났다. 눈치 보는 일에도 지쳤다. 결혼생활이 아닌 결혼생활을 하는 데도 넌더리가 났다. 그래서 손을 뻗어 하나님의 도우심과 그분의 백성의 도움을 붙잡았다. 깨진 것을 다시 세우는 일은 쉽지 않았지만, 그들은 그 일을 했고, 그렇게 함으로써 하나님의 은혜가 족하며 그분의 능력이 우리의 약함 가운데서 온전해진다는 진리를 경험했다. 동일한 은혜가 당신에게도 가능하다. 그 은혜를 붙잡고 그 은혜가 당신을 변화시켜 당신의 결혼생활에 신뢰를 돌려줄 때까지 놓지 말라.

10장

신뢰 프로젝트

완전히 편안한 사이의 부부를 지켜보는 것은 멋진 일이다. 그들 사이에 넘쳐흐르는 존경과 애정을 지켜보는 것은 기분 좋은 일이다. 그들이 마치 한 사람인 듯 어려움을 뚫고 나아가는 모습을 지켜보는 것은 멋진 일이다. 그들이 함께 마음 편히 있는 모습, 서로의 보살핌 아래서 안락한 모습을 보는 것은 기분 좋은 일이다. 결혼생활 안에서 신뢰가 커가고 잘 자랄 때 어떤 일이 일어나는지 보는 것은 멋진 일이다. 내 결혼생활이 그렇게 시작되었다면 좋았을 텐데, 안타깝게도 그렇지 못했다.

나 역시 결혼이라는 평생의 관계에 들어가는 사람들이 많이 범하는 실수를 했다. 즉 나는 신뢰를 당연한 것으로 여겼다. 우리는 서로 사랑했고 우리 관계는 아주 편안하고 안락했기에, 나는 신뢰에 대해 생각하지 않았다. 나는 견고한 신뢰의 결속을 다지지 않았을 뿐 아니라, 우리 사이에 있던 약간의 신뢰도 침식시키고 있었다. 나는 뒤를 돌아보며, 이런 일이 진행되고 있었는데 단서 하나 없다는 사실이 믿기지 않았다. 나는 비열하거나 폭력적인 사람은 아니었다. 단지 이기적이고 성숙하지 못한 사람이었다. 내 생각대로 하고 싶어 했고, 차이에 잘 대처하지 못했다. 나는 연합을 그다지 원하지 않았다. 오히려 획일성을 원했고, 그것을 얻지 못했을 때 옳지 못한 행동을 했다.

루엘라는 인내심이 아주 많았지만, 그냥 묵인하지는 않았다. 그녀는 내 태도와 반응이 잘못되었음을 알았다. 루엘라는 전쟁을 선포하는 식의 반응은 하지 않았지만, 신뢰할 수 없는 사람과 관계를 맺으며 살려고 하지도 않았다. 변화가 일어나야 했다. 이런 일이 계속되게 할 수는 없었다. 이전에는 해본 적 없는 식으로 신뢰를 다져야 했다. 나는 루엘라의 결단에 깊이 감사한다. 그녀는 잘못된 것을 옳다고 하지 않았다. 어둠 속으로 사라지지도 않았고 단념하거나 포기하지도 않았다. 루엘라는 계속 내게 무엇이 옳은지 외쳤다. 그렇게 하면 내가 화를 낸다는 것을 알면서도 말이다. 우리는 여전히 함께 있다. 우리 사이에는 깊은 신뢰가 있다. 루엘라는 나의 영웅일 뿐 아니라 나의 가장 좋은 친구다. 우리 사이에는 깊은 평화와 연합이 있다. 우리는 함께 있는 것을 아주 좋아하고 우리 둘 다 함께한 시간들에 감사한다. 이 모든 일은 우리가 아름다운 신뢰의 결속을 다지지 않았다면 불가능했을 것이다. 나는 루엘라와, 내게 빛을 주기 위해 하나님이 사용하신 다른 사람들과, 끈질긴 구세주의 변화시키시는 은혜에 감사한다.

신뢰란 순조롭게 생기지만 쉽게 깨지고, 회복하는 데 큰 대가가 따른다. 당신은 보통 관계의 초기에 상대방에게 신뢰를 주려 한다. 우리는 대부분 냉소적으로 관계에 들어가지 않는다. 당신은 상대방의 말을 액면 그대로 받아들이려 하고, 그가 이해하지 못할 행동을 했을 때 그에게 유리한 해석을 하려 한다. 설명에 귀를 기울이려 하고 은혜롭게 고백을 받아준다. 어느 순간 당신은 당신과 관계를 맺고 있는 사람이 예측 가능하고 신뢰할 만한 사람임을 알게 되거나, 아니면 자기 말에 신실하거나 충실하지 못한 사람임을 알게 될 것이다. 요점은 어떤 관계에서든,

특히 결혼 관계에서 신뢰는 무시할 수 없으며, 관계가 건강하려면 신뢰를 항상 구축해야 한다는 것이다. 이는 결혼 관계에서 훨씬 더 그렇다. 당신의 결혼생활이 하나님이 의도하신 대로 되려면, 신뢰를 구축하고 유지하고 지켜야 하며, 신뢰가 깨졌을 때는 회복해야 한다. 이것이 이 장에서 다루려고 하는 것이다.

신뢰: 결혼 건설 프로젝트

나는 사람들이 대부분 하는 실수를 범했다. 신뢰를 당연시 여긴 것이다. 우리는 서로 좋아했고 잘 지내는 듯했기에 신뢰가 문제일 것 같지 않았다. 신뢰는 내 뇌리 속에 있는 실제적인 일상의 목표가 아니었다. 나는 내 행동과 반응, 말, 답변들을 나에 대한 루엘라의 신뢰를 다지는지, 약화시키는지의 관점에서 평가하지 않았다. 그 결과, 신뢰를 손상시키는 일들을 했고 그 사실을 알지도 못했다.

결혼생활을 시작할 때 당신들 사이에는 분명 어느 정도의 신뢰가 있을 것이다. 그렇지 않다면 아마 결혼을 하지도 않았을 것이다. 그러나 결혼생활의 초기가 신뢰의 인턴 기간이 되는 길이 있다. 당신들은 서로를 지켜보며 서로를 어느 정도 신뢰할 수 있을지, 서로에게 어느 정도 의탁할 수 있을지를 배운다. 또 당신이 신뢰할 만한 사람임을 증명하기 위해 무엇을 해야 하는지 배운다. 모든 신혼부부 사이에서 이런 일들이 진행된다. 문제는 대부분의 부부가 그것을 의식하지 못하고, 또 의식하지 못하기 때문에 마땅히 그래야 하는 만큼 그 일에 초점을 맞추지 못하고 의도적이지도 않다는 것이다.

당신들은 서로에 대한 사랑과 결혼생활을 잘하고자 하는 욕망 때문에 시험적으로 서로를 신뢰할 테지만, 여러 면에서 신뢰할 수 없는 모습을 자꾸 보여주는 사람에게 당신을 의탁하지는 않을 것이다. 여기서 우리가 고려해야 할 다른 점이 있다. 당신은 죄인과 결혼한 죄인이라는 사실이다. 당신은 항상 신뢰를 불러일으키는 말이나 행동을 하지는 못할 것이다. 이기적인 순간이나 불필요한 짜증을 내는 순간이 있을 것이다. 화가 나서 해서는 안 되는 말을 할 것이다. 평화를 유지하기보다는 옳음을 입증하고 싶을 때가 있을 것이다. 주기보다는 요구하고 싶은 순간이 있을 것이다. 또 용서했다고 말한 죄를 되살릴 것이다. 격려해야 하는 순간에 비판할 것이다. 이것들 중 어느 것도 신뢰할 마음을 품게 하지 않는다. 오히려 그 반대다. 이 목록은 당신이 당연시 여기는 어떤 신뢰의 결속이든 도전을 가하고 무너뜨린다.

결혼은 총체적으로 함께 살아가는 것이므로 당신 자신이 노출될 것이다. 결혼생활은 당신의 진짜 마음과 진짜 성품을 드러낸다. 결혼생활의 압박과 기회, 책임들은 당신의 장점뿐 아니라 약점과 실패, 죄들을 밝혀낸다. 당신이 정말 원하는 바, 당신이 진정으로 가치 있게 여기는 것들을 얻지 못할 때 어떻게 생각하고 행동하는지가 드러날 것이다. 이는 당신의 남편이나 아내가 결혼생활을 통해 당신이 실제로 누구인지 본색을 알게 되리라는 의미다.

결혼 초창기가 건축하는 시기임을 미리 알았더라면 내 결혼생활의 초기가 얼마나 달라졌을지는 생각하고 싶지도 않다. 당신 역시 몰랐다 해도 당황하지 말라. 성경에 나온 희망의 메시지는 정말로 변화가 가능하다는 것이다. 하나님이 그분의 아들을 이 땅에서 살고 죽고 부활하도록 보내신 것은, 우리에게 새 생명을 주시고 그 생명으로 화해와 회복의 약속을 주시기 위함이었다. 당신의 결혼생활은 콘크리트로 둘러싸여 있지 않다. 당신은 갇혀 있지 않다. 하나님은 변화를 요구하실 뿐 아니라, 그 변화를 이루는 데 필요한 모든 것을 이미 당신에게 주셨다. 당신이 홀로 분투하는 것이 아님을 기억하라. 그분은 그분의 강력한 사랑과 변화시키시는 은혜로 당신의 결혼생활에 침투하셨다. 당신들 사이의 신뢰를 깨뜨린 요소들을 고백하고 다시 신뢰를 세우는 작업에 착수하라.

나는 남편들과 아내들이 신뢰하지 않은 채로 함께 살려고 애쓰는 모습을 많이 보았다. 그것은 헛고생이다. 신뢰하지 않는 누군가와 관계를 맺을 수는 없다. 그러한 결혼생활은 회의와 비난, 갈등, 맞대응, 상처, 실망, 후퇴의 쳇바퀴를 돌 뿐이다. 나는 서로를 신뢰하는 마음이 거의 없어서 말 그대로 상대방이 하는 모든 말에 논쟁하는 사람들의 이야기를 들었다. 그러나 그들이 결국 자포자기하고 더는 그런 식으로 살 수 없다고 생각했을 때 내가 그들과 함께 있을 수 있었다. 뿐만 아니라 그들이 더는 서로에게 손가락질하지 않고 개인적인 책임을 지기 시작했을 때도 내가 함께 있었다. 그들이 자신들의 잘못을 하나님과 서로에게 고백할 때, 그들이 신뢰를 진지하게 여기고 신뢰를 세우고자 할 때 내가 거기 있었다. 나는 새 출발과 새로운 시작을 축하하며 그들과 함께 있었다.

여기서 알아야 할 것이 있다. 신뢰는 수평적인 관계에서 시작되기 전에 먼저 수직적으로 시작된다는 것이다. 이는 당신이 하나님의 임재와 사랑, 당신을 변화시키시는 능력, 용서, 당신에게 필요한 일을 아시는 지혜, 힘을 주시는 은혜, 그 일이 이루어지기까지 시작하신 일을 포기하지 않으시려는 마음을 확신하기 때문에, 앞으로 나아가 배우자와 신뢰 관계를 세울 수 있다는 의미다. 그렇게 신뢰 관계를 세우는 것은 배우자의 바구니에 달걀을 넣고 떨어뜨리지 않기를 바라는 것이 아니다. 당신은 배우자가 완벽에 이르지 못했음을 안다. 당신은 그가 실수할 것을 안다. 오히려 당신은 당신들의 달걀들을 하나님의 바구니에 둘 것이다. 배우자가 당신을 실망시킬지라도 하나님은 그러지 않으신다는 것을 알기 때문이다. 당신이 여전히 결함이 있는 사람과 신뢰의 삶을 구축할 때는 위험과 실망이 동반한다. 하지만 하나님이 그런 위험과 실망에 대처하는 데 필요한 것들을 주신다. 당신은 하나님에 대한 확신 때문에 배우자를 향해 나아갈 수 있고, 그렇게 하는 것을 두려워하지 않는다. 당신이 배우자를 사랑한다 할지라도 배우자에게서 당신의 정체성이나 인생목표, 내면의 행복감을 얻는 것은 아니기 때문이다. 그것은 주님에게서 얻는다. 그리고 그분을 신뢰하기 때문에 배우자와 함께 신뢰를 세울 수 있다.

정직하게 대하라

조작이나 속임수가 없는 솔직하고 분명하고 투명한 의사소통은 신뢰의 관계를 세우는 데 필수적이다. 장소나 상황에 관계없이 당신의 배우자는 당신의 말을 액면 그대로 받아들일 수 있어야 한다. 상대방이 당신이 한 말이 실제로 무슨 의미인지, 혹은 당신이 의미하는 바를 말로 잘 표현한 건지 의심하는 지점에 있어서는 안 된다. 그가 행간을 읽어야 하거나 혹은 당신이 한 말 배후에 숨겨진 의미를 파악해야 하는 상황에 있어서는 안 된다. 이것이 성경이 우리에게 "예"라고 해야 할 때는 "예"라고 하고 "아니오"라고 해야 할 때는 "아니오"라고 말하라고 할 때 의미하는 바다.

여기서 나는 서로와의 의사소통에 대한 바울의 말이 아주 유용하다고 생각한다. 그는 "무릇 더러운(건전하지 않은) 말은 너희 입 밖에도 내지 말고 오직 덕을 세우는 데 소용되는 대로 선한 말을 하여 듣는 자들에게 은혜를 끼치게 하라"(엡 4:29)고 말한다. 건전한 의사소통에 대한 바울의 정의는 무엇인가? 그는 우리가 흔히 하듯이, 건전한 의사소통을 어떤 말들을 피하는 정도로 약화하지 않는다. 바울이 보기에 건전한 의사소통은 마음의 의도에서 시작한다. 건전한 의사소통은 **상대방 중심**

의, 상대방을 중요하게 여기는 의사소통이다. 당신이 배우자에게 무엇인가를 말하는 까닭은 **그에게서 무언가를 원하기** 때문이 아니라 **그를 위해** 무언가를 원하기 때문이다. 당신은 당신의 말이 그를 중요하게 여기고, 그 순간을 중요하게 여기고, 당신이 하려는 말로 얼마나 그를 영예롭게 하느냐(그를 세우느냐)를 중요하게 여기기를 바란다. 숨겨진 의미나 당신이 두려워해야 하는 조작적인 의도는 없다. 당신은 그를 사랑하고 그에게 최선인 것을 원한다. 당신의 소망은 당신의 말이 어떤 식으로든 배우자에게 유익을 끼치는 것이다. 이런 의사소통은 항상 신뢰를 구축할 것이다. **당신의 소통에는 숨겨진 의도가 없는가? 배우자의 필요가 그 소통의 동기인가?**

말한 대로 행하라

당신이 한 약속을 지키라. 이는 아주 단순하다. 당신은 어떤 일을 하기로 약속한 때에 당신이 전념하고 또 전념해야 할 일을 당신과 같이 살고 있는 사람이 알기를 바란다. 앞에서 말했듯이 당신이 하는 약속은 대부분 사소할 것이지만 작은 약속의 중요성을 축소해서는 안 된다. 이 책 전체의 주제를 기억하라. 당신은 인생의 몇 안 되는 중요한 순간들에 연합과 이해와 사랑의 결혼생활을 세워가는 것이 아니다. 그것은 수많은 사소한 순간들에 일어난다. 사소한 약속들이 중요한 까닭은 정확히 그것들이 사소하기 때문이고, 사소한 순간들에 신실했던 것이 누적되어 당신의 남편이나 아내는 인생의 더 큰 문제들 앞에서도 당신을 신뢰할 수 있다고 확신할 것이다. 신뢰할 수 있는 사람, 환경이나 우발적인 사건, 변명으로 약속을 지키지 못하는 일이 없는 사람과 함께 사는 축복을 받았음을 알 것이다. **당신은 사소한 약속들이라도 진지하게 여기며, 그 약속을 지키기 위해 할 수 있는 모든 일을 하는가?**

당신의 잘못을 직시하라

자기를 의롭다 여기고 자기 방어적인 사람은 신뢰하기가 어렵다. 다른 사람을 다가오게 하는 겸손함은 신뢰할 마음이 들게 한다. 사실 그것은 단순하다. 당신과 함께 사는 사람은 당신이 완벽하지 못하다는 사실을 경험했다. 따라서 당신이 실수했을 때 당신이 그의 말에 귀 기울이고 겸손히 그 말을 검토할 것을 믿을 수 있을 때 당신에게 다가갈 수 있다. 당신이 당신 자신을 정확하게 바라보고 있으며, 당신이 여전히 성장과 변화가 필요하다는 것을 알아야 한다. 또 당신은 기꺼이 당신의 생각과 욕구, 선택, 말, 행동을 점검해야 한다. 그리고 당신의 배우자는 당신의 이런 태도를 알아야 한다. 그렇지 않으면, 당신이 배우자에게 어떤 잘못을 할 때 상대방은 호소할 곳이 없고 따라서 현실적인 변화의 소망도 없다.

결혼생활에서 완벽한 배우자는 없다. 따라서 자신의 실수를 정직하고 겸손하게 받아들이려는 자세가 필요하다. 그럴 때 신뢰가 구축된다. 하늘 이쪽 편에서의 결혼생활은 항상 타락한 세상에서 결함이 있는 두 사람이 살아가는 삶이기 때문이다.

사실, 우리는 마음속으로 훨씬 더 고무적인 결혼생활을 갈망한다. 우리는 대립이 없는 결혼생활을 갈망한다. 그런 결혼생활에서는 우리가 잘못된 말이나 행동을 하면 우리 마음이 불안해지고(성령의 깨닫게 하시는 사역), 또 우리 중 어느 쪽이 잘못을 하면 상대방에게 다가가 잘못을 인정하고 용서와 관계의 회복을 구한다. 누가 이런 관계를 맺으며 살고 싶지 않겠으며, 누가 그런 사람을 신뢰하고 싶지 않겠는가. **당신은 재빨리 잘못을 인정하고 용서를 구하는가?**

상대방을 살피라

상대방의 진정하고 진심어린, 자발적이고 규칙적인 보살핌은 신뢰가 자라나는 또 다른 중요한 모판이다. 다방면으로 당신을 진심으로 생각하며 당신의 행복에 신경을 쓰며 당신을 위할 방법을 찾고 있음을 보여 주는 사람이 있다면, 당신은 안심하고 그에게 다가간다. 많은 남편과 아내가 내게 "저는 남편의 레이더망에 잡히지 않아요"라거나 "그 남자는 제가 근처에 있는 걸 모르는 것 같아요", "그녀는 그녀의 작은 세상 안에 있죠"라고 말했다. 자기 자신만 알고 상대방을 보살필 시간이 거의 없다는 인상을 주는 배우자에게 자신을 의탁할 수는 없다.

자, 이것은 전쟁이다. 나는 당신과 당신의 배우자가 서로를 얼마나 잘 보살피느냐 하는 전쟁을 말하는 것이 아니다. 당신의 마음속에서 맹렬히 계속되는 전쟁을 말하는 것이다. 그것은 우리가 이미 이야기했던 두 나라 사이의 전쟁이다. 그것은 어떤 나라가 당신의 마음을 다스리고 배우자에게 어떤 식으로 반응할지를 정하는 전쟁이다. 당신은 자아라는 나라의 통치를 받으며, 당신의 소원과 필요와 감정에 더 관심을 기울인 채로 배우자에게 반응할 것인가? 아니면 기꺼이 하나님 나라에 헌신하여 당신 자신보다 더 큰 무언가를 위해 살 것인가? 하나님 나라는 사랑의 나라임을 기억하라. 이 나라에서 가장 중요한 사건은 철저한 희생의 사랑이다. 곧 하나님이 우리에게 생명을 주시기 위해 자기 아들을 죽게 하신 것이다. 또한 하나님 나라의 부르심의 핵심은 사랑하라는 부르심임을 기억하라. 그것은 다른 무엇보다 하나님을 사랑하고 이웃을 자신처럼 사랑하는 것이다. 그것은 자기중심적인 삶에서 떠나 상대방 중심의 삶에 헌신하라는 부르심이다.

그러나 이것은 전쟁이다. 때로 당신은 그것을 제대로 잘해내서 상대방을 위해 당신이 원하는 바를 포기하는 기쁨을 발견하기도 한다.

"나는 그녀가 보고 싶어 하는 영화를 볼 거야."

"나는 그녀가 좋아하는 집을 살 거야."

"나는 내가 옳다는 것을 증명하려고 싸우기보다는 평화를 택할 거야."

그러나 잘못할 때도 있다.

"그녀가 얼마나 투덜거릴지 관심이 없어. 나는 골프 치러 갈 거야."

"그럴 여유가 없다는 건 알지만 나는 휴가가 필요해."

"내 부탁을 그녀가 불편해하는 건 알지만 그녀는 내 아내야."

만약 한결같이 서로를 보살피는 삶을 살고자 한다면, 당신은 이 전쟁을 인지하고 하나님의 은혜를 구해야 한다. **당신들은 서로를 얼마나 잘 돌보고 있는가?**

빨리 셈을 하라

우리 부부의 경우, 초기의 분투가 결혼생활을 완전히 파멸시키지 못한 것은, 아주 멋지고 실제적인 지혜의 작은 편린 때문이었다. 우리는 지혜의 한 조각을 진지하게 여겼고, 굳은 의지로 거기에 따라 행동했다. 쉽지 않았다. 그것은 우리에게 불편하고 그 순간의 감정과 욕구, 일정에 잘 맞지 않는 일들을 하라고 요구했기 때문이다. 그러나 그렇게 하는 것이 맞다고 여겼고, 우리는 그 부르심에 비추어 살기로 결심했다. 그 지혜의 작은 조각이 무엇인지 궁금한가? 처음에는 그것이 성경의 아주 신학적인 부분에 있는 특별할 것 없는 구절로 보였지만, 다시 읽었을 때는 눈에 확 들어왔다. 그 구절은 에베소서 4장에 나온다. "해가 지도록 분을 품지 말고"(26절). 이는 악마에게 틈을 주지 않기 위해 빨리 셈을 하라는 요구다(27절).

이 명령이 실제적인 면에서 얼마나 지혜로운지 생각해보라. 마음속에서 어떤 죄들을 절이는 시간을 두면 나쁜 일들이 일어난다. 당신은 이런 경험을 해보았을 것이다. 누군가가 당신에게 범한 잘못들을 품고 있으면 그 규모와 중요도가 커지는 것이다. 그 규모가 커질 때 당신의 상처와 분노 역시 커진다. 이런 일이 일어나면 당신은 스스로를 방어하며 상대방에게 하고 싶은 말들을 되뇌고, 그들이 당신에게 얼마나 극악무도한 죄를 범했는지 이해시키려 한다. 그러면 의식하지도 못한 채 당신의 괴로움이 가중되며, 달콤한 화해보다는 결혼생활의 붕괴를 향해 나아간다. 당신은 그 잘못들이 부풀려질 시간을 주었기 때문에, 그 잘못들을 다소 선동적으로 과장하여 이야기할 것이다. 이는 상대방이 마음을 열기보다는 더 방어적인 태도를 취하게 한다. 당신이 상황을 훨씬 더 크게 만들고 있기 때문이다. 배우자가 방어적으로 반응하면 당신은 그가 자신이 한 일에 직면하지 않으려는 사실 때문에 상처를 받는다. 이제 당신은 원래의 잘못에 마음이 상하는 난관을 더한다. 이제 둘 다 자신의 분노가 정당하다고 느끼고, 각자 상대방이 먼저 포기하기를 기다린다.

해가 지도록 분을 품지 않는다는 것은 사소한 잘못은 사소한 채로 두는 것이며, 큰 잘못들이 점점 더 많은 상처를 모으는 일이 일어나지 않게 하는 것이며, 또한 속이는 자이자 분열을 일으키는 자이며 파괴자인 원수의 못된 속삭임으로부터 당신을 지키는 것이다. 우리의 경우, 이 명령은 서로에게 화가 난 상태로 잠자리에 들지 않는다는 의미였다. 때로 그것은 침대에 누워 뜬 눈으로 버티면서 상대방이 먼저 용서를 구하기를 바라는 것을 의미했다! 그러나 우리는 오랜 시간을 지나면서 빨리 셈을 하는 데서 오는 보호와 유익을 배웠다. 그래서 지금은 어떤 잘못된 말을 하거나 행동을 하면 몇 분 내에 서로에게 다가가 용서를 구하고 다시 화해를 한다. 우리는 죄가 더 이상 우리에게 남아 있지 않을 때까지 이 일을 해야 한다.

상대방과 맺고 있는 사랑의 관계가 몹시 중요해서 당신들 사이에 문제가 생기면 고통스러운가? 그래서 재빨리 상황을 바로잡고 있는가? 그렇다면, 당신은 그 관계에서 신뢰의 결속을 다지고 있는 것이다. 빨리 셈을 하고 있다는 것은, 배우자가 당신을 진지하게 여긴다는 뜻이며, 당신들의 관계가 배우자에게 중요하다는 뜻이고, 배우자가 당신을 사랑하기에 기꺼이 자신을 점검한다는 뜻이다. 이를 통해 당신은 배우자에게 가까이 다가갈 수 있다고 확신한다. 또 당신 자신을 그에게 의탁할 때 어떤 일이 일어날지 두려워하지 않는다. **당신은 잘못에 빨리 대처하고 당신들의 차이를 빨리 해결하는가?**

신뢰는 전쟁임을 기억하라

성경은 왜 우리에게 "원수 맺는 것과 분쟁과 시기와 분냄과 당 짓는 것과 분열함과 이단과 투기"(갈 5:20-21)에 무너지지 말라고 경고하는가? 여기 그 질문 앞에서 우리를 겸손하게 하는 대답이 있다. 성경이 거듭 우리에게 이런 것들에서 떠나라고 요구하는 것은, 그런 것들이 다 우리에게 너무도 자연스럽기 때문이다. 죄가 여전히 우리 안에 살고 있다. 따라서 우리는 평화를 유지하기보다는 전쟁에 더 능하다. 이해하기보다는 화를 더 잘 낸다. 용서하기보다는 요구하는 일이 더 쉽다. 서로 화해하기보다는 분열되어 사는 편이 더 쉽다. 감사하기보다는 시기하기가 더 쉽다.

이런 것들을 피하라는 부르심은 우리 안에 여전히 관계에 파괴적인 무언가가 있음을 상기한다. 우리 안에는 우리의 뜻을 갈망하는 어두운 무언가가 있다. 우리 안에는 '우리'보다는 '나'를 더 매력적으로 여기게 하는 무언가가 있다. 그 무언가가 죄다. 하나님의 반복되는 경고를 들으면,

우리에게 여전히 얼마나 많은 도움이 필요한지 알게 된다. 남편들이여, 당신들은 먼저 아내에게서 구출되어야 하는 것이 아니다. 성경에 나오는 이런 경고들은, 당신이 당신 자신에게서 구출되어야 함을 상기한다. 만약 당신이 여전히 당신 안에 살고 있는 죄에 진다면, 절대 연합과 이해와 사랑의 결혼생활을 하지 못할 것이다. 또 아내들이여, 당신들은 먼저 남편에게서 구출되어야 하는 것이 아니다. 당신은 당신 자신에게서 구출되어야 한다. 만약 당신 안에 있는 죄가 자기 멋대로 하도록 내버려두면, 남편과의 지속적인 사랑의 관계는 사라져버릴 것이다.

성경은 단순히 이런 것들에서 떠나라고 경고하는 데서 그치지 않는다. 성경은 함께 사는 새롭고 더 나은 방식으로 당신을 부른다. 다음 단어들이 그 새롭고 더 나은 삶의 방식을 묘사해준다. "사랑과 희락과 화평과 오래 참음과 자비와 양선과 충성과 온유와 절제"(갈 5:22-23). 이런 것들이 우리에게 어려운 까닭은, 우리의 힘과 지혜로 가능한 한 수월한 경계 너머로 우리를 끌고 가기 때문이다. 이 단어들은 믿음 안에서 우리에게 자연스럽지 않은 것을 하라고 요구한다. 또 우리 자신에게서 눈을 돌려 하나님과 다른 사람들에게 시선을 고정하라고 요구한다.

이러한 두 목록 사이의 전쟁을 인정하면, 당신 마음속에서 아주 중요한 무언가가 요동친다. 당신은 하나님의 도우심이 필요함을 절실히 깨닫는다. 당신은 그분만이 주실 수 있는 은혜를 붙잡게 된다. 당신은 구조의 은혜, 용서의 은혜, 지혜의 은혜, 가능성의 은혜, 인내의 은혜, 그리고 결국 구원의 은혜를 구하게 된다. 은혜가 필요하다는 사실은 남편이나 아내에게 반응하는 방식을 변화시킨다. 당신이 궁핍하기 때문에 배우자의 약함이나 실패에 직면하여 판단하거나 짜증을 내지 않는다. 은혜가 필요함을 아는 사람보다 은혜를 더 잘 베푸는 이는 없다. 자신은 이미 다 이루었으며 변화가 필요없다고 생각하는 사람, 스스로를 의롭다고 여기는 사람은 주변의 약하고 실패하는 사람을 경시하고, 금세 짜증을 내거나 빨리 판단하는 경향이 있다.

개인적인 궁핍함을 겸손하게 의식하는 일보다 더 확실한 신뢰의 모판은 없다. 여기서 이해와 온유의 생활방식이 생겨나고 함께 변화하고 성장하고자 하는 욕구가 생겨난다. **당신은 당신의 필요를 의식하며 남편이나 아내에게 반응하는가?**

신뢰: 쌓은 것을 지키기

신뢰는 구축해야 하는 것일 뿐 아니라 지켜야 하는 것이다. 어떻게 당신이 구축한 신뢰를 지키고 당신과 배우자의 관계를 안전하고 확실하게 유지할 수 있을까? 요점은 아주 단순하다. 첫째, 당신은 말하고, 말하고, 말하는 데 전념해야 한다. 나는 부부 사이에 지속적이고 정직한 소통이 얼마나 적은지 여러 해 동안 목격하고 몹시 놀랐다. 대화를 하지 않는 부부가 아주 많다. 분명 일정을 의논하고 함께하는 삶의 여러 세부 계획을 의논하지만, 그들은 서로와 마음을 터놓는, 즉 관계를 지키는 대화를 나누지는 않는다. 침묵하며 살아가는 죄인들에게서는 연합과 이해와 사랑이 나오지 않는다.

대화를 하려고 시도하지만 잘못된 시간이나 장소에서 하는 부부 역시 많다. 쇼핑몰은 관계의 약점에 대한 진지한 대화를 나눌 장소가 아니다. 남편이 아침에 출근하기 직전은, 그가 당신을 사랑하지 않는 것 같다고 말할 최적의 시간이 아니다. 다른 부부와 함께 어울려 있을 때 무심코 아내의 약점을 말하고 나면, 이후에는 생산적인 대화를 하지 못할 것이다.

끊임없는 대화는 결혼생활에서 우리 각자가 추구해야 하는 모델이다. 아마 부부사이에서 일어나는 무언가를 소통할 필요가 없는 날은 없을 것이다. 열심히 소통하는 일은, 당신이 배우자를 사랑하며, 당신들의 관계를 진지하게 여기며, 당신이 자신을 열심히 점검하며 기꺼이 변화하고자 한다는 뜻을 배우자에게 전달하는 것이다. 이 모든 것이 당신들 사이에서 자라가고 있는 신뢰를 지켜낸다.

둘째, 당신은 듣고, 듣고, 또 들어야 한다. 듣기보다는 말하기가 훨씬 쉬운 때가 있다. 배우자가 당신에 대해 말할 때면 그녀에게 귀를 기울이기보다는 당신 내면의 변호사에게 귀 기울이기가 더 쉽다. 당신은 그 일이 어떻게 일어나는지 안다. 당신의 배우자가 당신이 한 말이나 행동을 스스로 들여다보기를 바란다는 사실을 인식하는 순간, 당신은 방어모드로 전환한다. 배우자가 말하는 동안, 당신은 이미 그녀가 하는 말에 맞서서 스스로를 보호하기 시작한다. 당신이 아직 아내의 말에 아무 대꾸도 하지 않았는데도 말이다. 당신의 마음은 자기방어로 여념이 없기 때문에, 비록 당신이 귀를 기울이는 듯 보일지는 몰라도 사실은 그녀의 말을 잘 듣지 않고 있다. 이것은 그녀의 말에 대한 당신의 자기 방어적 왜곡이다.

그러므로 듣는 일은 수동적인 것이 아니다. 듣기는 능동적인 헌신이다. 배우자의 말을 잘 듣기 위해서는 스스로 의롭다는 생각과 당신이 했던 일을 변명하는 경향, 책임 전가 기술과 전쟁을 해야 한다. 듣는 일은 싸워야 하는 것이다.

셋째, 말하기와 듣기와 함께, 당신은 기도하고, 기도하고, 또 기도해야 한다. 당신은 기도를 하며 하나님이 당신에게 주신 것에 감사하고, 하나님의 도우심을 구한다. 당신이 배우자를 위해, 또 하나님의 도우시는 손길을 위해 기도할 때 배우자가 당신의 기도를 듣는 일 역시 아주 멋지다. 나는 침대에서 나오기 전에 다음 세 가지를 기도한다.

"하나님, 저는 오늘도 도움이 절실하게 필요한 사람입니다."

"당신의 조력자들을 보내주시기를 기도합니다."

"주님, 그 도움이 올 때 겸손하게 받아들이게 해주십시오."

따라서 당신들 사이의 신뢰의 결속에 관한 한, 그것을 당연히 여겨서는 안 되고, 되는 대로 내버려두어서도 안 되고, 수동적으로 최선을 소망하는 데 그쳐서도 안 된다. 당신은 매일 아침 일어나서 하나님이 당신들 사이에 자랄 수 있게 하신 좋은 것들을 지키기 위해 애써야 한다.

신뢰: 깨진 것을 회복하기

슬프게도 신뢰는 결혼생활의 도자기 같아서 산산조각 날 가능성이 매우 높다. 때로 신뢰는 오랫동안의 사소한 순간들을 무시하여 산산조각 난다. 때로는 불륜이나 배신 같은 하나의 큰 사건으로 산산조각 난다. 어떤 경우든 당신들 사이에 신뢰가 깨질 때 어떻게 해야 할지 알아야 한다. 여기 몇 가지 중요한 단계가 있다.

당신의 필요를 인정하라

어떤 부부는 그들의 결혼생활에서 깨진 부분에 대처하기보다는 결혼생활에 대한 평판을 지키는 일에 더 전념한다. 신뢰가 깨진 것이 분명할 때, 그것을 부정하지 말라. 당신들보다 더 사정이 좋지 않은 다른 부부들과 비교하지 말라. 낙담하며 무너지지 말고 그만두거나 포기하려는 유혹에 빠지지 말라. 하나님과 서로에게 당신의 곤경을 인정하라. 깨진 것을 정직하게 인정하는 일은 재건을 향한 첫 단계다.

도움을 얻으라

신뢰가 깨졌을 때에는 당신들의 결혼 관계 밖에서 도움을 구해야 한다. 이유가 뭘까? 함께 노력할 만큼, 또 당신들이 동행할 만큼 충분히 서로를 신뢰하지 못하기 때문이다. 변화하겠다는 당신들의 결심에 책임을 지게 해줄 누군가가 필요하다. 누군가 나서서 건설적으로 말하고 듣도록, 대가가 큰 상황을 넘어서도록 도와야 한다. 믿음이 약해진 당신들과 믿음 안에서 함께 노력할 누군가가 필요하다.

포기하지 말라

감정이 바닥을 칠 때, 힘이 약해질 때, 소망이 희미해질 때, 결단이 사라질 때에는 급하게 달아나고 싶은 유혹에 빠지게 된다. 헤어날 길이 없다고 생각하게 된다. 상대방이 기꺼이 변화하고자 하고 변화할 수 있다고 믿지 않고 냉소적인 태도를 취하게 된다. 다른 결혼생활에 대한 환상을 갖게 된다. 서로 마음을 터놓지 않고 당신의 집을, 두 사람이 살지만 서로에게 별 의미가 없는 모텔로 만들게 된다. 오래 전에 죽은 결혼생활을 하는 사람이 아주 많다. 자신의 감정을 차단하고 주소만 공유한 채 외롭게 사는 남편과 아내가 많다. 그 관계가 형식적인 전화와 신속한 문자 메시지, 간단한 이메일로 축소된 부부들이 있다. 서로 그다지 좋아하지 않고, 실제로 함께 있는 것을 원하지 않지만, 그들의 결혼생활을 변화시키기 위해 아무것도 하지 않는 지점에 이른 부부가 많이 있다. 한마디로 말해서, 서로를 포기한 사람이 여전히 함께 살아간다. 그것은 고통스럽고 낙담되는 삶의 방식이다. 당신의 결혼생활이 아프면, 환자가 죽게 내버려두지 말라. 포기하지 말라! 당신의 배우자가 아니라 당신의 연합을 깬 죄와 약함, 실패라는 대적과 싸우라.

위험을 감수하라

신뢰를 회복한다는 것은, 기꺼이 위험을 감수해야 한다는 의미다. 연약해지지 않고는 관계를 맺을 수 없고, 위험을 감수하지 않고는 연약해질 수 없다. 스스로에게 "한때는 끌렸지만 다시는 그런 일이 일어나지 않을 거야"라고 말하지 말고, 당신들 사이의 신뢰를 회복하는 일에 함께하라. 당신이 상대방과 함께 깨진 것을 재건하기 위해 애쓰는 동안에는 배우자를 피해 숨을 수 없다. 자신을 보호하기 위해 개인적인 담을 세워놓았다면, 당신이 피하고자 하는 그 사람과 관계를 맺지 못할 것이다. 어느 순간, 신뢰가 다시 한 번 당신의 결혼생활에서 자리를 잡으려 한다면, 당신은 기꺼이 벙커에서 나와 남편 혹은 아내를 향해 걸음을 내딛어야 한다. 이 일을 즉각적으로 할 필요는 없다. 변화는 하나의 사건이라기보다는 과정인 경우가 더 많다. 그러나 신뢰가 회복되도록 기꺼이 위험을 감수해야 한다.

다시 일어서라

신뢰를 재건하는 과정이 완벽하게 진행되지 않으리라는 것을 확신해도 좋다. 실패의 순간들이 있을 것이다. 중간에 실망하기도 할 것이다. 실수를 했다고 생각할 순간들도 있을 것이다. 당신이 가장 두려워하는 일이 일어난 것 같은 순간도 있을 것이고, 다시는 신뢰를 쌓지 못할 것 같은 시간도 있을 것이다. 그러므로 당신은 현실적으로 생각해야 한다. 어떤 지점에서 실패를 할 수도 있지만, 그런 실패가 시간낭비는 아님을 알아야 한다. 그것은 단지 당신들 사이의 신뢰가 여전히 새롭고 깨지기 쉽다는 의미다. 당신은 다시 일어서야 한다. 실패에 정직하고 은혜롭게 대처해야 한다. 깨진 것을 회복하기 위해 당신이 하는 선한 일들을 지속해야 한다.

예수님을 기억하라

신뢰를 다시 세우기 위해 애쓰고 있다면, 당신의 소망을 남편이나 아내가 아니라 결혼생활 속의 제3의 인물인 주 예수께 두어야 한다. 그분은 당신과 함께, 당신을 위해 계신다. 결혼의 설계자이자 당신들을 하나로 묶으신 그분은, 당신들의 결혼생활이 그분이 창조하신 대로 되도록 하는 일에 당신보다 더 열심이시다. 그분에게는 당신이 필요로 하는 지혜가 있다. 그분에게는 당신이 필요로 하는 능력이 있다. 그분은 당신이 필요로 하는 용서를 주신다. 그리고 상황이 어려워질 때 당신을 그냥 내버려두지 않으신다. 그분께 외치라. 그분이 당신에게 귀를 기울이신다. 그분의 말씀에 귀를 기울이라. 거기에 회복할 능력을 가진 지혜가 있다. 낙담되거나 당신을 이해해주는 사람이 없어 혼자라고 느낄 때 예수님을 기억하라. 그분은 거절과 학대를 겪으셨다. 그분은 가장 가까운 동료들도 신뢰할 수 없으셨다. 십자가에서 우리의 죄를 지셨을 때에는 그분의 아버지조차도 그분을 버리셨다. 그분은 당신이 그 과정을 겪고 있음을 아신다. 그분은 당신이 신뢰라는 산산조각 난 도자기를 다시 만들고자 할 때 당신에게 필요한 은혜를 주신다. 그리고 그분은 그 은혜를 주실 수 있는 유일한 분이다.

신뢰는 남편과 아내를 묶어줄 때 아름다운 것이고, 그들을 멀어지게 할 때 슬픈 것이다. 신뢰의 측면에서 당신들은 어디에 있으며, 하나님은 현재 당신의 위치에서 당신이 이를 수 있는 곳까지 가도록 당신을 어떻게 부르고 계신가? 신뢰가 산산조각 난 채로 살지 말라. 당신의 주님은 회복의 일을 하시며 당신을 도울 준비가 되어 있으시다.

우리는 사랑의 관계를 쌓는 데 헌신한다.

∞

사랑은 절대 저절로 사라지지 않는다. 사랑의 수원지를 다시 채우는 법을

모르기 때문에 사랑이 사라지는 것이다. 무분별함과 실수와

배신 때문에 사랑이 사라진다. 질병과 상처 때문에 사랑이 사라진다.

권태와 위축과 변색 때문에 사랑이 사라진다.

– 아나이스 닌(Anaïs Nin)

∞

첫눈에 반하는 사랑은 쉽게 이해된다.

그러나 두 사람이 평생 서로를 바라볼 때 그것은 기적이 된다.

에이미 블룸(Amy Bloom)

11장

가짜 사랑과 진짜 사랑

점심식사 줄에서 그녀를 처음 보았을 때 나는 바로 사랑에 빠졌다. 첫눈에 반한 것이다. 그러나 루엘라는 그저 나를 처음 보았을 뿐이다! 그녀는 나한테 그렇게 끌리지 않았다. 나는 그 다음 달을 루엘라와 데이트를 하기 위해 나름의 작전을 펴면서 보냈다. 결국 그녀는 나와의 데이트를 승낙했지만, 자신은 관계에는 관심이 없다고 경고했다. 나는 그 말을 듣긴 했지만 그 말의 의미에는 개의치 않았다. 우리는 함께 아주 멋진 시간을 보냈고, 나는 그녀를 웃게 해주었다. 그녀는 상심한 마음을 추스르고 있었기 때문에 그것은 아주 중요했다. 그녀는 그렇게 하지 말라고 말했지만 나는 다시 데이트 신청을 했다. 그녀는 경고를 반복했지만 다시 데이트를 승낙했다. 매번 내가 다시 보자고 청할 때마다, 그녀는 경고를 했지만 나와 함께 나가는 데는 동의했다. 오래지 않아 우리는 지속적으로 만나고 있었다. 여러 면에서 그녀는 내 생애를 함께 보냈으면 하고 소망했던 여인의 모습이었다. 그러나 우리는 미래를 이야기한 적은 없었다. 그저 현재를 즐기고 있었다.

몇 주, 몇 달이 지나면서 나는 루엘라를 사랑하고 있다는 확신이 생겼다. 전에는 누군가에게 이런 감정을 느껴본 적이 없었다. 그래서 나는 인생을 바꾸는 그 놀라운 말, 곧 "당신을 사랑해요"라는 말을 할 기회를 찾기 시작했다. 나는 딱 맞는 순간과 장소를 원했다. 중요한 순간을 날려버리고 싶지 않았다. 나는 마침내 완벽한 순간을 찾았고, 위험을 무릅쓰고 그 말을 했다. 나는 루엘라의 눈을 응시하며 말했다. "루엘라, 당신을 사랑해요." 새들의 노랫소리와 바이올린 선율을 기대했다. 하지만 루엘라의 반응은 재빠르고 날카로웠다. 루엘라는 "나를 사랑한다고요? 사랑을 알아요? 다시는 내게 그런 말 하지 마세요!"라고 말했다. 나는 새들이 죽는 소리를 들었다! 바이올린이 깨지는 소리를 들었다! 믿을 수가 없었다! 나의 기다림과 계획이 모두 무너졌다.

인정하기에는 초라하지만 그날 저녁 루엘라가 옳았다. 나는 열일곱 살이었고 사랑을 거의 알지 못했다. 내가 그때 사랑이라고 생각했던 것, 그것을 나는 오늘날 사랑이라고 부르지 않는다. 루엘라는 지금 내 아내이다. 그녀는 분명 포기하지 않았고 나를 떠나지 않았다. 서로에 대한 우리의 애정과 헌신은 계속 커졌다. 나는 루엘라가 나를 쳐다보며 "할말이 있어요, 폴. 당신을 사랑해요"라고 말했던 그 밤을 절대 잊을 수 없다. 나도 같은 말로 답변했고, 상황은 그때 이후로 완전히 달라졌다.

사랑은 어디에 있는가?

내가 하려는 말에 놀랄지도 모르겠지만, 사실이다. 당신과 내가 생각하는 것보다 사랑 없는 결혼생활이 많다. 청년 시절 나는 루엘라에게 마음이 많이 끌렸다. 그녀와 내 생애를 함께하면 어떨까 생각했지만 실제로 사랑이 무엇인지는 몰랐다. 사랑에 기초한 듯 보이지만 실제로는 그렇지 않은 결혼생활을 하는 많은 부부가 있다. 우리 주변에는 결혼생활을 말라비틀어지게 하는 **메마른 사랑**이 있다. 이 메마른 사랑은 결혼이 연합과 이해가 있는 평생의 관계가 되지 못하게 한다. 사랑에 관한 우리에게는 두 가지 문제가 있다. 첫째, 우리는 사랑의 수준까지 이르지 못하는 많은 것을 사랑이라 부른다. 그리고 우리에게는 사랑이 무엇이고 사랑이 무엇을 하는 것인지에 대한 명료한 정의가 부족하다.

많은 부부가 그들을 함께 있게 하는 것을 사랑이라고 생각하지만, 곳곳에 그들의 사랑이 메말랐다는 표지들이 있다. 그런데 그들은 그것을 알지 못한다. 그것은 당신의 육체에서 일어나는 일과 거의 흡사하다. 당신에게 교통사고가 나서 며칠 후 무릎이 뻣뻣해지기 시작했다고 가정해 보자. 처음에는 그 무릎의 고통이 매일 아침 시작되어 낮 동안 집중력을 흐트리지만 머지않아 당신은 거기에 익숙해진다. 그 뻣뻣함은 당신의 걸음걸이를 변화시킨다. 처음에는 절뚝거린다는 것을 분명히 인지하지만 머지않아 그 절뚝거림이 당신의 걸음걸이가 된다. 사실, 어떤 순간이 되면 당신이 절뚝거리고 있다는 것도 알아차리지 못한다. 한때는 고통스러웠지만 당신의 무릎은 그것을 정상으로 느끼고, 한때는 절뚝거림이었던 것이 이제는 정상적인 걸음걸이가 된다. 당신은 무릎 때문에 어떤 제약을 받거나 기능이 떨어졌다고 느끼지 않고 이제는 아주 잘 돌아다니는 것처럼 보인다. 그때 오랜만에 만난 친구가 당신을 보고 이렇게 말한다. "자네, 절뚝거리고 있군. 다리가 어떻게 되었나?" 그때서야 당신은 정상이라 생각했던 것이 사실은 정상이 아니었음을 깨닫는다.

결혼생활에서 이와 동일한 상황에 놓인 부부가 많이 있다. 그들은 그들의 결혼생활이 괜찮다고 생각한다. 그들은 꽤 정상적인 결혼생활을 하고 있다고 생각한다. 하지만 그들이 그렇게 생각하는 까닭은, 그들에게 비정상적이던 일이 아주 규칙적으로 일어나면서 새롭게 정상적인 일이 되었고, 그렇게 되면서 그것을 감지하지 못하게 되었기 때문이다. 이 부부들에게 문제는 결혼생활에 만족하지 못하는 것이 아니다. 오히려 하나님이 의도하신 정상적인 결혼생활에 미치지 못하는 모습에 너무 만족하고 있다는 것이 문제다. 그들은 상처 난 결혼생활 때문에 절뚝거리지만 그 사실을 알지 못한다.

우리는 대부분은 제2안으로 살아가는 데 아주 능숙하다. 우리는 모두 금이 간 벽에 덧칠하는 일을 잘한다. 깨진 수도관을 피해가며 일하는 데도 능숙하고, 제대로 기능하지 않는 전선을 조작하는 일도 아주 잘한다. 우리는 모두 어떻게든 꾸려나가고 견디고 낙관하는 일을 너무 잘한다. 우리는 모두 상황이 나아질 것이라고, 우리의 문제는 실제로 그렇게 크지 않다고, 우리는 다른 많은 부부보다 형편이 더 낫다고 믿는데도 아주 능숙하다. 우리는 모두 모자란 대로 살면서 그것을 그렇게 생각하지 않는 데 아주 능숙하다. 이렇게 되면 우리는 도움을 구하거나 변화를 위해 애쓸 필요를 느끼지 못한다. 깨진 것을 고치기보다는 마치 깨지지 않은 것처럼 그것과 함께 사는 법을 배운다. 우리가 도움을 구하러 가지 않는 이유는, 실제로 도움이 필요한 지점을 보지 못하기 때문이다. 염려해야 하는 순간에 우리는 편안하다. 능동적이어야 할 때 수동적이다. 만족하지 못하는 상황에 만족한다. 우리는 매일 아침 일어나 우리가 할 수 있는 최선을 다하지만 우리의 최선은 하나님의 최선에 미치지 못한다.

이 책이 중요한 이유가 거기에 있다. 아마도 이 책은 당신이 다시 듣도록, 다시 보도록, 다시 갈급하도록, 다시 소망을 갖도록 도울 것이다. 아마도 이 책은 당신의 결혼생활을 분명하고 정확하게 보여줄 창문을 열어줄 것이다. 아마도 당신은 오랫동안 보지 못했던 것을 볼 것이고, 하나님은 그것을 사용하여 변화하고자 하는 새로운 욕구와 새로운 결단을 일으키실 것이다. 아마도 여기서 당신의 결혼생활을 구속하는 과정이 시작될 것이다.

그렇다면, 당신의 결혼생활에는 활발하고 적극적인 사랑이 부족하다는 어떤 표지들이 있는가? 나는 여기서 사랑이 메말랐다는 지표 몇 가지를 제시하려 한다.

불화. 제이콥과 에린은 아주 달랐다. 그러나 그들은 그러한 차이 때문에 서로에게 끌렸고, 처음에는 그 차이들 때문에 관계가 흥미진진했고, 개인적으로도 향상되었고, 다 갖추어진 관계 같았다. 제이콥은 중서부 출신의 소년으로, 그에게는 타협이나 협상이 없었다. 에린은 하와이로 귀농한 반문화적 부모님 밑에서 자랐다. 제이콥과 에린은 매일 아침 우주의 다른 쪽에서 일어났지만, 이것은 서로의 성장과 변화에 한몫했다. 그러나 지금 그들의 가정은 분열되어 있다. 의견 충돌이 일어나서 말다툼으로 악화되고, 말다툼이 결국 또 다른 교착 상태에 이르는 데는 많은 시간이 걸리지 않았다. 그것은 둘 다에게 절망스럽고 진을 빼는 일이었다.

지금 당신은 '당연히 의견 충돌이 있겠죠, 폴. 그들에게는 공통점이 전혀 없어요!'라고 생각할지 모르겠다. 그러나 요점은 이것이다. 연합은 동일함에서 나오는 것이 아니다. 백합을 만드신 하나님이 바위를 만드셨음을 기억하라. 창조주 하나님은 그분의 세상에 여러 차이점들을 부여하셨다. 만물이 다 동일하지는 않다. 그분은 사람들을 서로 아주 다르게 만드셨다. 이 모든 것이 그분의 영광을 드러낸다. 그리고 주권자이신 그분은 그분의 영광과 사람들의 유익을 위해 서로 다른 사람들이 친밀한 관계를 맺기 원하신다. 연합은 동일함에서 오는 결과가 아니다. 오히려 연합은 사랑이 그 차이를 가로지를 때 오는 결과다.

차이를 혐오하는 것은 자기애다. 당신은 자기애 때문에 짜증이 난다. 자기애 때문에 당신 마음대로 한다. 자기애 때문에 당신의 방식이 옳다고 확신한다. 자기를 사랑하기 때문에 연합보다는 이기는 것이 더 매력적이다. 반면에 사랑은 하나님이 상대방을 만드신 것을 기뻐한다. 사랑은 하나가 되기 위해 함께 애쓰는 과정을 기뻐한다. 사랑은 서로 달라서 어려움을 느끼는 가운데 임하는 변화의 은혜를 기뻐한다. 사랑은 연합을 귀하게 여기고 연합을 이루기 위해 기꺼이 희생한다. 사랑은 차이를 더 깊고 온전한 연합을 경험할 기회로 변화시킨다. 사랑은 짜증을 내지 않으며 떠나버리지 않는다. 사랑은 오래 참는다. 사랑은 하나님이 계획하신 일이 당신의 실제 경험이 될 때까지 계속 활동한다. 사랑은 귀를 기울이고 수고하고 기다린다. 연합은 사랑이 그 차이를 가로지를 때 일어난다. **당신의 결혼생활에서 연합은 더 깊어지고 있는가?**

오해. 멜리사와 랜디는 오해의 삶을 살고 있었다. 그들은 "하지만 저는 당신이 이렇게 말했다고 생각했어요", "아냐, 나는 그렇지 않았어"라는 대화를 너무 많이 해서 서로에게 말하기가 두려운 지점에 이르렀고, 대화가 끝나면 상대방이 내 말을 오해하지는 않았을까 걱정했다. 사소한 것들이 거대하고 혼란스러운 것이 되었다! 단순해 보였던 계획이 아주 난해하고 복잡해졌다. 그들 사이에는 오해가 너무 많았기 때문에 그들이 동의한 일들도 결국 동의한 것이 아니었음이 드러났다. 랜디와 멜리사에게는 의사소통법 학습이 필요한 것이 아니었다. 실제적인 사랑의 헌신이 필요했다. 오해를 하며 산다는 것은 사랑이 부족하다는 분명한 표지다.

당신은 자기애 때문에 배우자를 이해하기보다 당신이 이해하는 바에 더 집중한다. 잘 듣지 못하는 것은 자기애 때문이다. 배우자를 이해했다고 확신할 때까지 기다리지 않는 것은 자기애 때문이다. 배우자의 말과 시각, 욕구, 의견을 귀하게 여기지 않는 것은 자기애 때문이다. 당신의 뇌가 당신의 생각과 지식으로 가득차서, 배우자의 생각이 들어갈 자리가 없는 것은 자기애 때문이다. 당신과 배우자에게 도움이 되는 시각을 중요하게 여기기보다는 자신의 뜻을 더 귀하게 여기는 것은 자기애 때문이다.

사랑은 당신들 둘이 마음이 통하기를 갈망한다. 사랑은 진정한 이해에 이르는 데 필요한 매일의 희생을 기꺼이 치른다. 사랑은 상대방의 말을 귀하게 여긴다. 사랑은 결과 못지않게 이해의 과정을 기뻐한다. 사랑은 평화의 생활방식을 귀하게 여긴다. 그것이 하나님을 영화롭게 하기 때문만이 아니라, 그분이 당신과 함께 여행하도록 계획하신 그 사람을 영예롭게 하기 때문이다. **당신들은 기본적인 이해의 기쁨을 누리며 함께 살고 있는가?**

분리. 지미와 게일의 경우는 사실상의 평화라기보다는 1960년대의 냉전 모습에 가까웠다. 그들은 의견 충돌이나 싸우는 경우가 거의 없었다. 지미는 현재에 만족했다. 게일은 지미를 혼자 있도록 내버려두었고, 지미는 그것 때문에 괴롭지 않았다. 게일은 갈등이 없는 상태를 즐겼지만, 전혀 만족하지는 않았다. 게일은 그녀와 지미가 누리던 것은 진정한 의미에서의 결혼생활이 아님을 알았다. 분명 그들은 물품 구입 계획과 일정에 대한 대화를 나누었다. 먹을 것을 사고 영화 관람을 하는 것도 순조로웠다. 그러나 그들은 실제로 관계를 맺고 있지 않았다. 그들은 데탕트 상태였다. 그들은 더 가까워지지도 않았고 더 연합하지도 않았다. 그들은 관계를 맺으며 살아가기 위해 애쓰지 않았다. 아니, 그들은 소규모 전쟁과 전면전에 넌더리가 나 있었다. 화가 난 채로 잠자리에 들었다가 악감정을 지닌 채로 깨는 것에 넌더리가 나 있었다. 그래서 말없이 음모를 꾸몄다. 그들은 함께 살지만 따로 살기로 공모했다. 그들은 아주 능숙하게 서로에게 넓은 공간을 주었고, 갈등을 일으킬 주제는 의도적으로 피했다. 밖에서 보기에 그들은 행복한 결혼생활을 하는 듯 보였지만, 정확히 말해서 그것은 결혼생활이 아니었다. 평화를 위해 회피성의 동거를 할 뿐이었다.

사랑은 분리가 아니다. 사랑은 고통을 안다. 사랑은 누군가를 사랑하고 사랑받는 것이 얼마나 놀라운 특권인지를 아는 데서 시작된다. 사랑은 관계를 더 견고하게 할 때 잘 자란다. 사랑은 함께함이 요구하는 고통스러운 희생을 기꺼이 감수한다. 사랑은 동거는 주소지를 공유할 뿐, 관계의 목표가 아님을 안다. 사랑은 우리가 서로의 팔에서 편히 쉬며 안식을 누릴 때까지 쉬지 않을 것이다. **당신의 결혼생활은 관계보다 동거에 더 가까운가?**

신체적 기능 장애. 조지와 진의 진짜 성관계는 오래 전에 사라졌다. 그들은 두 달에 한 번 죄책감에 의무적인 성관계를 가졌고, 그것마저도 사라지기 시작했다. 진은 조지와 함께 있을 때 흥분하고 싶었지만 그러지 못했다. 진은 진정한 친밀함 없이 빨리 끝나버리는 냉담하고 비인격적인 성관계가 두려웠다. 진은 자신이 조지의 자위도구에 불과하다는 느낌이 들 때도 있었다. 그들이 침대에서 경험하는 바는 사랑과 전혀 무관했다. 진은 조지가 그녀를 매력적이고 매혹적으로 여기지 않음을 알았고, 그녀도 그에게 육체적으로 끌리지 않았다. 섹스가 사랑과 관계가 없을 때, 그것은 비극이다.

내가 그들의 이야기를 할 때 당신은 진과 조지에게 신체적 성을 더 잘 이해하는 것 이상의 무언가가 필요함을 알았을 것이다. 나는 몸에 대한 기독교 서적들에 진절머리가 난다고 한 번 더 고백해야겠다. 마치 많고 많은 부부가 성 기능 장애를 겪고 있는 이유는 몸의 중요한 부위를 잘 모르기 때문이라고 생각하는 듯하다. 문제가 육체적 성에 대한 이해 부족처럼 단순한 경우는 거의 없다. 육체적 성생활을 멀리 하게 하고 그것을 망치는 것은 사랑의 부족이다. 당신의 배우자가 침대 밖에서 당신을 사랑하지 않는데, 침대 위에서는 당신을 사랑하리라고 생각할 이유가 있을까? 그녀가 평소에 당신에게 짜증을 잘 내고 이기적이라면, 섹스를 할 때에도 그렇게 하리라고 예상하는 것이 이치에 맞는 것 아닌가? 당신들의 관계에 매일 사랑의 행위가 없다면, 섹스가 사랑의 행위가 될 가망은 거의 없다.

사랑은 부부의 성관계의 거룩함을 경외한다. 사랑은 당신의 평안과 만족, 안전에서 기쁨을 찾는다. 사랑은 당신을 섬기며, 당신을 이용하지 않을 것이다. 사랑은 받을 때보다 줄 때 더 흥분한다. 사랑은 침대에서 벌거벗은 부부의 특별한 연약함을 즐기고, 이러한 연약함이 결코 부담이 되거나 위험하지 않도록 조심한다. 사랑은 섹스를 결혼에서 가장 중요한 자기희생적인 사랑의 관계를 축하하는 행위로 본다. 사랑은 당신들이 벌거벗은 채로 서로의 팔에 안겨 있을 때 당신들의 관계의 성격과 질이 드러남을 안다. 사랑은 성적인 면에서의 어려움을 더 깊은 사랑을 주고 나누는 기회로 변화시킨다. 사랑은 창조주가 설계하신 것을 기뻐하면서, 당신의 몸과 그 몸의 기능에 경의를 표한다. 사랑은 당신을 유혹하되, 당신을 존경하며 당신을 자기 욕정을 만족시키는 대상으로 삼지 않는다. 사랑은 당신들 둘 다 만족감을 느낄 수 있도록 기꺼이 기다린다. 사랑은 마음이 흥분되고 몸이 자극을 받을 때조차도 주고 섬긴다. 부부의 침대에서 사랑이 사랑한다. **당신의 성관계에는 인내하는 자기희생적인 사랑이 있는가?**

갈등. 셀레나와 조세는 싸움의 기술을 알았다. 그들은 자주 잘 싸웠다. 그들은 서로에게 사용할 수 있는 무기들을 알았고 그것을 잘 활용했다. 셀레나는 쉽게 심한 죄책감에 빠졌기 때문에, 조세는 셀레나의 죄책감을 불러일으키면 전투에서 이길 수 있음을 알았다. 조세는 낭만적이었기 때문에, 셀레나는 최근의 전투에서 이기기 위해 낭만을 주지 않았다. 셀레나와 조세와 함께하는 사람들은 그들의 작은 충돌을 늘 볼 수 있었다. 갈등이 폭발하는 데는 그리 많은 시간이 필요하지 않았고, 각자 이기기 위해 필요한 것은 무엇이든 했다. 하지만 항상 이런 식은 아니었다. 둘 다 싸울 때 속상해한 적도 있었다. 그러나 이제는 갈등이 평화보다 더 전형적인 모습이었고 분열이 용서보다 더 잦아졌다.

사랑에 헌신한 사람은 평화를 사랑한다. 당신이 누군가를 사랑한다면, 어떤 상황이 당신들을 분리시키고 분열을 가져올 때 당신은 아파한다. 당신이 누군가를 사랑한다면, 작은 약점과 짜증, 잘못은 기꺼이 넘어갈 수 있다. 당신들이 함께하는 삶을 방해할 어떤 것도 원하지 않기 때문이다. 당신이 누군가를 사랑한다면, 지속적이고 진정한 평화가 잘잘못을 가리는 일이나 상황을 장악하는 것보다 더 소중하다. 당신이 누군가를 사랑한다면, 당신은 기꺼이 용서하고, 섬기고, 기다리고, 귀 기울이고, 고려하고, 당신 자신과 당신의 동기를 점검하고, 개인적인 희생을 한다. 이 모든 것이 관계에서 평화를 낳고 세우는 일이다. 배우자와 갈등이 있는데 슬프지 않다면, 사랑에 실패했다는 증거다. 사랑은 평화를 사랑하며 갈등을 미워한다. **당신은 결혼생활에서 갈등을 미워하며, 평화를 위해 무엇이든 할 수 있는가?**

가짜 사랑을 조심하라

당신의 결혼생활에서 사랑의 질을 점검할 때, 모조품 사랑이 설득력 있는 가면을 쓰고 있음을 깨닫는 것이 중요하다.

육체적 매력은 놀라운 것이다. 하나님은 인간이 지닌 수만 가지 다른 형태의 아름다움을 통해 그분의 창조적인 영광을 드러내신다. 하나님은 아름다움에 관한 한 한없이 다양한 입맛을 우리에게 주심으로써 그분의 창조적 영광을 드러내신다. 우리는 모두 똑같이 보이지 않으며, 우리는 모두 서로를 똑같은 식으로 보지 않는다. 우리는 아름다움을 다르게 보고 그렇기 때문에 다른 사람들에게 매력을 느낀다. 육체적인 아름다움의 매력이 강력한 까닭은 그것이 육체적이기 때문이다. 우리는 물질세계에서 살고 있으므로, 육체적인 아름다움은 우리가 모두 어떤 식으로든 신경을 쓰는 것 가운데 하나다. 육체적인 매력은 그 자체로 나쁘거나 위험한 것이 아니다. 아마 그것은 가장 먼저 우리를 연결해주는 요소일 것이다. 누군가가 육체적인 면에서 당신에게 역겨우면 그 관계는 아주 길게 지속되지 못할 것이다. 그러나 육체적인 매력이 주는 초기의 흥분은 그 유통기한이 아주 짧다.

안타깝게도 많은 사람이 육체적인 매력에 끌려 진지한 관계에 들어가거나 결혼까지도 한다. 당신은 그녀의 아름다움 때문에 그녀에게 끌린다. 당신은 마치 전시회에서 보았던 아름다운 그림을 소유하고 싶은 것처럼, 그녀 가까이 있고 싶고 그녀와 함께하고 싶다. 그녀를 알기도 전에 그녀와 함께하는 삶을 상상하고 있을지도 모른다. 이는 육체적 매력에 끌리는 것이 얼마나 강력한지 보여준다. 당신은 혹 결혼 전에 적정 수준 이상으로 그녀와의 육체적 접촉을 허용할지도 모른다. 그리고 그렇게 하면 육체적인 매력은 더 깊어진다. 당신은 이제 그녀를 사랑한다고 생각할지도 모른다. 하지만 아니다. 당신이 사랑하는 것은 그녀의 육체적 아름다움이다. 당신이 사랑이라고 생각하는 것은 진정한 사랑의 가면을 쓴 자기애다. 당신이 그녀와 함께 있고 싶은 까닭은 그녀를 사랑하기 때문이 아니라, 당신이 당신을 사랑하여 당신의 삶을 그녀의 육체적 아름다움으로 장식하고 싶어서다. 이 말이 가혹하게 들릴지도 모르겠다. 하지만 많은 부부가 이런 덫에 빠진다.

이제 육체적인 아름다움은 결혼생활에서는 평범한 것이 된다. 당신은 아침이면 개코원숭이처럼 숨을 쉬고 쥐가 파먹은 듯한 머리를 한 사람을 대하면서 당신이 무엇에 그토록 매력을 느꼈는지 의심한다. 그는 침대에서 일어나 쭈글쭈글하고 지저분한 트레이닝복을 입고 비틀거리며 욕실로 가서 당신이 들어보지 못한 소리를 낸다. 그러고 나면 불현듯 떠오르는 생각이 있다. 당신은 환상과 결혼했지만 진짜 사람을 얻었다는 것이다. 진짜 사람은 불완전한 몸을 가지고 있다. 진짜 사람은 사마귀가 자라고 체중이 늘고 나이가 든다. 육체적인 매력을 기반으로 한 결혼생활은 실망으로 이어진다.

한 남자 혹은 한 여자와 정서적으로 연결되는 것은 흥분되는 일이다. 공감할 수 있고, 대화를 나눌 수 있고, 편안함을 느낄 수 있는 누군가를 발견하는 일은 재미있고도 성취감을 주는 일이다. 누가 이런 경험을 원하지 않겠는가? 그 다음 이야기할 만한 주제를 찾으며 불편한 침묵의 시간을 느끼지 않고 대화할 수 있다는 것은 즐거운 일이다. 상대방이 경험하고 느끼는 것을 공감할 수 있다는 것은 즐거운 일이다. 인격적으로 보완이 되는 관계를 맺는 것은 멋진 일이다. 어떤 것에 같은 생각을 하고 같은 느낌을 가지는 것은 멋진 일이다. 상대적으로 스트레스와 긴장이 없는 관계에 있으면 즐겁다. 당신이 함께 나눌 어떤 것을 상대방이 어떻게 반응하고 대응할지 기대할 수 있다는 것은 멋진 일이다.

결혼생활에서 이러한 감정적인 연결은 아주 중요하다. 감정이 통하지 않는 사람과는 장기간의 관계를 맺을 수 없다. 그러나 이 모든 것을 가지고도 사랑을 가지지 못할 수 있다. 물론 그 반대로도 말할 수 있다. 남자와 여자가 정서적으로 자연스럽게 연결되지 않고, 그렇게 연결되려면 훨씬 많은 수고를 해야 하지만, 진정한 사랑이 있는 견고한 관계로 발전하는 관계를 맺을 수도 있다. 정서적인 연결은 강력하고 즐겁지만, 당신이 경험하는 강력한 것이 사랑이 아닐지도 모른다.

요점은, 육체적 매력처럼 정서적인 연결도 실제로 진정한 사랑의 가면을 쓴 자기애일 수 있다는 것이다. 함께 있으면 편하고 즐겁기 때문에 그에게 강하게 끌리는 것은 아닐까? 당신은 그와 정서적으로 아주 비슷하기 때문에 그와 함께 있는 데에 많은 헌신이나 노력이 필요하지 않을 수 있다. 혹 당신은 그를 사랑하게 되었기 때문이 아니라 당신 자신을 사랑하기 때문에 그에게 매력을 느꼈을지도 모른다. 그는 함께 있기에 편하고, 당신은 힘들지 않은 관계에 끌린 것이다. 정직해지자. 우리는 대부분 힘든 일을 좋아하지 않는다. 많은 사람이 이렇게 힘든 일을 피하고 편안함에 끌리는 경향 때문에 결혼에 잘못 발을 들여놓았다. 실제로는 거짓 사랑을 하면서 진짜 사랑을 하고 있다고 확신하면서 말이다.

영적인 면에서의 일치는 훨씬 더 교묘하다. 남편과 아내가 영적인 면에서 일치되는 일은 꼭 필요하다. 이러한 일치는 먼저, 그들이 둘 다 하나님의 가족에 속해 있으며 따라서 같은 성령 안에 거한다는 사실에 기초한다. 그러나 이러한 일치는 그 이상을 뜻한다. 그것은 성경적인 세계관과 신학적 신념, 그리스도인으로서의 경험이 일치하는 것이다. 이는 당신과 신학적 신념을 깊이 공유하는 누군가가 주변에 있을 때 훨씬 영향력 있다. 이는 성경의 렌즈로 인생을 보려 하는 누군가와 함께 있을 때 훨씬 영향력 있다. 당신이 누군가와 함께 있는데, 하나님이 당신들 둘 다에게 적절하고 이해할 만한 말씀을 주신다면 이는 훨씬 영향력 있다. 당신이 인생을 변화시키시는 하나님의 은혜를 송축하도록 이끄는 예배 중에 있다면 이는 훨씬 영향력 있다. 이런 요소들이 있으면 다른 것과는 다른 연결과 연합에 이른다. 동일한 가치관으로 같은 경험을 소중하게 여기는 것은 기분 좋은 일이다. 당신이 진지하게 여기는 만큼 믿음을 진지하게 여기는 누군가와 연결되는 일은 격려가 되고 매력적인 일이다. 하나님의 말씀의 아주 멋진 지혜를 공유할 수 있다는 것은 당연시 여겨서는 안 되는 경험이다.

이 모든 것이 아주 좋지만, 이런 것들은 여러 명의 신자들과도 함께 경험할 수 있는 것들이다. 당신은 사랑의 온전한 의미에서 실제로 사랑하지 않는 누군가와도 영적 가치관을 공유할 수 있다. 이 말 때문에 괴로울지도 모르겠지만 해야겠다. 영적 열심과 영적 면에서의 일치에 강하게 끌리는 것이 사랑이 아닐 수도 있다. 실제로 그것은 진정한 사랑의 가면을 쓴 자기애일 수도 있다.

나는 남자들의 '영성'과 그들의 성경 지식, 그들의 신학 지식에 이끌려 결혼을 했지만 슬프게도 그 남자가 자신을 사랑하지 않았음을 알게 된 여자들을 얼마나 많이 상담했는지 모른다. 그들이 미래의 남편들에게 매료된 까닭은, 영적 일치를 이룰 수 있는 기준이 같았기 때문이다. 그러면 그렇지 않을 때보다 훨씬 덜 애를 써도 관계를 세울 수 있기 때문이다. 또 거의 모든 상황에서 남자들은 여자들이 그들을 신학적 멘토로 존경하는 모습에 끌렸다. 그러나 여자들이 자신들이 죄인이며 항상 열렬한 학생은 아님을 드러내고, 남자들은 그 여자들보다 여자들의 신학을 더 사랑했음을 보여줄 때, 그 엉성한 계획은 무너져내린다.

문화는 결혼에서 아주 큰 이슈다. 당신은 항상 가정과 문화에서 받은 영향들을 관계에, 궁극적으로는 결혼생활에 끌고 들어온다. 하나님은 당신을 위해 지역과 상황, 관계들을 세심하게 만드셨고, 그러한 것들을 통해 당신의 문화적 성향과 입맛이 형성된다. 당신에게는 음식, 옷, 오락 등에서 호불호가 있다. 어떤 것은 중요하게 보고 어떤 것은 중요하지 않게 보게 된, 어떤 것은 재미있게 여기고 어떤 것은 그렇지 않게 여기게 된, 어떤 것은 아름답다 여기고 어떤 것은 그렇지 않게 보게 된 인생의 경험들이 있다. 당신은 당신이 맺는 모든 관계에 어떤 것이 적절하고 기대되는 행동인지에 대한 전제들이 있다. 당신에게는 아버지와 형제, 자매, 친구, 동료, 이웃, 상사 등에 대한 어떤 정의가 있다. 당신의 옷장과 장식에는 당신에게 익숙한 문화가 반영되어 있다.

우리는 어떤 것이 예의 바른 것인지, 어떤 것이 멋있는 것인지, 어떤 것이 비싼 것인지, 어떤 것이 캐주얼 차림이고 어떤 것이 정장 스타일인지, 어떤 것을 공개해야 하고 어떤 것을 사적으로 간직해야 하는지 등에 대한 다양한 정의를 지니고 있다. 따라서 당신은 배우자가 될 가능성이 있는 사람을 만날 때, 그 사람에게 일련의 전제들과 무언의 규칙들을 적용한다. 당신은 의식하지 못할 수도 있지만, 그러한 것들은 당신 삶의 모든 영역에 존재한다. 그것들은 인생을 살면서 만나는 사람들을 평가하는 렌즈가 된다. 그렇기 때문에 당신이 누군가와 관계를 맺을 때, 그가 당신과 같은 전제와 기대와 무언의 규칙을 가지고 있다면 주목하지 않을 수 없다. 그런 사람에게 끌리지 않기는 어려우며, 문화적인 면에서의 일치와 그로 인한 매력을 사랑으로 오해하기는 아주 쉽다.

다시 말한다. 문화적 연관성에서 오는 강력한 매력을 사랑처럼 느낄 수는 있지만 그것은 실제로 사랑으로 가장한 자기애일 수 있다. 아마 당신이 배우자에게 끌린 이유는 그녀를 사랑해서가 아니라, 당신 자신을 사랑했기 때문일 것이다. 그녀가 당신과 얼마나 마음이 잘 통하는지에 엄청난 감동을 받은 것이다. 그녀가 당신에게 매력적인 이유는, 당신이 옳다고 생각하는 것을 그녀도 옳다고 생각하기 때문이다. 혹은 당신은 실제로 그를 사랑하지 않을지도 모른다. 아마 당신이 사랑하는 것은 당신들이 갖고 있는 문화적 전제가 동일하다는 사실일 것이다. 그러다 당신들이 서로의 복제 인간이 아님을 깨닫게 되고, 당신들의 의견이 다르고 인생을 다르게 보는 여러 지점이 있다는 사실에 맞닥뜨릴 때, 이는 거의 항상 결혼생활에 도전이 된다. 사랑처럼 보이는 것은 또 다른 매력적인 모조품 사랑일 뿐이다.

사랑 이야기

모든 것이 무너져내렸는데, 크리스와 사라는 그 이유를 알지 못했다. 그것은 사라가 크리스의 침묵과 거리 두기를 불평하면서 시작되었다. 크리스는 일을 마치고 집에 돌아와 자기 연구실로 갔다. 분명 그는 아내에게 안부 인사를 했지만 그외에 다른 것은 없었고, 매일 밤 바로 혼자만의 공간으로 가버렸다. 그들은 계획과 청구서, 일정에 관한 꼭 필요한 대화 외에는 대화를 나누지 않았다. 사라는 크리스에게 가서 몇 번이고 그의 침잠을 거론했지만 그는 항상 그녀를 사랑하며 모든 것이 괜찮다고 안심시켰다.

크리스는 관리받는 것에 넌더리가 났지만, 그것을 사라와 이야기해보려고 할 때마다 사라가 감정적이 되어 대화를 끝내버렸다. 사라가 심술을 부리는 것은 아니었다. 그녀는 단지 자신이 모든 것을 관장해야 했다. 크리스는 숨이 막히는 느낌이었지만 잘 대처하리라고 자신을 타일렀고, 자신은 사라를 너무 사랑하기 때문에 그들의 결혼생활을 망치지 않겠다고 다짐했다.

그러나 사소한 짜증이 금세 심각한 논쟁으로 변했다. 오늘의 사건이 지난주 혹은 지난달의 상처를 들추어내는 기회가 되었다. 상처와 쓰라림은 단순한 대화들을 끔찍하고 복잡한 것으로 만들었다. 사라와 크리스 둘 다 대화를 할 때마다 분노와 방어적인 태도를 보였다. 말다툼은 매번 같은 내용의 반복이었다. 사라는 크리스가 냉담하고 무심하고 거리를 두는 것을 비난했고, 크리스는 사라에게 자신이 아는 한 가장 지배욕이 강한 사람이 사라라고 말했다. 둘 다 상대방을 향한 비슷한 양의 비난거리들을 반복해서 언급하며 능숙하게 자기방어를 했다. 그리고 그 모든 것에 넌더리가 났고 낙심했다. 이에 크리스는 훨씬 더 뒤로 물러났고, 사라는 무언가가 변해야 한다고 거듭 그에게 말하며 훨씬 더 크리스에게 매달렸다. 크리스의 침잠에 사라는 더 활발해졌고, 그녀의 행동주의에 크리스는 더 움츠러들었다.

둘 중 누구도 외도를 했거나 폭력을 행사한 적은 없다. 그러나 그들 둘 다 큰 실수를 했음을 알아차렸다. 어느 화요일 밤, 크리스는 사무실 책상 앞에 앉아 있다가, 자신이 오랫동안 깜박거리는 노트북을 응시하고 있음을 깨달았다. 그리고 자신이 어떤 생각을 하고 있었는지 인식하자마자 두려움을 느꼈다. 처음으로 사라가 없는 삶이 어떨지 공상에 잠겼던 것이다. 혼자가 된다는 것이 아주 편안하고 매력적일 것 같다는 생각에 정신이 번쩍 났지만, 사실이 그랬다. 그는 이혼소송을 제기할 생각은 없지만 결혼생활에 숨이 막혔고, 결혼생활을 지속하기 위해 도대체 무엇이 필요한지, 그것을 어떻게 찾아야 할지 몰랐다.

사라도 동일한 순간에 맞닥뜨렸지만 그것은 친구와 함께 있을 때였다. 제니는 사라에게 점심 먹으러 나올 수 있는지 물었고, 아주 화창한 날이었기 때문에 그들은 샌드위치를 들고 공원으로 갔다. 제니가 사라에게 어떻게 지내는지 묻자 그녀는 무심결에 모든 이야기를 털어놓았다. 사라는 크리스의 거리감과 그녀의 낙심에 대해 말했다. 그녀는 제니에게 결혼생활을 계속할 수 있을지 모르겠다고 말했다. 사라는 크리스가 매일 밤 문을 열고 들어오는 순간이 얼마나 두려운지 이야기했다. 그 순간은 고통스러운 침묵 아니면 또 다른 끔찍한 말다툼을 의미했기 때문이다. 그녀는 '좋게 해보려고' 했지만 그렇게 되지 않았다고 말했다. 제니는 실의에 빠진 한 여인의 얼굴을 바라보며 그녀에게 해줄 적당한 말을 찾았다.

사라와 크리스를 아는 사람 중에 그들 관계에 어떤 단서를 잡은 사람은 하나도 없었다. 소그룹 사람들은 그들 사이에 이전만큼 애정이 있지 않다는 것은 알아챘지만 이제는 신혼부부가 아니기에 이상한 일은 아니라고 생각했다. 사라와 크리스는 사람들 앞에서는 절대 싸우지 않았고, 어떻게든 항상 예의 바르게 서로를 대했다. 그들은 교회에서도 계속 성실했고, 크리스는 여러 해 동안 주일학교에서 교사로 봉사하고 있었다. 사라는 격주로 요양원에 갔다. 그녀는 노인들과 함께하는 시간이 좋았고, 노인들도 그녀의 기타 연주와 아름다운 목소리를 좋아했다. 사라와 크리스는 부모님과 친척들이 함께하는 휴가 기간에는 어떻게 해서든 서로 협력했고 아이들 앞에서는 그들의 작은 충돌을 제어하기 위해 애썼다. 멀리서 보면 그들의 결혼생활은 이전보다 훨씬 좋아 보였다. 그러나 대중 앞에서의 미소가 은밀한 아픔을 제거하지는 못했다.

사라와 크리스의 이야기를 들었을 때 나는 그들에게 듣기 힘든 이야기를 해야 했다. 그들은 지금 이전에 심은 것을 거둬들이고 있었다. 이제 설명해보겠다.

사라는 대학교 마지막 학년에 크리스를 만났다. 사라는 그 순간을 생생하게 기억한다. 그녀는 기숙사 근처의 우편함 앞에서 우편물을 대충 훑어보고 있었다. 그때 크리스가 그녀 옆에 있는 사람에게 말을 걸기 위해 걸어왔다. 당황스러웠지만 운명적인 순간이었다. 사라는 크리스 때문에 주의를 딴 데로 돌리다가 우편물을 그의 발 앞에 떨어뜨렸다. 그들은 둘 다 자연스럽게 그 우편물들을 집어들기 위해 몸을 구부리다가 머리를 부딪쳤다. 그러고 나서 웃으면서 인사를 하고 대화를 시작했다. 사라는 크리스의 멋진 모습에 끌렸다고 말했다. 그는 키가 컸고 잘 생겼고 그다지 고지식한 것 같지도 않았다. 그들은 그 주간에 만나 커피를 마시기로 했다. 사라는 커피를 마시며 나눈 첫 대화에서 크리스가 그리스도인이며 그녀처럼 중서부에서 자랐다는 사실을 알고 기절하는 줄 알았다. 그는 수다스러웠고 그녀는 듣기를 좋아하는 타입이었다. 그는 운동을 좋아했고 그녀는 야외 활동을 좋아했다. 그는 맛있는 음식을 좋아했고 그녀는 요리를 좋아했다. 그는 영화를 좋아했고 그녀 역시 그랬다. 그는 작은 마을 출신이었고 그녀 역시 그랬다. 그는 커피를 좋아했다. 이외에 그녀가 다른 무엇을 요구할 수 있겠는가?

아주 완벽해 보였다. 그들이 함께하는 시간은 편안하고 안락했다. 그는 사라가 찾고 있던 그 사람이었다. 크리스는 사라의 인생에 안성맞춤이었다. 크리스는 외모도 매력적이었고, 함께 있으면 재미있었고, 영적으로도 잘 맞았다. 다만 한 가지 아쉬운 것은 그가 꼭 어딘가로 가고 있는 남자처럼 보인 것이다. 사라에게는 크리스와 함께하는 시간이 충분하지 않았다. 얼마 지나지 않아 그녀는 마음속으로 미래를 계획했다. 그녀는 크리스가 그 사람임을 알았고 그를 놓치지 않으리라 다짐했다.

크리스는 사라가 자신과 배경이 비슷하다는 사실이 좋았다. 그는 사라가 '그가 어디 출신인지'를 아는 타고난 감각이 있다고 느꼈다. 그는 사라의 결단력 있는 모습이 좋았다. 이 여자는 자신이 원하는 바를 아는 여자였다. 그는 사라에게 놀랄 것이 많지 않다는 사실이 좋았다. 사라는 그녀의 생각과 그녀가 원하는 바를 말로 표현했다. 공통된 배경과 비슷한 관심사, 아주 중요한 영적 관련성을 볼 때 사라는 정말 그 사람처럼 보였다. 크리스는 서두르지 않지만 사라를 정말 좋아했고, 그녀는 어느 때고 일생의 헌신을 할 준비가 되어 있는 듯 보였다.

그래서 6개월 후 추운 겨울 오후, 크리스는 청혼을 했다. 사라는 기뻐서 어리둥절했고 크리스가 그녀에게 일생일대의 키스를 하기 전에 서른네 번 가량 '예스'라고 말했다. 사라는 즉시 계획을 세웠다. 그녀는 그들의 결혼식이 어때야 할지, 그들이 어떤 집에서 살아야 할지 결정했다. 그녀는 크리스에게 작은 마을에서 일자리를 구해야 한다고 말했다. 그래야 그들이 둘 다 성장하면서 누렸던 삶을 함께 경험할 수 있으리라는 것이다. 크리스는 사라의 집중력과 추진력이 재미있다고 생각했고, 거의 사흘 만에 그들의 삶 전반에 대한 계획을 세운 것을 보고 그녀를 놀려 댔다.

그들은 졸업한 다음 날 결혼을 하고 오하이오의 작은 마을로 이사해서 함께하는 삶을 시작했다. 아이들도 빨리 생기고 승진도 빨랐다. 하지만 그들의 관계는 예전처럼 편안하지 않았다. 크리스는 오랜 시간 힘들게 일했고 저녁 시간과 주말 대부분에 지쳐 있었다. 그는 자유시간이 많지 않았지만 친구들과 함께 사냥이나 낚시, 골프를 하는 것을 좋아했다. 그는 또 블로그 활동을 아주 좋아해서 블로그의 글들을 놓치지 않고 보면서 중독되어 가고 있었다. 크리스는 그다지 가정적이지는 않았다. 도와주지 않으려는 것은 아니었다. 사라가 짜증을 내기 시작한 것은 그가 절대 자발적으로 돕지 않았기 때문이다.

사라는 그녀의 세 아이를 사랑했지만 육아는 힘들었다. 그녀는 친구들도 제대로 만나지 못하고 크리스와 함께하는 시간도 거의 없다고 느꼈다. 또 크리스가 집안일은 다 그녀의 일이라고 생각하는 것 같아서 화가 났다. 사라는 항상 크리스가 완수해야 할 일 목록을 가지고 있었지만 그는 그 일들을 하는 데 서두르지 않았다. 사라는 남편 대신 손님과 함께 있다고 느꼈고 크리스는 아내 대신 감독관과 있다고 느꼈다. 크리스는 사라의 요구에 지쳐 갔고, 사라는 혼자 살고 있다는 느낌에 이르렀다.

사라와 크리스 둘 다 이런 일이 일어났다는 사실에 의아해하지 않을 수 없었다. 모든 것이 완벽했다. 그들의 꿈이 실현되는 듯 보였다. 그들이 어떻게 이런 실망스러운 상황에 놓이게 되었을까? 이 질문에는 한 가지 대답만이 있다. 그것은 받아들이기 어렵지만 반드시 직면해야 하는 것이다. 사라와 크리스의 결혼생활에는 사랑이 심각하게 메말라 있었다.

이는 그들이 관계를 맺던 초기에 진짜 사랑과 가짜 사랑을 혼동했기 때문이다.

사라로서는 그것을 인정하기가 엄청나게 어려웠지만, 결국 인정했다. 그녀가 크리스와 결혼한 것은 그를 사랑해서가 아니라 그녀 자신을 사랑했기 때문임을. 신체적 매력과 정서적 교감, 문화적·영적 면에서의 일치가 그녀를 끌어당겼다. 그녀가 크리스에게 끌린 것은, 그가 그녀 인생에서 바라던 그 자체였기 때문이다. 그녀는 그에게 강력하고 강렬하게 끌렸다. 그러나 그는 인생에 대한 사라의 꿈에 완벽하게 맞을 수 없었다. 사라가 크리스에게 끌린 것은 그가 사라에게 필요했기 때문이었다. 사랑으로 가장된 것은 사랑이 아니었다.

크리스도 그가 사라에게 끌린 것은 그녀가 모든 것을 아주 편안하게 해주었기 때문임을 인정하기가 어려웠다. 그녀는 크리스를 있는 모습 그대로 좋아하는 듯 보였고 그녀는 그를 위해 모든 계획을 세웠다. 크리스는 자기가 원하는 대로 아주 멋진 관계로 들어갈 수 있었다. 그는 잭팟을 터트렸다고 생각했다! 그러나 그는 진정한 의미의 사랑으로 사라와 결혼한 것이 아니었다. 크리스는 사라가 그와 그의 인생을 위해 해준 것들을 사랑했다. 모조품 사랑이 진짜 사랑의 가면을 썼고 크리스는 완벽하게 속았다.

연합하지 못하는 모습과 계속되는 오해들, 그들 사이의 거리감과 분리, 육체적인 친밀함이 없는 모습, 잦은 갈등들은, 크리스와 사라가 결혼 생활에서 놓치고 있던 것은 사랑, 진정한 타인 중심의 자기희생적인 사랑임을 크고 분명하게 외치고 있었다.

그들의 관계는 이제 스스로에게 만족을 주지 못했다. 상대방을 섬겨야 한다는 사실이 자명해지자, 상황은 잘못되기 시작했다. 신실한 사랑에 꼭 있어야 하는 힘든 수고가 시작되자, 크리스와 사라는 낙심하고 비난의 손가락질을 해댔다. 그들이 직면하고 고백해야 했던 슬픈 사실은, 그들의 관계가 사랑의 토대 위에 세워지지 않았다는 것이다. 그 관계는 관계의 토대들 가운데 가장 약하고 가장 비영구적인 것, 즉 자아 중심성과 자기애 위에 세워졌다.

그들은 실제로 결함이 있는 사람과 함께 사는 결함이 있는 사람의 어려움을 전혀 고려하지 않았다. 그들은 장기간의 결혼생활에 반드시 필요한, 매일 대가를 지불하는 희생을 전혀 고려하지 않았다. 그들은 서로에게 무엇을 주기 위해 부르심받았는지 생각하지 않았다. 그들의 마음을 차지하고 있던 것은 상대방에게서 받으려는 것이었다. 이러니 그들의 결혼은 실패할 운명이었다. 사랑이라는 연료가 없는 행복한 결혼생활은 없으며, 개인적인 희생을 요구하지 않는 사랑은 없기 때문이다. 이기적인 야망과 비현실적인 기대가 그들이 지금 마주한 절망적인 순간에 이르게 했다.

그러나 이러한 슬픈 순간은 하나님이 주신, 은혜가 스며든 놀라운 기회였다. 사라와 크리스를 그들 자신의 끝에 데려다놓으신 분은 사랑의 하나님이셨다. 그들을 도울 자원을 제공하신 분은 하나님이셨다. 하나님은 그들이 옛 방식을 포기하기까지는 새로운 방식이 그들에게 매력적이지 않을 것임을 아셨다. 그들의 이야기는 절망과 포기의 이야기가 아니라, 오래 참고 변화시키시는 은혜의 이야기였다. 절제하며 표현하자면, 사라가 크리스를 바라보며 자신은 사랑의 온전한 의미에서 그를 사랑한 적이 없었다고 고백한 순간은 참으로 감동적이었다. 그리고 크리스가 동일한 고백을 하는 것을 듣는 일은 동일하게 아름다운 일이었다.

이 부부가 처음으로 서로를 사랑하기 시작했고 그렇게 함으로써 그들의 결혼생활이 새롭고 더 나은 길로 가고 있음을 증언할 수 있다는 것은, 내게 놀라운 특권이다.

당신은 어떤가? 당신의 결혼생활에도 사랑이 메말랐는가? 당신이 사랑이라 부르는 것이 실제로 사랑이 아닌 것은 아닐까? 하나님은 당신이 자신을 새로운 눈으로 보고 그분만이 주실 수 있는 도움을 찾도록 하시려고 당신을 당신 자신의 한계점으로 데려가시는 것은 아닐까? 결혼생활에서 완전히 새로운 시작을 경험하기 위해 필요한 것은 사랑하겠다는 완전히 새로운 약속이 아닐까?

당신이 하나님의 자녀라면 크리스와 사라처럼 당신은 혼자가 아니다. 이는 당신의 결혼생활에서 사랑의 가뭄이 아무리 심하더라도 소망이 있다는 의미다.

12장

준비, 자발적인 마음, 기다림

테드는 케이티를 사랑할 준비가 되어 있고 충분히 기다리고 있다고 생각했다. 그래서 결혼한다는 생각에 들떠 있었다. 주변 사람들은 너무 서두르지 말라고, 기다림에도 지혜가 있다고 말했지만, 테드와 케이티는 그 말이 들리지 않았다. 그들 둘 다 준비가 완료되었다고 확신했다. 테드는 이미 지금 결혼하는 것보다 더 케이티를 사랑할 길이 없다고 확신했다. 테드는 케이티를 위해 못할 일이 없다고 생각했다. 그리고 어쨌든 케이티를 편하게 사랑할 수 있다고 생각했다.

테드는 자신이 준비가 되어 있고, 마음도 있고, 기다리고 있다고 생각했지만 실제로는 그렇지 않았다. 그는 결혼을 기다리며 그것을 데이트의 연장이라 생각했다. 많은 사람이 그렇게 생각한다. 그는 케이티와 수많은 저녁 시간을 함께 보내면서 그녀는 함께 있기에 편한 여자라고 생각했다. 주일에 함께 교회에 가서 시간을 보내는 것이 편안하고 즐거웠다. 케이티와 함께했던 크리스마스 휴가와 그녀의 가족과 함께 바닷가에서 보낸 일주일은 온통 즐거운 기억뿐이었다.

물론 테드는 케이티가 완벽하지 않음을 알았다. 그녀는 약간 완벽주

의자였고, 아주 고집스러울 때가 있었다. 그리고 그는 자신이 늘 아주 인내심 있는 남자는 아님을 알았다. 하지만 그는 케이티를 아주 많이 사랑했고, 그들은 지금까지 아주 잘 지냈다. 그래서 그는 결혼하는 것이 엄청난 분투가 되리라고 생각하지 않았다.

테드는 그의 미래 아내를 영원히 사랑할 수 있다고 확신했지만 실제로는 그렇지 못했다. 결혼식 후 얼마 지나지 않아 그는 케이티가 그의 뒤를 따라다니며 그가 지나간 자리를 청소하는 모습에 미칠 지경이었다. 그는 그녀의 집요함과 잘못을 인정하지 않는 모습과 씨름하고 있었다. 그는 자신에게 독립적인 부분이 없다는 현실과 씨름하고 있었다. 그는 모든 것을 케이티와 의논해야 한다는 사실에 분개했다. 여자친구와 사랑에 빠졌다가 결국 엄마와 결혼한 느낌이었다.

테드는 케이티 곁에 있는 것이 좋았지만 숨이 막히는 느낌이었다. 데이트를 할 때에는 관계 맺는 것은 일도 아니었다. 분명 그들이 어리석은 행동이나 말로 상처를 받고 용서를 구해야 했던 때가 있었지만, 드문 일이었다. 테드는 결혼생활이 사랑보다는 일, 우정보다는 싸움, 즐기는 어떤 것이라기보다는 대면해야 할 것이라는 느낌이 들었다.

돌파구는 테드가 좌절을 표출하며 "이게 사랑이라면 난 사랑이 뭔지 모르겠어"라고 말했던 어느 날 아침에 찾아왔다. 케이티는 엄청난 충격을 받았다. 그녀는 테드의 사랑을 의심해본 적이 없고, 그가 씨름하고 있다는 사실에 맞닥뜨렸지만 심각하게 여기지는 않았다. 그녀는 자신들이 잘해나가고 있는 이유는 서로를 진심으로 사랑하기 때문이라고 생각했다. 문제는 테드와 케이티가 사랑이 무엇이고 사랑이 무엇을 하는지 알지 못했다는 것이다. 그들은 경험을 공유하는 기쁨을 사랑과 혼동했다. 그들은 육체적인 매력과 낭만적인 애정을 사랑과 혼동했다. 그들은 짧은 순간의 인내를 사랑의 장기간에 걸친 희생적인 헌신과 혼동했다. 그들은 사랑에 빠졌기 때문에 사랑이 쉬울 거라고 생각했다. 그들은 사랑이 실망과 분투에 빠지지 않도록 그들을 지켜주는 것이 아니라, 그 가운데서 그들에게 필요한 것을 주는 것임을 알지 못했다.

그가 옳았다. 그는 사랑이 무엇인지 알지 못했고, 그는 지쳤고 빈곤했다. 그러나 이런 마음이 그에게 필요했다. 테드는 도움이 필요했고 그것을 인정하는 지점까지 가야 했다. 그는 마침내 도움을 구했고, 사랑이 무엇이고 무엇을 하는지 발견했다. 이것이 그와 그의 결혼생활을 영원히 변화시킬 것이다.

도대체 사랑이란 무엇인가?

테드는 웹사이트에 나오는 사랑에 대한 기사에서는 사랑에 대한 최상의 정의를 얻지 못하리라는 것을 빨리 깨달았다. 우리는 위키피디아나 Dictionary.com에서 그것을 얻지 못한다. 웹스터나 셰익스피어에게서도 사랑에 대한 최상의 정의를 얻지 못한다. 사실 사랑은 추상적인 개념으로는 잘 정의되지 않는다. 사랑의 최상의 정의는 한 사건에서 얻을 수 있다. 이제 설명해보겠다.

사랑에 대한 성경의 논의 중에서, 요한일서 4장에 나오는 말씀보다 더 유용하고 실제적인 것은 없는 것 같다.

> "사랑하는 자들아 우리가 서로 사랑하자 사랑은 하나님께 속한 것이니 사랑하는 자마다 하나님으로부터 나서 하나님을 알고 사랑하지 아니하는 자는 하나님을 알지 못하나니 이는 하나님은 사랑이심이라 하나님의 사랑이 우리에게 이렇게 나타난 바 되었으니 하나님이 자기의 독생자를 세상에 보내심은 그로 말미암아 우리를 살리려 하심이

라 사랑은 여기 있으니 우리가 하나님을 사랑한 것이 아니요 하나님이 우리를 사랑하사 우리 죄를 속하기 위하여 화목 제물로 그 아들을 보내셨음이라 사랑하는 자들아 하나님이 이같이 우리를 사랑하셨은즉 우리도 서로 사랑하는 것이 마땅하도다 어느 때나 하나님을 본 사람이 없으되 만일 우리가 서로 사랑하면 하나님이 우리 안에 거하시고 그의 사랑이 우리 안에 온전히 이루어지느니라…하나님은 사랑이시라 사랑 안에 거하는 자는 하나님 안에 거하고 하나님도 그의 안에 거하시느니라 이로써 사랑이 우리에게 온전히 이루어진 것은 우리로 심판 날에 담대함을 가지게 하려 함이니 주께서 그러하심과 같이 우리도 이 세상에서 그러하니라 사랑 안에 두려움이 없고 온전한 사랑이 두려움을 내쫓나니 두려움에는 형벌이 있음이라 두려워하는 자는 사랑 안에서 온전히 이루지 못하였느니라 우리가 사랑함은 그가 먼저 우리를 사랑하셨음이라 누구든지 하나님을 사랑하노라 하고 그 형제를 미워하면 이는 거짓말하는 자니 보는 바 그 형제를 사랑하지 아니하는 자는 보지 못하는 바 하나님을 사랑할 수 없느니라 우리가 이 계명을 주께 받았나니 하나님을 사랑하는 자는 또한 그 형제를 사랑할지니라"(요일 4:7-12, 16하-21).

이 단락은 우리가 사랑에 대한 최상의 정의를 어디에서 얻을 수 있는지 알려준다. 우리는 한 사건에서, 즉 인간 역사상 가장 중요한 그 사건, 주 예수 그리스도의 십자가 사건에서 사랑에 대한 최상의 정의를 얻는다. 그리스도의 희생적인 사랑은, 사랑이 무엇이고 무엇을 하는지에 대한 궁극적인 정의다. 이 단락에서 요한은 십자가(cruciform) 사랑, 즉 주 예수 그리스도의 십자가 모양을 한 사랑[cruci = '십자가'(cross), form = '모양의'(in the shape of)]을 우리에게 설명해준다.

10절과 11절의 말씀을 보라. "사랑은 여기 있으니 우리가 하나님을 사랑한 것이 아니요 하나님이 우리를 사랑하사 우리 죄를 속하기 위하여 화목 제물로 그 아들을 보내셨음이라 사랑하는 자들아 하나님이 이같이 우리를 사랑하셨은즉 우리도 서로 사랑하는 것이 마땅하도다." 사랑에 관한 한 예수 그리스도의 십자가는 우리의 궁극적인 본이다. 요한은 분명하게 말한다. 예수님이 우리를 이런 식으로 사랑하셨다면 우리도 똑같이 서로를 사랑해야 한다고 말이다.

그렇다면 십자가 사랑은 어떤 모습인가? 먼저 정의를 내린 다음 설명해보겠다. **사랑은 다른 사람의 유익을 위해 자발적으로 자신을 희생하는 것으로, 보답이나 사랑을 받는 사람의 자격을 요구하지 않는다.**

사랑은 자발적이다. 예수님은 "이를 내게서 빼앗는 자가 있는 것이 아니라 내가 스스로 버리노라"(요 10:18)고 말씀하셨다. 사랑의 결단과 말, 행동은 항상 자발적인 마음의 토양에서 자라난다. 당신은 어떤 사람에게 사랑하라고 강요할 수 없다. 누군가에게 사랑하라고 강요하고 있다면, 그렇게 하는 자체가 사실 사랑이 없음을 증명하는 것이다.

사랑은 자발적으로 자신을 희생하는 것이다. 세상에 희생 없는 사랑은 없다. 사랑은 당신 자신의 소원과 욕구, 감정의 벽을 넘어서라고 요구한다. 사랑은 다른 사람의 유익을 위해 기꺼이 시간과 에너지, 돈, 자원, 개인적인 능력, 은사를 투자하라고 요구한다. 사랑은 구체적이고 독특한 방식으로 당신의 삶을 내려놓으라고 요구한다. 사랑은 섬기고 기다리고 주고 고난을 받고 용서하라고, 그리고 이 모든 것을 거듭해서 하라고 요구한다.

사랑은 말하고 싶을 때 침묵하고, 침묵하고 싶을 때 말하라고 요구한다. 사랑은 기다리고 싶을 때 행동하라고 요구하고, 행동하고 싶을 때 기다리라고 요구한다. 사랑은 계속하고 싶을 때 멈추라고 하고, 멈추고 싶을 때 계속하라고 요구한다. 사랑은 따르고 싶을 때 이끌라고 요구하고, 이끌고 싶을 때 따르라고 요구한다. 사랑은 계속해서 당신의 본성과 안락함에서 떠나라고 요구한다. 사랑은 늘 개인적인 희생을 요구한다. 사랑은 당신의 삶을 포기하라고 요구한다.

사랑은 다른 사람의 유익을 위해 자발적으로 자신을 희생하는 것이다. 사랑은 언제나 다른 사람의 유익을 염두에 둔다. 사랑의 동기는 다른 사람의 이익과 필요다. 사랑은 다른 사람의 짐을 덜어주고 필요를 채울 것을 내다보며 흥분한다. 사랑은 사랑하는 사람이 궁핍할 때 궁핍함을 느낀다. 사랑은 사랑하는 사람이 고통을 겪을 때 고통을 겪는다. 사랑은 사랑하는 사람이 최상의 상태이길 원하고 그렇게 만들어 주기 위해 애쓴다.

사랑은 다른 사람의 유익을 위해 자발적으로 자기를 희생하는 것으로, 보답을 요구하지 않는다. 성경은 우리가 아직 죄인일 때 예수님이 우리를 위해 죽으셨다고 말한다. 그분이 만약 우리가 보답할 수 있을 때까지 기다리셨다면 우리에게는 소망이 없을 것이다. 사랑은 "네가 내 등을 할퀴었으니 나도 네 등을 할퀼 거야" 같은 거래가 아니다. 사랑은 사람들을 우리에게 빚 갚을 위치에 있게 하는 것이 아니라, 그들이 빚을 갚도록 기다리는 것이다. 사랑은 상호 유익을 위한 협상이 아니다. 진짜 사랑은 보답을 요구하지 않는다. 진짜 사랑은 투자에 대한 수익을 얻기 위한 것이 아니기 때문이다. 진짜 사랑은 오히려 사랑받는 사람의 삶에 선이 나타나는 것을 보기 원한다.

사랑은 다른 사람의 유익을 위해 자발적으로 자신을 희생하는 것으로, 보답이나 사랑을 받는 사람의 자격을 요구하지 않는다. 그리스도께서 기꺼이 십자가에 달리셔서 우리 죄를 담당하신 까닭은, 정확하게 말해서 우리가 하나님의 사랑을 얻거나 쟁취해내거나 받을 만한 것이 아무것도 없기 때문이다. 만약 당신이 사랑받을 만한 사람만을 사랑하는 데 관심이 있다면, 그것은 사실 그들에 대한 사랑이 아니라 당신 자신에 대한 사랑이 그 동기가 된 것이다. 사랑은 상대방이 사랑받을 자격이 없을 때 최선을 다한다. 사랑이 가장 필요한 경우는 바로 이런 때다. 바로 이런 때에 사랑은 지키고 보호한다. 사랑만이 그만두거나 떠나려 하지 않고, 때를 묻히지도 않고, 사랑이 아닌 것에 굴복하지도 않으며 끝까지 버틴다.

당신의 결혼생활에서 자발적인 마음을 가지지 않아도 되는 날은 하루도 없다. 당신의 결혼생활에서 개인적인 희생이 필요하지 않은 날은 단 하루도 없다. 남편이나 아내의 유익을 고려하지 않아도 되는 날은 단 하루도 없다. 보답이 없는 일을 하고, 받을 만하지 않은 사람에게 주지 않아도 되는 날은 단 하루도 없다. 당신의 결혼생활이 이런 사랑 없이 흘러갈 수 있는 날은 하루도 없다.

이제 당신은 이렇게 생각할지도 모르겠다. '폴, 도대체 내가 어디서 이런 사랑을 얻습니까?' 예수님이 그 질문에 대답하신다. "우리가 사랑함은 그가 먼저 우리를 사랑하셨음이라"(요일 4:19). 이 말씀에는 많은 것이 담겨 있지만, 이 말씀이 분명히 의미하는 것 중 하나는, 진정한 사랑은 의무의 토양에서는 잘 자라나지 않는다는 것이다. 진정한 사랑은 비옥한 감사의 토양에서 자라난다.

나는 소파에 앉아 있는 아내 옆에 털썩 주저앉아 단호하고 냉정하게 생기 없이 단조로운 목소리로 이렇게 말하는 내 모습을 상상해본다. "루엘라, 당신을 사랑하는 것이 내 책임임을 알게 되었소. 그래서 내 의무를 다하려 하오. 나는 그래야 하기 때문에 당신을 사랑하려 하오." 그러면 루엘라가 두 팔로 나를 껴안고 "고마워요. 당신이 나를 이렇게 사랑하다니 고마워요!"라고 말할 것 같은가? 아니다. 그녀는 비통해할 것이다. 내가 표현한 것은 사랑이 아님을 본능적으로 알기 때문이다.

사랑은 의무에 마지못해 굴복하는 데서 나오는 것이 아니다. 사랑은 기억하고 기뻐하는 데서 나온다. 주님께서 내게 쏟아 부으신 그 사랑, 아주 풍성하고, 신실하고, 오래 참고, 죄를 사해주시고, 힘을 주시는 그 사랑을 기억할 때, 내가 절대 얻을 수 없고 절대 온전히 보답할 수도 없는 그 사랑을 기억할 때, 나는 그 사랑을 다른 누군가에게 나누어주고 싶을 것이다. 아침에 일어났을 때, 비록 청구서들의 돈을 다 지불하지 못하고, 집에는 할 일이 있고, 아이들은 엉망이고, 남편이나 아내는 결코 완벽하지 못하더라도, 나는 나와 내 삶을 영원히 변화시키시는 그 사랑이 내게 부어진 것에 대한 감사로 가득 차서, 하나님이 내 평생의 동료로 주신 사람에게 그 사랑을 표현할 기회를 찾으려고 마음 먹는다.

아마도 결혼생활에서 가장 인식하지 못하는 죄가 망각의 죄인 것 같다. 우리가 얼마나 사랑을 받았는지를 잊어버리면 다른 사람들을 사랑하지 못하는 상황에 처해도 마음이 편안해진다. 사랑이 절실히 필요함을 아는 사람보다 더 잘 사랑하는 사람은 없다.

요한은 기본적이고 실제적이면서 아주 강력한 한 가지를 더 말한다. "누구든지 하나님을 사랑하노라 하고 그 형제를 미워하면 이는 거짓말 하는 자니 보는 바 그 형제를 사랑하지 아니하는 자는 보지 못하는 바 하나님을 사랑할 수 없느니라"(20절). 요한은 만약 하나님에 대한 당신의 사랑의 진짜 성격과 질을 알고 싶다면, 당신 가까이 있는 사람과의 관계를 점검해보라고 말한다. 남편이나 아내에 대한 당신의 사랑이 하나님에 대한 당신의 사랑을 보여주는 가장 정확한 지표다.

그러나 이 말씀은 그 이상의 의미가 있다. 이 말씀은 우리의 결혼생활을 수평적으로 바로잡기 이전에 수직적으로 바로잡아야 한다는 사실에 직면하라고 말한다. 이유가 무엇인가? 나 자신의 결혼생활을 생각해보자. 내 문제의 핵심은 루엘라를 충분히 사랑하지 않은 것이 아니다. 내 문제는 하나님을 충분히 사랑하지 않는다는 것이며, 내가 하나님을 충분히 사랑하지 않기 때문에 마땅히 그래야 하는 만큼 루엘라를 사랑하지 않은 것이다.

내가 마땅히 그래야 하는 만큼 하나님을 사랑하지 못하면, 나는 그분의 자리에 앉아서 나의 작은 왕국을 다스리려 하고 내 주위에 있는 사람들에게 명령하고 요구할 것이다. 하나님을 나의 왕으로 사랑하지 않는다면, 나는 나의 왕국을 세우고 나를 위해 살 것이다.

나는 이 책의 이 시점, 바로 여기에서 당신에게 질문한다. "당신의 결혼생활은 진정으로 하나님을 예배하는가? 다른 사람 중심의, 자기희생적인, 자발적인 사랑이 연료가 되고 동기가 되어 그에 따라 움직이는가? 당신은 이런 사랑을 하겠다고 결단하고 그렇게 살고 있는가? 당신은 어떤 부분에서 용서를 구하고, 새롭고 더 나은 방식에 헌신해야 하는가?" 아마 다음의 내용이 이 질문에 답하는 데 도움이 될 것이다.

부부의 사랑

내가 결혼이라는 맥락에서 **십자가** 사랑을 자세히 설명하려 했음에도 불구하고, 당신은 여전히 이 사랑이 기본적으로 어떤 모습인지 선명하지 않을지 모르겠다. 여기에 그리스도를 닮은 사랑이 어떻게 생각하고 행동하는지에 대한 몇 가지 구체적인 설명이 있다. 이 부분을 읽을 때에는, 이 내용을 남편이나 아내에 대한 당신의 사랑이 어느 정도인지 살펴보고 점검하는 거울로 사용하기를 바란다.

사랑은 남편이나 아내의 욕구와 분투에 짜증을 내거나 화내지 않고 그것으로 인해 당신의 삶을 기꺼이 복잡하게 만드는 것이다. 여기서 우리는 두 가지를 기억해야 한다. 첫째, 우리에게 새 생명을 주시기 위해 이 타락한 세상의 복잡다단한 삶을 기꺼이 마주하신 예수님을 기억해야 한다. 또한 당신은 삶이 복잡해지는 것을 좋아하지 않는다는 사실에 정면으로 맞서야 한다. 당신은 당신의 계획이 방해를 받지 않기를 바란다. 예상치 못했던 문제에 대처해야 한다는 사실은 즐겁지 않다. 그러나 진짜 사랑의 최대 난제는 편안하고 예측 가능한 삶에 대한 욕구를 기꺼이 버리는 것이며, 사랑이 요구하는 가장 중요한 것 중 하나는 당신 마음대로 할 때보다는 다른 사람의 필요를 채울 때 더 큰 기쁨을 찾는 것이다.

사랑은 배우자를 비판하고 판단하려는 유혹과 적극적으로 싸우는 동시에, 배우자를 격려하고 칭찬할 방법을 찾는 것이다. 까다롭게 굴고 짜증을 내는 일은 아주 쉽다. 배우자가 행한 옳은 일들을 인지하기보다는 잘못한 일을 잡아내는 일이 더 쉽다. 당신이 어떤 존재인지를 잊고 당신의 약함과 실패를 인식하지 않으면, 배우자를 비판적인 태도로 보기가 훨씬 쉽다. 다른 사람들에 대한 비판적인 반응은 항상 자기 의에서 나온다. 우리에게 은혜가 필요함을 인정하고 받은 은혜를 기뻐할 때에야, 우리는 함께 살고 있는 사람에게 은혜를 베푸는 일을 즐길 것이다.

사랑은 사소한 잘못에 대응하고 그것을 지적하는 데서 비롯되는 불필요한 갈등에 맞서겠다는 매일의 약속이다. 당신은 결함이 있는 사람과 함께 사는 결함이 있는 사람이다. 당신들의 관계의 전형적인 모습이 사소한 실수와 잘못에도 달려드는 것이라면, 결혼생활에 상처와 갈등과 실망이 끝이 없을 것이다. 사랑은 공감한다. 사랑은 이해한다. 사랑은 오래 참는다. 사랑은 친절하다. 사랑은 악을 기뻐하지 않고 진실을 즐거워한다. 당신은 과정 중에 있는 사람과 결혼했다. 그것은 하나님의 은혜로 당신의 배우자가 어제보다 오늘 더 나아지지만 그것이 내일의 모습은 아니라는 의미다. 당신의 남편이나 아내는 매일 사소한 실수를 할 것이므로, 중요한 일과 사랑으로 대처해야 할 일, 그리고 중요하지 않은 일과 사랑으로 넘어가야 하는 일을 인식하는 일이 중요하다. 그리고 두 가지 모두의 경우에 은혜를 베푸는 것이 중요하다.

사랑은 오해가 생길 때 사랑이 담긴 정직함과 다른 사람을 다가오게 하는 겸손함을 지니는 것이며, 이기거나 비난하거나 옳음을 입증하기보다는 연합과 사랑에 더 헌신하는 것이다. 당신들이 얼마나 연합하는지, 서로를 얼마나 편안하게 여기고 많이 아는지는 중요하지 않다. 당신들은 여전히 오해의 상황에 맞닥뜨릴 것이다. 결혼생활의 유익 중 하나는 우리가 인생을 남편이나 아내와 똑같은 방식으로 보지 않는다는 것이다. 그러나 그것은 결혼생활에서 오해를 낳을 수 있다. 우리가 생각하는 것만큼 항상 명쾌하게 의사소통을 하지 못한다는 것 또한 사실이다. 우리는 또 항상 잘 듣는 것도 아니다. 우리의 관점을 어떻게 잘 전달하느냐를 생각하는 데 너무 몰두하여, 실제로 배우자의 말을 듣고 있지 않을 때가 있다. 이런 것들 외에도 당신과 나는 마음이 잘 변하는 경향이 있다. 우리는 배우고 성장하고 다시 생각하지만, 변화가 생길 때 그러한 변화를 종종 전달하지 못한다. 그러므로 결혼생활에서의 연합은 오해가 없을 때 생기는 것이 아니라, 오히려 불가피한 오해를 인내와 친절과 은혜로 이겨낼 때 이루어진다.

사랑은 당신의 죄와 약함과 실수를 인정하고, 변명이나 책임전가하려는 유혹에 저항하기로 매일 약속하는 것이다. 우리는 우리가 실제보다 더 의롭다고 믿는다. 잘못들에 대해서는 변명과 방어를 하고 싶어 한다. 남편이나 아내의 죄는 지적하면서 우리 죄는 보지 못한다. 자기 의는 우리가 모두 맞닥뜨려 기꺼이 싸워야 하는 매일의 영적 전쟁이다. 우리는 이렇게 자기 의와 싸울 때에만, 하나님이 원하시는 삶에 방해가 되는 생각과 욕구, 말, 행동들을 인정하고 거부할 수 있다. 이런 것들은 결혼생활에서 매일 실천해야 하고 결혼을 지켜내는 사랑과는 거리가 멀다.

사랑은 배우자와 맞설 때 방어능력을 발휘하거나 초점을 바꾸기보다는 기꺼이 당신의 마음을 점검하는 것을 의미한다. 우리 안에 죄가 남아 있는 한, 우리는 모두 내면의 변호사를 두고 어떤 도전이나 비난, 대립의 순간에 방어능력을 발휘하여 우리의 행동을 지지하는 논거를 제시한다. 사랑은 당신 마음의 이러한 방어 본능과 기꺼이 싸우는 것을 의미한다. 사랑은 마음을 닫거나 방어적이 되지 않는 것을 의미한다. 사랑은 당신만이 그 방에 있는 유일한 죄인이 아님을 배우자에게 확신시키려 애쓰지 않고, 복수하지 않는 것을 의미한다. 사랑은 당신이 자신을 정확하게 보는 데 배우자의 도움이 필요함을 인정하는 것을 의미한다. 사랑은 우리의 잘못을 기꺼이 인정하고, 하나님의 말씀에 비추어 그것들을 점검하고, 하나님께 그리고 남편이나 아내에게 기꺼이 그 잘못을 고백하는 것을 의미한다.

사랑은 당신이 남편이나 아내에게 주는 사랑이 점점 더 이타적이고 성숙하고 인내하는 사랑이 되도록 사랑을 점점 키워가겠다고 매일 약속하는 것이다. 사랑은 '도달했다'는 느낌으로 살지 않는 것을 의미한다. 사랑은 게으르지도 않고 자신만만하지도 않다. 사랑은 하나님이 여전히 당신을 성장하고 변화하도록 부르고 계심을 받아들이는 것을 의미한다. 다른 사람을 사랑하는 것이란, 당신의 사랑에 성장하고 성숙해야 할 부분들이 있음을 기꺼이 인정하는 것을 의미한다. 남편이나 아내를 사랑할 때 당신은 더 일관성 있고 성숙한 모습으로 배우자를 사랑할 수 있도록 개인적으로 정직하고 성숙해지는 데 더 애쓸 것이다. 사랑은 자연스럽게 되지 않는다. 항상 개인적인 성장이라는 과제를 갖는다.

사랑은 상대방이 당신에게 잘못했을 때 되갚지 않고 선으로 악을 이기

는 구체적이고 특정한 방법을 찾는 것이다. 그것은 어린 아이들의 행동에서 볼 수 있다. 또 어르신들의 분노에서, 그리고 그 사이에 있는 모든 사람에게서 볼 수 있다. 상처를 받으면 다른 사람에게 상처를 주고 싶은 마음이 생긴다. 누군가가 우리에게 거칠게 말하면 불친절하게 말하고 싶은 마음이 생긴다. 우리가 다른 사람의 분노의 대상이 될 때면 분노의 행동을 하고 싶은 마음이 생긴다. 우리가 무례하게 대우받았다고 느낄 때면 남편이나 아내를 무례하게 대하고 싶은 마음이 생긴다. 누군가가 우리에게 잘못했을 때 선을 행할 방법을 찾는 것은 우리의 자연스러운 반응이 아니다. 우리에게 상처를 주는 사람을 사랑할 방법을 찾는 것은 자연스럽지 않다. 죄인들에게는 밀침을 당할 때 밀치는 것이 자연스럽다. 그러므로 명확하게 선으로 악을 이기려 한다면 하나님의 은혜의 간섭과 힘주심이 필요하다. 또 우리는 잘못에 맞서 선을 행하기가 어려움을 인정해야 한다. 우리와 함께 사는 사람 안에 있는 무엇 때문이 아니라 우리 안에 있는 무엇 때문에 말이다.

사랑은 배우자의 육체적·정서적·영적 욕구가 무엇인지 찾는 것이며, 배우자의 좋은 학생이 되는 것이다. 이는 어떻게든 배우자의 짐을 덜어주고, 짐을 지고 있을 때에는 지원하며, 그 과정 중에 그를 격려하기 위함이다. 사랑은 그저 반응하는 것이 아니다. 사랑은 자발적이고 자동적이며 적극적이다. 남편이나 아내가 필요한 것을 이야기하고 당신이 거기에 기꺼이 대응하는 것도 좋지만, 진짜 사랑은 이보다 더 적극적이고 공격적이다. 사랑은 그녀를 연구하는 데서, 즉 그녀의 기회와 책임, 유혹, 은사, 약점, 강점, 가족, 친구, 일정 등을 연구하는 데서 기쁨을 찾는다. 이는 그녀의 필요를 예측하고 빨리 그 필요를 채우기 위해 움직이거나, 무언가가 필요한 상황에 있는 그녀를 전방위적으로 지원하기 위함이다. 사랑은 상대방이 필요한 것과 할일을 말할 때까지 기다리지 않는다. 사랑은 절대 그녀의 필요를 방해로 보지 않는다. 사랑은 그녀가 짐을 지고 있을 때 그 짐을 함께 지며, 그녀의 안도감에서 기쁨을 찾는다. 정말 남편이나 아내를 사랑한다면 기꺼이 상대방의 짐을 가볍게 하기 위해 당신이 그 짐을 질 것이다.

사랑은 당신 부부가 직면한 문제에 대해 의논하고, 검토하고, 이해하기 위해 기꺼이 필요한 시간을 투자하는 것이며, 문제가 없어질 때까지 혹은 대응 전략에 동의할 때까지 그 일을 계속하는 것을 의미한다. 당신은 깨진 세상에서 살고 있다. 따라서 문제가 찾아올 것이고 그 문제들은 항상 시간이 지난다고 해서 사라지지는 않을 것이다. 당신은 관계의 문제, 당신들의 관계에 영향을 미치는 개인적인 문제, 관계 밖에서 온 문제들에 맞닥뜨릴 것이다. 결혼생활에 문제가 없게 하려면 사람들과 장소, 상황을 통제해야 하는데, 당신은 절대 원하는 만큼 그것들을 통제하지 못할 것이다. 사실 이러한 문제들은 때로는 좋은 것이기도 하다. 하나님은 그분을 의지하며 함께 살아가는 것이 정말 무슨 의미인지 배우도록 당신의 능력과 힘과 지혜의 범위를 넘어서는 지점으로 당신을 데려가시기 때문이다. 행복한 결혼생활은, 적극적인 문제 해결자가 되는 법을 함께 배우고 그 결과로 인한 성장과 변화를 축하하는 법을 배운 두 사람이 이루어내는 것이다.

사랑은 항상 기꺼이 용서를 구하고, 상대방이 용서를 구할 때 용서하는 데 전념하는 것이다. 당신은 아직 완벽하지 않고, 당신의 남편이나 아내도 마찬가지이므로 용서는 꼭 필요하다. 당신은 어떤 순간 어떤 잘못된 말을 할 것이다. 잘못된 행동을 하고 싶은 순간도 있을 것이다. 당신은 잘못된 반응을 하거나 대응을 할 것이다. 어떤 순간에는 이기적이거나 애정이 없거나 불친절하거나 짜증을 내거나 참지 못할 것이다. 아마 어떤 식으로든 서로에게 죄를 범하지 않는 날은 하루도 없을 것이다. 그러므로 당신의 배우자가 당신 같은 사람, 즉 어떤 식으로든 여전히 유혹과 죄와 실패와 싸우고 있는 사람과 함께 살아야 함을 인식하는 것이 중요하다. 또 배우자가 당신의 실패에 영향을 받을 때마다 배우자에게 용서를 구함으로써 당신과 함께 살기에 져야 하는 짐을 덜어주는 기쁨을 찾아야 한다. 또한 기꺼이 배우자를 용서하는 것 역시 중요하다. 당신들은 어떤 식으로든 서로에게 죄를 짓지 않는 결혼생활을 할 수 없다. 따라서 잘못을 기록해두는 일은 하지 말아야 한다. 어떤 종류의 복수도 하지 말아야 한다. 빈정거림도 없어야 한다. 잘못이 있을 때마다, 또 배우자가 용서를 구함으로써 상황을 바로잡으려 할 때마다 당신은 기꺼이 용서해야 한다.

사랑은 결혼생활에서 신뢰의 중요성을 인식하고, 약속을 신실하게 지키고, 말한 대로 행하는 것이다. 우리는 이미 건강한 결혼생활에서 신뢰의 중요성을 검토했으므로 여기서 많은 말을 할 필요는 없다. 그러나 사랑과 신뢰를 이렇게 연결하는 것은 중요하다. 사랑은 사랑을 더 강화하기 위해 가능한 어떤 방법으로든 사랑하고 신뢰하며 애쓴다. 당신은 배우자를 사랑하기 때문에 그녀가 당신을 의지할 수 있다는 것을 그녀가 알기 바란다. 그녀가 당신을 따라다니며 살필 필요가 없기를 그녀가 알기 바란다. 당신이 어떤 약속을 하든 최대한의 능력을 발휘하여 약속을 지킬 것이고, 무슨 말을 하든 믿을 만하고 진실일 것이라고 그녀가 확신하기를 바란다. 사랑은 또한 당신의 배우자가 당신이 누구와 함께 있는지, 혹은 당신들이 떨어져 있을 때 당신이 무엇을 하는지 전혀 의심할 일 없이 그와 함께 사는 것을 의미한다. 사랑은 당신의 배우자가 당신의 삶에 비밀이 없고, 당신의 말에 그가 신경 써야 하는 숨은 뜻이 없음을 알며 평안할 수 있는 것을 의미한다.

사랑은 배우자의 의견에 동의하지 않는 순간에도 배우자의 성격의 어

떤 면을 공격하거나 그 혹은 그녀의 지적 능력을 비난하지 않고, 친절하고 부드럽게 이야기하는 것이다. 내 동생 테드는 "막대기와 돌은 내 뼈를 상하게 할 수 있지만 험담은 결코 나를 상하게 하지 못할 것이다"라는 옛말은 절대 사실일 수 없다고 말했다. 몸에 든 멍이 다 치료된 한참 후에도 말의 상처는 여전히 마음에 남아 있다. 나는 결코 해서는 안 되는, 일단 하면 기억에서 지우기 어려운 끔찍한 말들로 결혼생활의 평화와 소망이 무너지는 것을 보았다. 상처를 받거나 심각한 의견 충돌이 일어날 때에는, 말을 조심하는 일이 아주 중요하다. 연합과 이해와 사랑의 결혼생활을 하고자 한다면, 생각하는 대로 다 말하거나 감정이 이끄는 곳이면 어디든 가서는 안 된다. 사랑은 말을 사랑의 도구가 아닌 전투 무기로 사용하고 자기 멋대로 하려는 유혹에 저항한다. 또한 남편이나 아내가 아니라 당신 자신에게도 계속 그렇게 하지 말라고 말한다.

사랑은 배우자가 당신이 원하는 것을 주거나 당신이 원하는 대로 하도록 끌어들이기 위해 어떤 식으로든 아첨이나 거짓말, 조작을 하지 않는 것이다. 당신 마음속에서 여전히 자아의 나라와 하나님의 나라 사이의 격렬한 전쟁이 계속된다는 지표는 배우자를 사랑하는 행위에 있다. 당신이 죄의 이기적 본성과 싸우고 있음을 매일 인정하는 것은 겸손한 마음으로 사랑하는 것이다. 남편이나 아내가 당신의 작은 나라의 주안점과 규칙에 순복하도록 어떤 도구든 마음대로 이용하려는 유혹에 저항하는 것이 당신이 해야 할 일이다. 사랑은 섬기고 내어준다. 사랑은 불평하거나 요구하지 않는다. 사랑은 배우자가 필요로 하는 바를 주기 위해 당신이 원하는 바를 기꺼이 희생하는 것이다. 진정한 사랑은 상대방 중심적이고 상대방이 동기가 되기 때문에, 결코 자기 이익을 위하여 속이거나 조작하지 않는다.

사랑은 배우자에게 당신의 정체성과 의미와 목적, 혹은 내면의 행복의

근원이 되어달라고 요구하지 않으며, 그 혹은 그녀의 의미와 목적, 행복의 근원이 되려고도 하지 않는다. 당신이 정말 배우자를 사랑한다면, 배우자를 당신의 개인적 메시아로 삼으려 하지 않을 것이고, 배우자의 메시아가 됨으로써 얻는 권력과 열광을 원하지도 않을 것이다. 당신의 남편이나 아내는 당신의 행복이나 소망을 책임질 능력이 없다. 당신의 배우자가 당신이 아침에 일어나야 할 이유이거나 하루를 살아가게 해주는 요소일 수 없다. 배우자에게 이렇게 되라고 요구하는 것은 영적 이기심에서 나온 행동일 뿐 아니라, 그에게 감당할 수 없는 짐을 지우는 것이다. 당신이 그렇게 요구한다 해도 그는 실패할 것이고, 그러면 당신은 실망한 채로 그의 실패로 야기된 결과와 이 모든 것이 당신의 결혼생활에 미치는 부정적인 영향에 대처해야 할 것이다. 사랑은 하나님만이 하실 수 있는 일을 절대 배우자에게 해달라고 부탁하지 않는 것을 의미한다. 사랑은 영적인 면에서 하나님이 그리스도 안에서 이미 당신에게 주신 것을 절대 배우자에게 요구하지 않는다. 사랑은 수평적으로 섬기기 위해 수직적인 채움을 받기를 구한다.

사랑은 남편이나 아내로서 하나님이 당신에게 요구하시는 모습과 행동에 충실하기 위해, 기꺼이 자유시간을 덜 갖고 덜 자고 더 바쁜 일정을 갖는 것이다. 부부의 사랑이란, 당신이 인생을 바친 사람과의 진정하고 지속적인 우정과 친밀함과 사귐을 위해 당신들의 시간, 계획, 일정을 각각 관리하는 것을 기꺼이 포기하는 것을 의미한다. 당신이 혼자 생각하거나 선택하거나 결정하면서, 동시에 결혼생활의 연합과 사랑에 전념할 수는 없다. 사랑은 당신의 시간과 에너지와 자원을 관리하는 권리를 기꺼이 포기한다. 사랑은 당신의 삶에 기꺼이 더 많은 의무를 더하고 당신의 일정을 기꺼이 더 복잡하게 만든다. 사랑은 기꺼이 아침에 일찍 일어나고 늦게까지 깨어 있다. 또 사랑은 배우자를 섬기는 기쁨과 하나님이 최상이라고 말씀하시는 것을 그녀가 경험하도록 돕는 기쁨 때문에, 이 모든 일을 기꺼이 한다.

사랑은 이기적인 본능은 거부하고, 당신의 능력 내에서 결혼생활의 진정한 연합, 역할에 대한 이해, 적극적인 사랑을 증진하기 위해 할 수 있는 모든 일을 하는 것이다. 아마 거부하는 일보다 더 중요한 사랑의 행위는 없을 것이다. 혼란스러운가? 이제 설명해보겠다. 만약 남편이나 아내의 유익을 위해 개인적인 희생을 하라는 시시각각의 부르심을 받아들이려 한다면, 당신은 먼저 당신 자신을 부인해야 한다. 죄의 DNA는 이기심임을 기억하라. 따라서 죄가 당신 안에 남아 있는 한, 자신에게 초점을 맞추고 자기중심적인 방식으로 살고, 행동하고, 반응하고, 배우자에게 응대하려는 유혹이 계속 있을 것이다. 만약 진정한 사랑의 삶을 살고자 한다면 먼저 이 마음의 전투를 해야 한다. 다른 전쟁이 그렇듯, 이 전쟁도 구체적인 상황에서만, 즉 특정 장소와 상황에서 당신이 특정한 유혹을 만나는 순간에만 할 수 있다.

아마도 당신은 당신의 욕구와 의무들에만 사로잡혀 하루를 시작하려 하기 때문에, 남편이나 아내의 욕구를 의식하거나 거기에 반응할 시간이 거의 없을 것이다. 당신은 자유 시간을 마음대로 사용하고 싶은 이기심과 고투하고 있을지도 모른다. 혹 당신은 돈을 쓸 때 이기적이고 싶은 유혹을 받을지도 모른다. 일상적인 집안일과 관련하여 이기심과 싸우고 있을지도 모른다. 아마도 긴 하루의 끝에 그저 혼자 있고 싶을지도 모른다. 요점은 남편이나 아내를 사랑하려 한다면 당신이 거부해야 하는 특정한 유혹이 있다는 것이다.

사랑은 배우자가 그럴 만한 자격이 없어 보이거나 화답하고 싶지 않을 때라도 감사와 존경과 은혜로 대하겠다는 약속에 충실한 것이다. 이 책을 읽는 사람 누구도 완벽한 사람과 결혼했거나 결혼할 사람은 없다. 결혼이란, 남편이나 아내의 죄와 약함, 실패를 당신이 일상에서 직접 경험하리라는 의미다. 결혼이란, 배우자가 하루 종일 기분이 나쁘거나 어떤 특정한 좌절과 싸우고 있을 때도 그녀를 사랑하는 것을 의미한다. 결혼이란, 배우자가 짜증을 내고 조급해할 때도 그를 사랑하는 것을 의미한다. 결혼이란, 배우자가 어떤 식으로든 당신에게 상처를 줄 때도 그녀를 사랑하는 것을 의미한다. 결혼이란, 배우자가 많은 것을 요구하며 비판할 때도 그를 사랑하는 것을 의미한다. 결혼이란, 배우자가 참여하거나 협력하거나 나누어주거나 도와주지 않으려 할 때에도 계속 그를 사랑하는 것을 의미한다. 결혼이란, 힘겨운 순간과 어려운 날들을 이겨내는 것을 의미한다. 결혼이란, 말을 무기로 사용하지 않는 것, 해가 질 때까지 화를 품고 있지 않는 것, 남편이나 아내가 이 두 가지를 다 할 때에도 그렇게 하지 않는 것을 의미한다.

사랑은 절대 배우자의 실패를 게임의 규칙을 바꿀 이유로 삼지 않는다. 진정한 사랑은 존경심을 보인다. 진정한 사랑은 감사를 표현할 방법을 찾는다. 진정한 사랑은 은혜를 베푸는 데서 기쁨을 발견한다. 진정한 사랑은 상대방을 세우고 격려한다. 진정한 사랑은 상황이 어떠하든 이 모든 것을 한다.

사랑은 결혼생활을 위해 자주 대가를 지불하며 기꺼이 희생하는 것이다. 이때 어떤 보상도 요구하지 않고, 당신의 희생을 배우자가 갚아야 할 빚으로 삼지도 않는다. 사랑이 아주 쉬운 순간들이 있다. 정기적인 책임과 일상생활의 압박에서 벗어나 당신들 둘만 있는 낭만적인 주말에는 사랑이 쉽다. 남편이나 아내가 서로의 필요를 예측하고 어떤 식으로든 서로를 섬길 때 사랑은 쉽다. 특별한 선물을 받았을 때 사랑은 쉽다. 배우자가 당신을 얼마나 존경하고 당신에게 고마워하는지 말해줄 때 사랑은 쉽다.

그러나 진짜 사랑은 대단하고 애정 가득한 순간들에만 생존해 있지 않는다. 진짜 사랑은 평범한 일상에서 살아 있다. 그것은 바이올린 연주가 들리지 않거나 새가 노래하지 않을 때도 살아 있다. 그것은 삶이 바쁘거나 지루하거나 어려울 때도 살아 있다. 진짜 사랑은 인생이 쉽거나 흥미진진하기를 바라지 않는다. 진짜 사랑은 태양의 따뜻함 속에 있을 때만큼 밤의 어두움 가운데서도 사랑한다. 진짜 사랑은 사랑이 그다지 재미있지 않고 성취감을 주지 않을 때도 사랑한다. 진짜 사랑은 상황이 어려울 때도 포기하지 않고, 실망에 직면해서도 떠나지 않는다. 따라서 진정한, 자발적인, 날마다의 헌신을 요구하지 않는 진짜 사랑 같은 것은 없다. 진짜 사랑은 대가를 지불해야 한다는 사실을 피할 길이 없다. 진짜 사랑은 우리 각자에게 기꺼이 고난을 요구한다. 시간과 에너지와 돈을 희생하라고 요구한다. 때로는 기꺼이 침묵하고 또 다른 때에는 용기 있게 말하라고 요구한다. 또 때로는 싸우려 하지 말고 또 다른 때에는 의를 위해 싸우라고 요구한다. 때로는 결단성 있게 행동하고, 또 다른 때에는 기꺼이 기다리라고 요구한다. 진짜 사랑은 앞서서 이끌라고 하고, 또 다른 때에는 기꺼이 따르라고 요구한다. 또 때로는 계획을 따르라고 하고, 또 다른 때에는 기꺼이 우리의 계획을 포기하라고 요구한다. 사랑은 희생에 맞닥뜨려도 달아나지 않는다.

사랑은 결혼생활에 해롭거나 남편이나 아내에게 상처를 주거나 신뢰의 결속을 약화시키는 어떤 개인적인 결정이나 선택을 하지 않는 것이다. 사랑이란 당신의 자율성을 버리는 것을 의미한다. 그것은 더 이상 당신의 삶이 당신에게 속한 것처럼 살지 않는 것을 의미한다. 사랑은 더 이상 당신의 삶을 당신 혼자서 할 수 있는 투자로 여기지 않는 것을 의미한다. 그것은 남편이나 아내에게 무엇이 최상인지, 당신들의 관계에 무엇이 최상인지를 염두에 두고 모든 욕구나 선택, 결정, 말, 행동에 접근하는 것이다. 사랑은 당신들의 연합과 사귐이라는 더 큰 부르심과 더 큰 기쁨을 위해 당신의 독립성을 포기하는 것이다. 사랑은 자신을 상대방과 동떨어진 존재로 보지 않으려는 것이다. 사랑은 우리가 평생의 관계로 함께 있으므로 나의 모든 행동이 건설적이든 파괴적이든, 관계의 행동임을 이해하는 것이다. 사랑은 결혼생활에서 독립적으로 행동하는 것이 불가능함을 아는 것이다. 나의 모든 선택과 결정, 행동은 어떻게든 상대방에게 영향을 미칠 것이다.

그러므로 사랑은 관계적으로 사는 것을 의미한다. 다시 말해, 그것은 항상 결혼생활을 염두에 두고 선택하고 행동하는 것을 의미한다. 그것은 당신에게는 유익인 듯 보이지만 어쨌든 관계에 해로운 것은 절대 선택하지 않는다는 의미다. 그것은 결국 남편이나 아내에게 상처를 줄 감정이나 욕망에 빠지지 않는다는 의미다. 그것은 당신의 관계에 아주 중요한 신뢰를 약화시킬 선택이나 행동은 절대 하지 않는다는 의미다.

사랑은 자신에게 초점을 맞추는 일이나 지나친 요구를 하지 않으며, 바쁘거나 피곤할 때에도 섬기고, 돕고, 격려할 구체적인 방법을 찾는다. 결혼에 해로운 것 중 하나가 권리다. 죄인들에게는 축복을 필요로 바꾸는 놀라운 재주가 있다. 우리는 우리가 무언가를 받을 만하며 따라서 그것을 요구하는 것이 정당하다고 생각한다. 우리는 꼭 필요하지 않은 것들을 개인적인 '필요' 목록에 두고, 기대하고 요구한다. 그 일은 이렇게 일어난다. 당신이 나를 사랑한다고 말하면, 나는 당신이 내 필요를 채워줄 것을 기대하고, 당신이 그렇게 하지 않으면 당당히 요구한다. 실제로 꼭 필요하지 않은 것을 필요하다고 말하는 것은, 자아 중심성과 거기서 나오는 요구들에 핑계를 대는 방법 중 하나다.

성경이 제시하는 사랑의 본은 우리를 이러한 유혹에서 구해낸다. 마태복음 6장 25-32절에서 예수님은 우리에게 필요한 것을 정확하게 아시는 하늘 아버지가 계심을 상기하신다. 그분은 필요한 것과 필요하지 않은 것이 무엇인지에 대한 질문에 전혀 혼란스러워하지 않으신다. 그분은 우리에게 필요한 모든 것을 주겠다고 약속하셨다.

이것을 어떻게 확신할 수 있는가? 예수 그리스도의 십자가가 그 증거다. 바울은 그것을 로마서 8장 32절에서 말한다. "자기 아들을 아끼지 아니하시고 우리 모든 사람을 위하여 내주신 이가 어찌 그 아들과 함께 모든 것을 우리에게 주시지 아니하겠느냐." 하나님은 우리가 그분과 관계를 맺도록 하기 위해서 자기 아들을 희생하셨다. 그런 분이 우리를 버리신다는 것이 말이 되는가? 바울은 "절대로 그럴 수 없다!"고 말한다. 따라서 당신은 당신의 모든 필요가 충족되리라 확신할 수 있다. 그러니 안달하며 살 필요가 없다. 당신은 당신에게 진짜 필요한 것이 무엇인지 간혹 혼란스럽다고 겸손히 인정할 수 있고, 사랑 많으신 하늘 아버지께서 당신에게 진짜 필요한 것을 채워주시리라고 확신할 수 있다. 엄청난 대가를 지불하고 당신을 영원히 사랑하기로 하신 그분 말이다. 성 밖에 있던 그 옛날 언덕에서의 희생의 십자가는 보증서다.

당신은 이런 사랑을 받았으므로, 자신에게서 눈을 떼고 배우자를 사랑해야 한다. 또 하나님이 여전히 거기 계시고 여전히 일하시는지 궁금해서 어깨 너머로 쳐다볼 필요가 없으며, 속으로 걱정할 필요도 없다. 그분이 당신에게 그분의 아들을 주셨다면 당신이 필요할 때 당신을 버리실 리가 없다.

사랑은 하나님의 보호와 공급하심, 죄 사하심, 구조, 구원의 은혜가 없이는 이렇게 사랑할 수 없음을 매일 당신 자신과 배우자와 하나님 앞에서 시인하는 것이다. 이 장을 읽고 나면 당신이 감당해야 할 것이 두 가지 있다. 첫째로 사랑이란, 매력을 느끼는 누군가를 향한 다소 따뜻하고 낭만적인 애정의 감정이라기보다는, 근본적으로 더 깊고 더 적극적인 것이라는 사실에 직면해야 한다. **사랑은 당신으로 하여금 구체적인 돌봄의 삶을 살게 한 한 사람을 향한 마음의 헌신이다. 그러한 삶은 그 사람의 유익을 염두에 두고 기꺼이 희생할 것을 요구한다.** 사랑은 절대 일반적이지 않고, 절대 감정의 영역에 머물러 있지 않는다. 사랑은 바라고 생각하고 선택하고 결정하고 행동하고 말한다. 계속 다른 사람의 행복을 위해 지속적으로 날마다 헌신하면서 말이다. 진짜 사랑은 구체적이고 특정적이고 활동적이다.

그러나 당신이 이 장을 읽은 후에 맞닥뜨려야 하는 훨씬 강력한 사실이 있다. 이러한 깨달음은 당신을 향해 진지하게 생각한 다음 행동하라고 촉구한다. 우리 중 누구도 앞에서 묘사한 것처럼 사랑하는 일은 불가능하다. 기준이 너무 높다. 조건이 너무 엄청나다. 우리 중 누구도 이 기준에 이를 만한 자질을 갖추지 못했다. 행동하는 사랑에 대한 이 설명을 보면 나는 초라하고 슬퍼진다. 다시 한 번 사랑이 아닌 것에 사랑이라는 이름을 붙이고 싶은 마음에 직면한다. 내가 실제로 얼마나 나 자신에게 초점을 맞추고 자신에게 몰두해 있는지 인정하게 된다. 나는 사랑에 관한 한 전문가가 아님을 떠올리게 된다. 나는 형편없고 나약하고 자신감이 없다. 그러나 나는 혼자가 아니다. 그러므로 실패했음을 인식했다고 해서 패배감에 젖거나 무력해져서는 안 된다. 실패를 인식했다면 도움을 구해야 한다. 나는 결혼에 관한 좋은 책을 읽거나 좋은 결혼학교에 참석하는 일, 또는 결혼생활에 관한 좋은 상담을 받는 것을 말하는 것이 아니다. 이런 것들은 최상의 모습이 어떤 것인지 설명해줄 뿐이다. 이런 것들에는 당신이 최상의 모습을 소망하고 그렇게 행하도록 도울 능력이 없다. 사랑이 무엇인지 정보를 줄 수는 있지만, 절대 당신을 사랑하는 사람으로 변화시킬 수는 없다. 그러나 우리가 모두 원하는 것이 그것 아닌가?

당신도 알다시피, 사랑하라는 하나님의 부르심은 우리로 우리의 약함과 무능력에 대면하게 한다. 그것은 우리 마음이 실제로 얼마나 차가우며 변덕스러운지 대면하게 한다. 우리의 결심이 얼마나 약한지 보게해준다. 또 우리가 얼마나 하기 싫어하고 짜증을 잘 내는지 겸손하게 인정하라고 요구한다. 우리의 약함에 직면하는 것이 결혼에 대한 하나님의 목표 중 하나다. 이 총체적인 평생의 관계는, 지혜와 의와 힘에 대한 우리의 환상을 드러내고 우리가 그분께 도움을 구하게 하시기 위해 하나님이 사용하시는 도구다. 그리고 도움을 구하는 모두에게는 훌륭하고 충분한 도움이 주어진다.

요한은 우리가 앞에서 살펴본 사랑에 대한 긴 논의를 시작할 때 이런 말을 한다. "하나님이 자기의 독생자를 세상에 보내심은 그로 말미암아 우리를 살리려 하심이라"(요일 4:9). 요한은, 예수님이 이 땅에 오셔서 고통당하고 죽고 죽은 자들 가운데서 부활하신 목적은 그분을 통해 우리가 부르심받은 대로 살 수 있도록 필요한 것을 주시기 위함이라고 말한다. 그리고 그분이 우리를 부르신 삶은 기본적으로 철저히 일관성 있게, 사랑의 삶이다. 요한은 예수님이 죽으신 것은 우리가 마땅히 그래야 하는 만큼 사랑하지 못한 것을 용서해주시기 위한 것일 뿐 아니라, 우리가 마땅히 그래야 하는 만큼 사랑할 욕구와 지혜와 힘을 갖도록 하기 위한 것이라고 말한다.

예수님이 피를 흘리신 것은, 시작은 올바르게 했지만 지금은 화를 내고 날카로워진 대화를 위해서였다. 예수님이 죽으신 것은, 당신과는 전혀 다른 누군가와 함께 사는 매일의 압박감을 위해서였다. 예수님이 죽으신 것은, 당신이 용서와의 싸움에서 이기고 쓰라림과 앙갚음의 유혹에 저항하도록 하기 위해서였다. 예수님이 죽으신 것은, 당신이 지치고 낙심했을 때에도 침대 밖으로 나와 약속을 지키겠다는 결단을 하는 사람이 되도록 하기 위해서였다. 예수님이 고통당하신 것은, 당신이 상처와 학대를 지혜와 은혜로 대하도록 하기 위해서였다. 예수님이 죽으신 것은, 당신이 항복하거나 포기하거나 도망가거나 그만두려는 유혹에 저항하도록 하기 위해서였다. 예수님이 피를 흘리신 것은, 당신이 불쾌한 말을 들었을 때에도 건전한 말을 하고 당신의 말을 수정할 능력을 갖도록 하기 위해서였다. 예수님이 피를 흘리신 것은, 어떤 특정한 순간에 당신이 짜증을 내거나 조급해하지 않고 친절과 절제로 반응할 능력을 갖도록 하기 위해서였다. 예수님이 죽으신 것은, 당신의 꿈이 사라지는 상황에서 그분이 부르신 대로 더 나은 꿈을 갖도록 하기 위해서였다. 예수님이 고통당하신 것은, 당신이 예상하지 못하고 충분히 이해하지 못한 것들을 다루는 지혜를 갖도록 하기 위해서였다. 예수님이 피를 흘리신 것은, 당신이 성장하고 변화하는 능력을 갖도록 하기 위해서였다.

예수님은 당신이 사랑을 실천하고자 분투할 때 절대 당신을 혼자 두지 않으시려고 사랑으로 고통당하셨다. 당신이 사랑에 전념할 때, 그분은 그분의 사랑을 쏟아부으셔서 당신이 사랑하는 데 필요한 것이 부족하지 않도록 하신다. 그분은 기꺼이 가장 희생적인 사랑을 하셨다. 그것이 당신이 부르심받은 대로 사랑할 수 있는 사람이 되는 유일한 길임을 아셨기 때문이다. 예수님은 사랑을 위한 당신의 고투가 너무 깊어서 어떤 지혜 체계나 일련의 규정들로는 충분치 않음을 아셨다. 그분은 당신에게 도움이 되는 유일한 것은 그분 자신을 주시는 것임을 아셨다. 그래서 그분은 정확히 그 일을 하셨다. 그분은 바로 여기서 바로 지금, 당신이 구체적이고 지속적인 사랑의 삶을 사는 데 필요한 자원을 갖도록 자신을 내어주셨다.

그러므로 후회로 경직되지 말라. 사랑하라는 부르심에 압도되지 말라. 당신이 맞닥뜨린 규모나 숫자에 낙심하지 말라. 과거의 실패 때문에 미래에 대한 소망을 잃지 말라. 부족한 모습 그대로 있으라. 그분이 당신을 위해, 당신 안에, 당신과 함께 계신다. 그분의 은혜에는 당신을 자발적인 마음으로 준비하고 기다리게 만드는 능력이 있음을 기억하고, 소망과 용기를 가지고 앞으로 걸어가라. 적극적이고 구체적이며 진정한 십자가 사랑에 헌신하라.

우리는 우리의 차이를 감사와 은혜로 다룬다.

∞

다른 사람의 고뇌에 공감하는 법과 눈에 보이는

단점을 가리는 법을 가르치소서. 내가 다른 사람들에게

보여주어야 하는 자비, 그 자비를 내게 보여주소서.

– 알렉산더 포프(Alexander Pope)

∞

우리는 있는 그대로의 모습이 아닌 다른 모습이 되고 싶을수록

사람이 아니라 하나님처럼 되고 싶어 한다.

존 솔트마쉬(John Saltmarsh)

13장

결혼, 하나님의 놀라운 은혜

당신이 한 일이 아니었다. 그 사실을 더 빨리 이해했다면 당신과 당신의 결혼생활은 더 나아졌을 것이다. 당신은 할 수 없었다. 당신은 그렇게 강하지도 않고 지혜롭지도 않다. 당신과 나는 모든 것이 우리의 주도하에 일어났다고 생각하고 싶지만 그렇지 않다. 당신의 결혼 이야기가 다른 분의 지혜와 뜻으로 인한 것이었다는 사실과 마주하면, 결혼에 대한 당신의 생각이 완전히, 영원히 바뀔 것이다.

나는 오하이오 주 톨레도의 평범한 백인 가정에서 자랐다. 아버지는 운동용품점에서 일하셨고 어머니는 IBM의 천공기 기사셨다. 우리 가족은 미국 중서부의 평범한 가정 그 자체였다. 내 어린 시절의 중요한 사건은 우리가 교외의 모미 강변 작은 마을로 이사한 것이었다. 오하이오에서의 삶은 끊임없이 반복되는 지루한 일상이었다. 고등학교 졸업 후 대학에 입학하고, 적절한 시점에 오하이오의 여자와 결혼하여 자리를 잡고, 또 다른 세대를 위한 일상을 반복하는 것이 자연스러웠다. 그러나 내 이야기의 저자이신 분은 또 다른 계획을 가지고 계셨다.

쿠바의 플레스타스에서 태어난 루엘라라는 소녀가 있었다. 루엘라는 캐나다인 선교사 밑에서 태어났다. 오하이오 소년의 시각에서 보자면 그녀의 삶은 전혀 평범하지 않았다. 그녀는 매일 대가족에 둘러싸인 삶을 살았다. 그녀의 가족은 사역을 위해 쿠바로 갔고 거기서 그들의 삶의 방식이 형성되었다. 그녀는 백사장과 야자수와 아보카도가 있는 땅에서 살았다. 그녀가 가장 좋아한 과자는 케소 블랑코와 구아바 반죽으로 만든 쿠바의 크래커였다. 나는 어린 시절에 바다를 전혀 보지 못했다. 구아바나 아보카도 같은 것이 있다는 것도 전혀 몰랐다! 내가 가장 가까이 가본 해변은 이리 호수(Lake Erie)였다.

체 게바라와 피델 카스트로의 혁명으로 루엘라의 가족은 사우스캐롤라이나의 하츠빌로 이사했다. 여전히 거리나 문화 면에서 톨레도와 먼 곳이었다. 그녀의 아버지는 작은 교회에서 목회를 하셨고 어머니는 재봉사로 일하셨다. 하츠빌은 예스럽고 조용한, 만 명이 모여 사는 남부의 마을이었다. 그곳은 정말 외지고 활기 없는 곳이었다.

우리 부모님은 성경 교육을 훌륭하게 하는 사우스캐롤라이나의 작은 기독교 대학을 발견하시고는, 내가 다른 학교에 가기 전에 적어도 2년 동안 그곳에 다니기를 간절히 원하셨다. 나는 신이 나지는 않았다. 남부의 전통적인 보수성을 약간 염려하면서 지원을 했고 합격했다.

나는 마음을 닫은 채로 불안한 마음으로 대학에 갔다. 거기서 만나는 여학생들을 포함하여, 어떤 장기적인 관계를 맺는 일이나 그곳에 뿌리를 내리는 일에는 전혀 관심이 없었다. 나는 모든 여자가 아미쉬 농장에서 막 나왔거나, 혹은 아프리카 숲이나 남미 정글에서 갓 나와서 미국 문화에 대해서는 거의 모르는 사람들일 거라고 예상했다. 나는 비틀즈와 밥 딜런과 베트남 전쟁에 관심이 있었다. 황무지로 되돌아갈 계획을 갖고 있는 누군가를 만나는 데는 정말 관심이 없었다.

대학에서의 첫 주는 힘들었다. 내가 처한 환경이 모두 싫었다. 사실

나는 그곳에 남지 않겠다고 생각했기 때문에 첫 주 내내 짐도 풀지 않았다. 이미 짧게 자른 머리를 더 짧게 자르도록 강요당했는데, 그것은 내가 용서하지 못할 모욕이었다! 그러나 나는 오리엔테이션 주를 잘 보내고 그곳에 남기로 결심했다.

루엘라는 한 해 전부터 그녀의 집에서 100킬로미터나 떨어진 이 대학에 다니고 있었다. 그녀의 첫 해는 개인적인 고투의 시기였지만, 한 해 더 다니기로 결정했다. 오리엔테이션 주가 끝나고 돌아온 학생들이 식당에서 밥을 먹은 바로 그 첫날 점심 때 나는 식당 줄에서 루엘라의 뒤에 섰다. 나는 바로 홀딱 반했다. 그녀는 아미쉬 부모님이 계시거나 정글에서 막 도착한 것처럼 보이지 않았다. 그녀는 멋있었고 아름다웠다. 나는 그녀에게서 눈을 뗄 수 없었다. 앞에서도 언급했듯이, 나는 첫눈에 사랑에 빠졌고, 루엘라는 그저 나를 처음 본 것뿐이었다!

나는 그녀에 대해 알아보기로 결심했고, 우리는 한 달이 못 되어 첫 데이트를 했다. 루엘라는 장기적인 관계에 관심이 없었고 다시 데이트 신청을 하지 말라고 말했다. 그러나 나는 다시 데이트를 신청했고 그녀는 승낙했다. 나는 그녀가 계속 승낙하는 한 계속 데이트 신청을 하리라 결심했고, 그 나머지는 말하지 않아도 알 것이다.

내 삶은 루엘라에 의해 완전히 변했고 향상되었다. 나는 그녀 없이는 나 자신일 수 없었고, 내가 하고 있는 일을 할 수 없었다. 나는 그녀 없이 내 여정이 어떻게 될지 상상할 수 없다. 루엘라는 나의 영웅이고 가장 소중한 친구다. 지구상에 내가 함께 시간을 보내고 싶은 유일한 사람이다. 그녀의 목소리보다 내 삶에 더 영향력 있는 목소리는 없다. 나는 그녀 같은 사람과 결혼하는 큰 행운을 누렸으며, 나 혼자서는 결코 그녀를 발견할 수 없었음을 안다.

내 결혼 이야기는 사실 중요한 신학적 요점을 보여준다. 당신과 나는 우리 이야기의 저자가 아니다. 잠시 나에 대해 생각해보라. 사고를 확장하여 경이감을 가지고 묵상해보라. 이 쿠바 출신의 소녀와 오하이오 출신의 소년이 언제라도 어떻게든 만나기 위해서는 개인적·문화적·국내적·국제적으로 모든 장소와 상황과 관계들에 대한 절대적인 지배권을 가져야 한다. 수학적인 가능성을 검토해보라. 어떤 지배권이 있든 없든, 루엘라와 내가 연루될 상황과 장소, 관계가 얼마나 적을지 생각해보라. 우리 둘 다 상대방이 존재하기나 했는지, 혹은 우리 이야기가 교차할 운명적인 순간을 향해 나아가고 있는지 전혀 몰랐음을 생각해보라. 우리 둘 다 서로를 발견할 만큼 혹은 우리 삶이 함께 빚어질 것을 알 만큼 통찰력이 있지 않았음을 생각해보라. 그리고 우리가 만난 그 첫날 이후에도 우리 관계가 어떻게 전개될지 알 수 없었음을 생각해보라.

이제 당신은 우리의 이야기가 독특하지 않음을 알 것이다. 당신은 당신의 삶이 당신의 계획대로 이루어지지 않음을 안다. 지난달도 당신의 계획대로 되지 않았다. 지난주도 당신의 계획대로 되지 않았다. 당신들 중 몇몇은 어제가 당신의 계획대로 되지 않았다는 사실을 깨닫고 오늘 이 책을 읽으며 약간 당황할 것이다. 10년 전 당신은 당신이 지금의 상황에 있으리라고 예측할 수 없었다. 루엘라와 나는 필라델피아 차이나타운에 있는 아파트에서 살고 있다. 나는 내 이야기가 이런 방향으로 흘러갈지 전혀 알 수 없었다.

굳이 미스터리 소설을 읽을 필요가 없다. 당신의 삶 자체가 미스터리다. 그것은 일이 일어난 이후에야 이해가 되는 미스터리다. 결혼생활에 관한 한 그것은 당신이 한 것이 아니었다. 이 말이 무슨 의미인지 더 빨리 이해하면 할수록 좋다. 물론 당신은 살아오면서 여러 결정들을 했고, 그 결정들은 아주 중요했고, 어떤 결과를 남겼다. 그러나 훨씬 근본적인 무언가가 진행되고 있다. 이것을 이해할 때에만 당신은 결혼생활의 분투를 새롭게 이해하고, 그 분투에 대해 무엇을 할지 새롭게 알게 될 것이다.

당신의 결혼생활을 만드시는 예술가

누구도 결혼생활에서 분투할 계획을 세우지 않지만 우리는 모두 분투하고 있다. 그리고 그 순간 우리가 꼭 알아야 할 것은, 우리의 삶과 결혼생활에 대한 이야기를 이해하게 해주는 유일한 이야기는 성경이라는 것이다.

성경은 창조주와 함께 시작된다. 요한복음 1장 3절은 "만물이 그로 말미암아 지은 바 되었으니 지은 것이 하나도 그가 없이는 된 것이 없느니라"고 말한다. 물리적인 세상과 그 안에 있는 모든 것은, 하나님이 입체음향과 총천연색으로 창조적이고 예술적인 기교를 발휘하신 작품이다. 잠시 멈추어 바라보라. 귀를 기울여보라.

나는 지난주에 덴버와 필라델피아, 피닉스라는 세 도시에 있었다. 나는 세 개의 산맥 지역에 있었지만, 그곳들은 아주 다른 곳이었다. 가파르고 자연석 그대로인 화려함을 지닌 로키 산맥을 지날 때는 이 산들의 위협적인 장관에 깜짝 놀랐다. 나는 그 산에서 강이 협곡을 따라 흘러내려갈 때 내는 급류 소리에 귀를 기울였다. 그 소리는 어디에서나 볼 수 있는 아름다움에 자연스럽게 흘러나오는 박수처럼 들렸다. 계속 주행을 하는 동안 나는 "이것이 산이구나!" 하고 혼잣말을 했다. 내가 사는 필라델피아 근처의 포코노 산맥은 로키와 비교하면 사실 산이 아니다. 포코노는 그저 저지 쇼어에 있는 바다를 만나기 전에 천천히 가게 하려고 하나님이 만드신 과속 방지턱 정도라 할 수 있다.

그 주말에는 피닉스 지역에 있는 카타리나 산맥에 있었다. 이 산은 적막하고 날카로운 사막 산이었다. 손을 든 채로 황량한 꼭대기를 향해 전진하는 앙상한 선인장들 때문에 모서리들만 부드러워 보였다. 이러한 다양성은 하나님의 마음에서 나온 것이다. 모두 다 하나님이 손으로 밑그림을 그리셨고, 다 그분의 영광을 드러내는 흔적이다. 각 지역의 초목이 얼마나 다른지, 각 지역에 얼마나 다른 생물체들이 거주하는지, 각각의 환경에 얼마나 적절한 독특한 날씨가 있는지 더 말할 수 있지만, 당신은 요점을 이해했을 것이다.

이것이 결혼생활과 무슨 관계가 있는가? 당신은 결혼생활을 창세기 1장의 렌즈를 통해서 볼 때에만 진정한 연합과 기능적인 연합을 이루는 결혼생활을 위해 당신들이 부부로서 직면하는 고투를 이해하게 될 것이다. 또 둘 사이에 어떻게 진정한 존경과 감사가 있는 삶을 살 수 있는지 이해하게 될 것이다. 둘 사이의 진짜 중요한 차이는 창조주의 마음에서 시작되었다. 당신의 아내를 구성하고 있는 모든 것, 즉 그녀의 외형과 타고난 은사, 특별한 성격은 놀랍도록 창의적인 설계자의 마음에서 나왔다. 당신의 남편을 구성하고 있는 모든 것, 즉 그의 외형과 타고난 은사, 특별한 성격은 놀랍도록 창의적인 설계자의 마음에서 나왔다. 그분이 인간에게 장착하실 수 있는 하드웨어의 다양함은 끝이 없다.

생각해보라. 어떤 사람은 기계적이고, 어떤 사람은 분석적이고, 어떤 사람은 개념적이고, 어떤 사람은 수학적이고, 어떤 사람은 조직적이고, 어떤 사람은 예술적이고, 어떤 사람은 관계적이다. 어떤 사람은 사교적이고 외향적이며 어떤 사람은 조용하고 내성적이다. 또 어떤 사람은 중간이다! 하지만 이러한 각각의 범주 내에서도 엄청난 차이들이 있다. 머리 색깔과 머릿결 등 그 무한하게 다양한 조합을 생각해보라. 사람들의 턱과 코, 이마, 귀, 입술, 치아, 뺨의 크기와 모양을 살펴보고, 인간 얼굴의 한없이 다양한 제조 방식을 생각해보라. 그런 다음 그것들을 몸의 모양의 온갖 변수들과 팔과 몸통의 크기와 몸무게와 허리둘레와 조합해보라. 당신은 절대 완벽하게 똑같아 보이는 두 사람을 찾지 못할 것이다. 일란성 쌍둥이도 완전히 똑같지는 않다.

창세기 1장으로 시작하면 당신은 당신 같은 누군가와 결혼하는 것은 사실상 불가능하다는 사실에 직면한다. 당신은 엄밀한 일련의 과학 공식에 따라 어떤 진화의 공장에서 제조된 것이 아니라 무한하고 신적인 예술가가 만드셨기 때문에 독특하다. 완전히 당신 같은 사람은 없다. 당신은 당신의 복제 인간과는 절대 결혼하지 못할 것이고, 결혼생활을 하며 절대 남편이나 아내를 당신의 복제 인간으로 변화시킬 수는 없을 것이다.

이 모든 내용은 다음의 결론으로 이어진다. 즉 결혼에서의 연합은 동일한 데서 오는 것이 아니다. 당신은 절대 당신의 배우자와 정확하게 똑같을 수 없다. 하나님은 당신이 당신과는 다른 누군가와 결혼하도록 계획하셨다. 오히려 연합은, 모든 부부의 삶에 존재하는 불가피한 차이에 대면한 남편과 아내가 이루어내는 결과다. 그렇다면 당신은 결혼생활에서 배우자와의 차이를 계속 대면할 때 무엇을 해야 할까? 몇 가지를 제안해보겠다.

창조주를 송축하라. 차이에 직면할 때 오히려 그것을 활용하여 견고한 연합의 결속을 다지는 일은 여기서 시작된다. 배우자를 볼 때 하나님의 손길의 흔적을 보며 놀라면 놀랄수록, 당신은 그 혹은 그녀를 당신의 모습으로 만들려는 유혹에 잘 저항할 수 있을 것이다. 하나님이 창조하신 것을 찬탄하면 할수록 그것을 다시 만들고자 하는 마음은 줄어들 것이다. 당신들의 차이점들에서 하나님의 아름다움과 하나님의 영광을 더 많이 볼수록 그것들에 짜증이 덜 나게 될 것이다. 핵심은 이것이다. 남편이나 아내를 바라보며 창조주 하나님께 더 영광을 돌릴수록,

당신과 함께 사는 사람, 당신과 엄청나게 다른 그 사람을 더 많이 존경하고 인정하게 될 것이다.

차이를 옳고 그름의 문제로 보지 말라. 창조주가 당신의 남편이나 아내 속에 장착해놓으신 하드웨어에 대해 말하는 것은 도덕적으로 옳고 그름을 이야기하는 것이 아니다. 예를 들어, 루엘라는 시간을 중요시하는 성향의 사람이 아니다. 그녀는 천성적으로 그녀가 하는 일이나 함께 있는 사람에게 더 초점을 맞춘다. 그녀는 사려 깊게 천천히 삶에 접근한다. 그녀는 일정표에 있는 다음 일 때문에 서두르거나 산만해지는 일이 거의 없다. 나는 정반대다. 나는 프로젝트를 심히 중요시하는 성향의 사람이다. 나는 하루에 내가 할 수 있는 한 많은 일을 해내려고 애쓴다. 나는 시간을 아주 중요시하며, 늘 그 다음 해야 할 일을 생각한다.

시간에 대한 성향과 관련하여 우리의 이러한 차이는 성숙이나 도덕성의 문제가 아니다. 내가 시간과 시간 엄수를 더 지향하는 사람이라는 이유로 루엘라보다 더 나은 사람은 아니며, 루엘라가 그 순간의 과제를 더 잘 처리할 수 있다는 이유로 나보다 더 의로운 사람은 아니다. 놀라우신 창조주께서 우리를 묶으셨다. 우리는 둘 다 사람이지만 전혀 다른 사람이다.

당신 자신의 하드웨어가 배우자보다 더 낫다거나 더 성숙하다거나 더 의롭다고 생각하고 행동하기 시작하면, 당신은 오만하고 무례하게 행동하고 반응하게 될 것이다. 또 당신이 이런 식으로 반응하면, 결혼생활에서 연합을 이루지 못할 뿐 아니라, 연합을 약화시키는 불필요한 갈등을 만들게 될 것이다.

차이에 감사하고 존중하기로 결단하라. 이렇게 하면 우리는 대부분 성향과 태도와 행동이 바뀔 것이다. 우리는 차이에 맞닥뜨리면 성급해지거나 짜증을 낸다. 그러한 차이들을 미묘하게 무시하는 데도 익숙하다.

또 우리 마음대로 하기 위해 필요한 일들을 하는 데 익숙하다. 여기 당신이 직면해야 할 사실이 있다. 그러한 반응들은 남편이나 아내와의 관계보다 하나님과의 관계와 관련이 있다는 것이다. 당신이 거부하고 있는 것은 남편이나 아내가 선택한 것이 아니라 하나님이 선택하신 것이다. 루엘라가 자신의 키를 정하지 않은 것처럼 꼼꼼하기로 정하지도 않았다. 당신의 배우자에게 그러한 은사와 성격을 주신 분은 하나님이다. 그분은 그렇게 하신 후에 뒤로 물러서서 '좋다'고 선언하셨다. 당신이 배우자가 선택하지 않은 일을 경멸하거나 그녀가 바꿀 수 없는 것을 거부할 때 그녀는 마음이 상한다. 모든 차이는 하나님의 창조적이고 예술적인 기교를 송축할 기회이며, 당신의 배우자를 그렇게 만드신 하나님께 구체적인 존경과 감사를 드릴 기회다.

차이 때문에 어려움이 생기는 지점이 어디인지, 그래서 연합의 수고를 해야 하는 지점이 어디인지 배우라. 이는 아주 분명하다. 내가 지금 송축하는 것들은 한때 심하게 고투했던 것들이다. 나는 시간에 관한 한 내가 옳고 루엘라가 틀렸다고 생각했다. 내가 창조주보다 더 나은 창조자라고 생각했고, 그래서 별 효과가 없었지만 루엘라를 내 모습대로 재창조하려고 애썼다. 유감스럽게도 나는 오만하고 무례하게 말하고 행동했다. 결혼생활 초기에 나는 내 인생에서 루엘라가 얼마나 필요한지 알지 못했다.

나는 우리의 차이에 직면했을 때 우리의 연합을 더 강하고 깊게 하기 위해 내 능력 안에서 무엇이든 하려는 마음으로 우리의 차이를 살피지 않았다. 내 행동은 부조화와 분열을 일으켰다. 루엘라와 내가 똑같지 않다면 우리는 결코 하나가 되지 못할 것이라고 확신한 나는 우리의 차이를 기반으로 견고한 연합을 이루는 일에 애쓰지 않았다. 루엘라는 시간을 들이는 것에 개의치 않기 때문에 집의 페인트칠 작업을 나보다 더 잘 한다. 나는 시간에 더 현실적이기 때문에 휴가 일정을 더 잘 짠다. 우리는 하나님이 설계하신 각자의 독특한 장점을 활용하는 법을 배웠고, 이는 우리 둘 다의 타고난 약점을 보완해주었다. 우리는 서로에게 가장 유익한 것은 가장 힘든 분투에서 온다는 것을 배웠다. 또 우리는 하나님이 서로를 통해 유익을 얻게 하시는 것을 놓고 싸우지 않으려고 계속 애쓴다.

이런 차이가 당신에게 성장하도록 도전할 때 받아들이라. 내가 씨름했던 것은, 이런 차이들이 나의 성장과 변화를 요구하고 있었다는 사실이다. 나는 더 인내해야 했다. 나는 더 감사하고 존중해야 했다. 우리의 차이들을 논의할 때 나는 더 친절하고 더 격려해야 했다. 나는 더 겸손하고 사람들이 다가오기 쉬운 사람이 되어야 했다. 나의 이기심과 독선을 드러내야 했다. 나는 루엘라를 비판적인 눈으로 보느라 너무 바빠서 나 자신을 점검할 시간이나 관심이 없었다. 나는 그녀가 이해하지 못하는 것에 화를 냈고 분노로 반응했다. 나는 하나님이 하고 계신 일을 이해하지 못했다. 그분은 창조주로서 루엘라를 통해 내 성품의 결핍을 드러내셨다. 우리의 차이들은 그분의 영광을 드러낼 뿐 아니라, 우리의 유익을 위한 것이었다. 나는 이 사실을 이해하고 (성품을) 바꾸기 시작했고, 절대 변하지 않을 루엘라의 그것들을 (하드웨어) 바꾸려는 일을 그만두었다. 이 내용은 다음 단락을 이해하는 토대가 될 것이다.

계획된 분투

우리가 차이들로 분투하는 일은 우연히 일어난 사고가 아니다. 그것은 계획된 일이다. 창조적이고 예술적인 기교로 당신과 배우자가 매일 경험하는 하드웨어의 차이를 만드신 그 하나님이, 그분의 계획과 목적에 따라 당신들을 하나로 묶으셨다. 그분의 주권을 인정하는 일이야말로, 결혼생활의 분투와 그것에 어떻게 대처해야 할지를 이해하는 열쇠다.

우리는 우리 각자의 결혼 이야기를 다른 분이 쓰고 계심을 인식하는 것으로 이 장을 시작했다. 지금은 우리 각자의 결혼생활 안에서 그분이 하고 계신 일의 이유를 살펴보고자 한다. 여기서는 겸손과 은혜로 당신과 배우자의 차이를 다루려 할 때 알아야 할 성경의 계획들을 제시하려 한다.

하나님은 우리 삶의 세세한 부분들에 완벽한 통치권을 가지고 계신다

여러 번 말했지만, 사도행전 17장 24-27절이 신약성경에서 우리 삶을 향한 하나님의 통치권을 말하는 데 가장 유용하고 격려가 되는 말씀이다.

> "우주와 그 가운데 있는 만물을 지으신 하나님께서는 천지의 주재시니 손으로 지은 전에 계시지 아니하시고 또 무엇이 부족한 것처럼 사람의 손으로 섬김을 받으시는 것이 아니니 이는 만민에게 생명과 호흡과 만물을 친히 주시는 이심이라 인류의 모든 족속을 한 혈통으로 만드사 온 땅에 살게 하시고 그들의 연대를 정하시며 거주의 경계를 한정하셨으니 이는 사람으로 혹 하나님을 더듬어 찾아 발견하게 하려 하심이로되 그는 우리 각 사람에게서 멀리 계시지 아니하도다."

바울은 자신의 삶의 세세한 부분까지 하나님이 관여하신다고 생각했다. "그들의 연대를 정하시며 거주의 경계를 한정하셨으니"(26절 하반절). 이 말이 의미하는 바는 무엇인가? 내가 다른 말로 바꾸어 표현해 보겠다. 하나님은 우리가 각자 살 정확한 장소를 정하시고("거주의 한계를 한정하셨으니"), 우리 인생의 정확한 기간을 정하신다("그들의 연대를 정하시며"). 우리가 각자 사는 장소와 상황, 관계의 세밀한 사항을 정하시는 분이 바로 하나님이시다. 이는 당신이 어떤 상황에 처할지, 결국 누구와 살지를 하나님이 주관하신다는 의미일 뿐 아니라, 그렇게 하시기 위해서 당신이 지금 있는 곳에 있도록 모든 것을 주관하신다는 의미다. 이는 하나님이 모든 경험적·문화적·가족적 영향력을 주관하심으로써 당신이 무언가를 바라고 생각하고 행동하고 대응하는 방식이 형성되었다는 의미다. 하나님은 당신이 사는 장소뿐 아니라, 한 인격으로서 당신을 빚어낸 영향력들을 주관하신다. 그분은 당신과 당신의 배우자 이야기를 쓰시고 당신의 이야기들이 교차하도록 정하셨을 뿐 아니라, 당신들을 서로 다른 사람으로 빚어낸 모든 상황을 주관하신다.

당신들이 고투하고 있을 때, 당신은 결혼생활을 불운이나 형편없는 계획, 또는 당신 스스로 만든 엉망의 상황으로 보아서는 안 된다. 하나님은 당신들의 고투 한가운데 계신다. 그분은 당신이 오늘 마주하고 있는 일에 놀라지 않으신다. 그분이 무언가를 꾸미고 계신다.

하나님은 의도적으로 우리를 어떤 상황이나 장소에 두신다

모든 신자가 어느 순간에 하는 질문이 있다. "사랑과 지혜의 하나님이 왜 의도적으로 우리를 싸우게 하시는 건가?" 이것은 우리가 우리의 결혼생활을 이해하고, 연합과 사랑과 이해를 키우는 결혼생활을 하기 위해 대답해야 하는 질문이다.

이 질문에 답하기 위해서는 뒤로 물러나 큰 그림을 봐야 한다. 지금 여기에서 하나님이 열의를 가지고 집중하고 계신 일은 구원이다. 이것이 무슨 의미인가? 당신이 하나님의 자녀라면 죄의 힘은 당신의 삶에서 산산조각 났다(롬 6:1-14). 그러나 당신에게는 여전히 심각한 문제가 있다. 죄의 존재가 여전히 남아 있는 것이다. 하나님은 죄의 미생물이 당신 마음의 모든 세포에서 근절될 때까지 쉬지 않으실 것이며, 당신이 멋대로 하도록 내버려두시지 않을 것이다. 그래서 그분은 지금 여기에서 계속 일하고 계신 것이다. 그분은 당신을 당신 자신에게서 구해내려고, 당신을 죄에서 구원하려고, 당신 안에 예수님의 성품을 빚으려고 일하고 계신다.

그러므로 이는 세상에서 가장 장기적이고 포괄적인 관계인 결혼관계가, 세상에서 가장 중요하지만 완료되지 않은 과정인 성화의 한가운데 있다는 의미다. 왜 하나님은 이렇게 하시는가? 우리를 결혼시키시는 것보다는 우리를 완벽하게 변화시키시는 것이 더 쉽지 않은가? 일의 순서가 뒤바뀐 것이 아닌가? 이것이 이해되지 않는 이유는, 우리의 결혼 목적이 주님의 목적과 다르기 때문이다. 우리는 그저 하나님의 계획 목록에 있는 것이 아니다. 우리의 바람은 결혼생활이 우리에게 위로와 안락함, 즐거움을 주는 곳이 되는 것이다. 그러나 하나님의 뜻은 우리 각자의 결혼생활이 아주 작고 사소한, 자아 중심의 행복한 장소가 되기보다는 더 기적적이고 영광스러운 길을 위한 도구가 되는 데 있다. 그분은 결혼을 개인적인 거룩에 이르는 가장 효율적이고 효과적인 도구가 되도록 설계하셨다. 그분은 당신의 결혼생활이 당신을 변화시키도록 의도하셨다.

당신들의 차이와 그 차이들로 인한 어려움들은, 하나님이 당신을 잊으셨거나 당신에게 신실하시지 못하다는 표지가 아니다. 차이로 인한 어려움은 그분의 계획의 방해물이 아니라, 오히려 그분의 계획의 일부다. 이 사실을 이해하는 것이 그러한 차이들을 새롭고 더 나은 방식으로 다루는 바탕이 된다.

결혼은 개인적인 변화와 성장을 위해 하나님이 사용하시는 중요한 도구다

나는 분명 당신을 알지 못하지만 당신도 나와 같으리라 생각한다. 나는 루엘라와 나의 차이로 고투하면서, 특히 두 가지 이유에서 변화에 저항하고 있다. 첫째로, 나는 귀찮은 상황을 대하고 싶지 않다. 내 삶이 쉽고 예측 가능했으면 좋겠다. 내가 계획했던 대로 되었으면 좋겠다. 나는 루엘라가 "네, 여보. 정말 멋진 생각이에요"나 "당신 생각에 전적으로 동의해요"라고 말했으면 좋겠다. 나는 다른 시각이나 계획을 대하고 싶지 않다. 내 세상에 대한 주권을 가지고 싶고, 내 세상이 내가 생각하는 행복에 필요한 것을 충족시키는 식으로 굴러가게 하고 싶다. 그러나 그것이 다가 아니다. 나는 변화가 필요없다고 생각하곤 한다. 내 말은, 서로의 차이로 인한 싸움의 근저에는 흔히 독립의 욕구와 자기 의의 망상이 있다는 것이다. 우리는 우리가 해야 하는 정도보다 더 많이 제어하고 싶어 하고, 실제의 우리 모습보다 더 의롭다고 생각한다.

우리가 변화하고 싶어 하지 않으면서 서로의 차이로 인한 매일의 어려움에 불평하고 있다면, 그것은 함께 살고 있는 사람에게 투덜대는 것에 그치지 않는다. 우리는 하나님이 누구신가와 하나님이 우리가 누구라고 말씀하시는지와 싸우는 것이다. 수평적인 분투는 우리와 우리 주님 사이의 수직적인 분투의 결과다. 열정적인 사랑의 하나님은 우리에게 영원한 가치가 있는 것을 가져다주시기 위해 우리의 결혼생활을 이용하고 계신다. 우리의 분투는 그만큼 변화시키시는 은혜의 선물을 귀중히 여기도록 하기 위함이다.

세 가지 주요한 차이는 우리 마음을 드러내고 변화시키려고 사용되는 도구다

하나님이 우리 마음을 드러내기 위해 결혼생활에서 사용하시는 세 가지 주요한 차이가 있다. 첫 번째 차이는 우리가 이미 검토한 것이다. 그것은 창조주가 우리 각자 안에 장착하신 개인적인 하드웨어의 차이다. 둘째는, 우리가 사는 지역의 경험과 문화, 관계의 영향력(이는 우리가 세상을 바라보고 그에 반응하는 방식을 형성했다)을 통하여 우리 안에 형성된 관점과 본능, 입맛의 차이다. 그리고 마지막으로, 개인적인 죄와 약함의 차이와 은혜 안에서 성장하는 면에서의 차이가 있다. 우리는 모두 같은 환경에서 그리스도처럼 성숙에 이르기까지 여행하고 있는 것이 아니다.

기억해야 할 중요한 점은, 이 세 가지는 행복한 결혼생활로 가는 길에서 피해야 할 구덩이가 아니라, 오히려 사랑이 많고 지혜롭고 신실하신 구세주의 수중에 있는 변화의 효율적인 도구로 보아야 한다는 것이다. 그분은 우리가 서로를 신뢰하기 어려운 순간에도 마땅히 신뢰받아야 할 분이시다. 우리 배우자의 동기가 어떠하든 우리의 구세주는 선한 무언가를 꾸미고 계시기 때문이다.

이러한 차이들을 은혜로 볼 때 변화가 시작된다

나는 실제로 우리가 결혼생활에서 은혜를 입고 있음을 인식하지 못한 채 은혜를 구하는 순간들이 있다고 생각한다. 우리는 안심의 은혜나 해방의 은혜를 받고 있지는 못하다. 그것은 우리에게 정말 필요한 은혜가 아니기 때문이다. 우리가 받고 있는 은혜는 우리에게 절실하게 필요한 은혜, 즉 개인적인 성장과 변화라는 불편한 은혜다. 당신의 마음을 장악하고 있지만 결코 당신을 만족시키지 못할 것들을 내려놓게 하시기 위해, 주님은 아버지의 사랑으로 당신의 손을 펴고 계신다. 그분은 당신이 당신의 지식을 깨닫고 그분의 지식 안에 거하도록 하시기 위해, 노련한 교사의 통찰력으로 당신이 자신의 지혜에 의문을 제기하도록 몰고 가신다. 하나님은 당신이 그분의 다스림 안에서 위로를 얻도록 하시기 위해, 최고 상담자의 기량으로 당신을 지배하는 망상을 보여주신다. 그분은 당신이 그분 안에서 소망을 발견하게 하시기 위해, 신실한 친구의 부드러움으로 당신이 자신의 의가 불충분하다는 사실에 직면하게 하신다.

당신과 같지 않은 누군가와 함께 살도록 부르심받았기 때문에 피곤하고 불편할 때, 당신이 어떤 과정에 있는지 생각하는 일은 아주 중요하다. 당신 자신에게 불편한 은혜의 신학을 선포해야 하는 때가 바로 이 순간이다(롬 5장, 약 1장, 벧전 1장). 그렇게 할 때에야 당신은 덜 저항하고 더 감사하고, 연합과 이해와 사랑의 결혼생활을 이루어가는 길에 있게 되기 때문이다. 배우자에 대한 진정한 감사는 하나님을 향한 실제적인 매일의 예배로 시작됨을 기억하라.

당신들이 분투할 때 하나님이 함께하신다

나는 하나님이 우리 일상생활의 실제적인 세세한 부분을 다스리신다는 바울의 말이 정말 좋다. 그는 "이는 사람으로 혹 하나님을 더듬어 찾아 발견하게 하려 하심이로되 그는 우리 각 사람에게서 멀리 계시지 아니하도다"(행 17:27)라고 말한다. 바울은 하나님이 우리 삶의 사적이고 세세한 부분을 완벽하게 다스리고 계시므로, 그분을 하늘에서 장기를 두시는 분처럼 멀리 계시고 다가갈 수 없는 분으로 볼 수 없다고 주장한다. 바울은 실제로는 그와 정반대라고 말한다. 하나님은 당신의 결혼생활의 세세한 삶 한가운데 계시며, 그렇기 때문에 가까이에 계신다. 이는 언제라도 당신이 그분의 도움을 얻을 수 있다는 의미다. 하나님은 당신이 살게 될 상황과 관계를 정하셨을 뿐 아니라 그 가운데서 당신과 함께 계신다. 그분은 절대 싫증을 내거나 당신을 버리지 않으신다. 잠시도 쉬지 않으신다. 그분은 절대 지치지도 않고 포기하지도 않으신다. 그분은 당신 가까이에 당신을 위해 계시며 그분이 시작하신 일을 완성할 때까지 떠나지 않으신다.

차이 다루기: 시작

    그렇다면 배우자와 다르다는 현실에 맞닥뜨렸을 때 당신은 무엇을 해야 할까? 나는 여기서 몇 가지를 제안하고 다음 장에서 그 논의를 끝마칠 것이다. 두려워하며 도망가지 말라. 당신이 끔찍한 실수를 한 것이 아니다. 누구도 완벽하게 똑같은 사람과 결혼하지 않는다. 당신이 대면하고 있는 상황은 계획된 것이다. 실제로 존재하는 차이를 부인하며 스스로를 위로하려 하지 말라. 나는 차이를 강하게 부인하던 많은 약혼 커플들과 상담을 했다. 그들은 절대 서로 의견이 다를 수 없다고 확신했다. 나는 내 일이 그들을 그러한 강한 부인에서 깨우는 것임을 알았다. 당신의 방법만이 유일한 듯 당신의 방법을 위해 싸우지 말라. 기억하라. 당신이 반대할 때 그것은 먼저 남편이나 아내에게 반대하는 것이 아니라 하나님께 반대하는 것이다. 그분은 당신들이 서로 다르다 할지라도 연합을 위해 애쓰도록 부르신다. 그분은 이 일이 당신의 결혼생활만 변화시킬 것이 아니라 당신을 변화시킬 것임을 아시기 때문이다. 그것이 정확히 하나님이 하시려는 일이다. 불필요한 논쟁과 하찮은 전투에 말려들지 말라. 변화를 일으키는 차이에 공을 들이라. 정신과에 가는 것은 아마 싸움에 도움이 되지 않을 것이다. 오히려 교회가 도움이 될 것이다. 하나님은 당신이 우선순위를 바르게 하도록 하시기 위해, 그리고 무엇이 중요하고 중요하지 않은지 실제적으로 기억하도록 하시기 위해 당신들의 차이를 사용하실 것이다.

    이는 정말 아주 멋진 계획이다. 하나님은 당신의 결혼생활을 통해, 당신이 혼자서는 성취할 수 없는 것을 주시기 위해 당신이 전혀 생각도 못해본 곳으로 당신을 데려가실 것이다. 그분은 아주 좋은 무언가를 위해 즉, 지속적인 개인의 변화를 위해 일하고 계시며, 그 과정 동안 당신이 원래 설계된 대로 되고 부르심받은 대로 행하도록 하기 위해 당신과 함께 계시며 당신이 필요로 하는 것을 주실 것이다. 이것이 힘겨운 날들에도 당신이 격려를 받아야 할 이유다.

14장
어두워지기 전에

존과 재키는 어떤 습관에 빠졌다. 그들은 그것이 얼마나 위험한지 알아채지 못했다. 재키는 조용했고 사려 깊었고 저녁에 밖에 나가기보다는 좋은 책을 들고 웅크리고 앉는 유형이었다. 재키의 아버지는 명문 대학의 역사 교수였고, 어머니는 현모양처였다. 재키의 성장 과정에는 매력적인 규칙이 있었다. 휴일이면 가족이 항상 같은 방식으로 보냈고, 매년 여름이면 호숫가의 별장에서 한 주를 보냈다. 재키는 유치원부터 고등학교를 졸업할 때까지 같은 그룹의 친구들과 함께 학교를 다녔고, 그들 중 상당수와 함께 그녀의 아버지가 가르치던 지역 대학에 입학했다. 재키의 삶에 변한 것은 거의 없었고 그녀는 그런 방식을 좋아했다.

존은 대도시에서 자랐다. 그의 아버지는 출세가도를 달려 엄청나게 성공한 유력한 변호사였다. 존은 로스앤젤레스와 댈러스에서 살다가 결혼하기 전에는 뉴욕에서 살았다. 존은 대도시 소년이었다. 그는 도시의 광경과 소음, 혼돈을 사랑했다. 존은 변화를 두려워하지 않았다. 사실 그는 변화를 좋아했다. 그는 새로운 장소와 그에 관련된 새로운 도전들을 아주 좋아했고, 전에 한 번도 해본 적이 없는 일을 하는 것을 두려워하지 않았다. 그래서 존은 비교적 작은 도시에 있는 대학에 올 수 있었다. 그는 작은 도시에서는 살아본 적이 없었고, 그 대학이 그곳에서 일어나는 일의 중심지라는 사실이 좋았다. 그는 고등학교를 졸업할 때까지 새로운 것에 준비되어 있었고, 더는 새롭지 않을 때까지만 머물러 있기로 결심했다.

재키의 가족은 조용했고 조심스러웠다. 축하할 일이 있을 때에도 호들갑스러운 소동 같은 것은 없었다. 텔레비전은 주로 뉴스를 보기 위한 것이었고, 집안에서 흘러나오는 음악은 대개 클래식이었다. 재키의 부모님은 교수 월급으로 네 자녀를 키우느라 재정적으로도 세심했다. 그들은 집을 산 다음 10년쯤 지나 한 번 증축을 했고 35년 간 같은 집에서 살았다. 그들은 새 차를 사지 않았고, 집의 가구도 아주 검소한 것으로 비치했다.

존의 가족은 점점 더 큰 집에서 살았다. 존의 아버지는 이제 돈을 버는 것에 열심을 내지 않아도 될 정도로 많은 돈을 벌었다. 존의 가족은 비싼 물건을 샀고 돈이 많이 드는 일을 즐겼다. 존은 열여섯 살 생일에 차를 선물로 받았고 고등학교를 졸업한 후 맞이한 첫 번째 여름에 유럽에서 장거리 자동차 여행을 했다. 존의 가족은 세계 전역에서 휴가를 보냈고, 같은 장소에서 두 번 휴가를 보내지 않았다. 그들은 활동과 신나는 일을 좋아하는 가족이었다. 저녁이면 항상 텔레비전이 켜져 있었고 음악이 흘러나왔다.

존과 재키는 2학년 2학기에 만났다. 그들은 학생회관 근처의 스타벅스에서 서로 건너편에 앉아 있었다. 재키는 존의 전염성 있는 웃음에 끌렸다. 얼마 후 그들은 이야기를 나누었고, 대화가 끝나기 전 다음 번 저녁에 만나 커피를 마시자는 데 동의했다. 첫눈에 사랑에 빠진 것은 아니었지만 거의 비슷했다.

존은 재키의 아주 현실성 있는 모습이 좋았다. 그는 그 나이에 그렇게 성숙한 소녀를 만나본 적이 없었다. 재키는 조용한 자신감을 보여주었다. 그녀는 살면서 흥분이나 드라마가 필요하지 않았다. 그녀는 자신이 누구이고 어디로 가고 있는지 아는 듯 보였다. 그녀는 그 도시와 대학의 정보통이었다. 그래서 존은 항상 내부자의 순방을 받는 느낌이었다. 게다가 재키는 아주 헌신된 신자였다.

재키는 존이 아주 열심히 살고 싶어 하는 모습이 좋았다. 어떻게든 존이 그녀로 하여금 전에 해본 적이 없는 일을 하게 하는 것이 흥미진진했다. 그녀는 존의 웃음을 좋아했고 그가 그녀 인생의 어느 때보다 그녀를 많이 웃게 만든다는 사실이 아주 좋았다. 인색하게 굴 필요가 없는 누군가와 함께 있는 것은 재미있고 새로운 경험이었다. 재키는 첫 데이트 때 그들의 신앙에 대해 이야기했다. 그리고 정말 근사한 남자친구를 만났다고 생각했다.

졸업 후 바로 재키가 자라난 교회에서 아름다운 결혼식이 열렸다. 존이 대도시의 로스쿨에 입학하여 그들은 함께 떠났다. 그러나 재키와 존은 어떤 습관에 빠졌고 그것이 얼마나 위험한지 알지 못했다. 이 습관에는 두 가지 측면이 있었다. 첫째, 존과 재키는 그들이 성격과 생활방식, 신앙의 성숙도 면에서 얼마나 다른지 생각할 시간을 갖지 못했다. 그들은 그 무엇도 그들이 서로와의 관계에서 경험하고 있던 기쁨을 망치지 않기를 바라는 것 같았다. 그러나 결혼을 하자마자 상황은 즉시 골치 아파졌다. 오래지 않아 존의 즉흥성과 충동성은 재키를 약간 미치게 했다. 이틀도 같은 날이 없는 듯했다. 밤에는 항상 어떤 활동을 해야 했다. 그녀는 내릴 수 없는 어딘가에 올라타 있는 것 같았다. 또 재키가 존의 계획에 질문을 하거나 논의를 하려 하면 존은 토라졌다.

존은 재키의 손에 책이 들려 있는 것을 보면 참지 못할 것 같다는 생각을 하기 시작했다. 그녀의 너무 느리고 꼼꼼한 면이 귀찮았다. 아주 사소한 결정을 하는 데도 시간이 많이 걸리는 것이 짜증났다. 어디를 가든 그녀가 어떤 옷을 입을지 고심하는 것을 지켜보는 일을 견딜 수 없었다. 그녀가 그냥 집에 있고 싶다고 말하는 것에도 넌더리가 났다. 그가 돈을 너무 많이 쓴다고 말하는 것에도 지쳤다. 그리고 그는 그가 얼마나 시끄러운지 말하는 소리를 다시는 듣고 싶지 않았다.

재키와 존은 둘 다 각자의 가족을 그들의 삶의 방향에 대한 본으로 설명하는 데 지쳤다. 그러나 재키와 존은 서로 얼마나 다른지, 그리고 이러한 차이들이 어떻게 그들을 비판과 분노, 쓰라림으로 유혹하는지 전혀 점검하지 않았다.

그러나 그들의 습관에는 두 번째 부분이 있었다. 그들은 절대 긴장과 의견 출동의 순간들을 이야기하지 않았고, 그러한 말다툼이나 논쟁의 순간에 보였던 잘못된 태도와 말, 행동에 용서를 구하지 않았다. 그들은 매일 밤 신경이 날카로워지거나 분노한 상태로 잠자리에 들었다. 또 매일 아침 말없이, 혹은 낙심하거나 다소 억울해하면서 일어났다. 매일 그들은 머릿속에 전날의 사건들을 떠올렸다. 조용히 식사를 하는 저녁 시간이 많아졌다. 접시에 닿는 수저 소리만 들릴 뿐이었다.

존은 집에 있기보다는 나가는 것을 즐겼다. 물론 처음에는 그것을 인지하지 못했다. 그는 자신만의 날을 늘리기 위해 변명을 둘러대기 시작했다. 재키는 자신이 실수를 한 것은 아닌지 의심했다. 전혀 다른 두 사람이 결혼을 해서 이러한 차이들 때문에 거의 매일 어려움이 닥쳤지만, 그들은 그들의 차이를 다루기보다는 부인하느라 더 열심히 노력했고 이제 그 대가를 치르고 있었다. 그들은 둘 다 낙담했고 쓴 감정은 점점 더 강해졌다. 나아질 기미가 보이지 않았다.

재키와 존은 그들의 차이 때문에 곤경에 처한 것이 아니었다. 차이에 대처하는 방식 때문에 곤경에 처한 것이었다. 그들은 해결을 위한 과단성 있는 순간을 갖지 못하고 부정과 잘못된 의사소통, 분노, 용서하지 않는 습관을 만들었다. 그들은 결혼생활에서 생기를 빨아내고 있었지만 그것조차 알지 못했다.

현실 다루기

그렇다면 당신과 배우자가 사고방식과 일상생활의 이슈와 상황에 반응하는 방식에서 매일 차이를 보인다는 사실에 직면할 때 어떻게 반응해야 하는가? 나는 당신에게 계속 화해를 요청하면서 결혼생활의 연합과 이해와 사랑을 강화해줄 생산적인 습관들을 제안하려 한다.

현실에 직면하라

현실을 부인하거나 거부하거나 회피해서는 안 된다. 현실에 직면하지 않고서는 변화에 이를 수 없다. 하지만 나는 많은 부부가 이 방식을 꺼려할까봐 두렵다. 그들은 상황이 보이는 것만큼 나쁘지 않다고, 일이 잘 풀릴 것이라고, 혹은 시간이 조금 더 필요하다고 스스로를 확신시키려 애쓴다. 아마도 그들은 그 상황을 다루면서 상황이 악화될까봐 두려워하는 것 같다. 하지만 행동하지 않으면 변화도 없다. 현실은 당신이 항상 직면해야 하는 것이다. 진실을 두려워해서는 안 된다.

여기서 성경은 우리가 필요로 하는 정확한 본을 제시한다. 나는 성경이 현실을 대하는 방식에 매일 감사한다. 성경은 한편으로 잔인할 정도로 정직하다. 성경에 나오는 정직의 수준은 늘 나를 아연실색케 한다. 결함이 있는 사람들로 가득 찬 깨진 세상의 유혈 폭력물은 성경의 모든 페이지에 있다. 성경에 있는 이야기들은, 당신으로 하여금 이 타락한 세상에 얼마나 어둡고 위험한 것들이 있는지 대면하게 한다. 당신 자신에게 거부하고 싶은 유혹이 생기는 것들을 받아들이라고 요구하는 단락들도 있다. 다른 한편 성경은 참된 소망과 격려가 담긴 책이다. 성경은 모든 페이지에서 진정하고 영원한 생명을 제시한다. 성경의 전체 이야기는 죄와 죽음이 사라지고 모든 것이 영원히 바로잡힐 영광스러운 끝을 향해 나아간다.

성경에는 왜 이 두 가지 주제가 있는가? 하나님은 우리가 그분을 신뢰할 때 정직이든 소망이든 어느 쪽도 희생할 필요가 없음을 알기를 바라시기 때문이다. 성경의 정직함은 성경의 소망으로 인해 유연해지지 않는다. 또 성경의 소망은 그 정직함으로 효력이 사라지지도 않는다. 하나님의 존재 자체 때문에, 그리고 그분이 예수 그리스도 안에서 우리에게 주신 은혜 때문에 우리는 두려워하지 않고 현실에 직면할 수 있다. 우리는 어려움을 정면에서 바라보면서 극심한 공포에 빠지지 않을 수 있다. 당신들의 차이가 아주 커 보이고 연합은 멀어 보이는 날에도 정직하게 소망을 품고 그 차이에 직면할 수 있다.

분노를 정직하게 다루라

현실은 물론이고 당신의 분노를 부인하려 해서도 안 된다. 당신은 분노가 어떻게 일어나는지 안다. 당신은 아내가 저녁을 준비할 때 평소보다 냄비와 프라이팬이 더 많이 부딪히는 소리를 듣고 그녀가 화났다는 것을 안다. 그래서 부엌으로 들어가서 이런 대화를 나눈다.

"여보, 무슨 문제가 있소?"

"아무것도 아니에요!"

"당신, 화가 난 것 같은데?"

"나는 화 안 났어요. 당신이 나를 화난 사람으로 만들 때면 정말 미치겠어요! 나는 지금 저녁을 차리려는 중이에요. 나를 혼자 내버려두고 내 할일을 하게 해주면 좋겠어요."

"우리는 지금 이야기가 필요한 것 같아."

"당신은 지금 당장 이야기하고 싶지 않잖아요!"

당신들의 차이를 다룰 때 가장 중요한 단계 중 하나는, 당신 마음속에서 일어나고 있는 일을 인정하고 시인하는 것이다. 짜증이 나거나 참기 어렵거나 화가 날 때 인정하고 고백해야 하며, 그러한 순간에 당신이 한 잘못된 행동이나 말을 시인해야 한다. 나는 여러 해 동안 차이들로 분투해 온 부부들을 상담했는데, 내 사무실에서 처음으로 그들이 분노를 인정하고 고백하는 모습을 보면 항상 놀란다.

분노를 다루고자 한다면, 사소한 차이들은 기꺼이 넘어가야 한다. 다른 사람과 살면서 모든 차이를 똑같이 중요하게 여기고 똑같이 문제로 만들며 살 수는 없다. 어떤 차이는 그다지 중요하지 않다. 당신이 남편이나 아내와 항상 같은 음식을 먹고 싶어 하지 않는다거나 항상 같은 영화를 감상하고 싶어 하지 않는 것은 중요하지 않다. 당신들 중 하나가 상대방보다 더 깔끔한 것은 중요하지 않다. 이런 종류의 차이가 있어도 행복한 결혼생활을 할 여지는 많다.

차이를 다룰 때에는 협력하기 위해서 어떤 기능적인 연합이 있어야 하는 것들을 먼저 처리해야 한다. 예를 들어, 당신들이 다른 교회에 출석하는 것은 실행할 만하지도 않고 건전하지도 않다. 부모 역할에 다른 접근을 하는 것도 마찬가지다. 재정적인 결정과 매일 필요한 돈을 어떻게 써야 할지는 의견 일치에 이르러야 한다. 이런 것들은 간과할 수도 없고 간과해서도 안 되지만, 당신의 결혼생활에는 숨 쉴 여지를 주어야 하는 많은 차이가 있다.

꼭 약속해야 할 마지막 내용이 있다. 어두워져서 잠자리에 들기 전에 당신의 분노를 처리하라. 이렇게 하지 못한 것이 존과 재키의 치명적인 실수였다. 이는 둘 다에게 분노를 허용하고 성장에 대한 소망이 없어지게 했다. 바울은 아주 실제적인 조언을 준다. "분을 내어도 죄를 짓지 말며 해가 지도록 분을 품지 말고 마귀에게 틈을 주지 말라"(엡 4:26-27). 여기서 그의 세 가지 명령이 각각 유용하다.

첫째, 셈을 빨리 하라. 겸손하고 재빠르게 상황을 다루고, 화를 내거나 죄에 무너지지 말라. 이 말들에 담긴 많은 내용이 있지만 여기 당신이 해야 하는 한 가지 약속이 있다. 화가 날 때 분노가 당신을 이끌고 가는 곳으로 가지 않도록 하라. 예수님 안에 있는 당신에게는, 해서는 안 되는 말이나 행동을 함으로써 분노에 빠져들려는 욕구를 거부할 능력이 있다. 분노에 빠져들면 당신은 문제를 더 복잡하게 만들고, 이미 있는 상처에 또 상처를 쌓게 된다.

둘째, 결혼생활에서는 해가 지도록 분을 품지 않는 것이 꼭 필요하다. 이 성경의 명령이 루엘라와 나를 얼마나 지켜주었는지, 또 지키고 있는지 모른다. 우리는 처음부터 화가 난 채로 잠자리에 들지 않기로 결정했다. 때로 그것은 침대에 누워 눈을 뜬 채로 버티며 상대방이 먼저 용서를 구하기를 기다리는 것을 의미했다! 그러나 우리는 셈을 빨리 함으로써 결혼생활을 지켰고 나쁜 순간이 확대되지 않도록 했다.

바울은 한 가지를 덧붙인다.

화가 많이 나서 죄 된 행동을 하고 잠자리에 들기 전에 당신의 행동을 처리하지 않으면 그것은 악마에게 속임과 분열의 기회를 주는 것이다. 상처와 분노에 시간을 주면, 그 이상의 일이 일어나지 않을 때에도 그것이 얼마나 커지는지 모른다. 그러므로 당신의 분노를 겸손하고 신속하게 다룸으로써 셈을 빨리 하는 것은, 당신과 당신의 결혼생활을 가장 잘 지키는 길이다.

건전한 방식으로 소통하라

우리는 어떤 것이 건전한 대화인지 이해하고 그렇게 하려고 하지만 그 모습은 참으로 슬프다. 우리는 건전한 소통을 어휘로 축소했다. 즉 건전한 대화는 어떤 일련의 말들을 하지 않는 것에 지나지 않는 것으로 이해된다. 하지만 건전한 소통에 대한 성경의 정의는 우리가 사용하는 어휘보다는 우리 마음의 의도에 더 초점을 맞춘다. 바울의 말을 다시 생각해보자. "무릇 더러운(불건전한) 말은 너희 입 밖에도 내지 말고 오직 덕을 세우는 데 소용되는 대로 선한 말을 하여 듣는 자들에게 은혜를 끼치게 하라"(엡 4:29). 나는 **불건전한**이라는 단어를 덧붙였다. 매일 서로에게 이런 식으로 말하는 데 전념하는 일은, 결혼생활의 모든 면에 유익하다.

당신들의 차이와 그로 인한 상처와 분노를 다룰 때에는, 건전한 소통의 성경적 표준에 합당한 방식으로 소통해야 한다. 당신은 절대 목소리를 높이지 않고, 저주하는 단어를 사용하지 않고, 상대방을 불쾌한 이름으로 부르지 않을 수 있지만, 여전히 상대방의 필요보다 당신이 원하는 바를 더 걱정하면서 자만하고, 불친절하고, 변화하려 하지 않을 수 있다. 건전한 소통은 상대방 중심이며, 상대방 지향적이다. 배우자를 고려하고, 배우자에게 도움이 되는 방식으로 말한다.

이는 실제적으로 어떤 모습인가? 바울이 우리에게 말해준다. 그것은 배우자를 세워주는 식으로 말하고자 하는 것을 의미한다. 당신은 배우자가 소망을 가지고 격려와 사랑을 받는다는 느낌을 주고 싶다. 그가 낙담하거나 절망하지 않았으면 한다. 그를 화나게 하거나 비통하게 만드는 식으로 소통하고 싶지 않다. 당신은 그가 하나님과 그분의 임재와 그분의 도움을 의심하도록 유혹하는 어떤 말도 하고 싶지 않다.

이것은 당신이 그 순간에 딱 맞게 이야기하고 싶어 한다는 의미다. 당신이 공개적인 상황에 있거나 어떤 그룹의 사람들과 있다면, 배우자와 당신들의 차이에 대한 대화를 하는 것은 건전하지 않다. 또 배우자가 기진맥진해 있거나 심란해할 때 그가 얼마나 당신에게 짜증을 냈는지 말하는 것은 좋지 않다. 주변 환경을 의식하지 않고 배우자에게 무감각하거나 당혹스러운 방식으로 말한다면, 그것은 당신이 그를 생각하는 것이 아니라 당신 자신을 생각해서 그렇게 한 것이다. 당신의 분노에 빠져서, 배우자에게 더 도움이 되고 당신들의 관계에 더 생산적일 순간이 될 때까지 기다리고 싶지 않은 것이다.

바울의 마지막 말은 건전한 소통에 대한 최종적인 정의다. 건전한 말이란 듣는 사람에게 은혜를 주는 말이다. 건전한 대화는 사랑과 소망, 위로, 용서, 지혜, 평화, 인내, 신실의 은혜를 준다. 당신이 이러한 은혜로 대화를 한다면, 지혜롭고 사랑과 능력이 많으신 구세주에게서 오는 변화시키는 은혜의 도구를 사용하는 것이다.

그분은 당신과 당신의 배우자와 당신의 결혼생활을 변화시키기 위해 이 분투의 시간에 일하고 계신다. 그분은 나쁜 것을 아름다운 것으로 바꾸는 놀라운 능력이 있으시다. 십자가를 생각해보라. 지금까지 일어났던 가장 최악의 사건이 지금까지 일어났던 최고의 사건이 되었다. 당신이 은혜의 도구가 될 때, 하나님은 당신 안에서 당신을 통하여 당신을 위해 당신 혼자서는 절대 이룰 수 없는 일을 하신다.

알다시피 결혼생활의 소망은 논쟁에서 이기거나 어떤 불쾌한 화해를 구축하는 당신의 능력에 있지 않다. 결혼생활의 소망은 남편이나 아내에게 당신의 방법이 옳고 유일한 방법임을 확신시키거나, 분노를 삼키고 말을 수정하는 능력에 있지 않다.

결혼생활의 소망은 실제로 그렇지 않을 때 모든 것이 괜찮은 듯이 행동하는 데 있지 않다. 결혼생활의 소망은 상대방이 당신의 힘에 굴복할 때까지 위협하는 데 있지 않다. 결혼생활의 소망은 아내나 남편에게 있는 것이 아니다. 그것은 유일한 한 곳, 항상 계시고 언제나 신실하신 주님의 놀라운 은혜에서 찾을 수 있다. 그분만이 당신을 설계된 대로의 결혼생활을 경험하도록 이끄실 수 있다.

당신에게 정말 도움이 필요한 문제는 당신이 다르다는 것이 아니라, 당신 안에 있는 죄 때문에 차이를 해결하기보다는 고충이 더 깊어지게 한다는 것이다. 하나님의 은혜가 결혼생활의 진짜 소망인 이유가 여기 있다. 그분의 은혜는, 당신이 화가 나거나 낙담한 순간에도 죄를 거부하고 건전한 행동을 하도록 필요한 모든 것을 주신다.

자원을 활용하라

차이를 대할 때 기억할 중요한 것은, 당신의 결혼생활은 절대 고립되어 존재하는 것이 아니라는 사실이다. 건강하기 위해서는 더 큰 공동체와 연결되어 있어야 한다. 이 공동체는, 당신들이 홀로 있다면 서로에게 줄 수 없는 자원을 제공해줄 것이다.

하나님이 당신들을 위해 만드신 도움의 공동체가 바로 교회다. 그리스도의 몸 안에서 당신 가까이에는 당신이 지금 겪고 있는 일을 겪은 부부들이 있다. 만약 루엘라와 내가 정직하게 결혼생활의 분투를 나누며 하나님이 가르쳐주신 것들을 은혜롭게 나누어줄 형제자매들의 지혜를 구하지 못했다면, 우리의 결혼생활은 어떻게 되었을지 모른다.

또 교회의 가르침과 설교 사역도 있다. 놀랍게도 수많은 사람들이 나를 직접 찾아오거나 이메일이나 문자 메시지를 보내서 내가 주일에 했던 말이 그들에게 얼마나 큰 도움이 되었는지 알려준다. 수많은 부부는 설교 후에 내게 와서 내가 그들의 배우자와 대화를 한 건지, 아니면 그들의 집에 몰래 카메라를 설치한 것인지 묻는다! 하나님은 어떤 설교자보다 탁월하고 구체적으로 당신의 상황에 성경말씀을 적용하신다.

그 다음, 당신이 하나님의 자녀로서 어떤 사람인지와, 주 예수 그리스도의 상한 몸과 흘리신 피로 당신의 것이 된 놀라운 선물을 아주 강력하게 상기하는 교회의 성례전이 있다. 또 이것과 함께 격려가 되고 힘이 되는 소그룹에서의 교제와 탄탄한 기독교 서적들에서 얻을 수 있는 통찰과 소망이 있다. 당신은 혼자가 아니다. 하나님은 당신이 부르심받은 대로 행하도록 아무 자원도 없이 당신을 내버려두시는 몰인정하고 불성실한 분이 아니다.

원수의 거짓말을 저지하라

사탄은 당신의 귀에 대고 두 가지 치명적인 거짓말을 속삭일 것이다. 첫 번째 거짓말은, "그건 당신 잘못이 아니야"이다. 여기서 사탄은 당신은 괜찮다고, 당신은 성장하고 변화할 필요가 없다고 확신시키려 한다. 사탄은 당신의 중대한 문제들은 당신 밖에 있지 당신 안에 있지 않다고 확신시키려 한다. 그리고 이 방법에 성공하면, 당신은 하나님이 주시는 도움에 더는 흥분하지 않는다. 그 도움이 필요없다고 생각하기 때문이다. 이제 당신은 문제는 상대방에게 있다고 생각하며, 오로지 손가락질하고 비난하는 데만 매달릴 것이다. 당신은 더 독선적이 되고 결혼상태는 점점 악화된다.

그러나 두 번째 거짓말이 있다. 당신과 당신 결혼생활의 원수는 당신의 귀에 대고 이렇게도 속삭일 것이다. "당신은 충분히 갖지 못했어." 사탄은 당신이 소망과 용기로 당신들의 차이에 직면하는 데 필요한 것을 가지지 못했다고 확신시키려 할 것이다. 사탄은 당신이 그만두고 포기하도록 유혹할 것이다. 또 당신이 도망가서 숨도록 유혹할 것이다. 당신에게 저지할 힘이 있다는 사실을 무시하도록 유혹할 것이다. 사탄은 당신이 빈곤하고 약하다는 느낌을 갖도록 애쓸 것이다. 당신이 만약 당신의 죄를 축소하고 하나님의 공급하심을 의심한다면, 그는 당신을 얻은 것이다.

당신들의 차이를 다루는 일은 절대 소통과 협상과 타협으로 되지 않는다. 그것은 영적 전쟁이다. 당신은 여전히 죄인이며 당신의 배우자도 그렇다. 당신들은 둘 다 근본적으로 악하지는 않지만 결혼생활의 연합과 이해와 사랑에 파괴적인 욕구를 갖고, 그런 생각을 하고, 말을 하고, 행동할 수 있다. 절대 당신들 둘만 그렇지는 않다. 당신은 악이 여전히 존재하는 세상에서 산다. 당신과 나는 우리의 세상에서 게으르고 편안함을 지향하는 사고방식이나 평화로운 시기에 적합한 사고방식으로 살 수 없다. 전투는 여전히 격렬하다. 우리는 지혜로워야 하고 정신을 바짝 차리고 있어야 하며, 우리 마음을 장악하려는 전투에서 좋은 군사여야 한다.

새로운 것을 창조하라

결혼생활은 절대 그의 방식이나 그녀의 방식을 위한 평생의 소규모 접전이 되도록 계획된 것이 아니다. 당신들의 가정, 당신들의 생활방식, 당신들의 일정에 당신들 둘 중 하나의 시각이나 입맛, 욕구, 결정, 본능만 반영되어서는 안 된다. 하나님은 당신들의 삶이 기본적으로 뒤얽히고 모든 면에서 아름답게 엮이고 매일 협력하려는 노력이 반영되어, 당신들의 연합을 표현할 수 있는 유일한 용어가 '한몸'이기를 계획하셨다. 당신은 당신들이 다르게 창조된 것을 기뻐해야 한다. 또한 하나님이 결혼을 통하여, 당신들이 각각 경험과 시각 면에서 원만해지고 성품이 더 성숙해지도록 서로 섞이게 하셨음을 인식해야 한다. 다시 말해, 당신은 하나님의 은혜로 당신들의 차이를 활용하여 더 나은 사람이 되고, 하나님이 창조하신 모습에 더 가까워지고, 하나님이 창조하신 대로 더 잘 행동할 수 있다.

나는 존과 재키와 함께 앉아 그들의 결혼생활 속 분투의 상처와 좌절의 이야기를 들었을 때, 그들의 따로 함께 사는 데 아주 능숙한 모습에 깊은 인상을 받았다. 그들은 전혀 '한몸'이 되지 않았다. 그들은 그들의 차이들 때문에 점점 짜증이 났고, 함께 무언가를 하려면 금세 심신을 약화하는 언쟁으로 빠져든다는 사실에 심란했다. 상처가 되는 말과 행동을 했고, 그들 둘 다 다시 그런 일을 겪지 말아야겠다고 결심했다. 그러다 보니 우리가 검토하고 있는 대로 이해와 연합 면에서 성숙해지는 습관을 따르는 대신, 별거를 통해 그들의 차이에 대처했고, 무언가를 같이 해야 할 때에는 자신이 원하는 결과를 이루어내려 애썼다. 매일 밤 그들은 낙담하거나 분노한 채로 잠자리에 들었다. 또 이런 일이 더 많이 일어날수록 그들은 각자 자신들이 끔찍한 실수를 한 것은 아닌가 하고 의심했다.

하지만 나는 존과 재키를 알아갈수록 그들을 묶으신 하나님의 지혜가 선명하게 보였다. 존은 사실 더 합리적이고 신중한 남자가 되어야 했다. 그는 사려 깊은 계획의 중요성을 알아야 했다. 그는 자신의 생각을 점검하고 자신의 말을 수정하는 면에서 성장해야 했다. 그가 위협받는다는 느낌을 내려놓고 하나님이 그녀를 그의 삶에 허락하신 경이로움을 기뻐할 수 있다면, 재키에게서 배울 것이 많았다.

재키는 그녀의 안전지대에서 벗어나는 것이 필요했다. 그녀는 늘 익숙하고 편안한 것을 선택했기 때문에 사용하지 못한 은사 꾸러미가 있었다. 그녀는 예상하지 않았거나 계획에 없던 무언가를 해야 할 때 너무나 긴장하고 수동적이었다. 재키는 그렇게까지 생각하지 않았지만 사실 그녀의 행동은 두려움이 동기가 되는 경우가 많았다. 그녀를 아시고 그녀의 이야기가 존의 이야기와 뒤얽히게 하신 하나님의 지혜에 감동하지 않을 수가 없다. 실제로 존은 재키에게 완벽한 남자였고, 그가 그녀와 함께 있는 것은 잘된 일이었다. 물론 그가 완벽하다는 의미가 아니다. 존은 완벽과 거리가 멀었지만, 재키에게 완벽한 균형을 가져다줄 경험과 타고난 재능이 있었다. 그녀는 정말 존에게서 배우고 얻을 것이 많았다.

내가 말하고자 하는 바는 이것이다. 존은 재키가 약한 곳에서 강했고, 재키는 존이 약한 곳에서 강했다. 뒤로 물러나 그들을 묶으신 하나님의 지혜를 생각하면 정말 놀랍다. 그러나 그들은 서로의 장점을 이용해서 성장하는 대신, 서로의 약점에 집중했다. 그렇게 함으로써 성품과 연합 면에서 성장하는 대신 불신과 두려움, 분열, 분노, 실망의 결혼생활에 이르는 침묵의 음모에 가담했다. 그들은 자신들의 결혼생활이 불가능하다고 생각했다. 그러나 진짜 진실은 그들이 아름다운 가능성의 관계를 맺었는데, 귀 기울이고 베풀고 섬기고 배우려 하지 않는 완고함으로 그것을 불가능하게 만들었다는 것이다.

나는 재키와 존과 함께 앉아 속으로 생각했다. '아름다운 결혼이 어쩌다 이렇게 되었는지 보라.' 그러나 존과 재키가 한 올바른 행동이 한 가지 있다. 상처와 실망 속에서 그들의 자원을 활용한 것이다. 그들은 혼자가 아니었다. 재키는 30년 넘게 결혼생활을 해온 교회의 한 중년 부인과 관계를 맺었다. 두려움과 부끄러움 때문에 그 중년 부인에게 결혼생활에서 일어나고 있는 일을 솔직히 이야기하지 못했지만, 절망이 두려움보다 강해질 만큼 자포자기한 그녀는 도움의 손길을 구했다. 이 부인과의 상담을 통해 존과 재키는 결국 나와 함께 있게 되었다.

시간이 좀 걸렸지만 절망적인 이 두 사람은 기뻐하는 사람이 되었고, 진실로 함께하는 삶을 시작했다.

당신이 계속 분투중임을 겸손히 인정하라

주 예수 그리스도의 은혜의 좋은 소식은, 당신의 이야기를 쓰고 계신

분이 당신의 삶에 필요한 모든 도움을 주신다는 것이다. 그러나 죄와 고통과 죽음이 없는 그분의 최종적인 나라에 있게 될 때까지는 매일 매순간 그분의 구조와 용서와 능력주심과 구원이 필요하다는 사실을 겸손히 마주해야 한다.

당신은 절대 은혜의 졸업자가 되지 못할 것이다! 이는 결혼생활에서 마음을 편히 갖고 긴장을 풀고 그냥 흘러가게 내버려둘 수 있는 지점은 결코 없다는 의미다. 죄가 여전히 자기중심성과 반사회적 본능을 지닌 채 당신 안에 있는 한, 당신은 눈을 크게 뜨고 귀를 기울이고 사람들이 쉽게 다가올 수 있는 사람으로 살아야 한다.

우리 중 누구도 그 모든 은혜를 온전히 누릴 수는 없다. 어떤 결혼생활도 하나님이 계획하신 대로 되지는 않을 것이다. 이 책을 읽는 누구도 "우리의 결혼생활은 완벽하고 어떤 성장도 필요없어"라고 말할 수 없다.

우리는 모두 매일 죄와 싸우고 있다고 고백해야 한다. 우리는 매일 잘못된 말을 하고 잘못된 행동을 한다. 우리는 매일 가져서는 안 되는 것을 바라고 해서는 안 되는 생각을 한다. 우리는 매일 또다시 하나님과 다른 사람보다는 우리 자신을 위해 살아가는 데 빠져든다. 우리는 우리가 마땅히 그래야 하는 존재가 되기 위해 하나님이 우리의 남편과 아내를 만드셨음을 기뻐하지 않는다. 우리는 배우자가 우리의 복제 인간이 되기를 바라기 때문에 짜증을 내고, 인내하지 못한다. 우리는 실제로 우리 삶이 하나로 빚어질 때의 어려움을 대하고 싶지 않다.

우리는 서로 사랑하기보다는 우리의 편안함을 더 사랑한다. 우리는 하나님의 길로 가기보다는 우리 마음대로 하고 싶다. 우리는 다른 방식을 고려하거나 우리의 방식보다 더 나은 방식이 있음을 인정하기보다는 우리의 방식대로 하고 싶다. 우리는 우리보다 남편이나 아내에게 더 강력하거나 더 성숙한 방식이 있음을 인정하고 싶지 않다. 우리는 모든 것이 도덕적으로 옳고 그름으로 축소될 수는 없음을 인정하고 싶지 않다. 우리는 차이와 함께 사는 것을 좋아하지 않는다.

우리는 각자 분투가 여전히 계속됨을 겸손히 인정해야 한다. 하지만 그렇다고 해서 운명론이나 냉소주의에 굴복해서는 안 된다. 우리가 혼자가 아님을 은혜가 보장해주기 때문이다. 은혜는 예수님을 우리와 영원히 묶어준다.

당신의 왕이요 구세주는 당신이 포기할 때에도 일하신다. 그분은 당신이 서로를 사랑하거나 그분의 사랑에 대한 보답으로 그분을 사랑하려는 의식이 없을 때에도 당신을 사랑하신다. 그분은 당신 안에 필요의식이 생기도록 당신 밖에서 일하시고, 당신에게 필요한 것을 주시기 위해 당신 안에서 일하신다. 당신은 절대 그분이 임재하지 않는 장소에 가지 못한다. 당신은 절대 그분 없이 관계를 맺고 살지 못한다. 그분의 은혜의 자원이 없는 상태로 실망이나 유혹, 책임, 의무, 기회, 부르심에 직면하게 되는 일은 절대 없다.

가장 어두운 순간에 그분의 은혜가 당신의 길을 밝혀주신다. 가장 깊은 실망의 순간에 그분의 사랑이 당신에게 소망을 준다. 약하고 지쳐 있을 때 그분의 능력이 당신에게 계속 전진할 이유를 준다. 혼란스럽고 무엇을 해야 할지 모를 때 그분의 지혜가 방향을 제시해준다. 당신이 상처입고 홀로 있다고 느끼는 순간에, 그분은 사랑이 담긴 치유의 손으로 당신을 위로하신다. 길을 잃었을 때 그분은 당신을 찾아 발견하시고 당신을 제자리에 데려다주신다.

사랑이 가득한 결혼생활에 대한 장기적인 소망은 단 한 곳, 즉 당신을 향한 하나님의 사랑에서 찾을 수 있다. 당신에게 하나님의 사랑이 필요함을 인정하라. 사랑의 하나님이 그분의 영광과 당신의 유익을 위해 당신과 당신의 배우자를 묶으신 것을 기뻐하는 데 온 힘을 다하라.

그리고 기억하라. 그분은 당신이 필요로 하는 것을 주지 않은 채 당신에게 어떤 임무도 맡기지 않으신다.

우리는 우리의 결혼 관계를 보호하려고 노력한다.

∞

행복한 결혼생활을 이루는 데 중요한 것은
얼마나 화합하는가가 아니라, 불화를 어떻게 다루는가에 있다.

– 레오 톨스토이(Leo Tolstoy)

∞

사랑은 자살하지 않는다. 누군가 죽여야 한다.
그러나 사랑은 종종 우리의 무시로 죽는다.
다이앤 솔리(Diane Sollee)

15장

눈을 크게 뜨라

베스는 그만두고 싶어 했고, 에릭은 그냥 있어 달라고 그녀를 설득하지 못했다. 나는 전에도 그런 모습을 보았기 때문에 놀라지는 않았다. 하지만 그럼에도 그것은 슬픈 일이었다. 베스와 에릭은 30년 동안 서로 알아왔고, 25년 간 결혼생활을 했다. 그들의 25주년 결혼기념일 두 달 전에 그들은 결혼생활을 끝내는 것에 대해 이야기하기 위해 내 사무실로 왔다. 베스는 이미 탈출 계획을 세워 놓았고, 에릭은 싸우지 않겠다고 결심했다. 그들이 왜 나를 보고 싶어 하는지는 그리 명확하지 않았다.

물론 전에도 그런 모습을 본 적이 있다. 존과 주디라는 이름의 부부에게서였다. 그들은 30년 간 결혼생활을 했지만 둘 다 필사적으로 그만두고 싶어 했다. 나는 정말 합리적이지 않다는 생각이 들었다. 사람들은 보통 한 부부가 30년을 살았다면 영원히 살 수 있으리라 생각한다. 30년 동안 살았으면 함께 사는 데 문제가 없으리라 생각한다. 30년이 지나는 동안 그들은 어려움과 실패에서 온갖 지혜를 얻었으리라 생각한다. 그들이 함께 그렇게 오래 살았다면 함께 죽기로 결심할 것이라고 생각한다. 그러나 항상 그런 것은 아니다. 베스와 에릭을 보며 나는 존과 주디가 생각났다.

베스는 하염없이 눈물을 흘렸고, 에릭은 거의 올려다보지 않았다. 에릭은 축 처진 어깨와 몇 마디 말로 그의 결혼생활을 놓아버리려고 했다. 또 새로운 미래에 대한 거의 망상 같은 소망을 품은 베스가 생각할 수 있는 것이라고는 에릭이 없는 삶이었다. 그들이 한 말은 낯선 말이 아니었다. 그들은 둘 다 사랑이 어디로 가버렸는지 모르겠다고 했다. 그들은 상대방이 한 잘못들을 세세하고 장황하게 이야기했다. 그들은 둘 다 왜 결혼생활을 지속할 수 없는지에 대한 논거로 무장한 채 왔다. 그러나 결혼생활에 대한 그들의 분석은 후회보다는 비난으로 점철되어 있다는 생각이 들었다. 나의 관심을 사로잡은 것은 그 점이었다. 그들은 어느 순간 더 이상 하나로 살지 않고 따로따로 함께 살기 시작했다. 이제 설명해보겠다.

당신의 결혼생활을 위협하는 것들에 맞서 하나로 서서 함께 싸우는 것과 각기 따로 서서 상대방이 결혼생활을 어렵게 만들 때 그것들을 기록해두는 것 사이에는, 때로 미묘하지만 항상 극적인 차이가 있다. 첫 번째 것은 관계에 헌신하는 행동이며, 두 번째는 자기 보호와 생존을 위한 자세다. 첫 번째는 결혼을 강화하는 반면, 두 번째는 결혼을 약화한다. 첫 번째는 당신들의 약점에서 스스로를 지키는 법을 배우며 서로 가까워지게 하지만, 두 번째는 약점이 비난과 판단거리로 바뀌면서 당신들을 찢어놓는다. 첫 번째는 분투에 직면할 때 점점 더 그것을 인지하며 너그러워지게 하지만, 두 번째는 배우자의 분투를 점점 더 참지 못하고 용납하지 못하게 한다. 첫 번째는 당신들이 함께 하나님을 찾도록 이끌지만, 두 번째는 따로따로 탈출을 추구하게 한다. 첫 번째는 당신들을 소망으로 이끌지만, 두 번째는 당신들의 절망을 강화한다. 첫 번째는 당신들이 해야 하고 한다고 확신을 주지만, 두 번째는 당신들은 할 수 없고 하지 않을 것이라고 확신시킨다. 첫 번째는 결혼생활을 계속 유지하고자 하는 결단을 갖게 하지만, 두 번째는 당신들에게 떠나야 할 이유를 준다. 첫 번째는 대안을 고려하려고 하지 않지만, 두 번째는 대안만이 유일한 희망이라고 생각한다. 첫 번째는 결혼생활을 계속 유지하는 것이 희생을 의미한다는 것을 받아들이지만, 두 번째는 충분히 희생했다고 여긴다. 첫 번째는 사랑이 수고임을 알지만, 두 번째는 사랑의 수고를 끝낸다.

분명 베스와 에릭은 함께 서서 그들의 결혼생활을 위협하는 것을 방어하지 않았다. 분명 그들은 매일 손가락질을 하는 악감정의 상태에서 따로따로 서 있었다. 내게 소망을 준 것은 바로 그것이었다. 그들의 결혼생활이 작동되지 않았던 것이 아니다. 결혼이 어마어마한 실수여서, 유일하게 합리적인 행동은 탈출밖에 없는 상태가 아니었다. 하나님의 설계와 원리, 약속이 실패한 것이 아니었다. 아니, 에릭과 베스가 결혼생활을 끝냈다. 내 말은, 그들이 이 책에서 말하는 바들을 행하기를 그만두었다는 뜻이며, 그렇게 하자 그들의 결혼생활이 곤경에 처하는 데는 그리 오랜 시간이 걸리지 않았다.

이제 내가 당신을 놀라게 할 테니 준비하라. 나는 그들이 형편없는 결혼생활을 했기 때문이 아니라 행복한 결혼생활을 했기 때문에, 결혼생활을 견고하고 아름답게 만드는 선한 행동을 그만두었다고 생각한다. 어느 순간부터 그들은 서로를 지켜보며 기도하지 않았다. 어느 순간 그들은 편안히 누워 즐기기 시작했다. 그들은 수고를 그만두라는 초대장을 받은 것처럼 여겼고, 지금 그 대가를 지불하고 있었다. 이는 소망이 사라진 결혼생활이 아니었다. 수고가 사라진 결혼생활이었고, 하늘의 이쪽 편에서는 수고에서 벗어나면 아무것도 작동되지 않는다.

평생의 보증서

은혜는 결혼생활 평생의 보증서다. 이것이 의미하는 바는, 하나님은 당신이 결혼생활에서 마땅히 되어야 할 존재가 되고 행해야 할 것들을 행하는 데 필요한 모든 것을 주시리라는 것이다. 그러나 당신이 그렇게 되고 그렇게 행동해야 한다. 그분의 은혜는 불가능한 것을 가능하게 하고, 화해시키고, 회복하고, 고친다. 그분의 은혜는 당신을 가르치고 변화시킨다. 그분의 은혜는 용서를 구하고 용서하는 데 필요한 것을 준다. 그분의 은혜는 사소한 잘못은 넘어가고 정말 중요한 것을 겨냥하도록 힘을 준다. 그분의 은혜는 당신 자신을 갈수록 더 정확하게 보고 당신이 본 바에 더 지혜롭게 반응하도록 돕는다. 그분의 은혜는 그만두고 싶다는 느낌이 들 때 지속하도록 힘을 준다. 그분의 은혜는 유혹에 저항하고 돌이켜 옳은 행동을 하도록 힘을 준다. 그분의 은혜는 자기애에 집착하는 당신을 구해내고, 서로를 사랑하는 기쁨의 수고의 길로 인도한다. 그분의 은혜는 선한 일을 하면서도 동시에 분노하는 일을 가능하게 한다. 은혜가 하나님 나라와 당신 마음속의 의를 위해 일하면, 당신은 죄가 당신과 당신이 사랑하는 사람들과 당신의 상황에서 하는 일에 분노할 것이고, 그 분노는 당신이 변화의 도구가 되게 할 것이다. 그분의 은혜는 당신이 은혜를 베푸는 데 전념하도록 한다. 그분의 은혜는 결혼생활의 보증서다. 그 은혜는 당신이 필요로 하는 것을 주기 때문이다. 그러나 당신이 얻는 것은 계속 활동 중인 은혜다.

에릭과 베스는 곤경에 처했다. 그들이 게을러져서 그들에게 임한 은혜가 자신들에게 오도록 일하지 않았기 때문이다. 바로 여기서 구약의 기사가 우리에게 도움을 준다. 홍해 연안에서 진을 치고 있던 이스라엘을 생각해보라. 무섭고 낙담되는 상황이었다. 그러한 순간 당신에게는 두 가지 선택만 있다. 당신은 주위를 둘러보며 이렇게 말할 수 있다. "환장할 노릇이군! 도망갈 길이 없어. 그러니 최선의 행동은 황급히 달아나는 거야." 아니면 당신은 적들을 당신의 손에 넘겨주겠다고 하신 하나님의 약속을 기억하고, 그분의 명령을 기다릴 수 있다. 만약 황급히 달아난다면 애굽의 속박과 적의 위협에서 구원받는 은혜를 경험할 수 없을 것이다. 아무리 말도 안 되고 겁이 나더라도, 하나님이 당신에게 하라고 하신 일을 하며 콸콸 흐르는 물 벽 사이로 홍해를 건너야만 이 은혜를 경험할 수 있다.

여리고를 생각해보라. 도대체 어떻게 최근에 자유를 얻은 노예들로 구성된 이 오합지졸들이 성벽으로 둘러싸인 도시를 물리칠 수 있었는가? 당신은 그 임무에 부정적으로 대응하며 약속의 땅에서 함께 살 소망을 버릴 수 있다. 혹은 하나님의 약속을 기억하고 하나님이 하라고 하신 일을 할 수 있다. 이 사건이 특별히 도움이 되는 까닭은, 그 성벽이 첫날의 행진 이후 무너져내리지 않았기 때문이다. 그 성벽은 둘째 날, 셋째 날에도 무너져내리지 않았다. 이스라엘 자손의 일부가 과연 성벽이 무너질지 의심하거나 성벽이 무너지려면 얼마나 많은 행진을 해야 할까 의아해하는 모습이 보이는 것 같다. 여기서 필요한 것은 인내다. 일곱째 날 나팔 소리에 성벽이 바스러졌다.

사실 하나님이 이스라엘에게 요구하신 것은 굴욕적일 정도로 비이성적이다. 적의 무기 앞에서 성벽으로 둘러싸인 도시 주위를 행진하는 것은 목숨을 건 일이다! 하지만 그것이 핵심일지도 모른다. 하나님은 우리의 타고난 본성에 아무리 배치되더라도, 그분을 향한 신뢰와 그분이 말씀하신 대로 행하고자 하는 우리의 마음이 깊어지게 하시려고 곤경을 사용하신다. 이스라엘이 그들의 적을 물리치는 은혜를 얻기 위해서는 성벽이 무너져 내릴 때까지 기꺼이 걸어야 했다.

그렇다. 홍해는 거대하고 낙담되는 장애물이었다. 여리고 역시 겉으로 보기에는 극복할 수 없는 장애물이었다. 그러나 그것은 장애물 이상의 의미가 있었다. 그것은 둘 다 하나님 계획의 일부였다. 출애굽기에서 모세의 GPS가 고장나서 이스라엘 백성이 홍해 앞에 서게 된 것이 아니다. 하나님은 어떤 일이 일어나고 있는지, 그분이 무슨 일을 하실지 정확히 아셨기 때문에 이스라엘을 그곳으로 인도하도록 모세에게 명령하셨다. 그분은 이 무서운 상황을 이스라엘에 그분의 영광을 드러내는 데 사용하셨다. 이는 그분이 그들과 함께 계시며 그들을 대신하여 능력을 발휘하실 것을 그들이 알게 하기 위함이었다. 또 그분은 애굽에 누가 주님인지를 단번에 알게 하시려고 이 상황을 사용하셨다.

　하나님은 또한 요새화된 여리고가 이스라엘이 약속의 땅을 소유하는 데 방해가 되는 것에 놀라지 않으셨다. 사실, 이스라엘이 약속의 땅에서 사람들을 쫓아내는 데 참여하는 것이 그분의 계획이었다. 그렇게 할 때 이스라엘은 믿음과 주님을 예배하는 면에서 강해질 것이다. 이와 마찬가지로, 하나님은 당신이 남편이나 아내와 함께 살면서 만나는 장애물에 절대 놀라지 않으신다. 그분은 당신이 결함이 있는 사람과 결혼하도록, 당신들이 타락한 세상에서 함께 살도록 계획하셨다. 그분은 결혼생활의 어려움을 통해 당신이 그분의 은혜로 나아가도록 의도하셨고, 그렇게 할 때 당신들이 함께 성장하고 성숙하도록 계획하셨다. 그분은 또한 당신과 당신의 결혼생활에서 이러한 변화가 있도록 미리 정하셨고 그것이 하나의 사건이 아니라 과정이 되도록 하셨다. 그분은 당신과 함께하시며 당신에게 필요한 것을 주신다. 하지만 일어나서 바다를 건너 전장으로 그분을 따라가는 것은 당신이 해야 한다.

종종 상황이 나빠질 때

에릭과 베스의 결혼생활이 깨진 것과 관련하여 슬픈 일은, 상황이 아주 조용히 나빠졌다는 것이다. 상황이 나빠지고 있었지만 그들은 인식조차 하지 못했다. 그들은 결혼생활이 저절로 흘러가도록 내버려두었음을 보지 못했고, 하늘의 이쪽 편에서는 자신이 죄인과 함께 사는 죄인이므로 저절로 흘러가도록 내버려두면 안 된다는 것을 알지 못했다. 당신은 매일 아침 일어나 다시 한 번 서로와, 그리고 하나님과 화해해야 한다. 당신은 결혼생활이 원래의 의도대로 되도록 매일 애쓰라는 명령을 받아들여야 한다. 당신은 여전히 변화와 성장이 필요한 사람임을 겸손히 인정해야 한다. 또 당신의 선택과 욕구, 생각, 말, 행동에 기꺼이 대면하고 그것들을 점검해야 한다. 당신은 눈을 뜨고 마음을 열고 살아야 한다. 또한 당신은 배우자를 연구하고, 신선하고 새로운 방식으로 사랑하는 법을 배우는 좋은 학생이어야 한다. 당신은 결혼생활의 구멍이 어디 있는지 알아야 한다. 이런 구멍들은 결혼생활을 올바른 길에서 이탈하게 할 가능성이 있다. 또 당신은 기꺼이 어려운 시기를 겪어내고, 때로는 점검하고 논의해야 하는 것들을 탁자 위에 놓기 위해 정직한 긴장의 순간을 겪어내야 한다. 당신들 사이에 끝내야 할 일이 있기 때문에 기꺼이 일찍 일어나거나 늦게까지 자지 않고 있어야 한다. 당신은 기꺼이 당신의 결혼생활을 하나님과 다른 사람에게 열어 놓고, 당신이 직면한 것들에 필요한 도움을 얻어야 한다. 또 당신에게 주어진 놀라운 은혜의 자원을 매일 기억하고 기뻐해야 한다. 당신은 냉소주의와 낙심에 무너지지 않도록 저항해야 한다. 또 분노나 두려움에 무너지지 않도록 싸워야 한다. '…이면 어쩌지'와 '…이면 좋을 텐데'와도 싸워야 한다. 당신은 하나님이 적절한 순간에 필요한 것을 항상 공급하신다는 것을 믿어야 한다. 당신은 결혼생활에 주의를 기울이고 그분을 기억해야 한다. 당신은 지켜보며 기도해야 한다.

당신의 결혼생활은 행복할 수 있다. 아주 멋지기까지 할지도 모른다. 감사와 존경, 연합, 이해, 사랑의 면에서 함께 성장하고 있을지도 모른다. 부부인 당신들에게 문제가 보통 어디에서 일어나는지 배웠을지도 모르고, 그것을 함께 해결하는 법을 배웠을지도 모른다. 당신과 당신의 결혼생활이 성숙해야 하는 지점을 확인했을지도 모른다. 정직한 의사소통과 효율적인 문제해결의 생활방식을 구축했을지도 모른다. 당신들 사이에 견고하고 기쁨을 주는 우정이 있을지도 모른다. 지금의 모습과 비교하여 예전의 모습을 돌아보며 감사할 수 있을지도 모른다.

그러나 당신이 받아들여야 하는 한 가지가 있다. 당신의 결혼생활이 멋질지 모르지만 안전하지는 않다는 것이다. 하늘의 이쪽 편에 있는 결혼생활은 문제에서 완전히 보호받는 것이 아니다. 어떤 결혼도 모든 것을 다 이루지는 못한다. 하늘의 이쪽 편에서는 매일의 유혹이 당신과 당신의 결혼생활에 계속 위협이 된다. 하늘의 이쪽 편에서는 영적 전쟁이 계속된다. 하늘의 이쪽 편에서 행복한 결혼이 행복한 결혼인 이유는 그러한 결혼생활을 하는 사람들이 매일 그들의 결혼생활을 행복하게 하기 위해 헌신하기 때문이다. 상황이 나빠지는 경우는, 부부들이 어떤 지점에 도착했다고 생각할 때이고, 결혼생활에서의 수고를 그만두고 긴장을 풀고 편안히 누워 있을 때이다. 아마도 행복한 결혼의 최대 위험 요소는 행복한 결혼생활일 것이다. 상황이 좋을 때 우리는 이미 도착했다는 느낌에 굴복하고 하나님의 은혜를 힘입어 우리의 결혼생활을 원래의 의도대로 되게 하는 태도와 훈련을 버리려는 유혹을 받기 때문이다.

저절로 흘러가게 내버려두는 것

그렇다면 당신은 이렇게 생각할지도 모르겠다. '폴, 요점을 알겠어요. 우리는 저절로 흘러가게 내버려두지 않고 결혼생활을 계속 지켜보아야 한다는 거지요. 하지만 저절로 흘러가게 내버려두는 것이 어떤 모습인지 잘 모르겠어요.' 여기서 나는 결혼생활이 저절로 흘러가게 내버려두는 부부의 여섯 가지 특성을 제시한다.

시각의 무감각 상태

어느 순간부터 우리는 모두 보지 않는다. 삶의 어떤 지점에서 우리는 약시가 되어 살아간다. 예를 들어보겠다. 처음으로 차를 몰고 출근했을 때 당신은 눈을 부릅뜨고 주의를 집중했다. 길을 잘 알지 못했기 때문이다. 당신은 다음에 그 길을 갈 때를 대비해서 특정 지형지물을 기억해두었다. 첫 몇 주 동안은 차를 몰고 갈 때 주변 환경을 주시하면서 당신이 기억해둔 곳을 분명하게 확인하고 방향을 틀었다. 그러나 얼마 후에는 그렇게 세심하게 집중할 필요가 없었다. 얼마 후부터 당신은 보지 않았다. 처음으로 당신과 함께 차에 탄 사람은 "언제 저 주유소에 가까워졌지?"라고 말한다. 그러면 당신은 "몰라. 가까이 왔는지도 몰랐네"라고 말한다. 당신이 알아채지 못한 까닭은 당신이 보지 않았기 때문이다. 어느 순간 당신은 정신이 다른 데 팔려 산만해졌다. 당신의 출근길은 커피와 스콘, 산만한 라디오 소리, 운전 중의 문자 메시지로 분주하다. 이제 출근할 때 신호등에서 정지한 것이나 방향을 전환한 것을 기억하지 못하는 때가 있다. 당신이 기억하지 못하는 까닭은 보지 않았기 때문이다. 당신은 시각의 무감각 상태에 빠졌다.

루엘라와 나는 최근에 이사를 했다. 우리는 이전에 살던 집에서 필라델피아 센터 시티까지 강을 따라 아름답고 구불구불한 가로수 길을 지나야 했다. 그런데 최근에 옛 이웃집에 갔다가 다시 차를 몰고 그 길을 지나갔다. 그때 우리는 둘 다 그 자동차 여행이 얼마나 멋졌는지 이야기했다. 그렇게 이야기하고 있었을 때, 나는 '그 길로 얼마나 많이 지나다녔는데 그 아름다움을 보지 못했나?' 하고 생각했다.

이것이 많은 부부의 상태다. 베스와 에릭은 연애하는 동안에는 눈을 크게 뜨고 있었다. 서로에게 귀를 기울였고 서로를 세심하게 지켜보았다. 베스는 에릭의 모든 말에 신경을 썼고 에릭은 베스의 모든 반응을 지켜보았다. 그들은 그들 사이에서 일어날 수 있는 문제들을 항상 조심했고, 해결해야 할 문제들은 재빨리 해결했다. 그들의 관계에는 당연시하는 것이 거의 없었고, 그들은 사랑의 학교 실험실의 좋은 학생이 되는 것을 마다하지 않았다.

결혼 초기에도 거의 똑같았다. 베스는 자신이 정말 에릭 같은 남자와 결혼하는 복을 받았다는 사실을 믿을 수 없었고, 에릭은 그의 급여 등급보다 훨씬 높은 등급의 결혼을 했음을 알았다. 그들은 둘 다 자신들에게 주어진 좋은 것들을 망칠까봐 두려워 결혼생활에 최선을 다했다. 그러나 몇 해가 지나면서 눈의 움직임이 느려졌고 일정은 바빠졌다. 어느 순간 그들은 그들이 괜찮다고 느끼기 시작했고, 저절로 흘러가게 내버려두기 시작했다. 어느 순간 그들은 그 복을 의식하지 않았다. 어느 순간 그들은 감사하지도 않았고 지켜보지도 않았다. 그들이 그렇게 하자, 이전에 용인하지 않았던 것들이 그들의 결혼생활에 기어들어 오기 시작했다. 그들은 이제 주의를 기울이지 않았기 때문에, 주의가 필요한 것들을 의식하지 못했고, 의식하지 않았기 때문에 애써야 할 일들에 애쓰지 못했다. 약시는 결혼생활을 파멸로 이끄는 주요한 요소다. **결혼생활에서 당신이 약시로 살고 있다는 증거가 있는가?**

일관성이 사라진 습관

의심할 여지가 없다. 연합과 이해와 사랑의 결혼생활은, 좋은 습관에서 나오는 좋은 태도의 결과다. 당신의 삶을 둘러보면, 좋은 습관의 중요성을 보여주는 예가 많이 있다.

새 차를 사면, 당신은 차를 잘 유지하는 데 전심을 다한다. 당신은 새 차가 항상 깨끗하고 기계적인 면에서도 잘 유지될 것이라고 생각하지 않는다. 차가 늘 깨끗하고 잘 굴러가려면 부지런히 애써야 한다는 사실을 잘 안다. 당신이 이러한 좋은 습관들을 마다하지 않는 이유는, 그 차를 좋아하고 그 차가 당신 것이라는 사실이 기쁘고, 그 차를 잘 유지하는 것이 당신에게 자랑거리이기 때문이다. 매주 세차를 하고, 점검하고, 정기적으로 엔진 오일을 교환하는 일이 귀찮지 않다. 새 차의 가치를 알기에 그것들은 당신이 하고 싶은 일이다. 당신은 신선함과 깨끗함을 유지하기 위해 특별한 장치들과 세제, 탈취제를 산다. 운전을 할 때면 차에서 나는 작은 소리에도 귀를 기울인다.

문제는 당신의 차가 더는 새 차가 아닌 순간이 온다는 것이다. 출근길에 커피를 쏟은 이후로 새 차 냄새가 나지 않는다. 운전을 하다 보면 새 차일 때 나지 않았던 소리가 난다. 게다가 차를 산 이후로 바빠져서 차를 깨끗하게 유지할 시간을 내거나 엔진 오일을 교환하는 일이 이전처럼 쉽지 않다. 어느 순간 차 뒷좌석 바닥에 일주일치 스타벅스 컵이 나뒹구는 것이 신경 쓰이지 않고, 차가 그렇게 깨끗하지 않은 것이 거슬리지 않는다. 당신은 자동차를 유지하는 좋은 습관을 내려놓기 시작했고, 당신은 아마 알아채지 못하겠지만, 당신의 차는 그 대가를 치르기 시작한다. 어느 날 아침, 차에 시동을 걸었는데 기름 등이 들어오고 시동이 걸리지 않는다. 당신은 무엇이 잘못되었는지 알지 못한다. 그저 몇 개월 전부터 주의를 기울이지 않았고, 차를 잘 유지하는 습관을 버렸을 뿐이다.

베스와 에릭은 좋은 습관에 전념하며 함께하는 삶을 시작했다. 그들은 다른 사람을 다가오게 하는 겸손함과 건전한 대화, 신속한 문제 해결, 빠른 갈등 해결, 영적 사귐, 용서의 습관을 기르려고 애썼고, 감사를 전하고, 신뢰를 다지는 데 전념했다. 이런 노력의 결과로 그들의 결혼생활은 경건하고 즐거웠고 만족스러웠으며 둘 다 그 과정에서 성장했다. 그러나 그들은 너무나 만족스럽고 편안하다는 느낌을 받았고, 그러자 그들의 좋은 습관을 소홀히 여기기 시작했다.

그들은 말다툼을 하다가 그냥 잠자리에 들었다. 물론 아침에 다시 논의하자고 말했지만 거의 그렇게 하지 못했다. 또한 건전한 대화의 습관도 무너져서 이전에는 하지 않던 말을 했다. 용서를 구하거나 용서해주지 못했고 그것이 문제라고 생각하지 못했다. 그들은 결혼생활을 사랑스럽고 평안하고, 견고하게 만드는 좋은 일들을 점점 하지 않게 되었다. 그들에게 그렇게 일관성이 사라질수록 그들의 결혼생활은 더 고통을 겪었고 결국 그들이 해결할 수 없는 문제들이 있는 지점에까지 이르렀다. 그들은 그런 결혼생활을 계속한다는 생각에 괴로웠다. 지금은 버렸지만 **당신들의 삶을 함께하는 중요한 촉매제였던 습관들이 있는가?**

게으름

나는 몇 년 동안 거의 매일 그 옆으로 차를 몰면서 내가 본 광경을 믿을 수가 없었다. 그곳은 복잡한 열십자 모양의 지붕이 있는 아름다운 집이었다. 박공들이 중앙에서 합쳐지는 모양이 아름다웠다. 그 집은 동네에서 가장 멋진 집이었다.

그러나 문제가 있었다. 그 집에는 게으른 사람들이 살고 있었다. 깎기보다는 구해주어야 하는 쪽에 가까운 상태인 잔디밭과 사방으로 넓게 자란 나무들로 그것을 알 수 있다. 어느 날 아침 그 옆으로 차를 몰고 가다가 한쪽 지붕을 덮은 작은 방수포를 보았다. 방수포가 의미하는 바는 오로지 한 가지다. 지붕이 새고 있으며 수리가 필요하다는 것이다. 지붕이 새는데, 못으로 방수포를 고정해 놓는 것은 수리가 아니다. 제대로 지붕을 수리할 수 있을 때까지 긴급 조치를 취한 것이다. 그러나 방수포는 그곳에 그대로 있었고 곧 다른 방수포가 더해졌다. 얼마 지나지 않아 지붕 전체가 방수포로 덮였지만 수리한 흔적은 보이지 않는 듯했다. 어떤 방수포들은 지붕에 너무 오랫동안 있어서 닳고 찢어져서 미풍에도 펄럭거렸다.

방수포를 이어 붙여 놓는 것으로는 습기를 차단할 방도가 없었다. 그래서 그 집 구조물은 게으른 방수포 아래로 습기를 흡수하여 서서히 악화되고 있었다. 나는 일꾼들이 방수포를 치우는 모습을 보았다. 하지만 그 다음 며칠 동안 그들이 다른 것들도 치웠다는 것을 알게 되었다. 그들은 지붕의 자재와 덮개, 박공 구조 자체를 치웠다. 게으른 방치가 그 지붕을 회복 불능으로 만든 것이다. 그 가족이 거기서 계속 살려면 대공사를 해야 했다. 게으름은 지속적으로 유지해야 하는 일에는 파괴적이다.

그러나 많은 게으른 결혼생활이 있다. 더 정확히 말해서 결혼생활은 게으르지 않은데 그 안에 있는 사람들이 게으르다. 그들은 행복한 결혼생활을 원하지만 결혼생활을 건강하게 유지하는 데 필요한 매일의 수고를 하고 싶어 하지 않는다.

베스와 에릭은 힘겹게 애쓰는 데 지쳤다. 그들은 시간이 흐르면 애쓰지 않아도 결혼생활이 잘 유지될 거라는 환상을 가졌다. 게으른 베스와 에릭은 지붕의 누수에 방수포를 던지는 데 아주 익숙해졌다. 기분이 상할 때면 실제로는 괜찮지 않으면서도 "괜찮아" 하고 말했다. 게으른 그들은 중요한 대화를 사소한 순간으로 만들었다. 게으른 그들은 서로를 피해 분주함과 오락으로 숨었다. 그러나 결혼생활의 누수는 점점 심해졌다. 얼마 지나지 않아 그들을 묶고 있던 구조물이 약해지고 썩었다. 게으름은 그들의 결혼생활을 정말 살아 있게 만들 수 없는 한 요소였다. **게으름은 당신의 결혼생활 어느 부분에서 건강과 아름다움에 손상을 가하고 있는가?**

조급함

나는 인내심이 많다고 말하고 싶지만 사실 그렇지 않다. 나는 늘 기꺼이 기다린다고 말하고 싶지만 그렇지 않다. 기다림의 소중함을 배웠다고 말하고 싶지만, 나는 여전히 배우고 있다. 나는 결혼생활에는 과정이 필요하다는 것을 안다고 고백하고 싶지만, 항상 그 과정에 감사하지는 못한다. 물을 붓고 흔들기만 하면 되는 인스턴트 결혼생활이었으면 싶은 때가 있다. 그러나 결혼생활을 아름답게 만드는 과정에는 저항하면서 즉각적인 것을 요구하는 것은, 결혼생활이나 아내에게 저항하는 것이 아니라 하나님에게 저항하는 것이다.

한 번의 사건이 아니라 과정을 통해 변화가 일어나도록 계획하신 분은 하나님이시다. 결점이 있는 사람들을 결혼생활이 주는 친밀함에 아주 가까이 이르도록 강력하게 하나로 묶으신 분은 하나님이시다. 결혼생활을 통해 당신의 마음을 드러내고, 당신 자신의 힘과 지혜의 경계 너머에 이르게 하고, 당신이 더는 당신 자신을 의지하지 않고 하나님만이 주실 수 있는 도움을 구할 때 당신을 성숙시키고 성장시키고자 계획한 분은 하나님이시다. 결혼생활을, 우리가 사랑받은 대로 사랑하고 은혜받은 대로 베푸는 데서 기쁨을 찾는 사람으로 빚으시는 작업실로 만든 분은 하나님이시다. 하나님이 우리를 그분의 자녀로 삼으실 때 우리 안에서 시작하신 그 일이 진전되는 데 엉망진창의 결혼생활이 생산적임을 하나님은 아셨다.

타락과 영생 사이에 있는 모든 결혼생활은 평생 변화의 과정 중에 있다. 당신의 결혼생활이 이전보다 나아졌을지 모르지만, 아직 최고에 이르지는 못했다. 당신은 결혼생활을 통해 점점 더 성숙한 사랑으로 함께 성장해야 하며, 개인적으로는 주님에 대한 사랑과 섬김 면에서 성장해야 한다.

결혼생활에서 인내는 필수적이다. 결혼의 목표는 결혼보다 더 크기 때문이다. 하나님의 시각에서 보면 결혼의 목표는 서로 동의하는, 낭만적이고 상호적인 행복의 안정기에 이르는 것이 아니다. 하나님의 목표는 그보다 훨씬 더 넓고 아름답다. 하나님의 목표는, 당신을 자기숭배의 밀실에서 구해내서서 그분의 나라와 그분의 의, 그분의 영광보다 작은 것을 위해 살지 않는 사람으로 만드시는 것이다. 결혼생활은 그분의 지혜롭고 사랑 많은 손에 들린 중요한 도구다. 하나님의 목표는 당신의 중심, 즉 당신의 마음에서 당신을 변화시키시는 것이다. 그분은 당신이 무엇을 생각하고 바라고 말하고 행하든지 그분을 충성스럽고 즐겁게 섬기도록 애쓰고 계신다. 하나님의 목표는 개인적인 행복이라는 당신의 멋진 꿈을 이루어주시는 것이 아니다. 그분의 목표는 다름 아닌 거룩이다. 베드로가 말한 대로, 당신이 "신성한 성품에 참여하는 자"가 되는 것이다(벧후 1:4).

에릭과 베스는 조급해지기 시작했다. 베스는 "에릭, 얼마나 더 이야기할 건가요?" 하고 물었다. 에릭은 "그 여자는 나를 미치게 하는 줄 알면서도 계속해서 같은 행동을 합니다" 하고 불평했다. 그들은 둘 다 성장할 기회를 행복한 삶에 방해가 되는 장애물로 보았고, 장애물을 통해 성장하기보다는 장애물을 옮기는 데 열심을 냈다. 그들은 문제에서 배우고 문제를 해결하거나 피하는 법을 배우기보다는, 계속 많은 요구를 하며 조급함을 보이고 문제를 일으켰다. 그들은 계속 문제의 핵심에 이르지 못하는 즉각적인 해결책에 만족했다. 그들은 즉각적으로 더 많이 원했지만 그들은 점점 더 얻지 못했다. **과정으로만 이룰 수 있는 것을 즉각적으로 요구하는 것이 있는가?**

좌절로 대응함

시편 37편 8절에는 통찰력 있는 작은 명령이 있다. "두려워하지 말라 이는 악으로 이어질 뿐이다"(저자의 번역). 많은 부부의 삶에는 믿음과 소망, 사랑으로 대응하지 않고 좌절과 두려움으로 대응하기 시작하는 지점이 있다. 그들은 실제로 매일 소망보다는 두려움으로 대응한다. 그러한 대응은 이루어질 일에 대한 믿음보다는 현재에 대한 좌절에서 나오는 것이다. 그들의 반응은 사랑보다는 상처에서 비롯된다.

정직해지자. 결혼생활은 종종 낙심을 준다. 우리는 이미 우리가 모두 어떤 식으로든 결혼생활에 실망하고 있다고 단정 짓는다. 우리는 모두 원하지 않았던 것과 기대하지 않았던 것에 대처해야 한다. 우리는 모두 서로에게 죄를 짓는다. 우리는 모두 후회와 회한으로 과거를 돌아본다. 우리의 결혼생활이 우리가 소망하던 모습이 아니기 때문이다. 당신이 가장 사랑하는 사람이 당신에게 가장 큰 상처를 준다. 어떻든 우리의 꿈은 내동댕이쳐졌고, 우리의 기대는 좌절되었다.

따라서 우리는 때때로 실망과 싸우고, 상황이 나아질지 의심하고, 상황이 변하지 않을 거라는 두려움에 흔들릴 것이다. 문제는 낙담하는 순간에 최선의 결정을 하지 않는 경향이 있다는 것이고, 더 큰 문제는 그렇게 내린 결정을 후회하며 살아간다는 것이다. 결혼생활에서 우리의 실제 모습인 죄인의 모습이 드러나는 순간에야말로, 낙심과 소망의 싸움, 회의와 믿음의 싸움이 아주 중요해진다.

당신은 어디서 이러한 소망과 믿음을 얻는가? 남편이나 아내에게서 는 얻지 못한다. 결혼생활의 제3의 인격, 임마누엘에게서 소망을 얻을 수 있다. 당신의 구세주는 당신을 위해 피를 흘리고 죽으셨다. 그런 분이 당신이 정말 필요로 할 때 당신을 버리시겠는가? 알다시피, 소망은 당신 의 배우자나 당신의 환경에서 찾을 수 없다. 소망은 한 곳, 유일한 한 곳, 바로 당신의 구세주이자 당신의 형제이자 친구인 예수님에게서 찾을 수 있다. 그분은 당신을 사랑하신다. 그분은 당신의 외침에 절대로 귀를 닫 지 않으신다.

그러므로 당신은 좌절로 대응하려는 본능과 싸워야 하고, 당신이 누 구이고 하나님이 누구신지를 기억하고, 희망을 보기가 어려운 순간에 도 소망으로 행해야 한다. **당신은 어디서 좌절과 두려움으로 대응하려는 유혹을 받는가?**

적과 함께 식사를

우리는 앞서 에베소서 4장과, 해가 지도록 분을 품지 말고 사탄에게 틈을 주지 말라는 바울의 명령을 보았다. 그러나 많은 부부가 이렇게 한다. 그들은 사탄에게 틈을 줄 뿐 아니라 저녁식사에 초대하기까지 한 다! 왜 그럴까? 그들은 이미 도달했다고 생각한다. 또 그들의 결혼을 연 합과 이해와 사랑의 관계로 만드는 좋은 습관을 내려놓는다. 당신이 더 는 주의를 기울이지 않고 좋은 습관을 내려놓고 게으르고 성급해지고 좌절로 대응하고 있다면, 당신은 사탄을 당신의 결혼생활에 초대해서 속이고, 나누고, 파괴하는 못된 일을 하도록 한 것이다.

기억하라. 결혼은 영적 전투이다. 실제로 선과 악이 있다. 실제로 당신 영혼의 적, 선하고 진실하고 지혜롭고 아름다운 모든 것의 적이 있다. 실 제로 당신이 성장하고 변화하는 것을 보고 싶어 하지 않는 누군가가 있다. 당신의 결혼생활의 연합과 이해와 사랑과 맞서 싸우는 누군가가 있다. 눈이 먼 채로 천진난만하게 사는 것은 하나님이 당신과 당신의 결혼생활 안에서 창조하신 좋은 것들을 파괴할 틈을 주는 것이다.

따라서 우리는 계속 정신을 바짝 차리고 있어야 한다. 지켜보는 일에 전념해야 한다. 지치고 게을러지는 것에 저항해야 한다. 냉소주의와 좌절에 무너지지 말아야 한다. 과정을 거쳐야 얻을 수 있는 것을 즉각적으로 요구해서는 안 된다. 우리가 이런 일들을 해서는 안 되는 까닭은, 그렇게 하면 사탄과 함께 식사를 하는 것이며 이는 결코 선한 것으로 이어지지 않기 때문이다. **당신은 결혼생활에서 사탄에게 틈을 주고 있는 지점이 있는가?**

회복하시는 은혜

그렇다. 베스와 에릭이 다소 엉망인 상태였고 그래서 그들의 결혼생활도 그러하다는 것은 사실이었다. 하지만 그들은 옳은 행동을 했다. 그들은 좌절과 악감정의 은밀한 세계에서 나와 도움을 구했다. 그들은 얼마나 상황이 나쁜지 인정하기가 어려웠다. 그들 둘 다 얼마나 쩨쩨하고 분열을 초래했는지 고백하기가 어려웠다. 그들이 한 말과 행동을 인정하는 일은 그들에게 당황스러운 일이었다. 그러나 그들은 지쳤고 두려웠고 도움을 구했다. 나는 기쁘게 그들을 도왔다. 어떤 일이 진행되고 있는지 알았기 때문이다.

베스와 에릭은 그들의 결혼생활에서 한 가지 끔찍한 일을 했고 그것이 상황을 엉망으로 만들었다. 그들은 이미 도달했다는 망상에 굴복하여 주의를 기울이지 않았다. 좋은 습관들이 줄어들고 나쁜 습관들이 그 자리를 차지했다. 게으름이 매일의 사랑의 수고를 대체하면서 상황이 점점 악화되었다. 그러나 그들이 필요로 한 시기에 하나님이 그들을 만나셨고, 그분의 은혜로 그들이 다시 회복할 수 있게 하셨고, 하나님이 설계하신 대로 결혼생활을 하기 위한 선한 일들을 할 수 있게 하셨다.

용서를 구해야 하고 용서해주어야 하는 많은 순간이 있었다. 주의를 기울이는 사랑의 옛 습관으로 바꾸어야 할 많은 습관이 있었다. 인내해야 하는 분명한 순간들이 있었고 기다림의 은혜가 있었다. 겸손하게 듣고 건전하게 대화하겠다는 다짐으로 논의해야 하는 많은 주제가 있었다.

그러나 그들은 귀를 기울였고 기다렸고 용서했다. 하나님은 수리가 불가능해보였던 연합과 이해와 사랑을 회복시키셨다. 그들은 아무리 좋은 것이 있더라도 **지켜보며 기도하는** 데 전념하고, 아무리 나쁜 것들이 있어 보여도 **소망으로 반응하는** 것의 중요성을 배웠고 그들이 절대 혼자가 아님을 배웠다.

16장

무릎을 꿇고

그것은 많은 부부가 놓치는 것이다. 아주 단순하고 성경적으로도 타당하지만 많은 부부의 삶에서 충분히 관심을 받지 못하는 것 같다. 남편과 아내 사이의 모든 수평적인 소규모 접전이 사실은 마음을 차지하고자 하는 더 깊은 전투에 근거한 것이라면, 또 결혼생활을 수평적으로 바로잡기 전에 수직적으로 바로잡아야 하는 것이 사실이라면, 결혼생활을 위한 전투에서 이겨야 하는 지점은 무릎을 꿇는 지점이다. 데살로니가전서 5장 16-18절에 나오는 바울의 단순한 말은, 성경 전체에서 결혼생활을 위한 가장 중요한 명령이다. "항상 기뻐하라 쉬지 말고 기도하라 범사에 감사하라 이것이 그리스도 예수 안에서 너희를 향하신 하나님의 뜻이니라."

결혼생활이 타락한 세상에서 결함이 있는 사람이 결함이 있는 사람과 만나 함께 살아가는 것이라면, 우리 마음을 장악하려는 전투가 여전히 격렬하다면, 우리는 우리의 결혼생활을 위해 하나님의 도우심을 구하는 일을 멈출 수 없고 멈추어서도 안 된다. 결혼생활에서 쉬지 않고 기도하는 것보다 더 중요한 것은 없다. 우리의 결혼생활에 구세주의 능력주심과 구원하시는 은혜가 필요하지 않은 때는 한순간도 없다. 그분의 지혜와 힘과 용서가 필요하지 않은 때는 한순간도 없다. 그분의 자비가 필요하지 않을 만큼 우리가 충분히 성장한 때는 한순간도 없다. 하늘의 이쪽 편에서 우리는 절대로 은혜의 학교를 졸업하지 못한다.

우리는 매일 예상치 못한 일을 마주한다. 때로는 미묘하고 때로는 강력한 유혹들이 매일 우리를 환영한다. 우리는 매일 배우자에게 죄를 짓고 어떤 식으로든 그들도 우리에게 죄를 짓는다. 타락한 세상은 매일 깨진 상태에서 우리에게 다가오고, 삶을 원래 설계된 모습보다 더 어렵고 복잡하게 만든다. 우리는 매일 우리의 소원과 필요, 느낌 정도만을 위해 살도록 유혹하는, 자아라는 나라의 목소리를 듣는다.

우리는 매일 옳지 못한 것과 맞서 싸우고 옳은 일에 헌신하라는 부르심을 받는다. 우리는 매일 겸손하게 우리 자신을 살피고 변화에 헌신하라는 부르심을 받는다. 우리의 결혼생활에는 매일 뿌리째 뽑아야 하는 것들이 있고, 매일 심어야 하는 새롭고 더 나은 것들이 있다. 매일 성경적 지혜의 통찰이 필요한 어떤 이슈가 있다. 우리는 매일 하나님이 명령하시는 더 나은 지침을 위해 우리가 원하는 바를 포기해야 한다. 우리는 매일 우리에게 주어진 축복의 선한 청지기가 되기 위해 싸워야 한다. 우리는 매일 우리가 거절해야 할 것과 받아들여야 할 것을 확인해야 한다.

우리는 매일 실제적이고 구체적으로 서로를 사랑하라는 부르심을 받는다. 우리는 매일 눈을 열고 마음을 열고 살아야 한다. 우리는 매일 우리가 서로 사랑하고 섬기고 서로 보살피지 못하도록 방해하는 것들과 싸워야 한다. 우리는 매일 아무리 바쁘고 피곤하더라도 서로를 향한 희생적인 사랑을 실천해야 한다. 우리는 매일 우리 결혼생활의 연합과 이해와 사랑을 지키기 위해 애써야 한다. 우리는 매일 어쨌든 상대방이 사랑받을 만하지 않을 때도 사랑하라는 부르심을 받는다. 우리는 매일 남편이나 아내에게 하나님이 우리에게 주시는 것과 동일한 은혜를 베풀도록 부르심받는다. 우리는 매일 우리의 관심사뿐 아니라 배우자의 관심사가 우리 행동의 동기가 되어야 한다. 우리는 매일 무수한 대화를 할 때, 상대방에게 은혜를 베풀고 그를 세우며 대화하도록 부르심을 받는다. 우리는 매일 잘못을 기록해두는 일에 저항하고, 대신 진정으로 용서해야 한다. 우리는 매일 격려와 감사와 존경을 전할 방법을 찾아야 한다. 우리는 매일 사랑할 기회를 잡기 위해 어떤 것을 내려놓으라는 부르심을 받는다.

결혼생활에서 하지 않으면 안 되는 것

자, 이제 정직해지자. 당신과 나는 잘해내지 못하고 있다. 이 책이 말하는 바를 숙고해보라. 하나님의 말씀에 비추어 정직하게 자신을 바라보며 "나는 이 모든 것을 잘 하고 있습니다"라고 말할 수 있는가? 나는 이 책을 쓰면서, 다시 한 번 내게 부족한 영역이 많다는 것을 깨달았다. 나는 하나님의 나라보다는 자아의 나라에서 만들어진 말과 행동을 깨달았다. 나의 성급함과 결혼생활이 지금보다 빨리 수월해지기를 바라는 마음을 깨달았다. 내가 항상 은혜롭게 말하지는 않음을 깨달았다. 나는 토론('논쟁'이라고 해야 할 것이다)에서 이기는 것이 결혼의 연합보다 더 중요한 적이 있었다. 나는 내가 여전히 요구가 많고 자기중심적임을 깨달았다. 내 마음속에서 여전히 전쟁이 계속되고 있음을 깨달았다.

나는 일어서서 "나는 이 모든 것을 잘 하고 있습니다"라고 말할 수 없음을 안다. 사실 나는 결혼생활에 대한 하나님의 요구를 숙고할 때, '기준이 너무 높아. 나는 절대 거기 이를 수 없어'라고 생각한다. 그러나 내가 뒤이어 하려는 말을 들어보라. 그것이 정확히 결혼생활에서 해야 하는 것이다. 결혼생활은 당신의 마음을 드러내고 당신을 당신 자신의 끝으로 데려가기 위해 하나님이 사용하시는 도구여야 한다. 결혼생활은 당신의 자기 초점주의와 자기 의존성을 드러내야 한다. 결혼생활은 당신이 생각보다 궁핍함을 깨닫게 해야 하고, 하나님의 은혜에는 생각보다 변화시키는 능력이 더 많이 있다고 당신을 격려해야 한다. 결혼생활은 당신에게 내어주고 사랑하고 섬기고 용서하고 지원하고 격려하고 기다리는 법을 가르쳐주어야 한다.

이런 식으로 생각해보라. 당신이 평생 결혼생활을 한다 하더라도 당신의 결혼생활은 종착지가 아니다. 결혼생활 자체가 끝이 아니다. 세상에서 일어나고 있는 모든 일은 여기에서 끝이 아니다. 우리가 지금 겪고 있는 모든 일은, 그 끝에 이르기 위해 하나님이 계획하고 관리하시는 수단이다. 당신의 결혼이 종착지가 아니다. 오히려 그것은 최종 종착지를 위한 요금이다. 이 사실을 이해할 때에야, 결혼생활의 분투와 그 분투 한가운데 있는 당신의 개인적인 욕구들을 이해할 수 있을 것이다. 이렇듯 하나님은 당신의 결혼생활이 그분이 계획하신 대로 되도록 애쓰실 뿐 아니라, 더 근본적으로 당신을 그분이 창조하신 대로 고치기 위해 애쓰고 계신다. 오직 우리가 성장하고 변할 때에야 우리의 결혼생활도 성장할 수 있다.

그래서 약하고 무능하다는 느낌은 좋은 것이다. 우리 각자의 성장을 막는 것은 우리가 약하다는 자기 평가가 아니다. 하나님의 은혜는 우리가 경험하는 어떤 것보다도 크다. 우리를 성장하지 못하게 하는 것은 우리가 강하다는 망상이다. 우리가 의롭고 강하다고 생각하면, 우리는 하나님이 아주 자비롭고 신실하게 제공해주시는 도움을 구하지 않는다. 우리의 결혼생활은 약함에서 나오는 외침이 아니라 강하다는 선언에 손상을 입는다. 우리가 우리 자신의 지혜, 의, 힘을 의지할 때 우리의 결혼생활이 손상을 입는다. 성경말씀을 보면, 약함은 강함으로 가는 문이다. 내가 약하다고 인정할 때에야 나는 내 가까이 계시며 도움이 필요할 때 기꺼이 만나주시는, 헤아릴 수 없는 능력의 하나님의 도우심을 구한다.

기도의 변화시키는 능력

여기가 바로 기도가 아주 중요하고 영향력 있는 지점이다. 기도는 두 가지 사실이 진실이 아니라면 의미가 없다. 첫째는, 우리 삶이 우리에게 속해 있지 않다는 것이다. 하나님이 우리를 창조하셨으므로 우리의 모든 존재, 우리가 가진 모든 것, 우리 삶의 모든 상황과 관계는 그분에게 속해 있다. 우리는 그분의 피조물들이므로 삶의 모든 영역에서 우리 최고의 소명은 그분을 예배하는 것이다. 우리 삶의 모든 상황과 관계에서 우리는 그분의 존재를 의식하고 그분의 영광을 위해 모든 행동과 말을 해야 한다. 우리는 그분을 기쁘시게 하기 위해 창조되었고, 계속해서 그분을 예배하며 살도록 부르심을 받았다. 따라서 우리 삶의 모든 면에는 수직성이 있다. 우리가 무슨 행동을 하든 우리는 하나님의 임재와 그분이 우리 삶에 합당한 소유권을 가지고 계심을 의식해야 한다. 우리는 결혼생활에서 가장 평범한 순간에도 철저히 하나님을 의식하며 살아야 한다.

기도가 의미 있으려면 진실이어야 하는 두 번째 사실이 있다. 그것은 죄가 우리를 완전히 궁핍하게 만든다는 것이다. 우리 인격의 모든 면이 어떤 식으로든 죄에 손상되었다. 우리는 마땅히 그래야 하는 것들을 욕망하지 못한다. 우리는 마땅히 그래야 하는 대로 생각하지 못한다. 우리는 마땅히 그래야 하는 대로 말하지 못한다. 우리는 마땅히 그래야 하는 대로 행하지 못한다. 우리는 도움이 필요하다. 구조가 필요하다. 지혜가 필요하다. 용서가 필요하다. 힘이 필요하다.

그래서 여기서 기도가 당신과 당신의 결혼생활에 도움이 된다. 당신은 매번 기도할 때마다 강력하게 보호해주고 관계를 변화시키는, 결혼생활의 **배경**을 떠올린다. 결혼생활의 배경은 어떤 상황이나 장소가 아니다. 결혼생활의 배경은 한 인격이다. 결혼생활의 배경은 바로 **하나님**이다. 그분은 당신 위에, 당신 주위에, 당신 아래, 당신 안에 계신다. 그분은 당신 존재를 구성하는 모든 것을 창조하셨다. 그분은 당신의 모든 상황과 관계를 관리하신다. 그분의 능력이 당신과 당신의 세계를 묶으셨다. 그분이 당신의 인생 이야기와 당신의 결혼 이야기를 쓰신다. 그분의 계획과 목적, 뜻이 당신이 결혼생활에서 하는 모든 행동의 이유여야 한다. 그분만이 당신의 개인적이고 관계적인 필요의 가장 깊은 부분에까지 이르는 도움을 주신다. 그분은 당신과 당신 삶과 당신의 결혼생활에 대한 합법적인 소유주시다. 그분은 당신의 결혼생활을 잉태하고 창조하신 분이며, 그렇기 때문에 그분이 깨진 부분을 가장 잘 진단하고, 고쳐야 할 부분을 가장 잘 치유하실 수 있다. 그분은 무엇이 옳고 그른지, 무엇이 좋고 나쁜지, 무엇이 진실이고 거짓인지, 무엇이 지혜롭고 어리석은지 결정하실 수 있는 유일하게 신뢰할 만한 분이다. 그분은 당신 가까이에 계실 뿐 아니라, 예수 그리스도의 십자가 덕분에 지금 그분의 성령으로 당신 안에 거하고 계신다. 그분은 당신의 생명이며 당신 결혼생활의 소망이시다. 그분은 당신의 조언자요, 보호자요, 변호인이요, 교사요, 안내자요, 친구시다. 그분은 그분의 사랑으로 당신을 에워싸고 당신을 그분의 은혜에 잠기게 하신다. 정말 "우리는 하나님 안에서 살고, 움직이고, 존재하고 있습니다"(행 17:28, 새번역). 하나님이 우리 결혼생활의 배경이시다.

그러나 기도는 또 다른 무언가를 한다. 기도는 우리에게 우리 결혼생활의 **현실**을 상기한다. 우리 결혼생활의 현실은 매순간 죄와 은혜가 춤을 추는 모습이다. 매일 죄가 그 추한 머리를 쳐들고, 매일 은혜가 죄를 처리하는 데 필요한 것을 준다. 우리가 하나님의 존재와 그분의 소유권, 그분의 능력을 이해하지 못하면 결혼생활을 이해할 수 없는 것과 마찬가지로, 죄와 은혜를 이해하지 못하면 결혼생활에서 경험하는 것과 그것에 대처하는 법을 알 수 없다. 죄는 결혼생활의 모든 분투의 이유이며, 은혜는 그것들을 처리할 수 있는 유일하게 믿을 수 있는 소망이다.

죄가 여전히 당신 속에, 당신의 세상 속에 남아 있다는 사실 때문에 당신은 매일 하나님과 화해해야 한다. 당신은 매일 어떤 식으로든 하나님의 마음을 상하게 하는 무언가를 하고, 매일 서로의 마음을 상하게 하는 무언가를 한다. 앞에서 보았듯이, 이러한 죄와 분투와 구원은 일상생활의 가장 사소하고 일상적인 순간에 일어난다. 너무 평범하고 모든 면에서 특별할 것이 없어서 우리의 주의를 끌지 못하고 지나가는 그런 순간들 말이다. 우리는 우리 삶의 매일의 속도와 매일의 일정, 매일의 관계와 책임에 익숙해진다. 어느 순간 우리는 관찰하는 일과 살펴보는 일을 멈추고, 하루에 또 하루를 더하고, 한 달에 또 한 달을 더하고, 한 해에 또 한 해를 더하며 일상에 안주한다.

하나님이 다시 한 번 부부들의 주의를 집중하게 하시는 순간, 그들이 지난 시간을 돌아보며 "우리에게 어떤 일이 일어난 거지? 도대체 우리가 어떻게 여기까지 왔지?" 하고 질문하는 이유가 여기에 있다. 그들은 소위 결혼생활의 안개 속으로 빠져들었다고 느낀다. 한때 밝고 화창했던 것이 갑자기 어두워진 느낌이다. 그러나 어떤 것도 갑자기 일어난 것이 아니다. 그들의 결혼생활의 변화는 점진적으로 작은 단계들로 일어났다. 모든 결혼생활에 나타나는 그러한 평범한 순간들의 잘못된 생각과 욕구, 말, 행동이 결혼생활의 성격과 방향을 변화시켰다. 그런 일들은 사소한 순간들에 일어났고 누구도 주의를 기울이지 않았다.

우리 모두 그렇다. 갑자기 서로 사랑하지 않게 되는 것이 아니다. 결혼생활은 보통 갑작스런 어떤 사건 하나로 변화되지 않는다. 오랜 부식의 과정으로 변화한다. 갑작스런 사건은 대개 긴 부식의 과정 끝에 일어난다. 적극적인 약속이 적극적인 연합과 이해와 사랑의 생활방식으로 바뀌는 일이 단번에 일어나는 경우는 거의 없다. 오히려 이런 일은 수만 개의 작은 단계들을 거쳐서 일어난다. 문제는 이러한 변화들이 일어날 때 우리는 졸음운전을 하는 경향이 있다는 것이다. 우리는 한때 귀하게 여기며 보호하는 데 전념했던 것을 당연히 여긴다. 한때 깊이 감사했던 것이 오랜 시간이 지나면서 익숙해졌다. 그토록 우리의 애정과 관심의 초점이 되었던 사람이 그저 같이 사는 사람, 당신의 환경과 일과표의 일부에 지나지 않는 사람으로 바뀌었다. 얼마나 많은 아내가 "그 사람은 집에 있을 때 마치 나는 거기 있지 않은 것처럼 행동해요" 하고 말하는지 이루 말할 수가 없다.

이것이 기도와 어떤 관련이 있는가? 기도는 기꺼이 당신과 아주 가까이 계신 은혜의 하나님이 주시는 놀라운 자원들에 다가가게 한다. 뿐만 아니라, 당신이 어떤 존재이며(궁핍한) 하나님이 어떤 분이신지(은혜로운) 기억하게 해준다. 기도는 당신을 잠에서 깨워 다시 주의를 기울이게 해준다. 기도는 약함과 축복을 인정하는 것과 관련이 있다. 기도는 당신의 정체성과 하나님의 영광을 바르게 이해하는 일과 관련이 있다. 기도는 무엇이 중요한지 대면하고 알게 해준다. 기도는 주의를 기울이는 생활방식의 아주 중요한 한 부분이다.

우리는 언제 주목하는 일을 그만두는가?

브라이언과 마르티나는 아주 흥분한 상태로 결혼을 했다. 둘이 만났을 당시 둘 다 직장에 잘 다니고 있었다. 브라이언은 영업차 마르티나의 회사를 방문했다. 마르티나는 브라이언이 팔려는 물건의 구매 책임자였다. 브라이언은 마르티나의 회사가 생산하는 제품에 필요한 물품들을 의논하기 위해 세 번째로 방문했을 때, 자신이 마르티나와 함께 있는 것을 좋아한다는 것을 알게 되었다.

그 다음 번 방문 때였다. 브라이언은 일 외의 이야기를 하는 것을 쑥스럽게 사과하면서, 시간 될 때 같이 커피 한 잔 하자고 마르티나에게 말했다. 놀랍게도 그녀는 동의했다. 브라이언은 그 데이트에 대해 생각했다. 스타벅스에서 라떼를 마시는 지루하고 사소한 데이트가 되어서는 안 될 것이다. 브라이언은 비교할 데 없는 소품과 색다른 조명, 끝내주는 캐러멜 브라우니가 있는 멋진 커피숍에 가야겠다고 생각했다. 마르티나는 너무도 쉽게 만나기로 동의한 것 때문에 자기 자신에게 화가 났지만, 데이트 이후에는 그들이 함께한 아주 멋진 시간을 믿을 수가 없었고 브라이언이 다시 데이트 신청하기를 기다렸다.

그러나 마르티나는 기다릴 필요가 없었다. 놀랍게도 브라이언이 곧바로 다음 데이트를 신청한 것이다. 관계가 발전하면서 그들은 둘 다 자신들이 사랑을 거의 다 포기했었음을 알았다. 둘 다 하나님이 그들의 이야기를 함께 쓰셨다는 사실에 깊이 감사했고, 서로를 아주 고마워했고, 둘 다 아주 소중히 여기는 그 관계를 세우고 지키는 데 깊이 헌신했다.

그들의 결혼식이 어떻게 진행되었는지는 흐릿했다. 브라이언과 마르티나 둘 다 실제로 그 일이 일어나고 있다는 사실을 믿을 수 없었기 때문에 그들은 하루 종일 감성적이었다. 그들은 서로를 발견했다는 것을,

사랑에 빠졌다는 것을 믿을 수 없었다. 그들이 실제로 결혼했다는 것을, 삶을 함께할 것이라는 사실을 믿을 수 없었다. 둘 다 특권 의식으로 가득했다.

브라이언과 마르티나처럼 결혼생활을 계획적으로 시작하는 부부는 거의 없다. 그들은 결혼을 엉망으로 만들려 하지 않았다. 그들은 충분히 지속될 만큼 성숙하고 견고한 결혼생활을 하려면, 필히 행복한 결혼으로 만드는 모든 생활방식, 곧 관계를 위해 애쓰는 삶에 전념해야 한다는 것을 알았다. 그것은 그들에게 짐이 아니었다. 그들은 기꺼이 주의를 기울이고 그들의 결혼생활에 방해가 되는 것과 될 가능성이 있는 것들을 처리하기로 결심했다. 그리고 그들은 그렇게 했다. 초창기에는 하나님의 은혜로 집중과 계획을 통해 연합과 사랑과 이해의 결혼생활을 이루는 데 도움을 받았다.

그러나 미묘한 변화의 과정 중에 두 가지 일이 일어났다. 그들은 편안하고 바빠졌다. 브라이언은 마르티나를 사랑하는 데 너무 익숙해져서 그의 사랑을 의식하지 못했고 그녀에게 그것을 자주 표현하지도 않았다. 마르티나는 브라이언에게 고마워하는 데 너무 익숙해져서 감사를 표현할 순간들을 찾지 않았다. 시간이 흐르면서 그들은 주목하고 행동하는 데서 추정하고 수동성을 보이는 데로 변해 갔다. 그러나 마르티나와 브라이언은 그 변화들을 거의 보지 못했다. 다른 무언가가 일어나고 있었기 때문이다. 너무 바빠진 것이다.

브라이언과 마르티나 둘 다 아파트 삶에 넌더리가 나서 단독 주택을 구입했다. 문제는 그들이 낡은 집을 살 정도의 형편밖에 되지 않았다는 것이다. 그들의 새 집이 안락하고 살 만한 곳이 되려면 많은 수고가 필요했고, 그곳은 낡은 집이었으므로 항상 많은 보살핌과 유지 보수가 필요했다. 또 브라이언과 마르티나는 쌍둥이 불독과 세 명의 아름답고 어린 딸을 키웠다. 그리고 다른 것이 또 있었다. 계속 승진을 한 브라이언은 이제 부서의 지역 책임자가 되었다. 그의 업무 시간은 아주 힘들었고, 출장도 잦아졌다. 그는 매일 저녁 파김치가 되어 집에 돌아와서는 머리를 비우는 휴식 시간을 원했다.

마르티나는 브라이언에게 고마워했지만, 집안일들과(브라이언은 감지하지 못하는 듯한) 딸들과 개들을 돌보는 일을 다하느라 브라이언에게 주의를 기울일 만한 시간이 충분하지 못했다. 그들이 이제 서로 사랑하지 않는 것은 아니었지만 그들은 많은 주의를 기울이지 못했고, 결혼을 구축하고 지키기 위해 필요한 일들을 매일 하기로 한 약속을 확실히 저버렸다. 그들의 결혼생활은 무심하고 거리가 느껴지는, 집중을 방해하는 관계가 되어버렸다. 어떤 결혼에서든 이런 일이 일어나면, 자기중심성을 가진 죄와 짜증과 성급함이 표현되고 자라날 여지가 생겨난다. 그리고 이것이 정확히 브라이언과 마르티나에게 일어났다.

사소한 의견충돌과 해결되지 않은 갈등이 심각한 전쟁으로 커졌다. 섬김은 성급한 이기심으로 변했다. 감사는 짜증으로 바뀌었다. 기꺼이 섬기고 기다리는 마음은 성급한 요구로 산산조각 났다. 용서는 비판과 판단에 자리를 내주었다. 평화는 분노와 긴장에 자리를 내주었다. 브라이언과 마르티나는 주의를 기울이지 않았고 그들의 관계를 위해 애쓰지 않았다. 한때 그랬던 것이 향상되거나 유지되지 않았다. 그들이 했던 약속들은 점점 버림을 받았다. 그들의 결혼생활은 주의를 기울이지 않은, 잡초가 화초들을 제압해버린 정원이 되었다. 마르티나와 브라이언은 도움이 필요했다. 그들의 결혼생활에는 기도가 필요했다.

결혼생활에서 기도가 지켜내는 것

결혼생활에서의 기도는 우리를 바른 방향으로 이끈다. 우리는 기도를 통해, 우리가 앞에서 말했던 것들이 연합과 이해와 사랑의 결혼생활에 아주 중요함을 기억한다. 매일의 기도는, 우리가 저버리려는 유혹을 받지만 결혼생활을 유지하는 데 필수적인 모든 약속들을 강화해준다. 기도는 우리 눈과 마음을 연다. 기도는 건강한 결혼생활에 필수요소다. 무릎을 꿇는 것은 결혼생활에서 최상의 자세다.

여기서 나는 주기도문을 모델로 하여 기도가 당신 안에서 어떤 일을 하는지, 또 당신을 통하여 배우자의 마음속에서 어떤 일을 할지 이야기하고자 한다.

"하늘에 계신 우리 아버지여"(마 6:9). 기도는, 결혼생활에서 당신에게 남겨진 것이 절대 당신의 힘과 지혜만이 아님을 상기한다. 브라이언과 마르티나는 서로와 결혼생활을 위해 했던 약속들, 즉 매일 행동하는 사랑을 하겠다는 약속만 잊어버린 것이 아니라, 그들의 주님도 잊어버렸다. 물론 그들은 계속 교회에 다녔고 믿음을 저버릴 생각은 없었지만, 복도와 침실과 거실에서의 모든 일상생활이 그들의 어깨에 달려 있다고 느껴졌다. 그들의 결혼생활에 서서히 권력이양이 일어나면서, 그들은 결혼생활의 축복과 분투와 기회와 책임을 바라볼 때 하나님을 의식하지 않았다. 이런 시각이 어떤 결혼생활에서든 엄청나게 파괴적인 이유는, 하나님의 임재와 약속과 공급하심을 잊을 때, 당신은 압도당하여 포기하거나 직접 하나님의 일을 하려고 하기 때문이다. 그러나 어느 쪽도 실행 가능한 대안이 아니다.

결혼생활을 위한 매일의 기도는 당신의 결혼생활을 변화시킬 뿐 아니라 당신 역시 변화시키는 힘을 가지고 있다. 아마도 그렇게 하는 가장 강력한 방식은 이것인 듯하다. 즉 기도는 당신이 결코 혼자가 아님을 상기한다. 기도는 당신에게 남겨진 것이 결코 당신 자신의 의와 지혜, 힘만이 아님을 상기한다. 기도는 당신이 결혼생활을 하는 모든 장소나 상황에 하나님이 계실 뿐 아니라 그 각각을 하나님이 다스리심을 상기한다. 당신의 결혼생활을 다스리시는 분은 어마어마한 능력의 하나님이실 뿐 아니라 지혜롭고 진실하고 신실하고 은혜롭고 사랑 많고 용서하고 선하고 친절 그 자체이신 하나님이다.

그러나 주기도문이 그 훨씬 이상의 사실을 대면하게 한다. 능력이 많으시며 당신 가까이 계신 하나님이 당신의 아버지라는 것이다. 당신이 하나님의 자녀라면, 아버지이신 그분의 보살핌 범위 밖에 있는 순간은 절대 없다. 그분은 아버지처럼 당신을 사랑하시고 당신에게 최선의 것을 신실하게 공급하느라 여념이 없으시다. 당신이 부부싸움이라는 실망스러운 순간에 대면할 때, 어떻게 행동할지는 고사하고 어떻게 생각할지도 확실하지 않을 때, 기도는 당신을 절망과 소외에서 구해낸다. 기도는 이렇게 말하도록 힘을 준다. "우리가 어떻게 여기까지 왔는지 잘 모르겠고, 무엇을 해야 할지 잘 모르겠지만, 내가 확신하는 것이 한 가지 있어. 나는 절대 혼자가 아니라는 거야. 내게는 항상 나와 함께하시는 하늘 아버지가 계셔."

하나님을 인정하면 당신 자신에게서 당신을 지킬 수 있다. 하나님을 인정하면, 당신을 낙담과 두려움과 거기에 항상 따라다니는 수동성에서 당신을 지킬 수 있다. 하나님을 인정하면, 스스로를 의지하고 주권을 가지려는 자만심에서 당신을 지킬 수 있다. 연합과 이해와 사랑의 결혼생활을 하고자 한다면, 이러한 겸손한 인정으로 시작해야 한다. 당신에게는 멋진 결혼생활을 이루는 데 가장 중요한 요소를 만들어낼 능력이 없다. 당신의 결혼을 고쳐 만들고 다시 세우고 성장시키고 지켜주는 생각, 욕구, 말, 행동의 변화는 항상 하나님이 주시는 은혜의 선물이다. 당신이 하나님의 뜻을 따르고자 한다면, 그분은 계속 당신을 당신 자신의 이기심에서 구하시고, 당신을 다른 사람을 사랑하는 데서 기쁨을 찾는 사람으로 만드신다. 근본적으로 자기 지향적이고 성급하고 요구가 많은 인간을, 사랑하고 싶을 뿐 아니라 실제로 사랑하는 사람으로 변화시킬 수 있는 분은 사랑의 하나님뿐이다. 성경에 이를 표현하는 단어가 있다. 바로 **은혜**다.

기도는 당신이 아버지의 사랑을 입고 있음과, 그 사랑은 필요한 모든 면에서 당신을 변화시킬 때까지 당신을 내버려두지 않을 것임을 상기한다.

"이름이 거룩히 여김을 받으시오며 나라가 임하시오며 뜻이 하늘에서 이루어진 것 같이 땅에서도 이루어지이다"(마 6:9-10). 기도는 결혼생활을 향한 하나님의 목적이 항상 당신의 결혼보다 크다는 것을 상기한다. 당신은 결혼생활이 결혼생활과 그에 대한 당신의 반응을 규정하고 빚어가는 더 큰 무언가의 일부라는 사실을 알 때까지는, 결혼생활을 이해하거나 거기에 만족하지 못할 것이다. 이 책의 주제 중 하나를 기억하라. 사람들이 자신들의 작은 왕국을 설립하는 것을 넘어서 그들 삶에 더 큰 비전을 갖지 못하기 때문에 결혼이 붕괴되는 것이다. 남편과 아내를 하나로 묶어줄 더 큰 나라가 없을 때, 슬프게도 그들의 결혼생활은 아내의 나라와 남편의 나라가 하고자 하는 것 사이의 전쟁이 된다. 그들이 알든 알지 못하든, 각자는 일상에서 삶에 대한 자신들의 꿈을 실현시키려 할 것이다.

브라이언과 마르티나는 그들의 결혼생활보다 더 큰 세계와 그들 개인의 나라보다 더 큰 나라를 인식하지 못했다. 마르티나의 나라는 엄마로서 늘 경험하고 싶었던 것, 자녀들에게 늘 붙들고 있던 꿈들과 관련이 있었다. 그녀가 원하는 것은 그녀의 나라가 꿈을 실현하는 데 브라이언이 참여하는 것뿐이었다. 마르티나는 브라이언이 그렇게 할 때 사랑받는다고 느끼고 행복해했다. 브라이언의 나라는 갈수록 가정 밖에서 꿈을 찾았다. 그는 점점 업무상 유용한 권력과 성공의 꿈에 사로잡혔다. 브라이언은 마르티나가 모든 일을 다하면서 그가 직업에서 가진 꿈을 지원해주기를 바랐다. 가족들이 어떤 대가를 지불할지는 상관없었다. 문제는 마르티나의 나라와 브라이언의 나라가 충돌했다는 것이다. 자녀들에 대한 마르티나의 꿈은 브라이언이 일에 너무 많은 시간과 에너지를 소비하지 않기를 요구했고, 브라이언의 직업에서의 꿈은 마르티나가 그와 가족에 대한 계획을 버리기를 요구했다.

기도는, 진정한 삶은 하나님 나라의 더 크고 좋은 소명을 위해 당신의 작은 나라의 목적을 버릴 때에야 찾을 수 있음을 상기한다. 기도는, 하나님이 은혜를 주시는 것은 당신의 나라가 잘되게 하기 위해서가 아니라 당신을 더 좋은 나라로 맞아들이시기 위함임을 상기한다. 당신은 기도할 때마다 당신과 당신의 삶을 하나님이 다스리심을 인정한다. 기도는 당신의 뜻을 하나님의 뜻 아래 두는 행동이다. 기도는 죄의 자기 중심성과 자기 주권을 고백하는 것이다. 기도는 당신의 삶과 그 안에 담긴 모든 것을 하나님의 사랑 많으시고 지혜로운 권위 아래 기꺼이 내려놓는 것이다. 기도는 당신의 나라보다 더 큰 나라를 위한 삶의 적극적인 한 요소다.

진정한 연합은, 남편과 아내가 더는 그들의 삶을 다스리려 하지 않을 때 시작된다. 진정한 연합은, 남편과 아내가 그들의 결혼생활에 행동지침을 정하려 하지 않고, 매일 실제적으로 하나님의 행동지침을 함께 따르려 할 때 시작된다. 진정한 결혼의 연합은, 남편과 아내가 왕이 되기를 그만두고 왕의 계획과 목적과 부르심에 기꺼이 즐겁게 순종할 때 시작된다. 각자가 개인적으로 왕 중의 왕을 더 사랑하고 섬길수록 그들은 서로 더 협력하고, 함께 하나의 꿈을 갖고 그 꿈이 매일의 삶에 실제적으로 함의하는 바를 나눌 것이다. 기도는 당신보다 크신 왕과 당신의 나라보다 큰 나라를 상기한다.

"오늘 우리에게 일용할 양식을 주시옵고"(마 6:11). 기도는 당신 자신을 궁핍한 존재로 보라고 요구한다. 그날의 양식같이 평범한 것을 구하는 기도는, 당신에 대한 진실을 마음속으로 그려볼 때까지는 의미가 없을 것이다. 우리는 궁핍하고 의존적이다. 우리에게 장착된 하드웨어는 절대 독립적이고 자기충족적인 존재가 아니다. 당신의 생필품을 하나님께 의지하고 있지 않다면 기도는 전혀 의미가 없다. 기도는 항상 당신은 능력이 없고 약하고 궁핍함을 인정하라고 요구한다. 날마다 드리는 기도는 날마다의 필요를 인정한다. 날마다 드리는 기도는, 하나님이 오늘 당신에게 주신 것에 만족하고 내일을 그분의 손에 의탁하라는 하나님의 명령을 받아들이는 것이다. 그리고 양식처럼 기본적인 것을 하나님께 의지한다면, 그 다음에는 당신의 삶에 필요하지만 당신 스스로는 마련할 수 없는 것들을 의탁하게 된다.

나는 가족을 부양할 직업을 확실하게 구하도록 관장해야 할 모든 것을 관장할 수 없고, 하지도 못한다. 내 가족이 살아갈 적당한 집을 얻도록 모든 환경을 다스리지 못한다. 내 가족이 건강하고 안전하도록 모든 것을 관장하지 못한다. 내 아이들이 다닐 만한 좋은 학교에 가도록 모든 것을 결정하지 못한다. 또 우리가 출석할 탄탄한 교회를 찾도록 권위를 행사하지 못한다. 내 삶의 중요한 필요들 중에는 나 홀로 충족할 힘이 없는 것들이 많다.

그러나 다른 것들도 있다. 진정한 연합과 이해와 사랑이 결혼생활에서 매일의 특성이 되려면 당신과 당신의 배우자가 할 일이 있다. 당신

혼자서는 안 된다. 당신에게는 당신 자신을 사랑 많고 친절하고 인내하고 감사하고 온유하고 용서하고 신실하고 절제하는 사람으로 변화시킬 능력이 없다. 또 당신에게는 분명 당신의 배우자를 그런 사람이 되게 할 능력이 없다. 행복한 결혼에 필수적인 이러한 성품들은, 당신 마음속에 거하시는 하나님의 성령이 변화시키시는 사역의 열매일 뿐이다. 이는 오로지 그분이 계속 당신을 **당신**에게서 구해내시고 예수님을 닮은 자로 빚어가실 때 일어난다.

기도는 당신을 자급자족의 망상에서 끌어내며, 당신이 실제로 얼마나 궁핍한지를 상기한다. 기도는 하나님의 구조와 회복이 없이는 당신이 가져야 할 모습을 갖지 못하고 부르심받은 대로 행하지 못할 것임을 상기한다. 기도는 당신을 겸손하게 하고, 그렇게 하면서 당신을 더 인내심 많고 배우자를 잘 이해하는 사람이 되게 한다. 자신의 궁핍함을 인정하는 사람보다 다른 사람의 약함과 필요를 더 잘 견디는 사람은 없다.

브라이언과 마르티나는 즐거운 헌신과 지혜로운 선택, 사랑의 반응을 하던 초창기의 어디에선가, 자신들을 더는 궁핍한 존재로 보지 않았다. 그 결과는 그들의 결혼생활에 파괴적이었다. 어느 순간 그들은 다 알았다고 느꼈다. 목적지에 도달한 듯 보였다. 그들은 알지 못했지만, 실제로 하나님이 주시는 은혜의 선물들을 개인적인 자부심과 결혼생활의 자부심을 갖는 기회로 삼았다. 자신들이 아는 어떤 부부가 협력하지 못하는 모습을 보면서 함께 의아해하던 때도 있었다. 그러나 그들의 지혜와 능력, 힘에 대한 이러한 자부심은 미묘하고 기만적이었다. 그것은 거의 항상 그렇다. 그들은 신앙이 변화하는 어떤 순간에 "우리는 이제 하나님이 필요하지 않아요"라고 선언하지 않았다. 또 식사 전과 하루가 끝날 때 드리는 기도를 그만두지도 않았다. 하지만 그들의 기도는 그들 자신과 하나님에 대해 정말로 믿는 바를 보여주는 지표라기보다는 영적인 일상이었다. 그들은 교회 사역과 교회 프로그램에 참여하는 일도 그만 두지 않았지만, 주일에 하나님의 은혜를 송축하는 일과 나머지 주중의 자급자족 성향은 분명히 분리되어 있었다.

사실 실제적인 면에서 브라이언과 마르티나는 기도를 하지 않았다. 그들 자신을 궁핍한 존재로 보지 않았기 때문이다. 분명 그들은 고개를 숙이고 눈을 감은 채 잘 연습된 종교적 어구들을 중얼거렸다. 그러나 이러한 '기도들'이 진정한 기도가 아닌 것은, 누가복음 18장에서 그리스도 께서 예로 드신, 성전의 바리새인의 기도가 진정한 기도가 아닌 것과 같다. 그들의 기도에는 개인적인 궁핍함에 대한 깊은 의식이 없었고, 그랬기 때문에 또한 진심 어린 감사와 송축도 없었다.

나는 절대 이런 위치에 있지 않다고 말하고 싶지만 사실은 그렇지 않다. 우리가 결혼 초창기에 겪었던 많은 문제는 나의 자만과 '나만큼 의롭고 성숙하지 못한' 루엘라에 대한 나의 성급함 때문에 일어났다. 내 기도는 궁핍한 심령의 정직한 외침이었다기보다는 외적인 종교 행위였다.

진정한 기도는 당신이 사실은 근본적으로 얼마나 궁핍한 존재인지를 인정하도록 요구하면서 당신을 변화시킨다.

"우리가 우리에게 죄 지은 자를 사하여 준 것 같이 우리 죄를 사하여 주시옵고"(마 6:12). 기도는 배우자에게 당신이 받은 동일한 은혜를 베풀라고 하나님이 날마다 명령하고 계심을 상기한다. 기도는 사랑을 받은 대로 상대방을 사랑하라고 요구한다. 당신이 절대 하나님의 사랑을 얻거나 쟁취할 수도 없고 받을 만하지도 않은데 하나님이 당신을 사랑하셨음을 의식하는 데 뿌리를 둔 기도가 아니라면, 그 기도는 의미가 없다. 기도는 당신이 매일 인내하는 용서와 힘을 주시는 은혜의 선물을 받았다는 사실에 뿌리를 둘 때에만 의미가 있다. 기도는 당신 존재에 가장 귀중한 것, 곧 하나님의 사랑은 어쨌든 당신이 얻을 능력이 없는 것임을 인정하게 하면서 당신을 겸손하게 한다. 또 기도는 받을 만한 자격이 없는 사랑을 받은 것을 기뻐하라고 하면서, 당신도 동일하게 다른 사람들을 사랑하는 데 전념할 것을 요구한다. 자기 의와 무능과 상대방을 사랑하지 않으려는 마음 사이에는 직접적인 상관관계가 있다.

하나님의 도우심을 구하면서 남편이나 아내를 돕지 않으려는 것은 모순이다. 하나님의 사랑을 기뻐하면서 배우자를 사랑하지 않으려는 것은 모순이다. 매순간 은혜가 필요함을 깊이 인식하면서 함께 살고 있는 사람에게 은혜를 베풀지 않고 사랑한다고 말하지 않는 것은 모순이다. 삶의 유일한 진정한 소망은 하나님의 용서임을 알면서 남편이나 아내를 용서하지 않는 것은 모순이다. 하나님이 오래 참으시고 자비로우시기 때문에 당신의 요청에 귀를 기울이심을 알면서, 배우자에게 짜증과 성급함으로 반응하는 것은 모순이다.

하나님의 사랑과 은혜의 복을 받았음을 인정하면서 결혼생활에서 실제로 사랑하고 은혜를 베푸는 일에 헌신하지 않는 것은 본질적으로 말이 안 된다. 하나님의 용서를 송축하면서 용서와 화해와 회복이 실제로 필요한 순간에 배우자를 용서하지 않는 것은 말도 안 된다. 기도는 당신에게 수직적인 용서를 기뻐하라고 요구하면서, 수평적인 용서를 베풀라고 요구한다.

기도는 사랑하라는 하나님의 명령을 상기한다. 기도는 당신이 다른 사람의 유익을 위해 기꺼이 자기를 희생하는 삶을 사는 존재로 설계되었음을 상기한다. 기도는 성공적인 삶이란 다른 무엇보다 하나님을 사랑하고 당신의 이웃을 당신 자신처럼 사랑하는 것임을 상기한다. 기도는 당신의 결혼생활이 늘 죄인이 죄인과 함께 살아가는 것이며, 그렇기 때문에 결혼생활 중에 용서에 대한 약속보다 더 중요한 약속은 없음을 상기한다. 기도는 결혼생활에서 서로에게 은혜를 베풀라는 명령을 받지 않은 날은 하루도 없음을 상기한다.

여기 마르티나와 브라이언에게 일어났던 일은 우리 대부분에게도 일어나는 일이다. 내가 설명하는 사이클을 주의해서 보라. 마르티나와 브라이언은 매일 용서할 필요가 보이지 않자 기꺼이 서로를 용서하지 않았다. 이렇게 서로를 용서하지 않고 서로의 잘못을 치워버리지 않으면서 상대방의 잘못들을 기록해두기 시작했다. 이렇게 매일 잘못들을 기록하자, 그들은 점점 그들의 삶이 상대방의 약점과 실패에 얼마나 많은 영향을 받는지 알게 되었다. 그러자 그들은 서로에게 점점 짜증을 내고 성급해하고 너그럽지 못하게 되었다. 하지만 그들이 투사는 아니므로, 거리를 두고 바쁘게 사는 것으로 서로에게서 스스로를 지키고 서로에 대한 실망에 대처했다.

매일 은혜를 베풀겠다는 상호간의 헌신이야말로 모든 결혼생활의 특징인 죄인과 죄인의 결혼생활에 유일한 소망이다. 기도는 사랑하고 용서하라는 하나님의 부르심을 상기하고, 이러한 부르심은 가장 받을 만하지 않을 때 가장 필요함을 상기한다.

"우리를 시험에 들게 하지 마시옵고 다만 악에서 구하시옵소서"(마 6:13). 기도는, 결혼생활에서 가장 심각한 분투는 당신 밖이 아니라 당신 안에서 일어난다는 것을 상기한다. 진정한 기도는 항상 당신을 겸손하게 한다. 진정한 기도는 당신이 누구인지 인정하라고 요구하기 때문이다. 우리는 모두 근본적으로 인생에서 우리의 가장 심각한 분투는 우리 밖에서 일어나는 것이며 우리는 선한 사람들이라고 생각하고 싶어 한다. 그러나 기도는 우리를 겸손하게 하는 현실에 맞닥뜨리게 한다. 즉 우리는 우리 안에 있는 악 때문에 우리 밖의 악에 걸려들 뿐이다.

기도는, 우리가 결혼생활에서 어떤 고통을 겪더라도 우리 삶에서 가장 깊고 지속적인 딜레마는 우리 안에 존재한다는 사실에 직면하게 한다. 기도는, 우리 죄의 어둡고 파괴적인 실재는 우리가 생각하고 욕망하고 말하고 행동하는 방식을 왜곡한다는 사실에 우리를 대면시킨다. 기도는, 우리 안에 우리를 옳은 데서 옳지 않은 데로 향하도록 유혹하는 무언가가 있기 때문에 구조와 보호가 필요함을 인정하게 한다. 기도는, 우리 안에 자기중심적이고 반사회적이어서 우리 관계에 파괴적인 무언가가 있음을 인정하고 겸손하게 한다.

기도는 우리 결혼생활에서 가장 큰 문제는 상황과 장소가 변해도 피할 수 없는 우리 자신임을 고백하게 한다! 거듭 우리를 유혹하고 속이고 옭아매는 것은 우리의 죄다. 원해서는 안 되는 것을 원하고, 해서는 안 되는 생각과 말, 행동을 하게 하는 것은 우리의 죄다. 기도는 우리 말이나 행동에 남편이나 아내를 탓하지 말라고 한다. 기도는 우리 행동에 대한 책임을 받아들이고, 그렇게 하면서 용서와 도움을 받으라고 한다.

기도는 수많은 결혼을 마비시키는 손가락질과 상대방 탓하기, 책임전가를 없애준다. 남편이 결혼생활의 소망은 아내를 고치는 데 있다고 확신하고, 아내는 결혼생활의 미래는 남편을 고치는 데 있다고 확신한다면, 그들의 결혼생활은 변하지 않는다. 둘 다 결혼생활에서 잘못된 행동을 하게 된 것은 상대방의 실수 때문이 아니라 그들 안에 있는 죄 때문이라고 고백할 때, 그들은 각자 성장과 변화를 갈망하고 그런 다음 하나님의 도우심을 붙잡으려 할 것이다.

브라이언과 마르티나가 자신들의 태도와 행동의 원인으로 서로를 가리킬수록 그들의 결혼생활은 돌이킬 수 없는 상황이 되었고 변화는 멀고 불가능해 보였다. 결혼생활의 변화는 항상 내면을 들여다보는 것으로 시작된다. 기도가 우리에게 보라고 요구하는 곳이 정확히 그곳이다. 기도의 핵심에 있는 구세주를 찬양하는 일은, 우리 안에 있는 죄에서 벗어날 수 없음을 인정할 때에야 의미가 있다. 우리 죄를 시인할 때에야 우리는 배우자를 비난하지 않고 진지하게 도움을 구한다. 결혼생활에서 기도는 당신의 가장 심각하고 지속적인 문제가 당신임을 거듭 상기한다.

"나라와 권세와 영광이 아버지께 영원히 있사옵나이다"(마 6:13). 기도는, 연합과 이해와 사랑의 결혼생활에 이르는 열쇠는 당신의 나라가 아니라 하나님 나라에 대한 충성에 뿌리박고 있음을 상기한다. 참으로 진심 어린 기도는 시작한 그대로, 즉 하나님의 왕 되심과 그분의 영광을 인식하는 것으로 끝이 난다. 기도는 인생이 당신과만 관련 있는 것이 아님을 상기한다. 기도는, 우주의 중심은 하나님 한 분만을 위해 따로 마련해둔 곳임을 상기한다. 기도는, 당신의 영광보다 더 큰 영광을 위해 살 때 진정한 평안과 충족과 만족이 옴을 상기한다. 기도는, 결혼의 소망은 자신들의 왕국을 세우기 위해 음모를 꾸미는 남편과 아내에게서가 아니라, 더 좋은 왕의 지혜와 통치에 함께 복종하는 데서 발견됨을 상기한다. 기도는, 결혼생활이 의도하는 모든 면에 파괴적인 자아의 나라에서 떠나라고 명령한다. 그렇게 하면 사랑의 하나님이 사랑으로 다스리시는 하나님의 나라로 당신을 맞아들일 것이다.

여전히 계속되는 전투

당신이 얼마나 오랫동안 결혼생활을 했든, 얼마나 많이 배우고 성장하고 변했든, 당신은 여전히 자아의 나라와 하나님 나라 사이에서 전쟁 중이며, 계속 당신의 필요를 인정해야 한다. 죄는 여전히 매일 당신 안에 살고 있다. 따라서 그 동안 당신은 경계를 늦추어서는 안 되며, 이미 이르렀다고 생각해서도 안 되며, 그저 흘러가게 내버려두어서도 안 될

다. 전쟁은 언젠가 끝나고 싸움은 언젠가 마무리된다. 언젠가 죄가 최종적으로 패하기 때문이다. 그러나 오늘 죄는 여전히 당신 안에 살고 있고 전쟁은 여전히 계속되고 있다.

그러나 당신은 혼자 싸우지 않는다. 지켜보며 기도하는 일에 전념할 때 하나님이 그분의 용서와 보호와 지혜와 힘을 주신다. 그분은 변치 않는 사랑으로 당신을 사랑하신다. 그분은 절대 당신에게 싫증을 내지 않으시며 당신의 분투에 지치지 않으신다. 그분은 절대 당신의 실패를 당신의 면전에 들이대지 않으시고, 당신의 죄를 당신에게 불리하게 사용하지 않으신다. 그분은 당신이 분투할 때 용서를 받고 필요한 힘을 얻게 하시려고 아들의 피를 흘리셨다.

결혼생활을 위해 기도할 때 당신은 혼자가 아님을 기억하라. 또 당신이 기도할 때, 은혜가 당신의 결혼생활에 침투해 있으며, 그렇기 때문에 소망이 있음을 기억하라. 실제로 그렇다.

17장

예배, 수고, 은혜

그렇다면 연합과 이해와 사랑의 결혼생활은 어떻게 가능한가? 이런 결혼생활은 평생토록 매일 수고하기로 약속하고 하나님의 변화시키시는 은혜를 깊이 신뢰할 때 가능하다. 그렇다면 이렇게 수고하기로 약속하고 은혜를 신뢰하게 하는 것은 무엇인가? 당신이 이러한 **수고**와 **신뢰**를 약속하게 하는 유일한 한 가지가 있다. 바로 예배다.

참으로 멋지고 하나님께 영광을 돌리는 결혼생활에 필요한 약속들을 생각해보라. **당신의 죄와 약함과 실패를 정직하게 다루려면** 무엇이 필요한가? 수고와 신뢰다. **성장하면서 매일의 주안점을 바꾸려면** 무엇이 필요한가? 수고와 신뢰다. **강력한 신뢰의 토대를 세우려면** 무엇이 필요한가? 수고와 신뢰다. **사랑의 관계를 세우려면** 무엇이 필요한가? 수고와 신뢰다. **당신들의 차이를 감사와 은혜로 대하려면** 무엇이 필요한가? 수고와 신뢰다. **당신의 결혼을 지키기 위해 애쓰려면** 무엇이 필요한가? 수고와 신뢰다. 이는 정말로 하나님의 은혜를 믿으면서, 즐거이 수고하며 함께 살아가는 생활방식이다. 그 은혜는 남편과 아내로서 당신에게 하라고 하신 일을 하는 데 필요한 모든 것을 준다. 그러나 매일 행복한 결혼생활을 위해 기꺼이 수고하는 마음과 하나님이 당신이 할 수 없는 일들을 요구하시지 않을 것이라는 믿음은 어디에서 나오는가? 그것은 바로 예배다. 예배만이 결혼생활에서 연합과 이해, 사랑의 토대가 된다.

루엘라와 나는 내일 결혼기념일을 축하하기 위해 주말여행을 떠난다. 어떤 사람들에게는 가식적으로 들릴지 모르지만, 나는 내 영웅과 결혼했다. 루엘라는 나와 비밀을 공유하는 친구이자 조언자, 멘토, 나의 가장 소중한 친구다. 나는 그녀의 용기와 인내에 끊임없이 놀란다. 사람들을 향한 그녀의 타고난 사랑과 본능적으로 다른 사람들을 보살피는 여러 방법에 놀란다. 나는 그녀가 매일 목적을 가지고 사는 모습과 정말 중요한 것에 마음을 쓰는 모습에 깊은 감동을 받는다. 나는 그녀가 절대 생각하기를 멈추지 않는 모습에 감명을 받는다. 나는 그녀가 주님을 사랑하고 그녀가 하는 모든 일에서 그분의 뜻을 생각하는 모습이 아주 사랑스럽다. 이러한 안정감과 성숙함을 지닌 사람과 함께 사는 것에 깊이 감사한다.

나는 루엘라를 사랑하고 높이 평가하고 존경하는 만큼 그녀가 완벽하지 않다는 것도 잘 안다. 물론 나보다는 훨씬 완벽에 가까운 사람이긴 하다. 그녀는 성품이 좋은 여자지만 죄가 내 속에 살고 있듯 그녀 안에도 살고 있다. 모든 결혼생활에 존재하는 사소한 순간들에 우리 마음을 장악하려는 전투는 맹렬히 진행되고 있다. 우리는 우리가 함께하는 삶이 사랑스럽고 평화롭고 연합되고 생산적이기를 갈망한다. 우리의 가장 큰 바람은 하나님이 우리 결혼생활을 보고 기뻐하시는 것이다. 그러나 우리는 보이는 곳에서 항상 그분과 함께 살지는 않는다. 그래서 우리 마음대로 하고 싶을 때가 있다. 그분의 경계 밖으로 나가고 싶을 때가 있다. 하나님이 창조하신 우리의 차이점들로 갈등을 일으킬 때도 있다.

여전히 듣고 용서하고 섬기고 주는 일이 어려울 때가 있다. 자아 중심성이 여전히 사랑에 방해가 되는 때가 있다. 사소한 잘못을 넘어가지 못하거나 작은 일을 크게 만드는 때가 있다. 분주한 상황을 만들고 관계를 고통스럽게 할 때가 있다.

우리는 멋진 관계를 맺고 있다. 그것은 장기간의 우정이며 로맨스다. 나는 이번 주말에 기념여행을 가면서 이전보다 루엘라를 더 사랑한다고 정직하게 말할 수 있다. 그러나 우리는 우리의 관계를 위해 애쓰는 일을 그만둘 수 없고 그만두어서도 안 된다. 마치 우리가 이미 도달한 것처럼 행동해서는 안 된다. 우리의 월계관에 안주하고 결혼생활이 그냥 흘러가도록 내버려두어서는 안 된다. 남편과 아내로서 행하도록 부름받은 선한 일들을 그만두어서는 안 된다. 죄는 자기중심성과 반사회적 본능을 지닌 채 여전히 우리 안에 살고 있다. 우리는 계속 지켜보고 점검하고 귀를 기울이고 생각하고 고백하고 용서하고 인내해야 한다. 우리는 여전히 하나님을 계속 의식해야 한다. 우리는 여전히 내키지 않는 대화들을 계속해야 한다. 우리는 여전히 "미안해요"와 "용서해요"라고 말해야 한다. 우리는 여전히 어떠한 상황에서도 올바른 일을 하겠다는 약속을 확실하게 지켜야 한다. 우리는 여전히 은혜를 기억해야 하고, 서로에게 은혜를 베풀고 은혜 안에 거해야 한다.

우리는 멋진 결혼생활을 원하지만, 여전히 매일 해야 하는 수고가 있다. 이런 수고를 할 때에는, 여전히 하나님의 임재와 약속과 공급하심을 기억해야 한다. 그분은 우리 안에 우리와 함께 우리를 위해 계시지만, 우리 마음속에서의 그분의 사역은 아직 마무리되지 않았다. 그것이 마무리될 때까지 우리 결혼생활의 매일매일은 기꺼이 수고하고 신뢰하는 날이 되어야 하며, 또한 매일매일 예배의 날이 되어야 한다. 실제로 예배는 장기적으로 행복한 결혼생활의 토대가 된다. 행복한 결혼생활은 수평적으로 세워지기 전에 수직적으로 세워진다. 문제가 많은 결혼은 수평적으로 고치기 전에 수직적으로 고쳐야 한다.

결혼생활의 여러 분투들을 볼 때, 예배는 문제이기도 하며 치유책이기도 하다. 이것이 무슨 의미인지 다시 한 번 상기하려 한다. 하나님이 계셔야 할 곳에 계실 때에만, 다른 모든 것들이 있어야 할 자리에 있을 수 있다. 내가 다른 무엇보다 하나님을 사랑할 때에만, 나 자신을 사랑하듯 루엘라를 사랑할 수 있다. 하나님에 대한 사랑이 내 삶의 원동력이 아니라면 자아에 대한 사랑이 그 원동력일 것이다. 내가 결혼생활에서 하는 어떤 행동이 하나님 나라를 위한 것이 아니라면, 아마 내 나라를 위한 것일 것이다. 내가 하나님의 다스림 안에 거하지 않는다면, 내가 지배하려 할 것이다. 내가 그분의 은혜에 의지하지 않는다면 나는 아마 루엘라에게 은혜를 베풀지 않을 것이다. 내가 그분의 뜻을 잊는다면 내 반응들은 내가 언제 어디서 무엇을 얼마나 원하는지에 따를 것이다.

우리 내면에 존재하는, 이렇게 우리 자신을 예배하려는 경향은 결혼생활에 아주 파괴적이고 반사회적인 충동이다. 하나님을 기꺼이 적극적이고 지속적으로 예배할 때에만 이것을 이길 수 있다. 나는 한 번 더 고백해야겠다. 내 문제는 루엘라를 충분히 사랑하지 않는 것이 아니다. 내 문제는 항상 하나님을 충분히 사랑하지 않는 것이고, 하나님을 충분히 사랑하지 않기 때문에 마땅히 그래야 하는 만큼 루엘라를 사랑하지 못하는 것이다.

이것이 핵심이다. 우리 결혼생활의 전쟁은 예배에 대한 전쟁이다. 모든 결혼생활의 근본적인 문제는 잘못된 예배에 있다. 모든 결혼생활의 치료책은 예배를 새롭게 하는 것이다. 너무 간단하게 들리는가? 그렇기도 하고, 그렇지 않기도 하다. 이 원리가 모든 결혼생활에 적용되는데도 전쟁과 치료책은 모든 부부에게 다르게 보인다. 전쟁의 방식과 치유의 방식이 각자 다르기 때문이다. 하나님이 우리에게 어떤 하드웨어를 장착하셨는지, 우리를 누구 가까이 두셨는지, 우리를 어디에 살도록 하셨는지에 따라 부부가 다 다르다. 그러나 그럼에도 우리는 모두 동일한 문제를 겪고 동일한 치료책에 의지한다.

당신은 '폴, 이것은 그다지 낭만적으로 들리지 않네요'라고 생각할지도 모른다. 여기서 내 의도는 로맨스를 무시하려는 것이 아니다. 나는 로맨스를 아주 좋아한다. 남성의 성향을 분류하는 표가 있다면 나는 로맨틱한 쪽 끝에 가 있는 편이다. 나는 건강한 결혼생활에는 친밀함과 로맨스가 중요한 요소라고 생각한다. 그러나 행복한 결혼생활은 로맨스라는 토양에서 자라나지 않는다. 행복한 결혼생활이 자라나는 토양은 예배의 토양이며, 행복한 결혼생활이 생산하는 열매가 달콤하고 장기적이고 상호 만족하는, 로맨스라는 열매다. 예배는 실제로 멋진 결혼생활을 이루는 토양이다. 이제 마지막으로 설명해보겠다.

당신의 결혼생활과 예배

결혼을 했을 때 내 마음속에는, 예배와 결혼이 꼭 연결되어야 한다는 생각이 없었다. 나는 그 두 단어, 즉 **예배**와 **결혼**은 내 삶에서 두 개의 분리된 영역에 존재한다고 생각했다. 그러나 내가 틀렸다. 지금은 우리 삶이 영의 영역과 세속 영역으로, 또는 수직 영역과 수평 영역으로 깔끔하게 나뉘지 않음을 안다. 우리 삶은 '하나님을 예배하는 것과 관련된 것들'과 '다른 모든 것과 관련된 것들'처럼 깔끔한 범주로 나뉘지 않는다.

하나님은 당신 삶의 공식적인 종교적 영역에 대한 소유권만 주장하시는 것이 아니라 다른 모든 것에 대해서도 소유권을 주장하신다. 따라서 당신과 하나님의 관계는 결혼생활을 포함하여 다른 모든 것에도 영향을 미친다. 삶과 예배는 절대 분리되어 있지 않다. 당신이 인식하든 그렇지 않든 당신은 매일 당신만의 예배를 드린다. 그렇다면 당신이 예배하고 있는 것은 무엇인가? 당신을 위해 이 책의 내용을 요약하는 한 방편으로 수직적인 예배(하나님에 대한 사랑)와 수평적인 사랑(배우자에 대한 사랑)을 구체적으로 연결해보겠다. 이는 결혼생활에서 당신의 생각과 욕구와 반응을 평가하는 한 가지 도구를 더하는 것이다.

예배가 당신의 삶을 빚어간다면, 당신은 그분의 계획과 목적을 염두에 두고 살아갈 것이다. 당신이 보이는 곳에서도 하나님과 함께 산다면, 결혼생활에 대한 당신의 근본적인 시각이 바뀔 것이다. 당신은 결혼생활에 자기중심적인 꿈으로 접근하기보다는 "하나님은 우리 결혼생활이 어떤 모습이 되도록, 또 우리가 어떻게 행동하도록 계획하셨는가?" 하고 질문할 것이다. 이러한 시각의 변화는 부부가 관계 맺는 방식을 근본적으로 변화시킨다. 이제 당신은 배우자를 당신의 꿈에 참여시키거나 당신의 꿈을 이루는 데 도움을 받으려고 애쓰거나 그것을 통해서 그를 판단하지 않는다. 대신에 하나님의 뜻이 일상생활에서 표현되는 결혼생활을 만들기 위해 그분과 함께 겸손히 애쓰고 싶다. 당신은 이제 결혼생활에서 당신의 뜻을 이루는 것 대신 하나님의 뜻에서 기쁨을 찾는다.

이것을 이 책의 용어로 정리해보자. 자신을 신자라고 칭하는 사람들 사이의 많은 결혼생활이 하나님과 전혀 상관이 없으며, 이 지점에서 실제로 문제가 시작된다. 부부가 결혼 전 짧게 상담을 했을지도 모르고, 그들의 목사님과 교회 성도들 앞에서 기독교적 서약을 낭독했을지 모르지만, 결혼생활의 기독교적 부분은 종종 거기서 끝난다. 잠시 시간을 내어 점검해보라. 당신의 결혼생활은 즐겁게 절제하며 날마다 하나님 나라를 추구하는 것이 아님을 금세 알게 될 것이다. 두 사람은 자신들의 작은 왕국만을 추구하고, 이미 이런 나라들이 충돌하기 시작한 것이 분명하다. 당신이 자아의 나라의 꿈을 위해 결혼했다면, 상대방을 사랑한다고 말하더라도 당신이 실제로 하는 행동은 어떤 식으로든 그 사람이 당신 나라를 섬기도록 조작하기 위해 애쓰는 것이다. 당신이 이렇게 할 수 있고 상대방이 그것을 묵인한다면, 당신은 결혼생활이 행복하고 기쁠 것이다. 반면 상대방이 그것에 저항하면, 당신은 끔찍한 실수를 한 건 아닌지 의심하며 실망하고 불만족스러울 것이다.

당신의 결혼생활에서 하나님을 예배하면, 이런 것들을 날려버릴 수 있다. 당신들이 함께 하나님을 예배하고 그분의 나라를 구하면, 당신은 당신의 나라가 임하고 당신의 뜻이 이루어지도록 애쓰는 일을 그만둘 것이다. 당신의 배우자가 당신의 나라를 섬기도록 조작하고 요구하고 끌어들이는 일을 그만둘 것이다. 당신의 소망과 욕구와 감정의 렌즈로 배우자와 당신의 결혼생활을 점검하는 일을 그만둘 것이다. 하나님을 예배하면 요구가 섬김으로, 자격이 감사로, 불만이 기쁨으로 바뀐다. 이기심이 하나님과 배우자에 대한 매일의 사랑으로 바뀌기 때문이다. 예배는 배우자에 대한 기대와 배우자와 관계 맺는 방식을 근본적으로 바꾼다.

나는 결혼생활 초창기의 내 분노가 예배와 관련되어 있었음을 잘 안다. 분노는 내 문제의 핵심이 아니었다. 그것은 더 큰 문제의 증상이었다. 나는 내 삶과 내 결혼생활의 주권을 갖고 싶었고, 루엘라가 항상 내 길을 막는 것 같아서 화가 났다. 나에게는 내 삶과 그녀의 삶에 대한 계획이 있었고, 그녀가 내 기차에 올라타기를 바랐다. 나는 목사이자 상담가였지만, 하나님 나라가 우리 집에서 일어나는 일과 별 관계가 없다는 사실을 보지 못했다. 루엘라가 상처를 입고 혼란스러워했던 까닭은 그녀는 최선의 행동을 한 것 같았기 때문이었고, 내 마음이 상한 까닭은 그녀가 최선이라 생각한 것이 내가 최선이라 정한 것과 맞지 않았기 때문이다. 물론 나는 폭력적이고 악의적인 남자는 아니었다. 당신이 내게 질문했다면 나는 루엘라를 아주 좋아한다고 말했을 것이다. 하지만 나는 결혼생활에서 하나님 역할을 원했고 그랬기 때문에 우리는 불행의 길로 향하고 있었다.

우리 결혼생활의 소망은, 내가 분노 조절 수업에 출석하는 데 있지 않았다. 나는 분노 조절이 필요했던 것이 아니라 예배 재정비가 필요했다. 하나님이 마땅히 계셔야 할 곳에 계실 때에만 트립 부부의 결혼생활이 근본적으로 변화되었다. 앞에서도 말했듯이 내 문제는 내가 루엘라를 충분히 사랑하지 않은 것이 아니었다. 내 문제는 내가 하나님을 충분히 사랑하지 않은 것이었다. 내가 하나님을 충분히 사랑하지 않았기 때문에 마땅히 그래야 하는 만큼 루엘라를 사랑하지 않았다.

당신의 결혼생활에서 하나님을 예배하고 있지 않다면, 어떤 식으로든 당신은 그분의 위치에 당신 자신을 끼워 넣을 것이다. 당신이 당신 결혼생활의 주인이 되려고 애쓸 것이다. 당신의 나라에서 당신의 뜻이 이루어지도록 애쓸 것이고, 배우자가 당신 나라의 목적을 위해 기꺼이 수고하는지에 따라 그를 판단하고 그에게 반응할 것이다. 하나님을 향한 예배는 자아에 대한 당신의 충성을 산산조각 내고, 당신이 다른 사람을 사랑하는 데서 기쁨을 찾게 변화시킬 만큼 강력하다. 당신의 결혼생활에서 누구의 뜻이 행동 지침을 정하고 있는가?

예배가 당신의 삶을 빚어간다면, 당신은 감사하며 살아갈 것이다. 당신이 정말로 하나님의 말씀에 비추어 자신을 점검하고 당신이 얼마나 자격 없는 사람인지를 깨달으면 하나님의 사랑이 얼마나 크고 오래 참고 친절하고 온유하고 용서하는 사랑인지 알게 될 것이다. 당신에게는 당신의 삶과 결혼생활에 좋은 것들을 기대하거나 요구할 권리가 없다.

하나님 앞에 서서 "내 존재와 내가 한 일 때문에 나는 연합과 이해, 사랑의 결혼생활을 할 자격이 있습니다"라고 말할 수 없다. 하나님의 성품과 그분의 말씀에 비추어 자신을 점검해보면, 당신이 의롭고 자격이 있다고 믿기가 어렵다. 하나님의 영광의 그늘 아래 서보면, 당신이 실제로 얼마나 약하고 결함이 많고 자격이 없고 가치가 없는지 깊이 인식하게 된다.

요점은, 하나님을 예배할 때만 당신 자신을 예배하는 일을 그만둘 수 있다는 것이다. 하나님을 예배하고 있을 때만 당신 자신을 겸손하고 정확하게 볼 수 있고, 당신 자신을 정확하게 볼 때만 진정으로 감사할 수 있다. 당신이 당신 세상의 중심에 있으면 여전히 당신 자신이 의롭고 중요하다는 망상에 속을 것이다. 당신은 자격이 있다고 확신하기 때문에, 좋은 것들을 기대하고 요구하는 것이 옳아 보인다.

하나님을 향한 예배는 우리를 우리의 자리에 둔다. 예배는 우리 삶의 모든 좋은 것이 사랑과 은혜 그 자체이신 분에게서 오는 과분한 선물임을 가르친다. 예배는 요구하는 남편과 아내를 감사하는 남편과 아내로, 권리를 주장하는 배우자를 고마워하는 배우자로, 실망하는 남편과 아내를 기뻐하는 축하객으로 변화시킨다.

이렇게 당신이 감사하며 살 때, 수직적 감사가 수평적 감사를 낳는다. 요구하고 불만족하는 대신 감사를 표현할 기회를 찾는다. 비판하고 판단하는 대신 결혼생활에서 경험하는 좋은 것들을 당신은 받을 자격이 없었다는 사실에 감동한다. 그런 일들은 당신이 선하기 때문이 아니라 하나님이 선하시기 때문에 얻어진 것이다. 당신이 그런 좋은 것들을 받을 만한 일을 아무것도 하지 않은 날에도 그분은 자비로운 사랑으로 당신에게 복을 주셨다. 하나님의 선하심과 은혜, 사랑에 대해 그분을 예배하는 일은, 배우자에 대한 감사와 감탄이 자라나는 토양이다. 당신의 남편이나 아내는 당신을 계속 감사하고 감탄하는 사람으로 묘사하는가?

예배가 당신의 삶을 빚어간다면, 당신의 세계를 당신의 소원과 욕구, 감정의 크기로 축소하는 일은 없을 것이다. 계속 충돌하면 그 결혼생활은 쪼그라든다. 어떤 의미인가? 그것은, 남편과 아내가 알지 못할지라도 결혼생활에 대한 소망과 꿈이 그들 개인의 소원과 욕구, 감정의 크기로 축소되어서 그들이 긴장하고 실망한다는 의미다. 아내는 그들의 관계를 자기중심적인 소원과 욕구, 감정의 목록들과 함께 그녀의 작은 나라의 렌즈로 본다. 남편도 마찬가지다. 그들이 갈등하는 까닭은 그들의 나라가 계속 충돌하기 때문이다.

이러한 결혼생활은 남편이나 아내에게 갈등 해결의 기술을 가르쳐준다고 해서 평화로워지지 않는다. 이보다 더 깊은 차원의 변화가 필요하다. 결혼생활의 초창기에 내가 분노로 씨름하고 있었을 때, 그 분노는 실제로 더 깊은 문제의 증상이었다. 나는 내가 원하는 결혼생활의 모습을 정확히 알았다. 나는 루엘라가 어떻게 생각하고 행동하고 반응했으면 하는지 정확히 알았다. 나는 무엇이 내게 충족감과 만족감을 주는지 정확히 알았다. 결혼생활에 대한 내 소망과 꿈은 나 자신의 소원, 욕구, 감정이라는 작은 크기로 줄어들어 있었다.

당신은 나를 바라보며 이렇게 생각할지도 모른다. "이 사람은 분노 조절 장애가 있어." 그러나 나는 분노 조절보다는 예배 재정비가 필요했다. 내 결혼생활의 매일의 현실을 보면 하나님은 그림 밖에 계셨다. 분명 나는 신자였지만 나 자신의 나라를 맹렬하게 추구했고, 아내가 내 나라의 목적에 기꺼이 참여하는지에 기초해 그녀를 판단했다. 나는 좌절하여 내 문제가 나였음을 인식하지 못했다. 하나님이 그분의 사랑을 부어주시는 것은 내 작은 나라가 잘 되도록 하기 위해서가 아니라, 나를 훨씬 더 크고 좋은 나라로 맞아들이시기 위해서라는 것을 인식하지 못했다.

감사하게도 하나님은 나를 나에게서 구해주셨고, 루엘라와 나는 우리의 작은 자아 중심적인 나라를 세우기보다는 왕의 뜻에 더 마음을 쓰기 시작했다. 당신의 결혼생활에는 당신이 원하고 느끼고 스스로 필요하다고 생각하는 것에 따라 행동하고 반응하고 대응하는 지점들이 있는가?

예배가 당신의 삶을 빚어간다면, 당신이 그분의 일을 하려고 하지는 않을 것이다. 자신이 하나님의 일을 하려고 하기 때문에 지치고 좌절하고 낙담하는 남편과 아내가 많다. 당신이 완벽하지 못한 사람과 결혼했다는 현실에 맞닥뜨리는 데는 그리 오래 걸리지 않는다. 당신이 성장과 변화가 필요한 사람과 결혼했다는 사실을 깨닫는 데는 그리 오랜 시간이 걸리지 않는다. 다만 이렇게 깨달은 다음 무엇을 하는지가 아주 중요하다.

하나님의 일을 자신의 일로 여기고, 배우자를 마땅히 되어야 하는 모습으로 바꾸려는 남편들과 아내들이 있다. 물론 그들은 부지불식간에 그렇게 한다. 그들은 자신의 어조와 목소리 크기, 논증 능력, 죄책에 대한 형벌, 일어날 수도 있는 일을 활용한 협박, 혹은 다른 인간적인 도구로 배우자를 변화시킬 수 있을 것이라는 망상을 사들인다. 그러나 실제로는 그 반대로 된다. 당신과 나에게는 배우자를 변화시킬 능력이 없다. 그러므로 우리가 그렇게 하면, 우리는 판단하고 비판하고 비난하는 자가 되는 경향이 있다. 우리는 긍정적인 것 대신 부정적인 것에 더 초점을 맞춘다. 옳은 일을 격려하기보다는 잘못된 것을 들추는 일을 더 잘한다. 따라서 우리가 이 모든 행동을 할 때 우리는 점점 더 좌절하고 낙담하고, 우리가 공을 들이고 있는 그 사람은 무시당했다는 느낌과 사랑받지 못하고 있다는 느낌을 받는다. 그로 인해 일어나는 변화는 긍정적이고 인격적인 성장이기보다는 부정적인 것이다.

그러나 결혼생활에서 계속 하나님을 의식하며 살아간다면, 당신은 더 자발적이 되고 당신의 한계를 잘 받아들이게 된다. 당신은 그분이 당신과 당신의 배우자와 함께하실 뿐 아니라, 필요한 곳에서 당신 둘을 변화시키시는 일에 당신보다 더 헌신하고 계심을 알고 위안을 얻는다. 그분은 절대 지치지 않으시며 포기하려 하지도 않으시며 절대 당신에게 등을 돌리지도 않으실 것이다. 변화가 분명히 필요할 때에도 당신은 혼자가 아님을 알기에 평안을 유지할 수 있다. 하나님은 당신과 함께하시며, 결혼생활에서 당신이 홀로 할 수 없는 일들을 기꺼이 하신다. 당신은 남편이나 아내의 삶에서 여전히 하나님의 일을 하려고 하는가?

예배가 당신의 삶을 빚어간다면, 당신이 받은 동일한 은혜를 다른 이들에게 베풀고 싶을 것이다. 당신은 하나님의 능력과 지혜와 거룩과 신실과 사랑을 인식하며 살수록, 당신이 실제로 얼마나 궁핍한지 겸손히 인식하게 될 것이다. 당신이 하나님의 영광의 빛 안에서 살아가면, 당신이 누구인지 가장 정확하게 인식하게 되고, 정확한 자아 인식은 항상 당신이 실제로 은혜가 얼마나 절실하게 필요한지 인정하도록 이끌 것이다. 이러한 정확한 자아 인식은 당신의 삶을 보는 방식과 다른 사람을 바라보는 방식으로 번져간다. 당신은 삶에 있는 좋은 것들을 바라보며 "내가 내 힘으로 이룩한 것들을 보세요"라고 말하는 대신, "내 삶에는 하나님이 나와 함께 계시고 그분의 은혜로 복을 주셨다는 사실을 보여주는 많은 증거가 있으니 와서 보세요"라고 말한다. 삶을 이런 식으로 바라보게 되면, 다른 사람을 바라보는 방식도 바뀐다. 당신이 날마다 하나님의 인내와 자비, 용서, 사랑을 받는 사람임을 인정하면, 남편이나 아내에 대한 반응에 자연스러운 온화함과 인내가 생길 것이다.

당신이 누구인지와 당신에게 은혜가 필요하다는 것을 잊으면, 배우자를 비판하고 비난하고, 냉혹하게 대하고 판단하게 된다. 너무 빨리 비판적으로 말하고, 결혼생활에 아주 파괴적인 자기 의, 즉 '내가 너보다 낫다'는 분노가 들어온다. 하나님이 누구신지 잊고 그로 인해 자신이 누구인지 잊어버려 결국 비난과 용서하지 못함을 보이는 많은 부부는 서로의 잘못들을 기록해두기 시작한다. 잘못을 기록하는 이런 행동은 자신도 모르는 사이에 다음 단계로 빠져들게 하고 이는 서로를 보고 듣는 방식에 영향을 미친다. 그들은 점점 감사와 존경으로 서로를 바라보기가 어려워진다. 결혼생활에 대한 그들의 시각은 점점 "당신과 결혼했기 때문에 내가 대처해야 하는 것들을 봐"가 된다. 용서보다는 분노가 결혼생활의 주요 부분이 되고, 비판이 감사보다 더 흔해진다.

이 모든 것에 대한 최상의 방어는 계속 하나님을 바라보는 것이다. 우리는 하나님의 영광의 빛 안에서 우리 자신을 바라볼 때에야 우리가 얼마나 궁핍한지 정확하게 보고, 남편이나 아내에게 우리가 그토록 절실하게 필요로 하는 동일한 은혜를 베푸는 방법을 찾을 것이다. 잘 사랑하는 사람은 그들이 사랑받았음에 깊이 감사하는 사람들이다. 신실하고 기꺼이 용서하는 사람은 자신에게 매일 용서가 절실하게 필요함을 아는 사람들이다. 잘 인내하는 사람은 매일 하나님의 인내와 자비의 복을 받았음을 인식하는 사람들이다. 하나님의 은혜로 그분을 예배한다면, 남편이나 아내에게 은혜를 베풀지 않기가 어렵다. 당신은 자신의 필요를 정확하게 인식함으로써 남편이나 아내의 욕구와 약함, 실패에 은혜로 반응하는가?

예배가 당신의 삶을 빚어간다면, 사람들과 일이 제자리에 있게 될 것이다. 인간은 항상 정체성과 의미와 목적, 내면의 행복감을 추구한다. 우리는 이런 것들을 수직적으로 얻도록, 하나님에 대한 예배 안에서 얻도록 창조되었다. 그러나 우리가 피조물이며 하나님의 자녀라는 정체성을 잊어버리면, 우리는 다른 데서 정체성을 사들이게 된다. 정체성 상실은 항상 정체성 대체로 이어진다. 우리는 절대 변하지 않으시고 실패하지 않으시는 하나님에게서 수직적으로 얻도록 설계된 것을 사람과 장소, 상황에서 수평적으로 얻으려 한다.

당신은 '폴, 당신이 무슨 말을 하는지 알겠어요. 하지만 그것이 결혼생활과 무슨 관련이 있죠?'라고 궁금해할지 모르겠다. 몇 가지 예를 들어보겠다. 존은 미처 알지 못했지만 일에서 자신의 정체성을 찾았다. 그는 일을 할 때 살아 있고 성공했고 완벽하다고 느꼈다. 그는 일에서 성취한 지위와 힘, 성공, 존경을 통해 '모든 것이 잘 되고 있다'는 생각을 했다. 그를 아침에 일어나게 해주는 것이 일이었다. 그래서 존은 직장에서 점점 더 많은 시간을 보내며 그에게 자아의식을 가져다준 성공을 성취했다. 이 때문에 존은 아내와 함께하는 시간이 점점 줄어들었다. 사실 존이 일을 끝내고 집으로 향할 때 그는 그에게 중요하고 가치를 주는 것에서 떠나고 있었다. 이는 그가 매일 밤 집에 가는 것이 신나지 않고, 집에서 일어나는 일에 관여하지 않는다는 의미다. 존은 집에 올 때 진을 다 빼고 왔고, 집에서 그가 원하는 것은 긴장을 풀고 다음 날 일을 위해 푹 쉬는 것뿐이었다.

존은 알지 못했지만 일이 그의 메시아가 되었고, 그랬기 때문에 결혼생활에 대한 열정과 헌신에서 생기가 사라졌다. 그의 아내는 존이 중요하게 여기는 영역 밖에 살았다. 그들의 결혼생활은 연합과 이해와 사랑과는 거리가 멀었다.

메리는 어떤 일이 일어나고 있는지 인식하지 못했지만, 어느 순간 자신의 정체성과 행복감을 아름다운 집에 두기 시작했다. 그녀는 집이 엉망이거나 어수선하거나 어떤 식으로든 깨끗하지 않은 것을 견딜 수 없었다. 그녀는 함께 사는 사람들이 모든 방에서 어떻게 행동해야 하는지에 대한 특별한 규칙들을 세웠다. 빌과 자녀들은 계속 눈치를 보면서 곤경에 빠졌다. 그들은 어떤 식으로든 메리가 세운 규율을 어겼다. 실제로 메리가 원한 것은 아무도 살지 않는 집처럼 보이는 것이다.

메리는 아마도 내가 하는 말을 들으면 기분이 상하겠지만, 실제로 그녀는 빌을 사랑하기보다 집의 질서와 아름다움을 사랑했다. 빌은 메리가 사랑하는 대상이 아니었다. 빌은 가정 질서의 도구이거나 그것을 방해하는 방해물로 전락했다. 메리는 의식하지 못했지만, 그녀는 모든 얼룩과 먼지와 혼란을 인격화했다. 빌은 그녀가 이렇게 말하는 것을 수없이 들었다. "당신이 정말 나를 사랑하고 존경한다면, 이 주변이 질서가 잡히도록 나를 도와주세요."

메리는 잘못된 곳에서 정체성을 얻으려 했고, 이는 그녀의 결혼생활에 해로웠다. 빌은 집에 있는 것을 좋아하지 않았다. 항상 혼나고 있다고 느꼈기 때문이다. 빌은 메리와 있는 것도 즐기지 않았다. 그녀는 계속 비판적이고 불만이 많았기 때문이다.

존과 메리는 정체성 기억상실증에 걸렸다. 정체성을 찾으려 했지만 오히려 그 일이 그들의 결혼생활에서 생명을 없애고 있었다. 존과 메리가 하나님의 임재와 능력과 매일의 공급하심에 대해 하나님을 예배할 때에만, 안식을 누리고 더 이상 다른 데서 정체성과 안식을 찾으려 하지 않을 것이다. 그래야 사랑받은 대로 사랑하는 데 헌신할 수 있을 것이다. 당신은 내적 안식과 마음의 평안을 누림으로써 결혼생활에서 매일 사랑과 섬김의 행동을 보이는가?

예배가 당신의 삶을 빚어간다면, 당신은 배우자 안에서 일어나는 그분의 사역을 기뻐할 것이다. 남편이나 아내를 볼 때 당신은 기뻐하는가, 비판하는가? 지금 내 말은, 당신이 완벽한 사람과 결혼했다고 생각하라는 것이 아니다. 물론 당신의 배우자가 어느 부분에서 변하고 성장해야 하는지 아는 일은 아주 중요하다. 하나님이 남편이나 아내의 삶에 개인적인 변화를 일으키는 그분의 도구 중 하나로 당신을 부르셨기 때문이다. 그러나 그렇다고는 해도 사실 당신은 하나님의 일하심을 의식하지 않고 배우자를 바라보아서는 안 된다. 그분은 거기 창조주와 구세주로 계셨으며, 지금도 그렇게 계신다.

결혼생활에서 창조주 하나님을 예배하는 것이란 남편이나 아내를 바라볼 때, 배우자의 인격과 은사를 생각할 때, 그 혹은 그녀가 당신과 얼마나 다른 하드웨어가 장착되었는지 생각할 때, 배우자를 그런 모습으로 설계하신 창조주 하나님의 영광을 송축한다는 의미다. 이를 통해 당신은 배우자를 기뻐하고, 당신이 결혼생활로 시각이 넓어지고 삶이 향상된 것을 기뻐하고, 배우자를 당신의 이미지로 복제화하고자 하지 않게 될 것이다.

구세주 하나님을 예배하는 것이란, 그분이 남편이나 아내에게 갖추고 행하도록 하신 좋은 것들을 찾고 확인하게 된다는 의미다. 그것은 또한 메시아만이 하실 수 있는 일, 즉 사람을 내면에서부터 변화시키는 그 일을 우리가 하려고 하면서 메시아보다 더 나은 메시아가 되려고 하지 않으리라는 의미다. 당신은 배우자 안에서 일어나는 하나님의 사역을 감사와 존경으로 송축하는가?

예배가 당신의 삶을 빚어간다면, 당신은 두려워하며 살지 않을 것이다. 하나님께 예배드릴 때, 당신은 그분의 임재와 능력과 약속을 인식한다. 하나님이 당신의 생각 속에 있기 때문에 당신은 결코 혼자가 아님을 기억할 것이다. 그리고 당신이 혼자가 아님을 기억한다면, 결혼생활에서 당신의 성품과 성숙과 지혜와 힘으로 감당할 수 있는 것보다 더 큰 일들에 맞닥뜨릴 때 당황하지 않을 것이다. 당신의 결혼생활이 하나님이 설계하신 대로 될 것인지 말 것인지는 당신과 당신의 배우자에게 달려 있지 않음을 당신은 알 것이다. 하나님이 당신과 함께하시고, 당신 안에 계시고, 당신을 위해 계신다. 그분은 당신에게 그분이 하라고 하신 일을 할 수 있도록 은혜를 주실 것이다.

그분은 당신이 두려워할 때 용기의 은혜를 주실 것이다. 그분은 당신이 무엇을 해야 할지 알지 못할 때 지혜의 은혜를 주실 것이다. 그분은 당신이 기다리기 힘들어할 때 인내의 은혜를 주실 것이다. 그분은 당신이 쓰라린 마음으로 낙담할 때 용서의 은혜를 주실 것이다. 그분은 당신이 계속 갈 힘이 없을 때 능력의 은혜를 주실 것이다. 그분은 당신이 낙심할 때 소망의 은혜를 주실 것이다. 예배는 하나님의 임재를 상기하고, 그렇게 할 때 당신은 두려움에 굴복하지 않을 수 있다.

다윗이 강한 용사 골리앗과 대면하러 그 골짜기로 갈 수 있었던 이유가 무엇인가? 어떻게 기드온은 삼백 명의 작은 군대를 이끌고 거대한 군대와 맞설 용기를 얻었는가? 사무엘이 그토록 강하고 분명하고 용감하게 말할 수 있었던 이유는 무엇인가? 왕의 말을 듣지 않으면 풀무불 속으로 던져지는데도 사드락과 메삭과 아벳느고에게 왕을 거부할 수 있는 능력을 준 것은 무엇인가? 베드로가 당시 종교 지도자들 앞에 서서 침묵하지 않을 수 있었던 이유는 무엇인가? 이 질문들의 답은 다 같다. 그들은 혼자가 아님을 인식했기 때문에 그렇게 행동할 수 있었다. 그들은 하나님이 그들과 함께 계심을 깊이 인식했고, 그래서 그에 따라 그들의 잠재력을 평가했다. 그들은 거대한 장애물에 맞선 '작은 자'가 아니었다. 보잘것없는 문제에 맞선 거대한 하나님이 계셨다. 결혼생활에서 하나님을 예배하면, 당신은 항상 두려움에서 보호를 받고, 당신이 두려워하던 일들을 할 수 있는 힘을 얻을 것이다. 하나님이 당신과 함께하심을 몰랐다면 두려움에 떨었을 곳에서 당신은 지금 용기를 얻고 있는가?

예배와 수고

당신은 내가 이제 말하려는 바를 예상하고 있을지도 모르겠다. 예배는 일련의 감정과 신학적 개요보다 훨씬 의미 있는 것이다. 예배는 생활 방식이다. 예배는 당신 삶의 모든 면을 생각하고 반응하는 방식이다. 예배는 하나님이 존재하심을 믿는 것이며, 그분이 결혼생활을 하는 당신과 함께하심을 믿는 것이며, 그분이 당신에게 하라고 하신 일은 가치가 있는 일임을 믿는 것이다. 예배와 수고는 함께 간다. 만약 하나님이 지혜롭고 진실하심을 믿는다면, 당신은 그분이 말씀하시는 바를 진지하게 여길 것이고, 그분이 선하고 올바른 행위라고 말씀하시는 것을 기꺼이 행할 것이다. 한 번만 그렇게 하는 것이 아니라 날마다 거듭해서 그렇게 할 것이다. 당신은 하나님을 신뢰하기 때문에, 행복한 결혼을 위한 수고에 기꺼이 헌신할 것이다. 연합과 이해와 사랑의 결혼생활은 수고하겠다는 매일의 헌신을 요구한다.

아마도 불행한 결혼에 나타나는 중요한 죄들 가운데 하나는 게으름일 것이다. 결혼생활을 아름답게 만들기 위한 힘겨운 수고에 헌신한다는 것은 다음의 행동을 한다는 의미다.

- 중요한 대화가 마무리될 수 있도록 기꺼이 잠자리를 미룬다.
- 상대방이 걱정을 이야기할 때 귀를 기울이고 숙고한다.
- 배우자의 진짜 욕구에 관심을 보이고 기꺼이 그 욕구들을 충족하기 위해 애쓴다.
- 인내하면서 친절하게 배우자와 소통한다.
- 배우자를 지원하고 격려할 구체적인 방법을 찾는다.
- 배우자와 평화롭게 살 수 있도록 용서하고 화해한다.

- 부부 사이의 차이를 대할 때 감사와 존경을 표현한다.
- 육체적인 친밀함과 우정을 누릴 시간을 낸다.
- 배우자가 자기 책임의 짐을 감당할 때 도울 방법을 찾는다.
- 물리적 환경을 유지하는 매일의 수고에 배우자와 협력한다.
- 배우자에게 로맨틱하게 다가가는 일을 절대 멈추지 않는다.
- 상처나 오해, 분노를 해가 질 때까지 품지 않는다.
- 당신들의 영적 사귐을 격려하고 발전시킬 방법을 찾는다.
- 사소한 잘못은 넘어가는 데 매일 전념한다.
- 중요하지 않은 것에 대한 갈등은 의도적으로 피한다.
- 배우자에게 은혜롭게 말한다.
- 흥미를 공유하지 못하는 영역에서도 배우자를 격려하고 지원한다.
- 결혼생활이 우선순위가 되는 데 필요한 희생을 기꺼이 한다.
- 사랑을 표현할 언어적·비언어적 방법을 매일 찾는다.
- 연합과 이해에 이를 때까지 대화를 그만두지 않는다.
- 당신이 주고 싶지 않은 것을 배우자에게 절대 요구하지 않는다.
- 배우자에게 결혼생활에서 혼자가 아님을 계속 상기한다.
- 평소에는 하지 않는 일이라도 배우자를 행복하게 한다면 기꺼이 그 일을 한다.
- 결혼생활에 집중하는 데 방해가 되는 분주함과 싸운다.
- 결혼생활을 위해 개인적인 활동과 여가를 기꺼이 희생한다.
- 배우자가 필요로 하는 휴식시간과 안식, 피정을 갖도록 애쓴다.
- 가족간에 사랑과 존경의 관계를 세우기 위해 애쓴다.
- 결혼생활이 하나님이 의도하신 대로 될 때까지 수고하는 일을 멈추지 않는다.

여기서 요점은, 하나님에 대한 진짜 사랑은 항상 이웃에 대한 구체적인 사랑의 행동으로 귀결된다는 것이다. 이것이 당신의 결혼생활에는 무엇을 의미하는가? 행복한 결혼이 행복한 결혼인 까닭은, 그 결혼 관계에 있는 사람들이 결혼을 행복하게 해주는 매일의 수고에 헌신한다는 의미다. 이 책은 무엇에 대한 것인가? 이 책은 결함 있는 사람이 결함 있는 사람과 결혼하여 타락한 세상에서 살면서 매일 헌신과 기쁨으로 해야 하는 사랑의 수고를 세세하게 묘사하고 있다. 당신의 결혼생활은 마술처럼 연합과 이해와 사랑의 관계가 되지는 않을 것이다. 그런 것들을 발전시키기 위해 애써야 한다. 당신의 결혼생활이 마술처럼 성장하여 더 사랑하고, 더 이해하고, 더 연합하게 되지는 않을 것이다. 그러한 것들이 깊고 강해지도록 애써야 한다. 또 이런 것들은 마술처럼 유지되지도 않을 것이다. 분주함과 이기심이 그것들을 없애지 못하도록 헌신해야 한다.

당신은 상처받거나 화가 나거나 지치거나 낙담할 것이다. 아름다운 결혼생활을 세우고 유지하도록 하나님이 하라고 하신 선한 일을 포기하고 싶은 유혹에 빠질 것이다. 남편이나 아내를 사랑하고 싶지 않은 순간이 있을 것이다. 당신이 직면한 문제들이 너무 복잡하거나 커보이는 순간이 있을 것이다. 당신이 하는 어떤 일이 아무런 변화를 일으키지 않는 것처럼 보이는 순간이 있을 것이다. 배우자 쪽으로 다가가기보다는 그 혹은 그녀로부터 물러나고 싶은 순간이 있을 것이다. 상대방이 당신에게 상처를 준 대로 반격하고 상처를 주고 싶은 순간이 있을 것이다. 당신 마음대로 하고 싶은 순간이 있을 것이다. 귀를 기울이고 격려하기보다 소리 지르고 고함치고 싶은 순간이 있을 것이다. 당신이 더 신경 쓰고 열심히 수고하는 듯 보이는 순간이 있을 것이다. 용서보다 복수가 더 매력적으로 보이는 순간이 있을 것이다. 모든 행복한 결혼생활이 요구하는 수고를 하고 싶지 않은 순간이 있을 것이다.

남편과 아내가 힘든 사랑의 수고를 하기로 마음을 먹어야 하는 때는, 바로 이러한 힘겨운 순간들이다. 그러면 약하고 성숙하지 못한 결혼생활이 성숙하고 행복해지기 시작한다. 일어나 활기를 가지고 결혼생활을 위해 싸워야 하는 때가 바로 이러한 순간들이다. 상처나 분노, 탈진, 게으름, 절망이 결혼생활을 망치도록 내버려두지 않겠다고 결단해야 하는 때가 바로 이러한 순간들이다. 남편과 아내로서의 당신의 부르심을 진지하게 여기고 함께 일어나 하나님이 하라고 하신 사랑의 수고를 해야 하는 때가 바로 이러한 순간들이다.

은혜로

당신은 이 책을 읽으면서 '이건 너무 어려운 것 같아. 내게 이런 식으로 살 능력이 있는지 모르겠어'라고 생각할 수도 있을 것이다. 혹은 도대체 이 책에서 남편과 아내에게 하라고 하는 일을 어떻게 바쁜 일정과 책임져야 할 일들 가운데 할 수 있는지 의아해할지도 모른다. 혹은 이 책을 읽으면서 '더 나은 결혼생활을 위해 애쓰는 것은 고사하고 현 상황을 유지하는 것만도 지치는데!'라고 생각할지도 모르겠다. 혹은 매일 자신을 희생하라는 이 책의 기본적인 요구가 당신을 절망과 낙담에 빠지게 할지도 모른다. 혹은 행복한 결혼생활이 요구하는 사랑이 당신 안에 있지 않다는 사실에 직면해야 할지도 모른다. 혹은 이 장에 나오는 사랑의 수고 목록을 읽고 난 후 낙담과 낙심이 들지도 모른다. 혹 이 책이 당신의 결혼생활에 대한 렌즈가 되어 슬프게도 생각했던 것보다 상황이 더 나쁘다는 사실을 깨달았을지도 모른다. 기준이 너무 높고 그 수고가 힘들다는 느낌이 들 수도 있다.

아마 이 모든 것이 당신의 마음이 실제로 얼마나 이기적인지를 드러내고 당신이 약하고 무능하다는 느낌을 줄 수도 있다. 그분은 결혼생활이 당신 마음의 궁핍함을 드러내고, 그렇게 함으로써 당신을 당신 자신의 끝에 데려다 놓으려고 의도하셨다. 하나님은 왜 이렇게 하시는가? 그분이 그렇게 하시는 까닭은, 당신이 자신의 지혜와 힘과 의를 버릴 때에만 그분의 은혜에 젖기 때문이다.

당신은 결혼생활의 소망이 무엇인가? 이 질문이 이 시점에서 나오는 것이 이상할지 모르지만, 대답을 해야 한다. 당신 결혼생활의 소망은 이 책에 나오는 온갖 원리와 통찰, 시각이 아니다. 당신의 결혼생활의 소망은 영광스럽고 강력하고 변화를 일으키는 한 단어, 곧 **은혜**로 표현할 수 있다. 하나님의 은혜는 분투하고 있는 당신이 결코 혼자가 아닐 것을 보증한다. 하나님의 은혜는 당신이 실수할 때 용서하신다는 것을 확실하게 말한다. 은혜는 당신이 약할 때 이용 가능한 힘이 있다는 의미다. 은혜는 당신이 무엇을 해야 할지 모르는 순간을 위한 지혜가 있다고 확실하게 말한다. 은혜는 아무것도 없어 보일 때 당신에게 소망을 준다. 은혜는 그만두거나 도망가고 싶을 때 일어나 앞으로 움직일 수 있게 해준다. 은혜는 계속해서 당신이 혼자가 아님을 상기한다.

하늘의 이쪽 편에 있는 우리는 모두 약하고 무능하다. 우리 모두 그분의 기준 이하에 있다. 그래서 그분은 우리를 구하고 회복시키고 움직이게 할 유일한 한 가지를 주셨다. 바로 그분 자신을 주신 것이다! 그분은 그분의 은혜로 우리의 결혼생활에 들어오신다. 그분은 우리가 갖지 못한 능력과 우리에게는 자연스럽지 않은 지혜와 우리가 아는 것보다 뛰어난 사랑으로 오신다. 그분은 기꺼이 당신이 실제로 얼마나 약한지 보게 하셔서, 당신이 그분 안에서만 발견할 수 있는 것을 구하도록 하신다. 당신이 결혼생활에서 두려워해야 하는 것은 당신의 약함이 아니다.

궁핍한 상태는 좋은 위치다. 당신이 두려워해야 하는 것은 당신이 이미 도달했으며 힘이 있다는 망상이다. 당신이 이미 도달했다고 생각하고, 당신이 강하다고 확신한다면, 하나님이 값없이 주시는 믿을 수 없는 은혜의 자원, 곧 연합과 이해와 사랑의 결혼생활을 하는 데 필요한 그 은혜의 자원을 얻으려 하지 않을 것이다.

그러므로 하나님은 당신이 결혼생활을 할 때 그분에게서 소망과 힘을 얻도록 당신을 당신 자신의 끝으로 몰고 가실 방법들을 찾을 것이다. 당신이 연약한 순간들은 운이 나쁜 안 좋은 순간들이 아니다. 약한 순간이 있는 까닭은 하나님의 의도 때문이다. 그 순간들은 영광스러운 용서와 능력과 동기를 주는 은혜의 운반 수단이다. 하나님은 그것들을 사용하여 당신을 당신 자신에게서 구하시고, 결혼생활에서 당신을 사랑받은 대로 사랑하는 데 헌신하는 사람으로 만드신다.

잭과 섀넌은 소망이 없었기 때문에 기진맥진하고 낙심했다. 그들이 한 어떤 행동도 상황을 나아지게 하지 못했다. 그들은 절망감에 빠졌고 돌아갈 곳 없이 혼자라고 느꼈다. 잭은 그렇게 화를 내서는 안 된다는 것을 알았지만 화를 냈다. 섀넌은 억울해하고 판단해서는 안 된다는 것을 알았지만 실망감을 어떻게 대처해야 할지 알지 못했다. 평화로운 순간도 있었지만 그러한 순간은 점점 사라지고 순식간에 지나갔다. 그들 사이의 거리와 긴장감은 매일 커가는 것 같았다. 그들의 가정은 둘 중 누구에게도 피난처가 되지 못했다.

어느 날 아침 섀넌은 부엌 창문 밖을 쳐다보다 이웃집 사람이 마당에서 일하는 것을 보았다. 섀넌은 잠시 그와 결혼을 했다면 어땠을지 생각했다. 혹시 다른 남자는 그녀를 사랑하고 그녀에게 그렇게 많은 요구를 하지 않을지도 모른다. 잭은 패배를 인정하는 끝자락에 와있다고 느꼈다. 그는 얼마나 오래 갈 수 있을지 알지 못했다. 그들이 결혼생활을 위해 애쓴다면 무엇을 해야 할지 생각했다. 구해낼 만한 것은 거의 없어보였다. 문제들을 없애기에는 너무 크고, 너무 나쁘고, 너무 긴 것 같았다.

그러나 그들은 둘 다 그래서는 안 된다는 것을 알았다. 섀넌은 잭을 미워하지 않았다. 단지 그와 함께 사는 것이 불가능하다고 느낄 뿐이었다. 잭은 섀넌을 미워하지 않았다. 다만 그녀를 그렇게 많이 좋아하지 않을 뿐이었다.

그들이 내 앞에 앉았을 때 나는 그들이 아주 힘들지만 꽤 좋은 위치에 있음을 알았다. 잭과 섀넌은 결혼생활이 쉬울 것이라고 생각했다. 그들은 서로에게 애정이 있는 듯했고, 그들의 연애는 편안했고 갈등도 없었다. 그들은 왜 다른 부부들이 결혼에 그렇게 많은 헌신과 수고가 따른다고 이야기하는지 의아해했다. 잭과 섀넌은 실제로 도달했다는 느낌으로 결혼했다. 그들 사이에는 그들의 결혼을 다르게 해주는 독특하고 특별한 무언가가 있다고 생각했다. 그러다 보니 게으름이 습관이 되기 시작했다. 그들은 바쁘고 산만해졌다. 그들은 행복한 결혼생활을 위한 노동 윤리를 따르지 않았다. 그들은 게으르고 바쁜 와중에 오해와 분열이 자라날 여지를 주었다. 분명 처음에는 의견충돌과 짜증이 단 몇 순간이었지만 이런 순간들의 규모와 횟수가 증가했다. 그러는 동안 그들은 둘 다 더 바빠졌고 더 낙심했다.

잭과 섀넌은 그들의 문제를 처리하는 힘든 수고를 하는 대신 문제를 피하는 기술을 발전시켰다. 그러나 문제가 커지면서 더는 그것을 피하는 것이 불가능해졌다. 그들의 결혼생활은 평화롭거나 즐겁지 못했다. 그들의 집은 안식과 피정의 장소가 되지 못했다. 그래서 그들은 지치고 낙심한 채로 내 앞에 앉았다. 그러나 나는 그것이 은혜에서 온 탈진과 낙심임을 알았다. 나는 하나님이 그들에게서 등을 돌리지 않으시고 그들과 함께, 그들 안에, 그들을 위해 계심을 알았다. 또 하나님이 신선하고 새로운 방식으로 그들의 주의를 끄셨음을 알았다.

나는 이 책에 나오는 온갖 통찰과 원리를 그들에게 내놓는 것으로 출발하지 않았다. 그것들은 그들을 압도했을 것이다. 우리가 함께 만난 처음 몇 주 동안 나는 오로지 한 가지만 했다. 즉 그들이 예수님을 보도록 도와주었다. 그들이 그분의 임재와 약속과 능력과 신실하심을 보고 신뢰하기 시작한다면, 어쩌면 원래 의도된 대로의 결혼생활을 경험하리라는 소망이 있다고 생각할 것이고, 거기에 도달하기 위해 고된 수고를 기꺼이 할 것이다. 그들은 하나님이 그들에게 하라고 하신 일을 하는 데 필요한 것을 항상 주신다고 확신하며 살 것이다.

한참 후에 루엘라와 함께 어떤 결혼 피로연에 참석했는데, 놀랍게도 섀넌과 잭이 우리 테이블 쪽으로 다가왔다. 나는 오랫동안 그들을 보지 못했다. 그들은 얼굴에 미소를 머금고 손을 잡고 걸어왔다. 섀넌은 내게 인사를 하며 말했다. "목사님이 여기 계신 걸 알았을 때 너무 신났어요. 하나님이 우리 결혼생활에 하신 일을 나누고 싶었거든요. 저희는 이제 우리의 결혼생활이 자동으로 아름다워진다는 망상에 빠지지 않아요. 우리가 죄인이기 때문에 매일 결혼생활을 위해 수고해야 한다는 것을 알지요. 하지만 이전보다 더 하나님과 서로를 사랑하기 때문에 그 수고에 신경 쓰지 않습니다. 이렇게 말씀하셨죠, 목사님? '행복한 결혼이 행복한 결혼인 까닭은, 그 결혼 관계에 있는 사람들이 그것을 행복하게 만들기 위해 수고하기 때문이다.' 우리가 기꺼이 수고하도록 가르쳐주시고, 그렇게 할 때 하나님이 우리에게 힘을 주신다는 것을 보여주셔서 감사해요."

정말 그렇다. 연합과 이해와 사랑의 결혼생활은 로맨스에 뿌리를 두고 있지 않다. 그것은 예배에 뿌리를 두고 있다. 우리가 자신보다 하나님을 더 사랑할 때, 또 우리 자신의 작은 나라를 세우는 일을 멈추고 그분의 나라를 구하기 시작할 때에야, 우리는 비로소 배우자를 사랑하게 될 것이다. 우리는 정말 남편이나 아내를 사랑할 때에야, 기꺼이 그러한 사랑이 요구하는 고된 수고를 할 것이다. 사랑이 요구하는 고된 수고를 할 때에야, 사랑에 관한 한 우리가 얼마나 약하고 궁핍한지를 보며 겸손해질 것이고, 가장 필요한 순간에 우리와 함께 하시는 하나님의 사랑을 송축할 것이다. 우리가 사랑받는 존재임을 매일 인식한다면, 동일하게 남편이나 아내를 사랑하는 것이 신날 것이다. 또 우리의 배우자를 매일 사랑과 존경과 감사로 대할 때 상대방은 그에 반응하여 우리를 사랑할 힘을 얻을 것이다.

당신은 이러한 결혼생활을 원하는가? 그렇다면 다른 무엇보다 하나님을 예배하라. 그분이 당신을 부르신 대로 사랑의 고된 수고를 하라. 그리고 그분이 변화시키시는 은혜로 당신과 함께하심을 신뢰하라. 당신은 연합과 이해와 사랑이 충만한 결혼생활을 할 수 있다. 그분의 은혜로 정말 그렇게 할 수 있다!

2021년 특별판

(추가된 장)

18장

복음, 결혼생활, 성

19장

결혼생활에 대해 폴 트립에게 질문하다.

나눔 질문

18장

복음, 결혼생활, 성[1]

그는 성이 고투가 아니었던 때를 기억하기 어려웠다. 죄책감, 수치, 후회, 두려움이 엄습하지 않았던 날을 기억하기 어려웠다. 자유롭고 정상적인 것이 무엇인지 기억하기 어려웠다. 그것이 그에게는 어려웠다.

그는 정서적으로나 영적으로 성을 다룰 만큼 성숙하기 한참 전에 성의 세계에 눈을 떴다. 중학교 시절 성이 공통 관심사였던 남자아이들 무리와 어울렸다. 이들은 여자의 몸이 다르고 흥미롭고, 연구해 볼 만하다는 것 외에는 아는 바가 거의 없었다. 이들의 대화는 추잡하고 충분한 정보도 없었지만, 그는 이들에게 끌렸다. 어느덧 그는 여자들의 '신체 부위'에 대한 호기심이 가득했고 학교의 여자아이들이 어떻게 자기 것을 보여주게 만들지를 생각했다. 그러다 머지않아 동네 편의점에서 남성 잡지를 훔치고, 백화점에서 여자 탈의실 주위를 배회하고 있었다.

여자아이들과 어울렸지만, 인간관계를 맺을 생각은 거의 없었다. 그는 '내놓을' 여자아이들을 계속 찾아다녔다. 물론 그 일로 그를 책망하

---

1 "복음, 결혼생활, 성(추가된 장)"은 "So Where Do We Go from Here?," in Paul David Tripp, *Sex in a Broken World: How Christ Redeems What Sin Distorts*(Wheaton, IL: Crossway, 2018), 147–166을 사용 허락 받아 각색했다.

면 그것을 부인하겠지만 말이다. 고등학교 시절에는 점점 더 성에 집착하고 중독되었다. 그에게는 그것이 다른 어디에서도 찾을 수 없는 정체성이자 힘이자 즐거움이었다. 집 한쪽에 포르노 문서와 영상을 숨겨두고 집 밖에서도 항상 배회했지만, 부모님은 전혀 모르셨다. 그분들이 보기에 여자아이들에 대한 그의 관심은 그저 십대 소년다운 행동일 뿐이었다.

대학 입학 후 3년 동안의 삶은 필수 과목 수업과 엄청난 양의 술과 섹스가 차지했다. 대학의 같은 반 여학생과 함께하지 않으면 지역 스트립 클럽에서 주말을 보내곤 했다. 그는 자신이 깊은 정서적, 영적 문제에 휘말려 있음을 전혀 알지 못했다. 자기 영혼에 해를 끼치고 있다는 사실을 몰랐다. 그러다 4학년 때 아주 매력적이라 생각했던 여학생으로부터 파티에 초대받고 기꺼이 그 초대에 응했다. 그가 몰랐던 사실은 그 파티는 한 캠퍼스 선교단체가 후원하는 파티였다는 것이다. 그에게는 대단한 파티가 아니었지만, 그녀에게 관심이 있었고 들은 내용이 흥미로웠기 때문에 선교단체 모임 초대를 계속 받아들였다. 그는 뭐라고 설명할 수는 없었지만, 점점 자신에 대해, 자신의 삶의 방식에 대해 염려하게 되었다. 이전에는 한 번도 경험해 보지 못한 죄책감과 후회도 있었다. 담당자에게 질문들을 하기 시작했고, 얼마 지나지 않아 주님께 마음을 내드렸다.

그는 한편으로는 기쁨이 넘쳤지만, 다른 한편으로는 매일 무거운 짐을 진 것 같은 느낌이었다. 자신이 하나님의 자녀임을 알았고 죄 사함을 받았음도 알았지만, 성적 유혹에서 자유롭지 못함도 곧 알게 되었다. 옛 시절을 그리워했던 때도 있었고, 가질 수 없음을 아는데도 필사적으로 원했던 때도 있었다. 그러나 주변의 그리스도인들에게 자신의 고투를 말할 수는 없다고 생각했다. 그들이 그를 어떻게 생각할까? 그들은 어떻게 할까? 그는 자신의 중독을 절대 다른 사람들과 나눌 수 없다고 판단했다. 그는 자신의 신앙을 알아가는 데 전념하며 더 많이 노력했다. 할 수 있는 모든 활동에 참여하고, 반듯한 사람들과 어울렸다. 매일 아침 성경을 읽고 온종일 바른 것만 읽고 보았다. 그가 하나님 편이니 그런 것들은 걷어차 버리려 했다.

그러나 걷어차지 못했다. 그것이 그를 다시 붙잡았다. 자극적인 인터넷 사이트로 시작해서, 점점 더 은밀하게 포르노물을 보고 가끔 몰래 스트립 클럽을 가기도 했다. 두려움과 패배감을 느꼈지만, 도움의 손길을 얻으려 하지 않았다. 길은 없어 보였다. 그러나 그 와중에도 그는 성장했고 그의 삶은 변화되었다. 그는 성경 지식과 신학적 이해가 깊어졌다. 선교단체 사역에도 참여했다. 그의 마음이 두 가지 다른 방향으로 찢어지는 와중에 그는 미래의 아내를 만났다. 그녀는 아름다웠고 순수했고 영적으로 성숙했다. 너무 훌륭해서 믿어지지 않을 정도였다. 그로서는 첫눈에 반했다고 말할 수준이었지만, 그것 때문에 두렵기도 했다. 자신이 정말 어떤 사람인지 그녀가 알면 어쩌지? 그가 이전에 어디에 있었는지, 무엇을 했는지 그녀가 알면 어쩌지? 그가 포르노물을 본다는 사실을 알게 되면 어쩌지? 그다음에는 어떻게 되는 거지?

그는 두 가지를 결심했다. 우선, 그녀가 감당할 수 없는 일을 말해서, 그의 인생에서 처음으로 좋은 관계를 위태롭게 할 수는 없었다. 그는 절대 터놓지 않을 것이다. 직접적인 질문에 답해야 하는 상황은 피할 것이다. 자신의 고투를 숨길 것이다. 그다음, 그는 고비를 넘기겠다고 되뇌었다. 과거의 부정한 성관계는 이제 다시 돌아오지 않을 것이라고 되뇌었다. 그리고 그는 성공할 방법을 알았다. 결혼이었다. 그가 물리칠 수 없는 것을 물리치게 하시려고 하나님이 그녀를 그의 인생에 끌어들이신 것이 분명했다. 결혼 관계 내의 합법적인 성관계가 그를 혼외의 불법적인 성관계를 갖고자 하는 욕구에서 해방해 줄 것이다. 그는 정말 행복했다. 그가 프러포즈하자 그녀가 받아들여, 둘은 졸업하고 두 달 후 결혼했다.

결혼 후 처음 몇 달 동안은 과거의 고투에서 벗어났다고 느꼈다. 그의 생각과 욕구는 결혼 관계 내에서 아내와의 성관계가 주는 새로움, 자유, 흥분에 집중되어 있었다. 그는 고비를 넘겼다고 생각하기 시작했다. 쇼핑몰에 간 그날까지는 말이다. 그는 그 매력적인 여자에게 꽂혀서 잠시 생각하지 않았던 것을 생각했을 뿐 아니라, 더 보고 싶어 그녀를 따라다녔다. 그는 엄청난 충격을 받고 쇼핑몰에서 나왔지만, 아직 그의 비밀을 말할 의향은 없었다. 그다음 몇 년은 가끔 자유로운 때도 있었지만 심한 고투의 시간이었다. 하지만 끌림은 더 강해졌고 그는 점점 더 이중생활을 하고 있었다. 아내는 거의 알지 못했고 관심도 거의 없었다. 유일하게 신경이 쓰인 일은 그들이 이전처럼 자주 성관계를 갖지 않는다는 것뿐이었다. 그는 자신이 어려움에 부닥쳤음을 알았다. 하지만 하나님의 능력을 믿음에도 불구하고 거의 희망을 갖지 못했다.

———

그녀는 응원단장이자, 무도회의 퀸, 다방면에 걸친 인기녀였지만, 직접 시인한 말에 따르면 품행이 좋지 못한 여자였다. 그녀는 남자들을 애태우는 것이 정말 좋았다. 유혹의 능력을 아주 좋아했다. 남자들의 애걸하는 소리를 아주 좋아했다. 다소 도발적인 옷을 입는 것을 즐겼고 눈에 띄는 것도 좋아했다. 남자들이 건드리고 싶은 몸도 갖고 싶었다. 관심의 대상이 되는 것이 아주 좋았고, 섹스가 그 대상에 이르는 길이라면 그것도 받아들였다.

고등학교 시절에는 모두가 원하거나 되고 싶은 소녀가 되었다. 같은 반 남자 친구들을 성적으로 애태우고, 선택된 소수와 차 안에서 즐겼다. 그녀는 자기 몸이 좋았고, 남자들도 그녀의 몸을 좋아한다는 사실이 좋았다. 몸을 이용해서 원하는 것을 얻는 일이 점점 마음에 들었다. 대학을 졸업할 때까지 그 모든 것은 꿈 같은 삶으로 보였다. 결혼을 하고 싶었지만, 결혼이 그녀를 아침에 일어나게 해주고 계속 살아가게 해준 생활방식의 끝이 되리라는 것은 거의 알지 못했다.

한 남자를 얻자마자 애태움, 유혹, 정복의 생활방식은 끝났다. 그녀에게 섹스는 헌신과 사랑의 표현이 아니었다. 개인적인 능력과 쾌락에 연관된 것이었다. 그래서 결혼생활의 섹스가 흥분되지도 않았고 매력적이지도 않았다. 물론 처음에는 흥분되었지만, 금세 재미없고 지루해졌다.

어느덧 그녀는 직장이나 슈퍼마켓에서 남자들에게 추파를 던지고 있었다. 잘못된 행동이었지만 흥분되는 일이었다. 그녀는 이중적인 생활로 향했고, 남자들 옆에 더 바싹 다가갔고, 주의를 끌 만한 옷을 입었다. 점점 결혼생활에 갇혀 있는 느낌이었다. 점점 남편과 멀어졌다. 그러다 창고에서 직장 동료와 키스하던 그 날, 그녀는 자신이 곤경에 처했음을 알았다. 문제는 어떻게 해야 할지 몰랐다는 것이다. 그녀는 가질 수 없는 것을 원했고 이미 주어진 것은 원하지 않았다. 그리고 설상가상으로 자신의 과거와 현재의 고투를 솔직하게 말한다면 모든 것을 잃으리라 확신했다. 그래서 침묵을 지키고 자신의 장난질을 그만두기로 마음먹었지만, 감정들과 유혹은 사라지지 않았다.

예수 그리스도의 복음과 성

위의 이야기들은 당신의 이야기와 비슷할 수도 있고 아닐 수도 있다. 그러나 사실 수많은 그리스도인이 개인적으로 일종의 성적 고투나 성적

장애를 경험한다. 교회 내 수많은 부부가 하나님이 설계하신 아름답고 친밀한 성적 하나 됨을 누리지 못한다. 많은 그리스도인 남편이 이중생활을 한다. 약혼했거나 사귀는 커플 중에 마땅히 싸워야 하는 유혹에 굴복하는 이들도 많다. 날마다 방황하는 이들, 자주 탈선하고 싶어 하는 미혼 신자들도 많다. 그런데 이 수많은 믿음의 형제자매들이 두려워서 비밀을 지키며 침묵 가운데 살아간다. 그들은 신학적으로 예수님이 그들을 위해 죽으셨다는 것과 죄 사함과 자유가 그분의 죽음에 포함된 내용임을 알지만, 그들이 있는 곳에서 나와 있어야 할 곳으로 가는 방법은 모른다.

예수님이 죄를 이기시기 위해 오셨음을 알지만, 음란은 거짓말이나 속임수처럼 단순한 죄가 아니다. 음란은 다르다. 그것은 내밀하다. 수치심도 유발한다. 편하게 이야기할 일이 아니다. 사실상 그들은 비어 있는 예수님의 십자가를 빤히 쳐다본다. 그들에게 십자가는 바로 그 모습, 곧 비어 있는 것처럼 보인다. 소망과 도움이 없기에 침묵하며 살아간다. 고투의 깊이를 축소하고 내일은 더 나아질 것으로 판단한다. 혹은 이미 포기하고 항복하고, 결국 예수님이 그들을 용서해 주시기를 바란다.

성적으로 미쳐 가는 세상에서 우리는 더 힘써야 한다. 더는 침묵하지 말아야 한다. 결혼생활에서 성과 성적 죄와의 고투를 예수 그리스도의 복음의 변화시키는 능력과 연결해야 한다. 침묵을 깨야 한다. 성경적 소망이 주어져야 한다. 아내는 숨는 데서 나와야 한다. 남편은 정말 변화가 가능한 것처럼 믿고 행동해야 한다. 더 많은 부부가 복음이 가져다주는 용서와 자유와 소망과 용기를 경험해야 한다.

이 장에서 말하고자 하는 바가 그것이다. 주 예수 그리스도의 은혜라는 소망을 가져다주는 렌즈를 통해 결혼생활과 성과 성적 고투를 바라보고자 하는 것이다. 이제 시작해 보자.

성적 존재임을 부끄러워할 필요가 없다.

우리는 여기서 출발해야 한다. 십자가는 성이 문제가 아니라고 가르친다. 성은 선물이다. 예수님은 당신을 성에서 벗어나게 하시기 위해서가 아니라, 성적 죄에서 벗어나게 하시기 위해 고통당하시고 죽으셨다. 못 이기고 당신의 성욕을 저주해서는 절대 안 된다. 지혜롭게 당신의 성욕을 창조하신 바로 그분이 당신의 구세주가 되기 위해 오셨기 때문이다. 그분은 당신이 성적이라는 이유로 죄책감을 잔뜩 느끼게 하시기 위해서가 아니라 당신을 성적 죄에 대한 속박과 죄책감에서 벗어나게 하시려고 오셨다. 당신의 성욕은 창조주이신 그분의 아름다움과 당신이 놀라운 피조물임을 가리켜 보여준다. 당신은 십자가로 인해 기뻐할 수 있다. 십자가의 은혜야말로, 당신 마음속에서 또 결혼생활 가운데서 성을 적절한 자리에 두는 능력을 주기 때문이다.

당신의 문제와 나의 문제는 일차적으로 우리가 성적 존재라는 것이 아니다. 문제는 창조주보다 피조물을 더 사랑하려는 경향이다. 그래서 하나님의 선한 선물을 창조된 의도대로 사용하지 않는다. 성적인 죄와 고투는 일차적으로 몸을 어떻게 하느냐의 문제가 아니라 마음을 어떻게 하느냐의 문제다. 위대한 청교도 교사이자 설교자 리처드 십스(Richard Sibbes)는 『온화한 마음』(*The Tender Heart*)이라는 책에서 그 고투에 관해 강력하게 썼다.

다시 말하지만, 온화한 마음을 유지하려면 영적 술취함을 주의하라. 다시 말해, 피조된 것을 과도하게 사용하는 데 취하지 않도록 주의하라. 외적인 것들을 너무 많이 사랑하지 않도록 주의하라. 예언자는 "음행과 묵은 포도주와 새 포도주가 마음을 빼앗느니라"(호 4:11)라고 말한다. 곧, 세상에 있는 것들을 과도하게 사용하다 보면 영적 감각이 사라진다. 마음이 외적인 것들을 의식하면 할수록 영적인 것들을 덜 의식하게 되기 때문이다. 바깥의 열이 내부의 열을 빼앗아가듯, 하나에 대한 사랑이 다른 것에 대한 사랑을 약하게 만든다. 세상에 있는 것들을 너무 많이 사랑하면 더 나은 것들에 대한 감각이 사라지고 마음이 굳어진다. 마음에 이생의 쾌락과 이득이 가득하면, 머리로 하는 어떤 판단도 분별력이 없다. 옛 세상에서도 사람들은 홍수가 와서 모든 것을 휩쓸어 버리는 데도 먹고 마시고 장가 들고 시집 갔다(마 24:38). 피조된 것을 사랑하면 그 영혼의 힘을 잃는다.…육욕적인 사람, 세상 것들에 대한 사랑으로 감각을 잃은 이에게 신앙을 이야기해 보라. 그는 그것을 들을 귀가 없다. 감각을 많이 잃어서, 선한 것의 풍미나 [맛]을 전혀 모른다. 탐욕스러운 사람, 그 영혼이 이생의 것들에 가 있는 이와 이야기해 보라. 그는 다른 어떤 것의 맛도 모른다. 명예나 부를 얻기 위해 그 마음이 이미 너무 굳어졌다. 다른 사람들이 파멸에 이른다 해도 얼마나 힘들지 신경 쓰지 않는다. 그래서 성경은 우리 마음이 술취함과 이생의 염려에 사로잡히지 않도록 조심하라고 명령한다. 이러한 것들은 영적인 것들에 무감각하게 만들기 때문이다(눅 21:34).

마음에 관한 십스의 말을 성에 적용해 보면 무엇이 중요한지가 두드러진다. 성적 순결을 위한 고투는 성과의 고투라기보다는, 쉽게 방황하는 우리 마음, 곧 찾을 수 없는 곳에서 마음의 충족을 찾는 모든 죄인의 습성과의 고투다. 피조물에서 생명을 찾고 있는 한, 창조주에게서 그것을 찾지 못할 것이다. 성은 좋고 아름답지만, 그것이 마음을 장악하면 이 선한 것을 향한 욕구가 악하고 위험한 것이 된다. 문제는 죄악 된 마음의 우상숭배다. 섹스를 통해 만족을 얻으려 하면 반복해서 그리로 돌아가야 한다. 섹스의 만족감은 강력하지만 놀라울 정도로 오래가지 못하기 때문이다. 피조물에게 구세주가 되어 달라고 하면 항상 결국 일종의 중독에 이르게 됨을 기억하라.

성적 욕구를 부끄러워할 필요는 없지만, 결혼 관계 안에서 성생활을 할 때 마음을 지켜야 한다.

죄인임을 부인해서는 안 된다.

적극적이고 주기적이고 장기적인 자기 부정이 개인적이고 문화적인 성적 광기를 조장한다. 독선 자체가 정신 이상이지만, 그것이 우리 모두의 안에 있다. 예수 그리스도의 십자가의 은혜는 더 이상 현실을 부인할 필요가 없다는 뜻이다. 우리 자신과 다른 사람들이 우리를 의롭다고 생각하도록 애쓸 필요가 없다. 우리가 한 일을 더 좋게 보이도록 재구성할 필요가 없다. 하나님이 옳지 않다고 하시는 것을 우리 양심으로 받아들이려고 애쓸 필요가 없다. 괜찮지 않을 때 괜찮다고 주장할 필요가 없다. 은혜란 우리에 관한 무언가가 드러나고 노출될 것을 두려워할 필요가 없다는 뜻이다. 어떤 것이 드러나든 이미 예수님의 피로 완전히 덮으셨기 때문이다.

이는 성적 순결을 위한 당신의 고투를 부인할 필요가 없다는 뜻이다. 당신이 순결하지 않다면 순결한 것처럼 행동할 필요가 없다. 당신 자신이나 배우자나 다른 사람들에게 거짓말을 할 필요가 없다. 성욕을 성욕이 아닌 다른 것처럼 보이게 하려고 애쓸 필요가 없다. 당신의 성생활이 하나님 보시기에 괜찮지 않은데 괜찮다고 되뇔 필요가 없다. 은혜를 구할 수 있기에, 정직함이 가능하다. 심각한 성적 고투에 직면하는 것도 가능하다. 당신 홀로 그 고투에 직면하지 않기 때문이다. 당신의 구세주께서 언제나 함께하신다. 우리는 자기 부정이 절대 개인적인 변화에 이르는 길이 아님을 기억해야 한다. 예수 그리스도의 은혜는 당신이 정직의 용기로 살아가는 것은 환영한다. 이는 온갖 암울하고 위험한 일이 드러나도 은혜가 있음을 알기에 가능하다. 당신의 고투를 더 이상 부인할 필요가 없음이 은혜가 의미한다는 사실을 받아들이면, 성적 순결을 위한 고투를 대하는 방식이 변화된다.

그러나 여기서 주목할 점이 한 가지 더 있다. 성경은 절대 성적 죄를 다른 죄들과 성격이 다른 것으로 제시하지 않는다. 성적 죄가 사회적으로, 대인관계에서 다른 결과를 낳을 수 있지만, 그것은 그 이상도 이하도 아닌 죄다. 로마서 1장에서 성적 죄는 시기, 수군댐, 사기, 그리고 심지어 부모를 거역하는 것과 같은 평범한 행동들과도 나란히 열거된다. 이것이 중요한 이유가 있다. 성적 죄를 다른 종류나 성격의 죄로 생각하기 시작하면, 동일한 성경의 약속과 소망과 대책이 그것에 적용되는지 의심하는 것이 논리적이다.

수년 동안 동성애 성향으로 씨름한 한 여성과 대화를 나눈 적이 있다. 그녀는 눈물을 흘리며 이렇게 말했다. "누구도 저를 단순한 죄인으로 대하지 않았어요. 내 죄는 다르다고 생각했어요. 다른 사람에게 해당하는 것이 저에게는 해당하지 않았어요. 성적인 죄도 그냥 죄라고, 그리스도께서 위해서 죽으신 죄라는 말이 정말 놀라워요." 성적인 죄도 주 예수 그리스도의 건져내시고, 용서하시고, 변화시키시고, 구원하시는 은혜의 범위 안에 있다. 성적인 죄는 다르기 때문에, 십자가가 도울 수 없다고 설득하려는 이들은 부정직하고 거짓을 말하는 원수다. 성적 순결을 위해 고투할 때 그러한 거짓말을 거부하자.

주변 세상의 타락을 부인해서는 안 된다.

삶은 평탄하며 당신에게는 고투가 거의 없는 양 행동할 필요가 없다. 이제 결혼했으므로 성적인 유혹에서 해방된 삶을 사는 것처럼 행동할 필요가 없다. 성가신 유혹이 여전히 당신을 지치게 하고 때로는 혼란스럽게도 한다는 사실을 인정해도 된다. 지치거나 괴롭거나 또다시 싸움에서 질 때 도와달라고 외쳐도 된다. 때로 주변 세상의 모습을 보고 화를 내는 것은 옳은 일이다. 주변의 상황이 깨져 있음을 슬퍼하는 것은 옳은 일이다. 성이 당신이 마주하는 거의 모든 것을 오염시키는 것 같다는 사실을 혐오해야 한다. 당신은 바로 이곳, 현재 이 세상이 절대 당신의 마음이 갈망하는 천국이 되지 않으리라는 사실에 직면해야 한다. 천국은 오겠지만 지금은 아니다.

당신은 사방에서 유혹하는 악의 소리에 마음의 순결이 항상 공격당한다는 사실에 슬퍼해야 한다. 당신이 결혼생활을 하는 곳은 어디에나 유혹이 있는 세상이기에 결혼생활의 고결함과 순결함을 지켜야 한다는 사실에 분노해야 한다. 그것이 괜찮아서는 안 된다. 유감스러운 상황이 편안해져서는 안 된다. 성이라는 하나님의 아름다운 선물이 오해되고 왜곡되는 현실에 분노해야 한다. 우리가 성적으로 미쳐 간다는 사실을 혐오해야 한다. 또 들으시고 돌보시는 당신의 구세주 앞에서 신음하고 애통해야 한다.

로마서 8장 말씀이 도움이 될 것이다. 여기서 바울은 주변 세상의 깨어짐에 대한 정직함과 예수 그리스도의 복음을 연결하고 있다.

생각하건대 현재의 고난은 장차 우리에게 나타날 영광과 비교할 수 없도다 피조물이 고대하는 바는 하나님의 아들들이 나타나는 것이니 피조물이 허무한 데 굴복하는 것은 자기 뜻이 아니요 오직 굴복하게 하시는 이로 말미암음이라 그 바라는 것은 피조물도 썩어짐의 종 노릇 한 데서 해방되어 하나님의 자녀들의 영광의 자유에 이르는 것이니라 피조물이 다 이제까지 함께 탄식하며 함께 고통을 겪고 있는 것을 우리가 아느니라 그뿐 아니라 또한 우리 곧 성령의 처음 익은 열매를 받은 우리까지도 속으로 탄식하여 양자 될 것 곧 우리 몸의 속량을 기다리느니라 우리가 소망으로 구원을 얻었으매 보이는 소망이 소망이 아니니 보는 것을 누가 바라리요 만일 우리가 보지 못하는 것을 바라면 참음으로 기다릴지니라 이와 같이 성령도 우리의 연약함을 도우시나니 우리는 마땅히 기도할 바를 알지 못하나 오직 성령이 말할 수 없는 탄식으로 우리를 위하여 친히 간구하시느니라 마음을 살피시는 이가 성령의 생각을 아시나니 이는 성령이 하나님의 뜻대로 성도를 위하여 간구하심이니라 우리가 알거니와 하나님을 사랑하는 자 곧 그의 뜻대로 부르심을 입은 자들에게는 모든 것이 합력하여 선을 이루느니라 하나님이 미리 아신 자들을 또한 그 아들의 형상을 본받게 하기 위하여 미리 정하셨으니 이는 그로 많은 형제 중에서 맏아들이 되게 하려 하심이니라 또 미리 정하신 그들을 또한 부르시고 부르신 그들을 또한 의롭다 하시고 의롭다 하신 그들을 또한 영화롭게 하셨느니라 그런즉 이 일에 대하여 우리가 무슨 말 하리요 만일 하나님이 우리를 위하시면 누가 우리를 대적하리요 자기 아들을 아끼지 아니하시고 우리 모든 사람을 위하여 내주신 이가 어찌 그 아들과 함께 모든 것을 우리에게 주시지 아니하겠느냐 누가 능히 하나님께서 택하신 자들을 고발하리요 의롭다 하신 이는 하나님이시니 누가 정죄하리요 죽으실 뿐 아니라 다시 살아나신 이는 그리스도 예수시니 그는 하나님 우편에 계신 자요 우리를 위하여 간구하시는 자시니라 누가 우리를 그리스도의 사랑에서 끊으리요 환난이나 곤고나 박해나 기근이나 적신이나 위험이나 칼이랴 기록된 바 **우리가 종일 주를 위하여 죽임을 당하게 되며 도살당할 양같이 여김을 받았나이다 함과 같으니라** 그러나 이 모든 일에 우리를 사랑하시는 이로 말미암아 우리가 넉넉히 이기느니라 내가 확신하노니 사망이나 생명이나 천사들이나 권세자들이나 현재 일이나 장래 일이나 능력이나 높음이나 깊음이나 다른 어떤 피조물이라도 우리를 우리 주 그리스도 예수 안에 있는 하나님의 사랑에서 끊을 수 없으리라(18-39절)

바울은 여기서 당신이 주 예수 그리스도의 흔들리지 않는 사랑의 복을 받았기 때문에 성적 고투에 정직하게 소망을 품고 대면할 수 있다고 주장한다. 성경의 믿음은 절대 현실을 부정하라고 요구하지 않는다. 하나님과의, 또 배우자와의 관계에서 성적 순결을 유지하려 한다면, 내면의 고투와 외부의 유혹에 정직해지는 것이 꼭 필요하다.

죄책감과 두려움으로 숨어서는 안 된다.

성경에서 가장 슬픈 순간이 창세기 3장에 있다. 아담과 하와가 처음으로 창조주가 두려워서 숨는다. 그분과 평생 인생을 빚어가는 관계를 맺도록 설계된 그들이 그분을 마주보기를 두려워한다. 끔찍한 일이 일어났음을 바로 알 수 있다. 당신이 사랑한다고 말하는 누군가를 피해 몸을 숨기는 일은 절대 좋은 신호가 아니다. 죄책감과 두려움 때문에 숨는 일은, 무언가가 아주 잘못되고 있다는 붉은 깃발이다. 문제를 감추면 해결책에 이르지 못한다. 당신의 문제에 대해 다른 사람들에게 거짓말을 하면 절대 그들은 당신을 이해하거나 돕지 못한다. 당신은 괜찮다고 되뇌며 숨는다. 당신의 고투를 축소하며 숨는다. 다른 사람들에게 거짓말을 하며 숨는다. 도우려고 하는 사람들에게 모호하게 답하며 숨는다. 실제보다 더 영적으로 보이게 함으로써 당신의 고투를 가리려 하며 숨는다. 하나님과 다른 사람의 도움으로만 가능한 일을 혼자 할 수 있다고 확신하며 숨는다.

예수 그리스도의 십자가는 당신이 숨은 데서 나오는 것을 환영한다. 예수님이 십자가에서 당신의 벌을 감내하셨고, 당신의 죄를 지셨고, 당신의 수치를 참으셨고, 당신의 거절을 견디셨기 때문이다. 그분은 당신이 하나님을 피해 숨을 필요가 없도록 이 모든 일을 하셨다. 죄와 약함과 실패 가운데서도 거룩하신 하나님을 떠나지 않고 그분께로 달려갈 수 있도록 그분이 이 모든 일을 하셨다. 당신이 빛 가운데서 살고 어둠 가운데 숨어 있지 않도록 그분이 이 모든 일을 하셨다. 당신이 필요할 때 자비와 은혜를 찾도록 이 모든 일을 하셨다. 그러므로 숨은 데서 나와 도움을 청하라. 당신의 구세주께서 당신과 내가 받아야 하는 거절을 감내하셨다. 그래서 우리가 실패할 때도 절대 하나님은 우리를 외면하고 떠나시지 않을 것이다. 이것이 은혜다!

혼자 싸울 필요가 없다.

성적인 죄를 깊이 감추고 있으면 소외되었다고, 오해를 받는다고, 거절당했다고, 혼자라고 느낄 수 있다. 누구도 이해하지 못한다는, 누구도 당신 곁에 있거나 당신을 도와주고 싶어 하지 않는다는 생각에 빠질 수 있다. 성적인 죄로 씨름하는 많은 이들이 자신의 이중생활을 숨기고 있다면, 가장 가까이 있는 이들과도 격리되어 있다는 느낌이 들 수 있다. 그러나 당신이 하나님의 자녀라면 혼자 있는 것은 불가능하다. 두 가지를 구별해 보자. 당신이 혼자 있다고 느끼는 것은 불가능하지 않다. 그러나 혼자 있는 것은 불가능하다. 우리는 느낌의 영향력과 우리의 행동과 반응 방식을 결정해야 하는 실재를 구별해야 한다.

여기서 성경의 메시지는 놀라울 정도로 격려가 된다. 하나님이 우리에게 주신 최고의 선물은 그분 자신이다. 그분의 임재가 상황을 완전히 바꾼다. 구세주의 강력한 구원과 변화시키시는 임재가 없다면, 성경의 지혜 원리들은 종이에 인쇄할 가치도 없다. 우리와 함께하시고 우리를 위하시고 우리 안에 계시는 그분이 없다면, 우리는 그 원리들을 이해하지 못할 테고, 그 안에 거하고 싶지도 않을 테고, 우리가 원해도 그렇게 할 능력도 얻지 못할 것이다. 변화의 소망은 인격이신 전능하신 주님께 있다.

성경을 읽다 보면 하나님의 백성이 극복이 불가능해 보이는 어려움에 직면할 때마다 하나님은 그들의 자기 확신을 증대시키려고 애쓰지 않으셨음이 보일 것이다. 오히려 하나님은 그분의 임재를 상기시켜 주셨다. 하나님은 지구상에서 가장 강력한 통치자 바로와 맞서도록 모세를 부르셨는데 모세가 가기를 두려워하자, "내가 반드시 너와 함께 있으리라"(출 3:12)라고 말씀하셨다. 하나님은 이스라엘과 팔레스타인 여러 나라와의 전쟁을 승리로 이끌도록 여호수아를 부르셨을 때, 여호수아가 어디를 가든 그와 함께하겠다고 상기시키셨다(수 1:5, 9). 기드온이 해적의 나라 미디안에 맞서 이스라엘을 통솔할 생각을 하며 잔뜩 겁을 먹고 있을 때 하나님은 "여호와께서 너와 함께 계시도다"(삿 6:12)라고 말씀하셨다. 패배하고 분열된 이스라엘의 왕이 되라고 다윗을 부르셨을 때는, 그와 함께하셨던 것을 상기시키시며 계속 그러시겠다고 격려하셨다(삼하 7:9). 예수님은 복음을 원하지 않았던 세상에 복음을 들고 가도록 초보 제자들을 보내셨을 때, 항상 그들과 함께하겠다고 상기시키셨다(마 28:20). 그리고 성적으로 미쳐 가는 세상에서 당신과 내가 성적 순결을 위해 씨름할 때, 하나님은 "내가 결코 너희를 버리지 아니하고 너희를 떠나지 아니하리라"(히 13:5)라고 말씀하신다. 하나님의 자녀는 홀로 순결을 위해 싸우는 것이 불가능하다. 성령님을 찾을 지각이 없을 때조차도 당신을 대신해서 싸우시는 전사 성령께서 내주하시기 때문이다.

하지만 그것이 다가 아니다. 하나님은 성적 순결을 향한 우리의 여정이 공동체 프로젝트임을 아시기 때문에 우리를 그분의 교회 안에 두셨다. 우리는 혼자서 우리 자신을 분명하게 알고, 변화가 필요한 곳을 식별하고, 변화를 위해 싸우도록 설계되지 않았다. 바울이 에베소서 4:16에서 말하듯이 그리스도의 몸이 자라갈 때 "각 마디"가 자기의 몫을 감당한다. 결혼생활을 하며 성적으로 순결하고 싶다면, 죄가 어떻게 당신의 눈을 가리는지 볼 수 있게 해주는 사람들이 필요하다. 더 힘을 얻고 싶다면, 당신이 반항할 때 당신과 맞서고, 당신이 약할 때 격려해 줄 사람들이 필요하다. 또 무엇보다도 구세주의 강력한 임재와 그분이 은혜로 아낌없이 공급해 주심을 상기시켜 줄 사람들이 필요하다.

당신과 내가 태생적으로 하지 못하는 일, 곧 홀로 그 전쟁에 임하려 하면, 절대 성적 죄를 물리치고 평온한 순결의 삶을 살지 못할 것이다.

하나님의 오래 참으시는 사랑을 의심해서는 안 된다.

변덕스러운 마음, 유혹에 맞닥뜨린 연약함, 옳지 않음을 알면서도 옳지 않은 일을 하게 되는 반역, 우리가 하나님보다 더 잘 안다고 생각하는 교만에 직면할 때, 그 무엇도 우리를 그리스도 예수 안에 있는 하나님의 사랑에서 끊을 수 없다는 복음의 선언보다 더 격려되는 것이 있을까? 하나님의 사랑은 영원히 당신 것이다. 당신이 신실할 것이어서가 아니라 그분이 신실하시기 때문이다. 하나님의 사랑은 변함없다. 당신의 의로 그것을 얻었기 때문이 아니라 불의한 당신에게 유일한 소망이 그것임을 하나님이 아셨기 때문이다. 그분을 향한 당신의 충성이 시들어도 하나님의 사랑은 절대 시들지 않는다. 그 사랑은 당신의 행위가 아니라 그분의 성품에 기초하기 때문이다.

요점은 이것이다. 하나님의 사랑이 위태롭다고 생각한다면, 당신이 일을 엉망으로 만들 때 그분이 사랑을 철회하신다고 생각한다면, 당신은 실패한 순간에 그분에게서 달아나 그분께로 가지 않을 것이다. 그러나 심각한 성적인 어리석음, 연약함, 실패, 반역에 빠진 순간에, 그분께로 달려가면 그분이 구속의 사랑으로 당신을 두 팔 벌려 맞아주시리라고 정말로 믿는다면, 그분에게서 숨거나 그분의 돌보심을 멀리할 리가 없다. 결국, 당신이 성 문제로 씨름할 때, 하나님을 향한 당신의 사랑에는 소망이 없다. 소망은 오로지 당신을 향한 그분의 사랑에만 있다. 그분이 당신을 사랑하시므로, 당신에게 최선인 것을 바라시고, 최후의 적이 패배하고 당신이 더 이상 고투하지 않을 때까지 당신 영혼의 적들을 물리치기 위해 애쓰실 것이다.

변화가 불가능하다는 생각에서 벗어날 수 있다.

앞의 모든 이유로, 당신은 성적인 죄에서 벗어나는 것이 불가능하다는 생각에서 기꺼이 벗어날 수 있다. 여러 모양의 성적인 고투와 절망 가운데서 나와 상담한 사람의 수는 셀 수 없이 많다. 그들은 공식적인 신학을 버리지는 않았지만, 그 신학의 진리들이 그들 삶에 어떤 영향을 끼치리라는 소망은 모두 잃었다. 그들은 자신이 상대하고 있는 것을 이길 수 없다는 절망적인 시각에 굴복하기 시작했다. 실제로 몇몇은 이런 말을 하기도 했다. "다른 사람들이 삶에서 죄를 물리치는 것을 봤고, 내 삶에서도 몇 가지가 변하는 것을 봤지만, 이건 아니에요. 아무리 노력하고 아무리 충실하게 기도해도 아무것도 변하지 않는 것 같아요."

하지만 진실은 이렇다. 당신이 상대하고 있는 것이 죄이기 때문에, 정확히 그리스도께서 그것을 물리치시려고 죽으셨기 때문에, 그리스도께서 당신을 대신하여 싸우시는 동안 당신은 절대 혼자가 아니기 때문에, 그분이 매일 아침 새로운 자비를 부어주시기 때문에, 그분이 그리스도 의 몸 안에 있는 보호하고 회복시키는 자원을 당신 주변에 두셨기 때문에, 당신은 콘크리트로 덮여 있지 않다. 당신은 변할 수 있다. 순결할 수 있다. 변화는 신학적 공상이 아니다. 그것은 예수 그리스도의 십자가의 눈부신 약속이다. 당신이 더 이상 고투하지 않을 날이 올 것이다. 절망 은 거부하고 지금 당장 그 방향으로 나아가는 것이 어떻겠는가?

새롭고 더 나은 방식으로 살아갈 수 있다.

은혜로 정말 변화가 가능하다면, 유일한 논리적인 반응은 아침에 믿 음의 용기를 가지고 일어나 결혼생활에서 성적으로 깨진 부분을 다루 기 시작하는 것이다. 아마도 아래의 질문들이 도움이 될 것이다.

- 당신은 어디서 어떻게 자주 실패할 상황에 놓이는가?
- 당신은 어디서 어리석은 선택을 하는 경향이 있는가?
- 당신은 어디서 도움이 되지 않는 것들에 자신을 노출하는가?
- 당신은 어느 지점에서 괜찮지 않은데 괜찮다고 되뇌는가?
- 당신은 계속 절망에 머무르도록 자신에게 어떤 말을 하는가?
- 당신은 어디서 얼굴이 안 좋아지고 그 상태가 지속되는가?
- 당신은 어디서 언제 가장 쉽게 유혹에 빠지는가?
- 당신은 어느 지점에서 육체적, 성적 쾌락에서 마음의 만족을 찾는가?
- 당신은 어떤 식으로 당신의 고투를 축소하는 경향이 있는가?
- 당신은 누구와 함께할 때 정직하지 못하게 되는가?
- 여전히 하나님의 사랑을 의심하는 순간이 있는가?

물론 이런 질문들에 대한 답이 당신을 유혹에서 구해내어 순결하게 만들어주지는 않을 것이다. 그러나 이 질문들은 당신의 고투를 이해하도록, 새롭고 더 나은 길이 무엇인지 생각을 시작하도록, 도움을 구할 필요가 있는 지점을 파악하도록 도와줄 것이다. 다시 말해, 이 질문들은 영광스러운 은혜의 하나님의 손에 들린 도구가 될 수 있다. 그분만이 당신 삶에서 죄를 물리치고 당신을 마음과 손이 순결한 사람으로 성숙시킬 능력을 가지고 계시다.

알다시피 미쳐 가는 세상에서 건전한 성생활을 가능하게 해줄 힘은 예수님의 복음에만 있다. 그리고 이 힘 안에 참되고 지속적이고 개인적인 변화의 가능성이 있다. 미쳐 가는 세상에서 당신과 당신의 배우자는 하나님께 영광이 되는 성적인 삶을 살 수 있다. 정말 그럴 수 있다.

19장

결혼생활에 대해 폴 트립에게 질문하다

나는 예수 그리스도의 복음을 사랑한다. 구해내시고, 용서하시고, 변화시키시고, 힘을 주시고, 결국 구원하시는 은혜의 메시지를 사랑한다. 그 복음 없이는 아침에 일어날 수 없다. 또 그 복음이 없었다면, 사랑하는 루엘라와의 49년 결혼생활이 지금과 같지 않았을 것을 확실히 안다. 그래서 결혼생활의 어려움을 겪는 부부의 도움 요청이 정말 기쁘다. 나의 유일한 지혜인 그 복음이 도움을 주리라 믿기 때문이다.

결혼생활의 특정한 문제에 대해 특정한 답을 해 달라는 부탁을 받을 때마다, 나는 그 문제 이면의 세세한 상황을 거의 알지 못함을 기억하려 한다. (어떤 한 부부를 상담하고 있다면, 그들의 상황을 더 알고자 여러 세세한 질문을 던질 수 있을 것이다. 그러나 이런 형식에서는 그것이 불가능하다.) 그래서 구체적인 조언을 하려 하기보다는 이렇게 대답하기로 했다. "예수 그리스도의 복음은 결혼생활의 이 문제에 관해 어떤 더 광범위하고 나은 사고방식을 제시할까?"

또 이 말도 해야겠다. 나는 열심히 복음 사역을 하고, 복음을 이해하려고 더 깊이깊이 파고들고, 복음 안에서 사는 데 전념하면서 아주 중요한 무언가를 배웠다. 복음, 즉 구속하시는 은혜에 관한 놀라운 내러티브는 일차적으로 결혼생활의 문제들을 막고 해결하기 위한 '실용적인' 처방전이 아니라는 것이다.

혼란이나 낙담이 생기기 전에 설명해 보겠다.

문제가 없는 결혼생활은 절대 없다. 우리가 저 건너편에서 살게 될 때까지는 없을 것이다. 하나님은 깨지고 신음하는 세상 속에 결혼을 두셨다. 그 세상에서 결함이 있는 두 사람이 여전한 죄와 씨름하면서, 모든 인간관계 중에서 가장 광범위하고, 친밀하고, 장기적인 관계에 헌신한다. 이 글은 항상 편안하고 어려움이 없는 관계를 위한 처방전이 아니다. 성경은 우리의 어려움이 하나님이 우리에게 원하시는 선에 방해가 되기보다는, 사실 그 선의 도구라고 말한다. 하나님은 남자와 여자가 근본적으로 다름을 아신다. 남편과 아내가 나름의 이야기를 가지고 결혼생활을 시작함을 아신다. 그분이 각자의 내러티브를 쓰셨기 때문이다. 그분은 당신들이 성격에 따라 성향과 감수성이 다르다는 사실에 놀라지 않으신다. 이 모든 것이 그분의 계획의 일부로, 그분의 주의 깊은 감독 아래 있고, 그분의 강력한 은혜의 도구로 쓰인다.

결혼생활을 하며 겪는 구체적인 문제와 고투를 다루는 법을 알고자하는 것은 온당한 일이다. 평화롭게 살고 서로를 향한 애정이 자라갈 수있도록 해답과 해결책을 찾는 것은 좋은 일이다. 그러나 복음이 우리에게 얼마나 멋진 것을 주는지 이해하는 일도 꼭 필요하다. 복음은 당신에게 완전히 새로운 정체성을 준다. 더 이상 올바로 서기 위해, 뜻대로하기 위해, 동의를 얻기 위해, 평안을 누리기 위해, 만족한 삶을 위해 힘이나 통제력이 필요하지 않다. 복음은 다른 사람들에 대한 아주 새로운 사고방식을 제공한다. 사람들이 당신의 필요를 충족시켜 주리라 기대하기보다는, 이해하고, 섬기고, 사랑하고, 지원하고, 격려하기 위해 당신이 풍요롭고 편안한 마음으로 다른 사람들에게 나아간다.

복음은 무엇이 인생에서 가장 중요한지 알려줌으로써, 기쁘게 살려면 항상 이 세상에서 더 많고 좋은 거처, 소유, 경험들이 필요하다는 속박에서 당신을 자유롭게 해준다. 복음은 결혼생활에서 반드시 겪을 죄와 약함과 실패를 다루는 완전히 새로운 방법을 제시한다. 복음은 낙심시키는 비난, 정죄, 응징을 은혜로 바꾸라고 권유한다. (이는 잘못된 것을 경시하는 '은혜'가 아니라, 잘못된 것을 인정하면서도 하나님이 그 도전적인 순간에 하고 계신 선한 일에 동참하려 애쓰는 은혜다.) 또 복음은 당신이 기본적으로 더 정직한 결혼생활을 하는 것을 환영한다. 당신들의 관계에서 드러날 그 어떤 것도 당신의 구세주를 놀라게 하거나 그분의 놀라운 은혜의 도우심을 받지 못할 것이 없음을 기억하라고 하기 때문이다.

따라서 복음은, 특정 질문들에 구체적인 답변을 하거나 모든 문제 목록에 대해 빠짐없는 자세한 해결책을 제시하기보다는, 결혼생활의 모든 것을 이해하고 성찰하는 새롭고 완전히 자유로운 방식을 제시한다. 하나님의 은혜의 복음이 제시하는 새로운 정체성, 가능성, 시각, 가치관에서 결혼생활 문제의 진정한 해결책이 나온다. 실제로 복음은 결혼생활의 고투를 해결하고자 애쓸 때 당신이 바라는 것보다 못한 것을 줄 수 없다. 오히려 훨씬 많고 훨씬 좋은 것을 준다.

복음의 은혜는 단순히 대답만 제시하지 않는다. 오히려 하나님 자신을 준다. 그분은 당신이 혼란스러워하고 다음에 무엇을 해야 할지 모르는 순간에도 당신의 결혼생활 가운데서 일하고 계신다. 복음은 그렇게 하나님을 줌으로써 당신을 궁극적인 지혜의 근원과 연결시킨다. 그 지혜는 구하는 자들에게 후하게 주어진다. 그분은 아침마다 당신에게 새로운 자비를 주신다. 당신의 생각을 새롭게 해주시고 마음에 소망을 주신다. 그분은 당신이 어두운 골짜기를 지날 때 동행하신다. 계속해서 당신의 영혼을 회복시키신다. 또 눈을 가리는 것을 제거하셔서 그분 없이는 보지 못할 것을 보게 해주신다.

복음의 약속, 원리, 시각, 명령은 이어지는 질문들뿐 아니라 결혼생활에서 어떻게든 맞닥뜨릴 주제나 도전에 다가가는 탁월한 전략을 제시한다. 다음의 질문과 대답들이 도움이 되기를 바란다. 또 그 질문과 대답들이 결혼생활 가운데 더 깊은 연합, 이해, 사랑의 자리로 데려다줄 뿐 아니라, 예수님과 삶을 변화시키시는 그분의 은혜에 더 깊이 감사하는 자리로 데려다주기를 바란다.

폴 데이비드 트립

2020년 9월 18일

배우자가 성적으로 부적절한 자료들을 본다는 사실을 막 알게 되었다. 어떻게 그 사람과 이 문제를 다루고, 치유와 변화의 과정을 시작해야 할까?

배우자가 당신을 배제한 어떤 성생활을 한다는 사실을 알게 되면 어떤 일이 일어날까? 아마 그는 찾아봐서는 안 되는 웹사이트를 열어봤거나, 익명 온라인 채팅에 참여했거나, 부적절한 메시지를 주고받았거나, 디지털 세계가 쉽게 이용할 수 있게 해준 어떤 다른 형태의 유혹에 빠졌을 것이다. 이런 일을 알게 되면 참담하다. 화가 나지 않는다면 뭔가 잘못된 것이다. 성적인 죄는 당연히 분노를 불러일으킨다. 깊은 차원에서 결혼의 헌신을 깨는 일이기 때문이다. (**분노**라는 단어를 선택하며 내가 조심하고 있음을 알아주기 바란다. 합당한 분노와 "그를 아프게 하고 싶어"라고 하는 분노인 복수심은 전혀 다르기 때문이다.)

성경은 누군가 당신에게 죄를 지었다면 그 사람에게 가야 한다고 말한다(마 18:15). 10장에서 나는 에베소서 4:26의 "해가 지도록 분을 품지 말고"라는 명령을 보며 깊이 뉘우치고 루엘라와 함께 그 명령을 따랐다고 썼다. 성적 순결이 훼손되었는데 무시하고 분노를 덮는다면, 그것은 당신들 관계의 다른 영역들에 영향을 미치는 암이 될 것이다.

그 사실을 알고 나서 배우자에게 다가가는 방식이 중요하다. 당신은 은혜가 필요한 한 사람으로서 은혜가 필요한 한 사람을 위한 은혜를 원하며, 배우자의 성적인 죄를 다루어야 한다. 당신의 배우자가 그 방에 있는 유일한 죄인이 아님을 기억해야 한다. 성적인 것은 아니더라도 당신도 유혹과 씨름하고 유혹에 빠진다는 사실을 주지해야 한다. 자신도 은혜가 필요함을 아는 사람보다 더 은혜를 잘 베푸는 사람은 없다.

은혜라는 단어에 대해 혼란스러워하지 말라. 은혜란 죄를 무시하고 마치 그 죄가 절대 일어나지 않은 양 행동한다는 의미가 아니다. 은혜는 허용적이지 않다. 은혜는 회개 없이 반복해서 짓는 죄를 받아들이지 않는다. 은혜는 발견된 죄를 처리하는 복음 중심적인 방법이다. 은혜에는 복수의 약속이 딸려 있지 않다. 은혜는 죄에 빠진 배우자 앞에서 당신의 의로움을 전시하지 않는다. 은혜는 수치심이나 겁을 주려고 다른 사람들에게 그 죄를 알리겠다고 위협하지 않는다.

당신은 또한 한계를 인정해야 한다. 당신에게는 배우자의 마음을 변화시킬 능력이 없다. 당신의 목소리 크기와 위협의 규모가 사람을 구원하지는 못한다. 오직 예수님만이 구원하실 수 있고, 그분은 당신이 그분 손에 든 은혜의 도구가 되기를 바라신다. 마지막으로, 당신의 배우자는 아마도 당신으로는 충분하지 않은, 자격이나 경험을 제공할 수 있는 도움이 필요할 것이다. 이때 그리스도의 몸이라는 더 광범위한 자원을 이용해야 한다. 교회나 목회자, 기독교 상담가에게 가서, 당신의 배우자를 지금 있는 그곳으로 이끈 마음의 문제를 다루도록 해야 한다. 하나님의 결혼 설계도가 그리스도의 몸이라는 자원 한가운데 놓여 있다는 사실이 정말 기쁘다. 내가 내 결혼생활에서 배웠듯이, 루엘라는 절대 내게 온전한 그리스도의 몸이 되지 못할 테고 나도 루엘라에게 그럴 것이므로, 이 중요한 문제를 당신 둘끼리만 다루려 하지 말라.

배우자에게 내 죄악 된 성적 습관을 고백하고 싶지만, 아내가 나를 거부하고 정죄할까 봐 두려워서 오랫동안 숨기고 있다. 어떤 조언을 해주겠는가?

인터넷으로든 실제 삶에서든 경건하지 못한 생각을 계속하며 성적 죄의 노예가 되어 가고 있다면, 당신 자신에게 복음을 선포하라. 구세주의 구원하시고 용서하시고 회복시키시고 변화시키시는 은혜가 미치지 못하는 죄는 없다. 그러므로 복음은 당신에게 고백하라고 권한다. 그러나 고백할 때 소망의 근거는, 당신의 시인에 배우자가 어떻게 반응하느냐에 있지 않다. 주님의 응답을 신뢰해야 한다. 그분은 "내게 오라. 나는 너를 외면하지 않겠다. 용서하고 회복시켜 주겠다"라고 말씀하신다. 당신은 배우자에게만 죄를 범한 것이 아니므로 궁극적으로 주님께 고백해야 한다. 그래서 다윗은 다음과 같이 밧세바와의 간음을 고백한다. "내가 주께만 범죄하여 주의 목전에서 악을 행하였사오니"(시 51:4). 고백의 문을 열고 그 행동뿐 아니라 당신의 행동 배후에 있는 마음의 고투까지 고백하는 것이 꼭 필요하다. 그 문 건너편에 도움이 있다.

당신에게 꼭 필요한 것이 또 있다. 은밀하게 진리와 대화하려 하지 말아야 한다. 당신은 거짓에 귀 기울였기 때문에 성적 노예가 된 이 지점까지 이르렀다. 죄는 거짓말쟁이다. 죄는 그 속임수와 위험을 숨긴다. 위험한 어떤 것을 아름답게 보게 한다. 위험하다고 느끼게 하는 대신 흥분하게 할 것이다. 그러한 대화를 막아줄 누군가가 필요하다. 혼자서는 충분히 객관적으로 되는 일이 거의 불가능하다. 주님께 부르짖고, 배우자에게 고백하고, 다른 사람들에게 도움을 구하라. 성적 죄를 처리하는 일은 공동체의 작업이다. 당신 혼자 다룰 수 없다.

그리스도께서 죄를 이기셨음을 믿어라. 시간이 지나 지금의 당신과는 전혀 다른 사람이 되었음을 되돌아볼 수 있다. 그것이 예수님이 하실 수 있는 일이다. 그분은 첫 번째 아담이 이루지 못한 승리를 이루어 우리도 승리할 수 있게 하시려고 두 번째 아담으로 오셨다. 예수님이 최종 전투에서 최종적인 적을 물리치셨으므로, 우리는 그렇지 않았으면 패했을 순간에 승리를 누릴 것이다.

육체적으로 배우자에게 매력을 느끼지 못하는 것 같다. 이제는 우리 관계에 성적 불꽃이 튀지 않는다. 어떻게 하면 그것을 되찾아 다시 성관계를 즐길 수 있을까?

내 경험으로 보건대, 결혼생활에서 섹스에 관심이 부족한 원인은 육체적이거나 성적인 데 있는 경우가 드물다. 배우자가 더 이상 매력적이지 않은 이유는 많다. 몸이나 성생활만의 문제는 아닐 것이다.

남편의 목소리만 들어도 가슴이 뛰었던 때가 생각나는가? 당신은 그의 말을 듣는 것이 아주 좋았다. 아무것도 하지 않아도 그와 함께 시간을 보내는 일이 아주 좋았다. 공원 벤치에 앉아서 만족감과 기쁨을 느낄 수 있었다. 그런데 이제는 더 이상 그렇지 않다. 내가 '결혼생활의 향수'라 부르는 시기에 이른 것이다. 과거의 매력은 사라졌다.

결혼생활이 부담스럽다면, 계속되는 갈등과 비난으로 얼룩져 있다면, 판단하고 복수심에 불타 있다면, 매력이 사라진다. 배우자가 덜 매력적일수록 성적으로 그와 가까이 있고 싶은 마음도 덜해진다. 종종 성생활에 생물학적이지 않은 기능장애가 있을 수 있다. 그것은 관계적으로 고쳐야 한다. 사랑과 감사와 다정함과 상냥함과 충실함과 인내와 기쁨이 있다면, 배우자는 더 매력적이고, 부부의 친밀함은 이전 어느 때보다 더 깊어진다.

육체적으로 매력을 느끼는 관계와 만족스러운 성관계를 원한다면, 서로 우정을 쌓아라. 서로를 향한 사랑의 연료를 공급하는 일이 필요하다. 끊임없이 감사하고 축하해야 한다. 나이가 들어가면서 당신의 몸은 신혼 때의 모습 같지 않고 생물학적 성욕도 예전 같지 않을지 모르지만, 배우자가 이전보다 더 매력적으로 보일 수 있다. 배우자가 육체적으로만 아름다운 것이 아니다. 그의 마음이 매력적이다. 내 경우, 루엘라와 내가 그저 텔레비전 시청만 하고 있어도, 나는 엄청난 복을 받은 남자임을 안다. 이러한 감정들은 50년 후 우리 관계를 더 친밀하게 만든다!

배우자와 돈 문제로 싸우는 것을 멈출 수 없고, 이는 우리의 결혼생활에 엄청난 압박감을 야기하고 있다. 더 이상 진전이 없어 보인다. 어디서부터 시작할 수 있을까?

부부들에게 돈 문제가 있는 경우는 흔하다. 성경이 가장 많이 다루는 주제 중 하나가 돈이다. 하나님이 우리를 자금이 필수적인 세상에서 살게 하셨기 때문이다. 돈은 아주 커 보이고 우리 일상을 잠식하고 있으므로, 돈을 쓰는 면에서 의견이 다른 순간들이 있을 것이다. 성적인 기능장애의 근본 원인이 생물학이 아닌 다른 것이었던 것처럼, 돈 때문에 벌어진 언쟁도 거의 재정적인 문제가 아니다. 그런 언쟁들은 돈에 대한 시각 및 사용 방식과 관련이 있다.

결혼에 대한 하나님의 목표는 획일성이 아니다. 그분의 목표는 연합이다. 연합은 다름에 직면할 때 해야 할 일이다. 하나님은 결혼을 통해 내 옆에, 나와 다르고 세상을 내가 보는 식으로 보지 않는 누군가를 두기로 하셨다. 이것이 하나님이 나를 성숙시키시고 그분을 의지하게 하시기 위해 하시는 선한 일이다. 차이를 다룰 때는 감사와 은혜로 다루어야 한다(다섯 번째 약속을 보라). 배우자가 재정과 관련한 중요한 결정을 당신과 다르게 한다는 이유로 그녀를 비하하지 말라.

갈림길에 서 있다면, 돈에 관해 이야기하고 당신과 시각이 다른 것에 감사하고 통합된 해결책을 찾으라. 아내의 방식을 거스르는 남편의 방식이어서는 안 된다. 그러면 힘을 더 많이 가지고 최고의 무기를 뽑아 들 수 있는 사람이 이기기 때문이다. 그것은 연합이 아니다.

우리가 돈 사용 문제에서 서로 연합하려 할 때 하나님이 우리에게 원하시는 것은 무엇일까? 너그러움이다! 당신은 어떨지 모르겠지만, 나는 내 수입을 하나님이 내 가정과 나 자신을 부양하도록 주신 주요한 수단이라 생각하고, 그다음(거의 나중에 하는 생각)에 그분이 나누어주라고 하신다고 생각하는 경향이 있다. 성경이 반대로 가르친다면? 하나님이 돈을 주신 일차적인 목적이 우리가 그분의 너그러운 내러티브의 참여자가 되는 것이고, 그다음(거의 나중에 하는 생각)에 그분이 그것을 날마다 우리를 부양하는 데 사용하시기로 한다면 어떻게 될까?

마태복음 6:19-34은 우리의 물질적 필요에 대한 책임이 주님께 있음을 일깨워 준다. 예수님의 가르침에 따르면, 건전한 재정 사용은 당신에게 필요한 것을 공급하실 하늘 아버지가 계심을 믿음으로 시작된다. 급진적으로 들릴지 모르지만, 우리에게 필요한 모든 것을 주시겠다는 하나님의 약속이 성경 도처에 있다(욥 38:41; 시 34:10; 마 6:31-32; 7:11; 눅 12:24; 빌 4:19 등을 보라). 하나님이 부양의 책임을 우리의 연약한 손에서 그분의 능력의 손으로 가져가셨으므로, 우리는 마음 편히 우리 돈에 대한 원대한 시각을 가진다. 분명히 하자. 성경은 청구서 지급을 중단하고, 식료품과 옷 구입을 그만두라고 하지 않는다. 오히려 우리의 재정 생활을 주관하는 우리 마음을 살피고, 우선순위를 바로잡으라고 말한다.

돈에 관한 이러한 전혀 새로운 사고방식은 에베소서 4:28이 아주 효과적으로 담아낸다. "도둑질하는 자는 다시 도둑질하지 말고 돌이켜 가난한 자에게 구제할 수 있도록 자기 손으로 수고하여 선한 일을 하라." 성경이 "스스로를 부양할 합법적인 방법을 얻도록"이라고 말하지 않음을 주목하라. 자기 중심적인 도둑이 자기 중심적인 일꾼이 되는 것이 아니다. 이 말은 부를 축적하는 방법만이 아니라 동기를 바꾸어야 한다는 뜻이다. 에베소서 4:28에 나타나는 변화는 자기 중심주의(도둑질)에서 하나님께 영광을 돌리고 다른 사람들을 중심으로 삼는(수고와 기부) 쪽으로의 변화다.

일반적으로 돈에 관한 그리스도인 부부의 논의가 부채 상환, 은퇴 후 재정적인 안정, 십일조의 정의를 중심으로 한다는 사실이 염려스럽다. 이 중 어느 것도 잘못되지 않았고, 어떤 면에서 모두 유용하지만, 전반적인 계획에 우리 부르심에 대한 폭넓은 고려가 없다. 그것은 곧 이 땅에서 하나님의 관대하고 사랑 많은 대사로 사는 것이다.

소비보다는 너그러움에 흥이 나는 남편과 아내가 된다면, 돈 사용과 관련하여 이전에는 누리지 못했던 연합을 경험할 것이다. 너그러움이 돈 문제를 해결하는 길이다.

우리는 양가 부모님과의 관계에서 경계를 정하는 데 어려움을 겪고 있다. 부모님을 공경하고 싶지만, 그분들은 몹시 화가 나 있다. 어떻게 우리의 가정을 세우면서 제5계명을(창 2:24) 순종할 수 있을까?

타락한 세상에서 살면서 경험하는 한 가지가 관계의 깨짐이다. 종종 그 일은 확대 가족 안에서, 또 부부의 경우 부모님들과의 관계에서 일어난다. 어쩌면 아내가 부모님이 받아들이시지 않은 남자와 결혼을 했을지 모른다. 혹 남편의 부모님이 심히 비판적이시고, 자녀 양육이나 돈 사용과 관련하여 그 부부가 하는 선택과 다른 의견을 말로 표현하실 수도 있다.

이런 문제들을 다루려면 결혼생활에 대한 하나님의 설계를 이해해야 한다. 하나님은 남자와 여자가 각자의 부모를 떠나 연합하여 한 몸이 되도록 설계하셨다는 사실이 창세기 초반부에 분명히 나온다. 결혼은 새로운 실체를 만들어낸다. 그 남자와 여자는 더 이상 부모의 권위라는 옛 체제 아래서 살지 않는다. 남편과 아내는 결혼생활의 신성함, 연합, 안전을 지키는 일이 꼭 필요하다. 절대 부모님과 배우자 사이에서 충성심의 갈등을 빚어서는 안 된다. 하나님의 설계에 맞게 아내나 남편에 대한 충성도가 더 높아야 한다.

이는 부모님을 사랑하지 말고 가능한 모든 방법으로 부모님을 공경하려고 애쓰지 말라는 뜻이 아니다. 그분들과의 관계를 원하지 않거나 당신 인생에서 그분들을 원하지 않는다는 뜻이 아니다. 다만 배우자에 대한 헌신을 깨면서 엄마 아빠에게 충성해서는 안 된다는 것이다. 그것은 안 될 일이다. 그것은 항상 결혼생활을 엉망으로 만들 것이다.

나는 아버지 인생의 마지막 3년 동안 우리와 함께 사시도록 초대하는 특별한 기회를 누렸다. 그런데 사전에 아버지와 함께 앉자 불편한 대화를 해야 했다. 먼저 아버지께 내가 아버지를 얼마나 사랑하는지, 내 삶에 기여하신 바에 얼마나 감사하는지 말씀드렸다. 그렇지만 우리집에 들어오시면 우리의 관계와 우리의 권위 구조 아래 계시는 것임을 상기시켜 드렸다. 아버지는 내 자녀의 부모가 아니셨다. 가정의 결정에 관한 한 아버지에게는 투표권이 없을 것이다. 우리는 아버지의 말씀을 듣기를 바라고 아버지의 의견을 환영하겠지만, 아버지는 하나님이 세우신 이 새 구조를 존중하셔야 했다. 그렇지 않으면 우리 사이의 이 협의가 잘 작동하지 않을 것이다. 감사하게도 아버지는 기꺼이 그렇게 하셨고, 우리는 그분의 인생 마지막 몇 년을 함께하는 복을 누렸다.

약간의 경계를 설정하는 것이 필요할 것이다. 불편한 대화를 해야 할지도 모른다. 이런 일들은 항상 우리가 주님께 받은 동일한 사랑과 은혜와 인내로 해야 한다.

내 배우자는 계속 낙심해 있고, 슬픔, 움츠림, 비관의 고리에서 벗어나지 못한다. 힘을 북돋아 주고, 참고, 희망을 주려고 노력하지만, 그것이 가족 전체 특히 아이들을 짓누른다. 어떻게 해야 할까?

나는 낙심한 사람을 마주쳐도 놀랍지 않다. 오히려 더 많은 사람이 그렇지 않음에 놀란다! 이 깨진 세상에서 우리가 어떤 행복을 누린다는 것은 하나님의 은혜의 표지다. 남편이나 아내가 소망을 잃은 시기를 지나고 있거나, 낙심하거나, 과중한 부담을 갖거나, 무언가에 압도되어 있을 때 놀라지 말라.

그런 순간에 당신은 공감하고 이해하고자 하지만, 절망은 하나의 시각임을 알아야 한다. 절망은 어두운 색의 안경을 쓰고 있어서 무엇을 보든 어두워 보이는 것과 같다.

상담 시간에 낙심한 한 여성이 자기 인생에 관해 이야기하는 것을 들었던 기억이 난다. 그 여성은 내가 볼 수 있는 좋은 것들을 아무것도 볼 수 없었다. 하루는 내가 이렇게 말했다. "자매님은 검은 페인트 통을 가지고 다니면서 매일 아침 일어나서 세상을 검게 칠합니다. 그런 다음 한 걸음 뒤로 물러나서 '보여? 내 세상이 깜깜해'라고 말합니다"(그 여성은 내게 심하게 화를 냈지만 듣기 시작했다!)

낙심했거나 절망한 사람들을 대하면 나는 그들의 여행 가이드가 되고 싶다. 그들에게 그들의 인생을 차근차근 설명해 주며 소망의 이유, 하나님이 임재하신다는 암시, 그분의 공급하심, 그분의 은혜, 자신의 공으로 여길 수 없는 인생의 선물들을 찾고 싶다. 낙심, 절망, 우울은 하나의 시각이므로, 하나님이 배우자의 눈을 열어 용기를 얻을 각종 이유를 보는 데 당신을 쓰시도록 기도하라. 소망을 주는 여행 가이드가 되라!

우리는 행복한 결혼생활을 하고 있고 둘 다 신자이고 견고한 교회에 다니며 소그룹에도 참여한다. 그런데 집에서는 하나님에 관해 거의 이야기하지 않거나, 결혼생활에 영적인 요소가 거의 없다. 어떻게 영적으로 서로 연결된 결혼생활을 해 나갈 수 있을까?

성경은 결혼생활에서 영적 연합을 이루는 일곱 가지 방법 같은 것을 제시하지 않는다. 하나님은 우리에게 청사진을 주시지 않고 자유를 주신다. 사람들은 놀라워하지만, 루엘라와 나는 함께 예배드리지 않는다. 우리는 성경이라는 같은 책에 접근하는 방식이 정반대라서 서로에게 특정한 방법을 강요하기보다는 홀로 개인적인 시간을 갖기로 했다.

나는 신앙생활에 대한 히브리서 11장 저자의 정의가 참 좋다. "하나님께 나아가는 자는 반드시 그가 계신 것과 또한 그가 자기를 찾는 자들에게 상 주시는 이심을 믿어야 할지니라"(6절). 신앙은 단지 형식적인 신념이 아니라, 내 마음이 삶의 모든 영역에 가 있는 것이다.

영적 연합은 하나의 시각이다. 삶의 방식이다. 우리는 하나님과의 관계가 삶 전체를 변화시키고 빚어감을 안다. 우리가 먹는 방식, 텔레비전에서 보는 방식, 돈을 쓰는 방식, 장성한 자녀나 이웃이나 교회 공동체와 관계 맺는 방식, 이 모든 것의 주인이 주님이시다.

루엘라와 내가 정해진 시간에 함께 예배드리지 않을지라도, 우리가 하는 모든 일을 영적으로 공유하는 방법이 있다. 주님의 뜻이 모든 대화에 얼마나 많이 등장하는지 정말 놀랍다. 그것은 세계관이므로 우리 마음에 자리 잡고 있다. 내가 아이패드에서 본 뉴스를 하나 뽑아오면 우리는 그것에 대해 논의한다. 얼마 지나지 않아 그 주제에 대한 성경적 시각에 관해 이야기 나눈다. 우리는 또 넷플릭스에서 무언가를 시청하다 30분쯤 지난 후 내가 루엘라를 쳐다보면 루엘라도 나를 쳐다보고 우리는 "이건 보지 말아야겠어요"라고 말한다.

이것이 내가 결혼생활에서 원하는 것이다. 나는 우리가 함께 다섯 번 기도했다거나 이번 주에 세 번 예배드렸다고 되돌아보고 싶지 않다. 내가 원하는 바는 우리가 같은 주님을 사랑하는 것이다. 우리가 같은 왕을 섬기는 것이다. 우리 삶이 같은 책에서 비롯되는 것이다.

당신들은 기쁨을 공유하는가? 같은 동기로 움직이는가? 나는 루엘라와 그러한 연합을 이루는 것이 너무 좋다. 이러한 영적 여행에 그녀가 나와 함께하는 것이 너무 좋다. 나는 매 순간 루엘라의 손을 잡았고, 우리는 시선을 왕께 둔 채 함께 일생을 보낸다. 이는 우리가 항상 의견이 같다는 뜻이 아니다. 모든 일에 함께 참여한다는 뜻도 아니다. 그러나 우리는 예수님의 제자가 되었고, 모든 면에서 그분을 따르고 있으며, 그것이 우리 삶의 모든 영역에 쌓인다. 나는 결혼생활에서의 영적 연합을 이렇게 정의한다.

우리는 계속 다툼을 되풀이한다. 작은 의견 차이가 튀어나올 때마다 그것이 열띤 다툼이 되어, 해결하지 않으려 하거나 인신공격을 벌이는 데 이른다. 주제가 뭐든 이 고리를 깰 수 없어 보인다. 도움이 필요하다!

하나님의 말씀이 비현실적이지 않다는 사실이 나는 정말 좋다. 성경은 불쾌한 현실을 그대로 보여준다. 타락한 세상의 먼지와 피가 모든 페이지에 있다. 성경은 인간의 갈등이라는 문제를 피하지 않는다. 타락으로 생긴 슬픈 사실 가운데 하나가 분노다. 사회 공동체 안에서 분노가 얼마나 빨리 폭발하는지 생각해 보라. 아담과 하와의 아들들인 바로 그다음 세대에, 형제 살인이 있었다!

결혼생활에 갈등이 가득하다면 심히 낙심된다. 갈등은 우리를 지치게 한다. 그만두고 싶게 만든다. 야고보서 4장은 갈등과 분노의 구체적인 틀을 제시한다. 나는 그 구절의 서두가 참 좋다. "너희 중에 싸움이 어디로부터 다툼이 어디로부터 나느냐?" 이 질문을 다른 식으로 표현해 보면 "너희는 왜 그렇게 많이 싸우느냐?"다. (대답이 중요하다. 우리는 갈등의 원인에 다가가지 않고 상처에 대응하는 경향이 있기 때문이다.)

무엇이 당신들 사이의 싸움과 다툼을 일으키는가? "너희 지체 중에서 싸우는 정욕으로부터 나는 것이 아니냐? 너희는 욕심을 내어도 얻지 못하여 살인하며 시기하여도 능히 취하지 못하므로 다투고 싸우는도다"(약 4:1-2). 야고보는 배우자와 평화롭게 지내는 내 능력과 내 마음의 욕구를 연결하고 있다.

덜 싸우고 싶다면, 처음 해야 할 질문은 이것이다. "내가 너무 원해서 그것을 얻으려고 배우자와의 싸움을 불사하는 것은 무엇인가?" 그것은 지배일지도 모른다. 아마도 그 말이 맞을 것이다. 내 뜻대로 하는 것일 수도 있다. 아니면 물질일지도 모른다. 배우자를 당신의 형상으로 재창조하고 싶을 수도 있다. 갈등 배후의 욕구에 다가가야 한다.

그다음 야고보가 하는 말에 주목하라. "구하여도 받지 못함은 정욕으로 쓰려고 잘못 구하기 때문이라. 간음한 여인들아"(3-4절). 왜 야고보는 갈등을 이야기하다가 간음을 꺼낼까? 그는 영적 간음에 관해 이야기하고 있다. 야고보는 인간 갈등의 뿌리가 영적 간음에 있다고 주장하고 있다. 이 원리를 이해하지 못하면, 절대 당신들의 다툼을 해결하지 못할 것이다.

영적 간음이 무엇인가? 내 마음속에 있는 무언가가 하나님보다 더 중요해지고, 그것을 얻기 위해 사랑하겠다고 헌신한 사람과의 싸움도 불사하는 것이다. 그렇다면 열쇠는 이것이다. 먼저 수평적으로 갈등을 해결하려 하지 말고 수직적으로 다루라. 내 인생에서 하나님보다, 또 내 결혼생활에서 하나님이 원하시는 것보다 더 중요해지는 것들이 있음을 고백해야 한다.

당신 마음속에서 피조물들이 창조주의 자리를 차지하고 있는가? 그런 일이 일어날 때 항상 결혼생활에서 갈등이 생겨난다. 당신 마음속에서 하나님이 계셔야 하는 자리에 계신다면, 당신의 배우자도 당신의 우선순위에서 합당한 자리에 있을 것이다. 다른 무엇보다 하나님을 사랑한다면, 배우자를 마땅히 해야 하는 만큼 사랑할 것이다. 인간 갈등의 뿌리는 영적 간음에 있다. 배우자와 해결하기 전에 주님과의 싸움을 고백해야 한다.

크건 작건 삶의 결정들을 할 때 배우자와 나는 의견이 일치하지 않는다. 그것은 주중에 일정을 잡는 것과 사소한 무엇을 사는 것에서부터, 어떤 교회에 출석할

지, 아이를 가질지에 이르기까지 다양하다. 의견 일치를 보고 한 팀으로 결정하려면 어떻게 해야 할까?

낙심하지 말라. 의견과 시각과 욕구가 다른 것은 불행한 결혼의 징후가 아니다. 놀라지 말라. 차이가 결혼생활의 징후다! 결혼생활의 목표는 **획일성**이 아니다. 절대 그것을 이룰 수 없다. 생물학과 성별, 문화, 역사, 삶의 경험, 재능, 그리고 다수의 다른 요인들 때문에 당신들은 다른 시각으로 살아갈 것이다. 하나님은 그분의 영광과 당신들의 유익을 위해 당신들의 결혼생활에 차이를 엮어 넣으셨다. 목표는 획일성이나 순응, 곧 당신의 배우자를 당신과 똑같은 형상으로 만드는 것이 아니다. 목표는 **연합**이다.

차이에 맞닥뜨릴 때 할 일이 연합이다. 이것이 결정 과정에서 합의에 이르는 유일한 방법이다. 감사가 연합에 이르는 길이다. 존경이 연합에 이르는 길이다. 겸손이 연합에 이르는 길이다. '내 방법이 옳아. 내 방법이 유일한 방법이야. 이 일을 다른 식으로 보고 싶지 않아'라고 생각하며 의견 충돌에 이르는 대신, '혹 내가 아직 모르는, 배울 무언가가 있을 거야'라고 생각하며 마음의 준비를 하는 것이 어떻겠는가?

이러한 감사, 존경, 겸손의 성품이, 합의된 결정에 이르게 해줄 것이다. 배우자에게 감사하라. 당신과 다른 시각을 가진 그에게 감사하라. 다가가서 기꺼이 배우라. 연합은 획일성이 아니다. 연합은 차이에 맞닥뜨릴 때 할 일이다.

배우자와 양질의 여유로운 시간을 가지는 것이 꼭 필요함을 알지만, 가끔은 직장, 교회, 아이들 돌보기 등의 일 때문에 그 시간을 내기가 어렵다. 정기적인 저녁 데이트가 정말 중요한가? 그렇다면 그 시간에 우선순위를 두도록 어떤 조언을 해주겠는가?

연합, 이해, 사랑의 결혼생활을 하고자 한다면 노동 윤리가 필요하다. 결혼생활은 정원 같음을 알아야 한다. 정원에 나무를 심어 본 경험이 있다면, 흙을 고르고 씨를 심은 다음에 일이 한 번에 마무리되지 않음을 알 것이다. 물도 줘야 하고 잡초도 뽑아야 한다. 결혼생활도 마찬가지다.

부부가 함께하시는 시간에 우선순위를 두는 일은 아주아주 중요하다. 타락한 세상에서 살아가는 죄인과 결혼한 죄인으로서 결혼생활이 그냥 놔둬도 잘 흘러가리라 기대할 수 없다. 나는 결혼이 실패하는 첫 번째 이유가 간음이나 눈에 보이는 다른 것들이 아니라고 깊이 확신한다. 그 첫 번째 이유는 태만이다. 그 태만 때문에 당신은 각종 해로운 것들이 결혼생활에 들어오는 것을 허용한다.

49년 전쯤 루엘라와 나는 결혼하자마자 바쁜 사역과 아이가 생길 가능성 등의 미래를 들여다보았다. 우리의 관계에 얼마나 우선순위를 둘 수 있을지 의심스러웠다. 그래서 우리는 엄격하게 일주일에 한 번씩 집 밖에서 둘만의 시간을 갖기로 했다.

당신은 "내게는 불가능하다"라고 말할지도 모르겠다. 그러나 불가능하지 않다. 우리는 네 자녀를 키우며 그것을 했다. 때로는 비교적 잠시 공원에 가는 정도이기도 했지만, 그럼에도 함께했고, 서로를 향한 사랑을 표현할 수 있었고, 처리해야 할 문제들도 논의할 수 있었다. 우리 둘만의 시간이었다. 일상적인 집안일과 아이들의 방해를 받지 않았다.

그 시간들이 몇 번이나 전형적인 '저녁 데이트'와 비슷했는지는 잘 모르지만, 우리는 거의 50년 동안 엄격하게 그 시간을 따로 떼어놓았다. 우리에게는 아주 감미로운 시간이었다. 하나님이 우리 마음에 그러한 욕구를 주신 것과 그 시간이 낳은 열매에 무척 감사하다. 당신들은 서로와 함께하는, 방해받지 않고, 산만하지 않고, 집중된 시간이 필요하다. "이 시간이 너무 중요해서 그 시간을 가질 방법을 찾을 겁니다"라고 말할 필요가 있다. 그러한 약속이 아주 중요하고 유익함을 우리 결혼생활이 입증한다.

최근 말다툼을 하면서 배우자가 이혼을 언급했다. 그가 정말 이혼하겠다는 뜻은 아니라고 생각하지만, 그 말을 꺼냈다는 것 자체에 충격을 받았다. 이제 나는 어떻게 해야 할까?

위협으로 상대방을 이기려 하는 것은 지혜롭지 못하다. 배우자를 위협한 탓에 그녀가 당신이 원하는 것을 한다면, 실제로 그녀의 마음을 얻지는 못한다. 당신이 바라는 바는 그녀가 당신을 사랑하기 때문에 무언가를 하고 싶어 하는 것이다. 위협은 그것을 이루는 방법이 아니다.

만약 당신이 이혼으로 위협을 받는 쪽이라면, 그것을 무시하지 못한다. 배우자를 따라가 "이혼이 정말 당신이 생각하는 반응인가요?"라고 질문해야 한다. 이혼하자는 위협은 당신들의 관계에 들어오는 아주 중요한 부정적인 요소이기 때문이다. 당신들은 결혼생활에서 "그녀가 내가 원하는 대로 하지 않으면 나는 여기서 나갈거야"라는 생각을 하며 행동해서는 안 된다.

위협으로 동기를 유발하지 않겠다고 합의해야 한다. 위협은 성경이 말하는 부부의 섬기는 사랑과 정반대다. 복음 중심적인 관계에는 위협이 없다. 그것은 기꺼이 섬기는 관계다. 위협으로 배우자의 동의를 얻는 것은, 우리를 향한 예수님의 희생적인 사랑과 정반대다. 위협이 당신 결혼생활의 문화라면, 그 문화는 바꿔야 한다. 위협으로 동기를 유발하는 법을 배웠다면, 당신의 결혼생활은 절대 친밀함, 연합, 기쁨, 사랑에 이르지 못할 것이다. 그것은 관계에 아주 해롭다.

내 배우자는 외향적이어서 한 주에 여러 번 사람들을 집에 초대하는 것을 좋아한다. 하지만 나는 내향적인 사람이라 우리가 부부로서 누리는 여유 있는 시간이 더 필요한 것 같다. 어떻게 균형을 유지할 수 있을까?

성격이 복음 중심적인 결혼생활을 만들지는 않는다. 다음과 같은 사고 방식으로 결혼생활에 접근해서는 안 된다. "나는 이런 사람이야. 이게 내가 하려는 거야. 당신이 감수하며 살아야 해." 결혼, 그리고 부부의 역할은 우리 삶에 대한 하나님의 부르심에 따라 형성되어야 한다. 하나님은 우리가 무엇을 하기를 원하실까? 하나님은 우리가 어떤 사람이 되기를 원하실까? 남편과 아내가 성격과 상관없이 함께 하나님이 그들에게 원하시는 존재와 행동에 전념한다면, 성격이 전혀 다르더라도 그들에게는 연합의 기초가 있다.

외향성과 내향성의 역학을 생각해 보라. 내향적인 배우자는 "우리 관계가 소중하니 우리는 그것을 지켜야 해요"라고 말하는 경향이 있다. 이는 틀림없이 옳다. 하나님은 당신들에게 그렇게 하라고 하신다. 당신은 결혼을 지켜야 한다. 희생적이고, 섬기고, 인내하며, 용서하는 사랑으로 서로 사랑해야 한다. 그와 동시에 성경은 당신들에게 환대를 요청한다. 성경은 관대함을 요청한다. 성경은 당신들에게 은혜의 사람이 되어 하나님의 은혜를 눈에 보이게 하라고 요청한다.

만약 당신이 하나님의 부르심을 따르려 하며 당신 성격에 편한 대로 주장하지 않는다면, 이렇게 말해야 할 것이다. "우리는 우리 결혼을 지키고 보호해야 합니다. 하지만 절대 사람들을 접대하지 말자는 것은 아닙니다. 접대도 필요하지만, 우리 결혼생활을 위태롭게 해서는 안 됩니다."

이는 그저 한 가지 이슈일 뿐이다. 당신에게 편한 것보다는 하나님이 당신에게 하라고 하신 것으로 시작한다면, 풀 수 있는 문제가 말 그대로 수천 가지나 있다. 두 사람 모두 무엇보다 하나님의 부르심에 헌신한다면, 어려워 보이는 문제들을 풀 기초를 가진 것이다.

가끔 배우자와 이성 친구들이 어울릴 때 그 사람의 행동이 추파를 던지는 것 같아서 불편하다. 내가 최악을 상정하고 있다고 생각하지 않게 하면서 어떻게 내 느낌을 배우자에게 말할 수 있을까?

민감하고 불편한 주제에 관해 이야기하지 않아도 되는 결혼생활은 없다. 만약 배우자가 바람둥이같이 군다면, 이는 사실 이야기하기 어려운 주제다. 그러나 두 가지 성품을 가지려 노력한다면, 그 문제를 처리할 길이 있다고 확신한다.

첫 번째는 사람들을 다가오게 하는 겸손함이다. 다가가기 쉬운 사람이 되도록, 경계를 풀도록, 방어적이지 않도록, 말만 하면 화가 나고 기분이 나빠지는 금기 주제는 없도록 힘써야 한다. 두 번째 성품은 정직을 사랑하는 용기다. 사랑 가운데 진실을 말하지 않으면 그것은 진실이 아니다. 다른 감정과 의제에 의해 비틀어지고 왜곡되기 때문이다. 진실 없는 사랑도 더 이상 사랑이 아니다.

특히 배우자와 불편한 대화를 하려 하는데 그가 다가가기 쉬운 사람이라면 그 일이 훨씬 수월해질 것이다. 만약 사랑 가운데 진실을 말한 적이 있는 배우자가 당신에게 다가온다면, 당신은 상대방의 말을 더 잘 듣고 싶어질 것이다. 또 당신들 둘 다 서로 사랑하므로, 기꺼이 잠재적인 긴장, 잠재적인 불편한 대화에 발을 들여놓아야 한다. 그것이 아름다운 성경적 모델이다.

그렇게 바람둥이 같은 행동이나 이성과의 대화 같은 힘든 주제를 만났을 때, 대화를 더 쉽거나 어렵게 만드는 것은 그 주제가 아니라, 당신이 드러내는 성품이다. 모든 부부가 관계를 맺고 있는 내내 어려운 이야기들을 할 것이므로, 모든 부부가 다가가기 쉬운 겸손함과 정직을 사랑하는 용기를 갖는 데 전념해야 한다.

배우자가 항상 나를 비판하는 것 같다. 사소하거나 중요하지 않아 보이는 문제들에 대해서도 그렇다. 심히 낙심되고 공격당한다는 느낌이 든다. 배우자가 내 최고의 지지자라고는 말할 수 없다. 내 느낌이 어떤지 말을 꺼내려고 할 때마다 그 사람은 방어적이 되어 훨씬 심하게 나를 비판한다. 어떻게 해야 할까?

현실 세계에 살면서 비판이 없는 정직하고 경건한 결혼생활은 할 수 없다. 당신은 절대 완벽한 사람과 결혼한 완벽한 사람이 아니기 때문이다. 나는 결함이 있는 사람이다. 루엘라는 나를 비판할 충분하고 정당한 이유가 있다. 나는 그것이 필요하다! 루엘라가 내게 와서 "폴, 그건 틀렸어요" 혹은 "폴, 당신 말에 마음이 상했어요"라고 말하는 일이 필요하다. 사랑 어린 관심은 모든 결혼생활에 필수다. 그것은 하나님이 내 삶 속에서 계속 은혜를 베푸시는 도구 역할을 한다. 여전히 영적으로 눈먼 상태이기에 나는 나 자신에 대한 부정확한 시각을 가지고 있다. 절대 "누구도 나보다 나를 더 잘 알지는 못해"라고 말할 수 없다. 나 자신에 대한 내 시각에 항상 부정확함이 있을 것이기 때문이다. 나 스스로는 보지 못하는 것들을 보도록 도와줄 루엘라가 필요하다.

하지만 애정 어린 비판과 비판적인 마음은 전혀 다르다. 비판적인 마음은 결혼생활에 해롭다. 비판적인 마음은 교만과 독선의 결과다. 자신의 죄와 약점과 실패보다 배우자의 죄와 약점과 실패에 더 신경을 쓰면 그 결혼생활은 곤경에 처한다. 그러나 정당한 비판을 하지만 항상 자신의 죄와 약점과 실패를 충분히 의식한다면, 자애롭고, 다정하고, 인내하며, 지지하는 식으로 그 대화를 할 수 있다.

비판적인 마음이 당신 결혼생활의 문제이고 비판적인 쪽이 자신의 비판적인 성향을 보려 하지 않는다면, "도움을 받으십시오"라고 말해야 할 것 같다. 결혼생활을 하다 보면 당신들끼리만으로는 절대 해결하지 못할 장애물을 맞닥뜨릴 것이다. 나는 하나님이 그리스도인의 결혼생활을 위해 해주신 가장 멋진 일 가운데 하나가, 그 관계를 그리스도의 몸의 자원들 한가운데 두신 것으로 생각한다. 이 문제를 혼자서 해결하지 않아도 된다. 하나님이 당신을 도와주신다. 목사님에게 가거나 교회의 더 나이가 많은 성숙한 부부들에게 가서 도움을 받아라.

잘못된 행동을 하거나 말을 했음을 알 때도 배우자에게 사과하는 것이 힘들다. 왜 내게 이런 문제가 있는 걸까? 어떤 조언을 해주겠는가?

고백하고 회개하는 과정에서 기쁨을 찾지 못하게 막는 것이 무엇일까? 우리가 의롭다는 착각을 붙들려는 내면의 욕구다. 그렇다면 고백의 과정에서 기쁨을 찾게 해주는 것은 무엇일까? 답은 다음과 같다. 완벽하게 거룩하신 하나님이 아들의 사역을 통해 나를 초대하여 그분 앞에 서서 죄를 고백하게 하신다면, 또 그분이 절대 나를 외면하지 않으실 것이 보장된다면, 고백을 두려워할 이유가 있을까? 나는 절대 기준을 충족할 수 없지만 예수님이 나 대신 충족하셨기 때문에 하나님이 나를 받아주신다면, 나는 결혼생활에서 기준을 충족하겠다는 어떤 바람도 편하게 버릴 수 있다. 예수님이 나의 의라면 내 의는 버릴 것이다!

내게는 이것이 세상에서 가장 자유를 주는 진리다. 내가 정말 중요한 분에게 용서받았음을 알면 무엇보다 자유롭다. 루엘라에게 뭔가 잘못했을 때 내 양심은 6.2초 안에 나를 괴롭힌다. 그래서 의자에서 일어나 루엘라에게 다가가서 "내가 또 그랬네요. 용서해 줘요"라고 말한다. 정말 자유로워지는 일이다! 우리는 영원히 그것들과 함께 살지 않는다. 내가 고백하지 못했기 때문에 루엘라가 이 거대한 상처 목록을 지니고 있지는 않다.

고백하도록 당신을 자유롭게 해주는 것은 구세주의 용서다. 왜 기다리는가? 전능하신 하나님이 당신을 받아주신다면, 다른 결점 있는 인간에게 죄와 잘못을 인정하는 것을 두려워할 이유가 있겠는가?

이 책의 독자 중 믿지 않는 사람과 결혼하여 자신만 주님께 영광을 돌리려 하고 있다면, 어떤 조언을 해주겠는가? 또 배우자가 예수님을 믿는다고 고백하지만, 주일에 교회에 가는 것과 식사 기도를 하는 것 외에는 신앙의 성장에 진정한 관심을 보이지 않는 경우 어떤 조언을 해주겠는가?

배우자 중 한쪽이 이런 상황에 있다면 힘들 것이다. 부부 사이에 더 깊은 영적 연합을 이루고자 하는 갈망이 있기 때문이다. 믿지 않는 사람과 결혼했거나, 영적 성장에 거의 관심이 없는 사람과 결혼했다면, 나는 무엇보다 죄책감이나 위협, '내 방식을 따르든지 아니면 떠나라' 식의 반응으로는 절대 배우자를 예수님과 교회로 더 가까이 이끌지 못하리라는 것을 강조하고 싶다. 실제로 신약성경은 한마디 말도 없이 배우자를 구원에 이르게 하는 경우를 이야기한다(벧전 3:1).

나의 가족사에 관한 이야기를 나누고 싶다. 내 할아버지는 무정한 분이셨다. 어렸을 때 나는 할아버지가 사나워 보이셔서 할아버지 댁에 가는 것이 몹시 싫었다. 할머니는 친절하고 다정하신 신자셨다. 놀라운 믿음의 여인이셨다. 또 할머니는 시각장애인이셔서 여러 면에서 남편을 의지하셨다. 할머니는 매일 아침 녹음된 성경 말씀을 들으셨고, 전국을 돌며 손주들, 증손주들 집을 찾아가 그들을 위해 기도하겠다고 말씀하시곤 하셨다. 할머니는 믿지 않는 남편 앞에서 이렇게 아름답고 평화롭고 경건한 삶을 사셨다.

할아버지는 76세에 그리스도께 나아오셨다. 할아버지가 세례를 받으시던 그 밤은 절대 잊을 수 없다. 사람들이 할아버지께 자신의 이야기를 나누어 달라고 청하자 할아버지는 이렇게 말씀하셨다. "나는 교회의 신학은 반박할 수 있었습니다. 일요일 모임의 가장 중요한 부분이 헌금이며, 교회는 돈밖에 모르는 곳이라 주장할 수 있었습니다." 그러고 나서 할아버지는 손을 들어, 예배실 맨 앞에 앉아 있는 아내 쪽을 가리키며 말씀하셨다. "하지만 이 여자의 삶은 반박할 수 없었습니다. 결국 '이건 진짜다. 이 여자가 가진 걸 나도 갖고 싶다'라고 말할 수밖에 없었습니다."

　배우자 앞에서 경건한 삶을 살라. 친절하라. 다정하라. 용서하라. 인내하라. 자비하라. 절제하라. 기뻐하라. 그런 다음 하나님이 하실 일을 지켜보라. 당신의 삶으로 진리를 눈에 보이게 만들라. 당신의 삶이 복음에 대한 가장 강력한 논증이 될 수 있다.

나눔 질문 활용법

이 책을 집어 들었다면, 아마 당신은 결혼했거나 곧 결혼할 계획일 것이다. 또 결혼은 도전적일 수 있음을 알아차렸을 것 같다. 아니면 혹 포기하려는 순간에 와 있을지도 모르겠다. 이 질문들은 이 책에 제시된 진리들을 더 깊이 숙고하고, 당신의 죄와 약점을 직시하고, 결혼생활을 이전보다 더 강건하게 해줄 것이다. 아래에 몇 가지 조언을 덧붙인다.

- 소그룹에서 이 질문들을 사용하고 있다면, 각 장의 첫 번째 질문이 가장 접근하기 쉬울 것이다. 이후의 질문 중에는 소그룹에서 다루고 싶은 정도보다 더 깊게 들어가는 것도 있을 수 있지만, 모든 질문을 다 던지고 원하는 깊이만큼 나누는 것이 가장 좋다. 소그룹에서는 충분히 나눌 수 없더라도 배우자와는 정직하게 이 질문들을 논의하기 바란다.
- 배우자와 함께 혹은 상담 중에 이 질문들을 사용하고 있다면, 면

저 혼자 질문들을 살펴본 다음 모여서 나누라. 아마도 결혼 상담가와 주 1회 일정을 잡고 차 한 잔 마시며 당신의 답변을 검토할 수 있을 것이다.

- 예비부부 상담에서 이 질문들을 사용하고 있다면, 일부 질문은 각색이 필요할지 모른다. 부부 관계에서 아직 어떤 질문들이 문제가 되는 지점에 이르지 않았다면, 어떤 목표를 세우고 싶은지 혹은 어떻게 위험을 피할지 이야기 나누라. 답변을 기록해 두었다가 몇 년 후에 다시 보면 좋을 것 같다!

- 배우자는 이 책에 관심이 없어서 혼자 이 책을 읽고 있어도, 이 질문들은 당신을 위한 것이기도 하다. 하나님이 이 여정에 당신과 함께하신다. 또 배우자와 함께 이 책을 읽지 않는다고 해도 이 책에는 결혼생활의 성장을 도울 많은 방법이 담겨 있다.

1장, 결혼, 무엇을 기대했는가?

1. 기대가 현실과 달랐던 때(결혼생활에서든, 다른 영역에서든)를 이야기해 보라. 그 결과는 어떠했는가?

2. 올바른 기대로 결혼생활에 접근하려면 어떤 신학적 진리들이 가장 중요한가? 배우자와 잘 지내는 데는 어떤 신학적 진리들이 가장 도움이 되었는가? 또 당신들의 관계에 충분히 적용되지 않은 진리는 어떤 것들이었는가?

3. 결혼생활을 하며 맞닥뜨렸던 한 가지 갈등을 생각해 보라. '이미'와 '아직'이라는 우리의 영적 실재를 결혼생활에 적용했다면 그 이슈와 관련한 당신의 시각과 행동은 어떻게 달라졌겠는가?

4. 이 책에서 설명한 '자발적인 준비'를 하는 데 성경이 어떤 면에서 도움이 될 수 있을까?

5. 트립은 이렇게 쓴다. "하나님은 당신이 살고 사랑하고 일하도록 이 타락한 세상에 당신을 남겨두기로 하셨다. 당신이 직면한 어려움을 사용하여 당신 속에서 다른 방법으로는 하실 수 없는 무언가를 하려고 의도하셨기 때문이다." 시련에 직면했을 때 이 말이 사실임을 알게 된 적이 있는가? 혹 지금 이 진리를 적용할 만한 어떤 시련을 겪고 있는가? 하나님이 강력하게 일하셔서 당신의 결혼생활을 회복시키고 마음의 고통을 덜어 주시도록 잠시 시간을 내어 기도하라.

2장, 결혼생활, 왜 그만두지 않는가?

1. 이 장 서두에 묘사된 상황들은 아마도 당신의 경험보다는 극단적일 테지만, 결혼생활을 하다 보면 즐겁든 불쾌하든 놀라는 순간들이 있다. 뜻밖의 기쁨을 누렸거나 지금은 재미있는 추억이 된 순간을 이야기해 보라.

2. 트립은 이렇게 주장한다. "사랑과 연합과 이해의 결혼생활은 연애감정이 아닌 예배에 그 뿌리를 두고 있다." 당신에게 깊은 좌절감을 안기거나 기쁨의 반응을 하게 하는 것이 무엇인지 생각해 보라. 당신은 정말로 무엇을 예배하고 있는 것 같은가?

3. 당신의 우상들, 즉 시간과 재물로 예배하고 있거나 의미를 주리라 기대하는 것들은 가장 가까이 있는 사람들에게 어떤 영향을 미치고 있는가?

4. 결혼생활을 하며 씨름하고 있는 한 가지 문제를 생각해 보라. "하나님을 송축하고 평화롭게 예배"하는 삶은 그 씨름에 어떤 영향을 미치겠는가?

5. 결혼생활이 힘들 때 창조주이자 주권자, 구세주이신 하나님을 예

배하는 것에서 얼마나 결혼생활을 지속할 이유를 얻을 수 있을까? 이번 주에 실천할 수 있는 한 가지를 생각해 보라.

3장 누구의 나라를 위한 결혼생활인가?

1. 처음에 배우자의 어떤 점에 가장 끌렸는가?

2. 트립은 이렇게 쓴다. "사실 우리가 원하는 바는 배우자가 우리를 우리 자신만큼 사랑하는 것이고, 배우자가 기꺼이 그렇게 하면 우리는 멋진 관계를 맺을 수 있을 것이다." 가장 최근에 배우자와 출동했던 때를 생각해 보라. 당신은 어떤 식으로 배우자가 당신 자신만큼 당신을 사랑하기를, 혹은 당신의 나라에 충성하기를 원했는가? 당신의 욕구를 내려놓았다면 어떻게 상황을 완화할 수 있었을까?

3. "매력이 약해지고 결점이 보이고 꿈이 사라질 때에야 진정한 사랑이 싹트고 자라나는 최고의 기회가 주어진다." 결혼생활에서 이것이 사실임을 얼마나 깨닫고 있는가?

4. 진정한 사랑과 하나님 나라의 우선순위가 결혼생활을 이끌고 가게 하려면 각자에게 요구되는 것은 무엇인가? 당신은 이를 위해 기꺼이 희생하겠는가?

5. 결혼생활에서 맞닥뜨리는 골칫거리들을 하나님이 원하시는 사람으로 당신을 빚으시기 위한 은혜의 도구로 본다면, 결혼생활은 어떻게 달라지겠는가?

4장 날마다 벽돌을 쌓듯이

1. "수직적으로 자리를 잡은", 즉 하나님께 올바르게 초점을 둔 결혼생활이 그렇지 않은 결혼생활과 어떤 점에서 다른지 구체적으로 세

가지를 열거해 보라.

2. 결혼생활을 잘해 나가기 위해 당신이 이미 행하고 있는 한 가지 습관은 무엇인가? 각자 사랑을 느끼기 위해 추가할 만한 습관이 있는지 배우자와 함께 아이디어를 내 보라.

3. 당신의 결혼생활을 허물어뜨리는 습관을 찾아보라. 문제 해결을 위해 어떤 새로운 책임을 들여올 수 있겠는가?

4. 트립은 결혼생활을 서서히 무너뜨리는 "사소한 순간"과 무심한 행동의 다양한 실례들을 제시한다. 양심에 찔리는 것들이 있는가? 이를 활용하여 배우자에게 무심했던 일들을 고백하며 화해의 생활방식을 실천해 보라.

5. 건강한 결혼생활을 위한 여섯 가지 약속을 다시 읽어보라. 매일 애쓰며 실천하여 잘 지키고 있는 약속은 무엇인가? 더 노력해야 할 약속들은 무엇인가? 건강한 결혼생활에 다시 헌신하기 위해 이번 주에 이루어내고 싶은 구체적인 변화를 생각해 보라.

5장 결혼생활의 변화는 고백에서 출발한다

1. 트립은 "절망은 어떤 상태가 아니라 하나의 시각"이라고 주장한다. 이 말이 어떤 의미인 것 같은가? 또 이 말은 결혼생활에 어떻게 적용되는가?

2. 당신은 결혼생활의 가장 큰 문제가 당신의 죄라고 믿는가? 이 말이 사실임을 인정하려면 무엇이 필요할까?

3. 결혼하기 전에는 생각지도 못했는데 지금 당신이 행하고 있는 무심하거나 조심성 없는 행동은 무엇인가? 그 행동은 배우자와 결혼생활에 어떤 영향을 미치고 있는가? 이 질문에 답할 수 없다면, 배우자에게 물어보고 겸손한 마음으로 자기변호를 하지 않으며 들을

준비를 하라.

4. 당신의 결혼생활에는 "사람들을 다가오게 하는 겸손함"과 "사랑이 담긴 정직한 용기"라는 두 가지 필수 자질이 나타나는가? 당신과 당신의 배우자는 최근 언제 이러한 특징들이 드러나는 대화를 했는가? 어떻게 이런 특징들을 함양할 수 있겠는가?

5. 이 장 말미에 있는 고백하는 생활 방식의 아홉 가지 매일의 습관을 다시 살펴보라. 당신에게 가장 어려운 것은 어떤 습관인가? 당신의 삶에서 고백의 은혜를 누리기 위해 이번 주에 어떤 한 걸음을 내딛겠는가?

6장 부부의 연합은 용서의 토양에서 자란다

1. 빚을 갚았거나 부채를 탕감받은 적이 있는가? 그때 상황을 이야기해 보라. 해방감은 어느 정도였는가?

2. 트립은 많은 부부가 봉착하는 진행 과정을 묘사한다. 곧, 성숙하지 못함과 실패, 편한 습관에 빠짐, 방어벽을 세움, 혐오감이 커짐, 상대방에 압도됨, 다른 부부를 부러워함, 환상으로 도피하는 것이다. 당신의 결혼생활은 이 중 어떤 문제에 봉착해 있는가? 이러한 진행 과정에서 벗어나기 위해 당신은 어떤 건강한 행동들을 했는가, 혹은 할 수 있겠는가?

3. 용서의 '수직적인 의무'는 무엇이며, '수평적인 과정'은 무엇인가? 당신의 결혼생활에서나 다른 관계에서 일어나는 화해의 순간에 그것은 어떻게 작동했는가? 하나님과의 관계에서 출발하지 않은 채 수평적인 용서를 시도해 본 적이 있는가? 그 과정이 잘 진행되지 않는 이유는 무엇인가?

4. 배우자에게 용서를 구해야 할 때와 구하지 않아도 될 때의 예들을

들어 보라. 신학적인 면에서 또 관계적인 면에서 이러한 구분이 중요한 이유는 무엇인가?

5. 결혼생활에서 용서가 주는 혜택들은 무엇인가? 당신의 결혼생활에서는 이러한 혜택들을 얼마나 누리고 있는가?

7장 결혼생활의 잡초 뽑기

1. 당신의 결혼생활이 정원이라면 어떤 모습일까? 지나가는 사람들은 당신이 관계를 세우기 위해 하는 어떤 행동들을 보게 될까?

2. 이 장에 언급된 함정들, 곧 이기심, 바쁨, 무심함, 자기 의, 두려움, 게으름 가운데서 당신에게 가장 힘든 것은 무엇인가? 그것은 배우자에게 어떤 영향을 미치고 있는가? 확실하지 않으면 겸손히 마음을 열고 물어보라.

3. 결혼생활을 더 굳건하게 하기 위해 뜯어내거나 캐내고 싶은 것은 어떤 것들인가? 당신의 감정에 솔직해지고, 판단하거나 방어하지 말고 배우자가 열거한 것들에 귀를 기울여라.

4. 결혼생활을 더 굳건하게 하기 위해 강화하거나 함양하고 싶은 것은 어떤 것들인가? 당신의 감정에 솔직해지고, 판단하거나 방어하지 말고 배우자가 열거한 것들에 귀를 기울여라.

5. 당신의 결혼생활이라는 정원에서 잡초를 뽑기 위해 이번 주에 할 한 가지 구체적인 일을 생각해 보라.

8장 결혼생활의 정원 가꾸기

1. 당신이 극복하고자 열심히 애쓰는 한 가지 습관이 있다면 무엇인가? 당신은 이 목표를 성취하기 위해 무엇을 했는가? 이 영역에서 얻은 교훈은 결혼생활에 어떻게 적용되는가?

2. 갈라디아서 5:15은 "만일 서로 물고 먹으면 피차 멸망할까 조심하라"라고 말한다. 배우자를 물어뜯으며 못되게 굴었던 때를 생각해 보라. 그다음 어떤 일이 일어났는가? 죄악 된 물어뜯는 행동을 하는 사소한 순간들이 파괴적으로 되지 않도록 어떻게 막을 수 있을까?

3. 당신은 배우자가 스스로를 생각하는 방식에 긍정적인 영향을 끼치는가, 부정적인 영향을 끼치는가? 세상을 생각하는 방식에는 어떤가? 하나님을 생각하는 방식에는 어떤가? 당신이 배우자에게 영향을 끼치는 사람이라는 생각은 배우자와 관계 맺는 방식을 어떻게 변화시킬 수 있을까?

4. 트립은 이렇게 쓴다. "건강한 결혼생활을 하려면 거부해야 할 것을 알아야 한다." 이 말의 의미는 무엇이며, 이 말이 당신의 결혼생활에도 적용됨을 얼마나 인식하고 있는가?

5. 지금 당신의 결혼생활에는 어떤 성령의 열매(갈 5:22-23에 열거된)가 가장 필요한가? 사랑으로 배우자를 섬기기 위해 이번 주에 할 수 있는 한 가지 구체적인 일은 무엇이겠는가?

6. 성령의 열매는 물론, 결혼생활을 위해 찾는 다른 어떤 도움도, 우리 마음속에서 성령의 능력으로 영적 전투를 해야만 얻을 수 있다. 당신은 그 전투를 할 준비가 되어 있는가? 그렇다면, 어떻게 해 나갈 것인가?

9장 지금, 서로 신뢰하는가?

1. 윌과 크리스타가 조언을 구하러 온다면 어떻게 상담해 주겠는가?

2. 신뢰 질문지에 답한 다음 당신의 결혼생활을 어떻게 평가하겠는가? 어떤 대답들이 놀랍거나 도전적이었는가?

3. 당신이 배우자를 더 신뢰하도록 그 혹은 그녀가 하고 있거나 할 수 있는 행동 한 가지는 무엇이 있을까? 또 배우자가 당신을 더 신뢰하도록 당신이 하고 있거나 할 수 있는 행동은 무엇인지 그 혹은 그녀에게 물어보라.

4. 배우자가 간혹 당신의 신뢰를 허무는 행동을 하는 경우가 있다면 그것은 무엇인가? 또 당신이 배우자의 신뢰를 허무는 행동을 하는 경우가 있다면 그것은 무엇인지 물어보라.

5. 세 번째, 네 번째 질문의 대답을 보건대, 결혼생활에서 신뢰가 더 깊어지도록 이번 주에 시작할 수 있는 한 가지 습관은 무엇이겠는가? 예를 들어, 배우자의 말에 귀 기울이는 일을 잘하지 못하고 있다면, 일정표에 매일 사귐의 시간을 추가할 방법을 찾아볼 수 있다. 혹은 다른 사람들에게 배우자에 대해 불평하고 있다면, 그 부분을 지적해 달라고 친구들에게 부탁해야 할 수도 있다.

10장 신뢰 프로젝트

1. 결혼 초기를 되돌아보건대, "신뢰의 인턴 기간"에 당신이 잘한 행동들은 무엇이었고, 잘못한 행동들은 무엇이었는가? 혹은 아직 결혼 전이라면, 결혼 초기에 신뢰를 쌓기 위해 무엇을 할 계획인가?

2. 가장 최근에 배우자와 했던 말다툼을 생각해 보라. 신뢰를 염두에 두고 그 갈등 상황을 재구성해 보면 그 갈등을 더 잘, 더 빨리, 더 만족스럽게 해결하는 데 어떤 도움이 되었겠는가?

3. 하나님에 대한 신뢰를 쌓는 일은 어떤 점에서 더 좋은 동반자가 되도록 도울 수 있는가?

4. 이 장에 열거된 신뢰 구축 방법, 곧 정직하게 대하기, 말한 대로 행하기, 잘못 직시하기, 상대방 살피기, 빨리 셈하기, 신뢰가 전쟁임을

기억하기 중에서 당신에게 가장 도전이 되는 것은 무엇인가? 왜 그것이 당신에게 어려운가? 이러한 약한 영역에서 노력을 시작할 수 있는 구체적인 방법들로는 어떤 것이 있을까?

5. 이번 주중에 결혼생활에서 신뢰 구축에 관해 이야기하고 듣고 기도할 시간을 따로 떼어놓으라. 이 대화는 일회성 행사로 그치지 않고 계속되어야 한다.

11장 가짜 사랑과 진짜 사랑

1. 누군가에게 "당신을 사랑해요"라고 처음 말했던 때를 이야기해 보라. 당신이 처음 그 말을 했을 때 그 어구는 당신에게 어떤 의미였는가? 지금은 당신에게 어떤 의미인가?

2. 당신은 결혼생활의 어떤 부분에서, 정상이 아닌 것을 "정상"으로 여기며 적응했는가?

3. "연합은 사랑이 그 차이를 가로지를 때 오는 결과다." 당신은 이전에 연합을 이런 식으로 생각해 본 적이 있는가? 이 말에 동의하는가, 동의하지 않는가? 그 이유는 무엇인가?

4. 당신의 결혼생활에는 불화, 오해, 분리, 신체적 기능장애, 갈등과 같이, 사랑이 메말랐다는 어떤 지표들이 보이는가? 이 가운데 어떤 지표들을 향해 가고 있는 것 같은가? 또 그 부분을 회복하기 위해 어떻게 애쓸 수 있을까?

5. 당신은 배우자를 진짜 사랑하기 위해 필요한 수고를 하기보다 가짜 사랑에 안주하는 길을 택하는가? 구체적으로 어떤 부분에서 하나님의 최상보다 못한 것에 안주하고 있는가? 그 부분을 최상으로 만들기 위해 어떻게 애쓸 수 있을까?

12장 준비, 자발적인 마음, 기다림

1. 요한일서 4장에 나오는 사랑에 관한 본문을 다시 읽어보라(231-232쪽). 이곳에 묘사된 십자가 사랑은 어떤 특징들을 가지고 있는가?

2. 배우자에게 어떤 식으로 이러한 사랑을 보여주었는가? 또 어떤 식으로 그 혹은 그녀에게 이런 사랑을 주려 하지 않았는가?

3. 당신은 무조건적으로 희생하며 사랑하기보다는 어떤 식으로 잠자코(혹은 어쩌면 대놓고) 당신의 사랑에 대한 보답을 기대하는가?

4. 트립은 "아마도 결혼생활에서 가장 인식하지 못하는 죄가 망각의 죄인 것 같다"라고 쓴다. 이 말은 어떤 의미인가? 또 당신은 이 말이 사실임을 얼마나 알고 있는가?

5. 이 장에 나오는 자기 진단 질문들에 답해 보라. 당신의 결혼생활은 참으로 하나님을 예배하는, 다른 사람 중심의, 자기희생적인, 자발적인 사랑이 연료가 되고 동기가 되어 그에 따라 움직이는가? 이런 사랑을 하겠다고 결단하고 그렇게 살고 있는가? 어떤 부분에서 용서를 구하고, 새롭고 더 나은 방식에 헌신해야 하는가?

6. 사랑이 어떤 모습인지에 대한 묘사 중에서 당신에게 어려운 것들은 무엇인가? 가장 약한 부분에서 노력하기 위해 이번 주에 할 수 있는 한 가지 행동으로는 무엇이 있을까?

13장 결혼, 하나님의 놀라운 은혜

1. 처음으로 알아챈, 당신과 배우자의 차이점은 무엇이었는가?

2. 어떤 차이점들이 당신들 사이에 가장 마찰을 일으켰는가? 가장 감사하게 된 차이점들은 무엇이며, 그 이유는 무엇인가?

3. 하나님의 주권에 대한 좀 더 확고한 시각은, 당신과 배우자의 차이를 바라보는 시각을 어떻게 바꿀 수 있는가?

4. 이번 주에 당신과 배우자의 차이점들을 송축할 수 있는 한 가지 방법으로는 무엇이 있을까?

5. 결혼생활의 분투를 그분의 계획을 방해하거나 은혜에 장애가 되는 것으로 보는 대신, 하나님의 계획의 일부이자 그분의 은혜의 표지로 보는 것은 어떤 모습일까? 이는 부부인 당신들의 일상을 어떻게 변화시킬 수 있을까?

6. 당신과 배우자의 어떤 한 가지 차이점이 당신을 더 나은 사람으로 변화시켰는가, 혹은 그대로 두면 당신을 더 나은 사람으로 변화시킬 수 있는 차이점은 무엇인가?

14장 어두워지기 전에

1. 이슈를 명확히 하여 현실을 직시하자. 결혼생활을 정직하게 들여다볼 때, 배우자의 일하는 방식 중 당신을 정말 짜증나게 하는 한 가지는 무엇인가? 어떤 성격이나 가정교육 방식이 그러한 특성이나 일하는 방식에 일조했는가?

2. 당신이 1번 질문에서 명시한 이슈를 문제로 여기는 이유는 무엇인가? 특별히 그것이 왜 당신을 화나게 하는가? 정확한 상황 파악을 위해 당신의 성격과 양육방식을 돌아보라.

3. 어떻게 "건전한 대화" 방식으로, 건설적이고, 유용하고, 격려하는 태도로 배우자에게 그 이슈를 꺼낼 수 있을까?

4. 하나님은 당신의 결혼생활을 세워 가시기 위해 어떤 자원들을 주셨는가? 그 자원들을 어떻게 더 잘 활용할 수 있겠는가?

5. 트립은 이렇게 쓴다. "사랑이 가득한 결혼생활에 대한 장기적인 소망은 단 한 곳, 즉 당신을 향한 하나님의 사랑에서 찾을 수 있다." 현실적인 면에서 당신은 이 말이 사실인 것처럼 사는가? 하나님의

사랑에 의지하여 결혼생활을 변화시키기 위해 어떻게 당신의 말과 습관을 바꾸겠는가?

15장 눈을 크게 뜨라

1. 현실적으로 말해서, "결혼생활을 위협하는 것들에 맞서 하나로 서서 함께 싸우는" 부부와, "각기 따로 서서 상대방이 결혼생활을 어렵게 만들 때 그것들을 기록해 두는" 부부를 어떻게 구별할 수 있는가? 둘 중 어느 쪽이 당신의 결혼생활을 가장 잘 묘사해 주는가?, 두 번째라면 언제 미묘한 변화가 일어났는가?

2. 대부분의 결혼생활에는 수고와 게으름이 어느 정도 혼재한다. 당신이 결혼생활을 위해 애쓰고 있다는 증거는 무엇인가? 그냥 흘러가도록 내버려 두고 있다는 증거는 무엇인가?

3. 이번 주에 배우자를 의식하고 감사를 표하기 위해 할 수 있는 한 가지 일로는 무엇이 있을까?

4. 결혼생활에서 이전에 가지고 있던 습관 중에 그만둔 한 가지를 찾아보라. 어떻게 그 수고를 다시 할 수 있을까?

5. 트립은 이렇게 쓴다. "하나님의 목표는 당신을 자기 숭배의 밀실에서 구해내셔서 그분의 나라와 그분의 의, 그분의 영광보다 작은 것을 위해 살지 않는 사람으로 만드시는 것이다. 결혼생활은 그분의 지혜롭고 사랑 많은 손에 들린 중요한 도구다." 당신은 어떤 식으로 그 목표 달성을 위해 애쓰고 있는가? 또 어떤 식으로 게을러져서 그냥 흘러가도록 내버려 두거나, 하나님이 당신을 성장시키고자 하시는 방식에 장애물을 세우기까지 하는가?

16장 무릎을 꿇고

1. 당신은 배우자를 위해 얼마나 자주 기도하는가? 결혼생활을 위해서는 어떤가? 가장 최근 배우자와 함께 기도한 적은 언제였는가? 당신은 이 대답들에 만족하는가? 그렇지 않다면 무엇을 더 하고 싶은가?

2. 이 책을 읽으면서, 당신의 죄성의 어떤 부분을 새로이 깨달았는가?

3. 당신의 결혼생활은 "죄와 은혜가 춤을 추는 모습" 같은가? 그렇지 않다면, 놓치고 있는 것은 무엇이며, 어떻게 그 조각을 당신의 관계에 다시 가져다 놓을 수 있겠는가?

4. 주기도문을 모델로 하는 기도가 어떻게 당신의 결혼생활에 도움이 되는지, 한 구절씩 따로따로 설명해 보라. 주기도문은 당신에게 어떤 신학적 사실을 상기시키는가? 또 당신은 그것을 어떻게 결혼생활에 적용하겠는가?

5. 지금 가능하면 배우자와 함께 특히 결혼생활에서 고투하고 있는 부분들에 초점을 맞추면서 그 기도를 드리라.

17장 예배, 수고, 은혜

1. 이 책을 읽은 후, 결혼생활에서 고투하는 이유에 대한 이해가 어떻게 바뀌었는가?

2. 결혼을 생각하는 젊은 커플을 상담하고 있다면, 그들에게 결혼의 목적을 어떻게 정의해 주겠는가?

3. 트립은 예배가 각자의 삶을 빚어가는 결혼생활의 몇 가지 특징을 열거한다. 하나님과의 관계에 초점을 맞출 때 이런 부분들이 향상되는 것을 어느 정도나 깨닫고 있는가? 결혼생활이 향상될 수 있는 영역으로 당신에게는 어떤 부분이 두드러져 보였는가? 하나님

께 드리는 진정한 예배가 결혼 관계에 도움이 되는 다른 면들로, 그의 목록에 덧붙일 것이 있는가?

4. 행복한 결혼생활에 이르기 위해 애써야 할 일의 주요 목록을 보건 대, 당신은 어떤 부분에서 잘하고 있고, 어떤 부분에서 잘못하고 있는가? 이번 주에 무엇을 위해 애쓸 수 있겠는가?

5. 결혼생활을 향상하게 하는 비결이 하나님을 더 사랑하는 것임을 안다면, 그분과의 관계가 깊어지도록 당신이 실제적으로 취할 수 있는 조치들은 무엇인가? 배우자와 그것에 대해 나누고, 당신이 잘 하고 있는지 점검해 달라고 부탁하라.

6. 하나님의 은혜를, 또 사람들이 예배와 수고를 기꺼이 제자리에 두 는 결혼생활 가운데서 하나님이 일하실 수 있음을 묵상할 때, 결 혼생활에 대해 품는 당신의 소망은 무엇인가?

복음 위에 세운 결혼

초판 1쇄 발행 2015년 3월 13일
확대개정판 1쇄 발행 2022년 2월 18일
확대개정판 2쇄 발행 2024년 8월 30일

지은이 폴 트립
옮긴이 김명희
펴낸이 정선숙

펴낸곳 협동조합 아바서원
등 록 제 110-91-30401(2005년 2월 21일)
주 소 경기도 고양시 덕양구 삼원로51 원흥줌하이필드606호
전 화 02-388-7944 | **팩 스** 02-389-7944
이메일 abbabooks@hanmail.net

ⓒ협동조합 아바서원, 2022

ISBN 979-11-90376-52-5 03230